《吕氏春秋》词汇研究

附《吕氏春秋》用韵及韵读

（修订本）

张 双 棣 著

商务印书馆

2008年·北京

图书在版编目(CIP)数据

《吕氏春秋》词汇研究/张双棣著.—修订本.—北京:商务印书馆,2008
(古汉语专书研究书系)
ISBN 978-7-100-05671-7

I. 吕… II. 张… III. 吕氏春秋—词汇—研究
IV. B229.22 H131

中国版本图书馆CIP数据核字(2007)第165336号

LǕSHÌCHŪNQIŪ CÍHUÌ YÁNJIŪ

《吕氏春秋》词汇研究

附《吕氏春秋》用韵及韵读

(修订本)

张双棣 著

商 务 印 书 馆 出 版
(北京王府井大街36号 邮政编码100710)
商 务 印 书 馆 发 行
北 京 民 族 印 刷 厂 印 刷
ISBN 978-7-100-05671-7

2008年8月第1版 开本850×1168 1/32
2008年8月北京第1次印刷 印张15½

定价:30.00元

目　录

原版代序

《吕氏春秋词汇研究》是国内第一部对古代专书词汇进行全面描写的著作。全书共分九章,20 万字。主要内容是对《吕氏春秋》的词汇面貌、词的结构、意义系统进行多层次的、深入的探讨。本书对先秦词汇研究、对整个汉语词汇史的研究均有重要参考价值。

本书立论严谨,资料丰富,写作态度也非常认真。据作者自己统计,《吕氏春秋》有单音词 2972 个,复音词 2017 个,总共约五千词。可贵的是,作者对这五千词的语音形式、意义系统、语法特点都逐一进行过研究,在此基础上提出了各种类型的具体数据。严格的定量分析使本书的许多结论都具有很高的科学价值,有强大的说服力。

作者研究《吕氏春秋》词汇,还注意了跟先秦其他著作联系起来进行考察。在这方面也有许多新的发现,如哪些词首见于《吕氏春秋》,哪些词的意义在《吕氏春秋》中发生了变化,哪些意义不见于《吕氏春秋》。这里既有历史追踪考察,又有横向比较研究,对人们了解整个先秦时代的词汇面貌无疑是有意义的。

由于作者对原始材料的研究比较深透,视野又比较开阔,证据很充分,所以书中有不少关于旧注、旧说的驳议,都能言之有据。此书的问世,将成为研究《吕氏春秋》的必读参考书。

作者取得这样好的成绩不是偶然的。在此之前,作者主持编写了《吕氏春秋词典》,又参加《吕氏春秋》全书的译注工作,这就为词汇研究打下了坚实的基础。不进行长时间的、艰苦细致的研究,像《吕氏春秋词汇研究》这样的著作是无法写出来的。我认为,我们要大力提倡这种踏踏实实的学风,尤其是在目前。

何 九 盈

1989 年 5 月 1 日

绪　论

汉语是世界上历史最悠久的语言之一。研究汉语的历史是一项十分艰巨的工作。汉语语音研究，从明代的陈第起，已经注意到“地有南北、时有更革”，知道从历史和方言角度去研究古音；清代学者顾炎武、江永，特别是乾嘉学者如段玉裁、孔广森、王念孙、江有诰等，从历史发展的角度研究古音已经达到相当高的水平。

汉语语义研究可以追溯到很早，战国时期的著作中已经出现对某些特殊语词的解释，如《左传·庄公三年》中说：“凡师，一宿为舍，再宿为信，过信为次。”战国后期产生汉初完成的《尔雅》，对前代及当时的大量语词分门别类地做了训释，除了对草、木、鸟、兽、虫、鱼等众多名物做了通俗的解释外，特别是对一般语词的解释，已经初步脱离了对单个词义的解释，而是把若干相同的词汇语义放在一起，用一个当时通用的语词去解释。这实际上就是现代人所说的同义类聚的研究。汉代出现了好几部关于词汇语义方面的著作，如扬雄的《方言》、许慎的《说文解字》、刘熙的《释名》等，这些著作或解释和比较各地区方言语词的意义，或通过字形构造解释语词的本义，或通过名物命名的缘由探寻语源。除此之外，汉唐很多著名学者如郑玄、高诱、孔颖达等对古籍做了很多注疏，他们在注疏中解释了大量的古代语词。这些著作和注疏都为我们研究汉语词汇语义打下了坚实的基础。我们要正视这笔遗产，要重视这笔遗产，要很好地继承这笔遗产，作为我们研究汉语词汇语义的宝贵财富。乾嘉学者在词汇语义研究方面也有一些不朽的著作，如段玉裁的《说文解字注》、王念孙的《广雅疏证》等，他们利用比较科学的方法研究词汇语义及其之间的联系，取得了前所未有的成绩。但是有意识地完全从历史的角度系统地研究还很不够，他们的研究还主要属于微观的研究，把词汇语义作为一个系统来研究还很不够。① 因此把汉语词汇语义作为一个系统去研究它的历史，还有非常繁复的工作要做。

汉语词汇语义研究的困难，主要在于汉语词汇非常繁复，历代都有大量新词新义不断产生，而这些新词新义产生于何时，难于确定，如果没有一种恰当的研究方法，终难避免言其有易，言其无难，更无法建立起科学的汉语词汇史的体系。从宏观上看，这种方法就是历史的方法，断代的方法，专书的方法。王力先生曾经说过，汉语史研究，首先要做专书的研究，这是基础，然后才有可能做断代的研究。周祖谟先生也曾明确指出："词汇是构成语言的材料，要研究词汇的发展，避免纷乱，宜从断代开始，而又要以研究专书为出发点。犹如清人研究古韵那样，先以《诗经》一书为起点，得其部类，然后旁及《楚辞》以相佐证，以确定韵部的分合，而后之人又从而逐渐加详加密，以臻完善。"②了一师、燕孙师的意见非常正

---

① 江沅在段玉裁《说文解字注·后叙》中说："许书之要，在明文字之本义而已。先生发明许书之要，在善推许书每字之本义而已矣。经史百家字多假借，许书以说解名，不得不专言本义者也。本义明而后餘义明，引申之义亦明，假借之义亦明。形以经之，声以纬之。凡引经以证者，于本义，于餘义，于引申，于假借，于形，于声，各有所之，罔不就理。"这里讲到了词义的系统性，而且认为分析词义的引申假借是段注的成就，但段注中具体分析词义的系统性还做得不够。

② 见周先生为拙著《吕氏春秋词典》所作序言。

确，为汉语词汇语义的历史研究确定了正确的方法，就是从断代入手，从专书入手，从词汇语义的各个方面，去解释它，去剖析它，写出专书词汇研究，进而写出断代词汇研究。

我们正是基于这样的思想，开始做《吕氏春秋》词汇语义研究的。我们把《吕氏春秋》作为专书词汇语义研究的首选书，主要是因为：

一、《吕氏春秋》成书年代确定无疑，这在先秦文献中几乎是绝无仅有的。《序意》中说："维秦八年，岁在涒滩，秋甲子朔。朔之日，良人请问十二纪，文信侯曰……"这里的秦八年，是吕不韦明确说明的写作《吕氏春秋》的年代，应该说是可信的。对于"秦八年"的解释，历来有一些不同的意见。首先是汉末的高诱注："秦八年，秦始皇即位八年也。"高诱是以在位君主纪年的。清人以历法推算，秦始皇八年是壬戌，而涒滩是指申年，所以不应当是秦始皇即位八年。孙星衍说："考庄襄王灭周之后二年癸丑岁至始皇六年，共八年，适得庚申岁，吕不韦指谓是年。"吕不韦于秦庄襄王元年（壬子）灭掉东周，名义上的周王朝不复存在，而从此后推八年为己未，不是庚申，所以孙星衍从秦灭东周的第二年算起。王念孙则认为，八字当是六字的讹误，实为秦始皇六年，即庚申岁。不管是哪一种说法正确，相差也仅在二三年之间。能够如此确切地知道成书年代，对于研究专书词汇语义来说是特别重要的。它可以避免很多材料真伪、年代先后的不必要的纷争。

二、《吕氏春秋》是战国末期的一部重要著作，它的词汇语义反映了周秦之交的词汇语义面貌。同时，它又是先秦与秦汉的一个过渡，具有承上启下的作用。比如很多战国末期以前不用而汉代常用的词或词义，都可以在《吕氏春秋》中找到。《说文》："屦，履也。"段玉裁注:"《易》、《诗》、三《礼》、《春秋传》、《孟子》皆言屦,不言履,周末诸子、汉人书乃言履。《诗》《易》凡三履,皆谓践也,然则履本训践,后以为履名,古今语异耳。许以今释古,故云,古之屦即今之履也。"《吕氏春秋》中"履"已有4次用作"屦"的意义,《分职》:"今民衣弊不补,履决不组。"又比如《诗经·小星》孔颖达疏:"今名曰被,古名曰衾。"先秦"被子"义皆用"衾",《吕氏春秋》始用"被",出现2次,《节丧》:"鞸马衣被戈剑。""遗老"一词,《吕氏春秋》首见,为前朝臣民的意义,《简选》:"进殷之遗老。"汉代以后则成为常用词。

三、《吕氏春秋》是用当时的通语写成,很有特色。《吕氏春秋》由吕不韦主持召集门下宾客集体编纂而成,书成之后,曾"布咸阳市门,县千金其上,延诸侯游士宾客有能增损一字者予千金"。吕不韦这个举动固然有其政治目的,但也表明,这部《吕氏春秋》是"诸侯游士"以及"市"人都能看得懂的,它所用的语言应该是各国基本行用的通语,词汇语义也是如此。比如《吕氏春秋》"到……去"的意思,主要用"往",而少用"适""逝"。《方言》一:"嫁、逝、徂、适,往也……逝,秦晋语也;徂,齐语也;适,宋鲁语也;往,凡语也。"《吕氏春秋》"逝"用2次,"适"用5次,而"往"用78次之多。可见《吕氏春秋》非常重视通语的运用。又比如《吕氏春秋》"长"义只用"长"不用"修(脩)",《方言》一:"脩、骏、融、绎、寻、延,长也。陈楚之间曰脩,海岱大野之间曰融,自关而西秦晋梁益之间,凡物长谓之寻。""脩"是陈楚方言,《淮南子》表示"长"义,只用"修(脩)"不用"长",一般认为是避刘安之父刘长的讳,大概也不尽然,这里恐怕也是运用楚方言的缘故。秦晋梁益之间用"寻",《吕氏春秋》不用,只用"长","长"是通语。又比如,《方言》:"逢、逆,迎也。自关而东曰逆，自关而西或曰迎，或曰逢。”《说文》：“逆，迎也。关东曰逆，关西曰迎。”《吕氏春秋》在“迎接”义上，只用“迎”不用“逆”。用“迎”达 16 次之多，而“逆”一次也没用（“逆”多用于“背逆”义，只 2 次用于“迎击”义）。“迎”是关西方言，而且已经进入通语。《左传》产生于战国初期，“迎”“逆”的运用正好与《吕氏春秋》相反，《左传》中用“逆”多达 130 余次，而“迎”只用 2 次。这一方面说明《左传》产生于关东地区，另一方面也说明“迎”在当时还没有进入通语。

从《吕氏春秋》用词的情况，也可以看出，《吕氏春秋》虽然成于众人之手，但是一定经过主编人统一过。《吕氏春秋》的执笔人，都是吕不韦的门客，这些门客来自各国，所操语言应该是不尽相同的，但是用词上表现出惊人地一致。如上面所举的例子，“长”义皆用“长”字，无一例用“修（脩）”者；“迎接”义 16 次用“迎”，无一例用“逢”字，“逢”也是关西方言，但无一用例，是很说明问题的。又比如“借用”义，《吕氏春秋》中只用“假”，有 13 次之多，而“借”一次也没有用。“怨恨”义，《吕氏春秋》只用“怨”，有 38 次之多，而“恨”一次也没有用。历来有人认为，《吕氏春秋》是吕不韦的门客所作，吕不韦只是凭权势挂名而已。我们已有另文从思想上论证《吕氏春秋》体现了吕不韦的思想，从这里也可以看出吕不韦确实统一过全书。

四、《吕氏春秋》的词汇十分丰富，全书有单音词 2972 个，复音词 2017 个，总共近五千词。单音词中，名词最多，达 1207 个，动词次之，有 1084 个，形容词又次之，有 470 个，其他类词有 211 个。在语言运用和语言表达上，动词居于中心的地位。动词的运用跟语言表达的准确、生动关系极大。《吕氏春秋》动词非常丰富，光是表示徒手的动作的词就有42个，如：把（握）、操（拿着、握着）、捉（握着）、扶（搀扶）、携（手拉着）、抚（抚摸）、搏（抓住）、捽（揪住头发）、抱（抱着）、拊（轻拍）、扣（拉住）、控（勒住）、援（攀拉）、曳（向后拽）、推（手向外或前用力使物移动）、指（用手指向）、据（用手撑着）、拔（向外抽）、抽（把细长的东西从里边拽出来）、插（把细或薄的东西扎进去）、搢（插）、投（掷）、扬（把东西撒向空中）、抑（向下按）、摇（用手晃动）、掣（拉、拽）、牵（拉、牵引）、引（拉、牵引）、采（采摘）、结（用手打结）、解（用手解开结）、奉（双手捧着）、拱（两手合围）、揖（拱手行礼）、举（举起）、释（放下）、折（折断）、择（用手挑选）、抿（用手擦）、攘（捋起衣袖）、攫（用手抓取）、捆（用手砸，使之坚固）等。① 《吕氏春秋》保留了大量的古代文化，有音乐、教育、养生、战争、天文、地理、阴阳五行、丧葬习俗以及农学等等。多方面的文化，必须有多方面的语言词汇来表现，《吕氏春秋》记载古代文化的词汇很多，如天文学中的二十八宿的名称：角、亢、氐、房、心、尾、箕、斗、牵牛、婺女、虚、危、营室、东壁、奎、娄、胃、昴、毕、觜巂、参、东井、鬼、柳、七星、张、翼、轸。传世文献中，《吕氏春秋》是第一次全面完整地记载了这些名称。② 音乐中的十二律的名称：黄钟、大吕、太蔟、夹钟、姑洗、仲吕、蕤宾、林钟、夷则、南吕、无射、应钟，及与五行木火土金水相配的五帝（太皞、炎帝、黄帝、少皞、颛顼）、五神（勾芒、祝融、后土、蓐收、玄冥）、五虫（鳞、羽、倮、毛、介）、五音（角、

① 例句均参见张双棣等《吕氏春秋词典》，山东教育出版社，1993年。

② 随县曾侯乙墓出土有四象图，其中有二十八宿的名称。

徵、宫、商、羽)、五味(酸、苦、甘、辛、咸)、五色(青、赤、黄、白、黑)、五臭(膻、焦、香、腥、朽)、五脏(脾、肺、心、肝、肾)、五穀(麦、黍、稷、麻、菽)、五畜(鸡、羊、牛、犬、豕)等名称都成套地出现了。复音词占到全部词汇的四成,除大量的专有名词外,还有相当数量的普通名词,其中有不少新产生的词,如"音乐""遗老"等等。如此丰富的词汇是我们研究战国末期词汇语义的极其珍贵的资料。

我们所采用的《吕氏春秋》版本,是以清乾隆五十四年毕沅《吕氏春秋新校正》为底本,参照元、明十四种版本重新校订的本子,这十四种元、明版本如下:

1. 元至正嘉兴路儒学刊本	国家图书馆藏
2. 明弘治十一年李翰刻本	国家图书馆藏
3. 明嘉靖七年许宗鲁刻本	国家图书馆藏
4. 明万历已卯张登云校本	北京大学图书馆藏
5. 明万历已卯姜璧重刻本	北京大学图书馆藏
6. 明万历宋邦乂等校本	北京大学图书馆藏
7. 明万历宋启明刻本(仅十二纪)	北京大学图书馆藏
8. 明万历丙申刘如宠刻本(见《百子全书》)	北京大学图书馆藏
9. 明万历乙巳汪一鸾刻本	国家图书馆藏
10. 明万历庚申凌稚隆套印本	国家图书馆藏
11. 明朱梦龙刻本	北京大学图书馆藏
12. 明黄之寀刻本	北京大学图书馆藏
13. 明天启吴勉学刻本	国家图书馆藏
14. 明崇祯七年王锡衮刻本	国家图书馆藏

校勘工作对语言研究是很重要的基础工作,必须亲自动手做

校勘工作。这样做虽然费时费力，但只有这样才可以避免讹误，而讹误是语言研究十分忌讳的。比如《战国策·秦策四》"山东之建国可兼与"，鲍彪本及明代坊间刻本"建"作"战"，今人诸祖耿《战国策集注汇考》依鲍本改"建"为"战"，何建章《战国策注释》也将"建"改为"战"。是否该改，研究过"建国"一词之后就会得出结论。《左传》中已有"建国"连文的，《桓公二年》："天子建国，诸侯立家。"但还是动宾词组，不是一个词。《荀子》中则有"建国诸侯"连文者，《王霸》："建国诸侯之君分土而守"，这时的"建国"已经是一个名词性的复音词。《吕氏春秋》中"建国"则已是地地道道的复音词了，《悔过》："夫秦非他，周室之建国也。""建国"一词是"诸侯"的意义。《史记》中"建国"一词用例渐多，共出现5次，如《孝文本纪》："朕闻古者诸侯建国千余，各守其地。"《陈杞世家》："卒为建国，百世不绝。"《田儋列传》："齐，古之建国。"《苏秦列传》："山东之建国，莫强于赵。"《战国策》中除《秦策四》1例外，《赵策二》："山东之建国，莫若赵强。"可见《秦策四》的"建国"是正确的，"建"不应改为"战"。又比如《淮南子·原道》有一句话："末世之御，虽有轻车良马，劲策利锻，不能与之争先。"高诱注："策，箠也；锻，末之鍼也。"有的《译注》本将"锻"字注成"马棰末端的刺针"。"锻"字怎么会有"马棰末端刺针"的意义呢？《译注》本是根据高诱的注，是不是高诱注错了？不是，这是一个误字。明代王溥刻本等几个版本不是"锻"字，是"錣"字。王念孙说：刘本是。錣谓马策末之针，所以刺马者也。《说文》："笍，羊车驺箠也，箸箴其耑，长半分。"字又作錣。《玉篇》："錣，针也。"《道应篇》："白公胜到杖策，錣上贯颐。"注云："策，马棰。端有针，以刺马，谓之錣。"《氾论篇》："是犹无镝衔策錣而御馯马也。"注云："錣，檇头箴也。"（《说文》："檇，箠也。"）……錣为策末之箴，故劲策与利錣连文。今本錣作锻，则义不可通矣。①王念孙的意见完全正确。既有版本根据，又有旁证，应该将“锻”校正为“錣”。从这两个例子可以看出，校勘对于语言研究，尤其是词汇语义研究，是何等地重要。

研究专书的词汇语义，应该将微观研究与宏观研究紧密结合起来，以微观研究为基础，以宏观研究为主体。所谓微观研究，是确定每一个词在该书中所表现出来的每一个意义，这是专书词汇语义研究中最重要的基础工作。确定词的意义，要立足于语言材料本身，也就是说，我们必须客观地细心地去体会古人所要表达的意思，而不能主观地认为古人表达了什么意思，不能将某一个意义强加给古人。这是最重要的。否则，一系列的错误如望文生义、违背历史观点、忽视语义的社会性原则等都会出现。在客观体会古人所表达的意义的时候，应该注意充分地吸收前人的研究成果，尤其是汉唐人的注疏，像《吕氏春秋》的高诱注，因为他们去古未远，体会古人的意思更接近古人。清人的研究成果也应该重视，特别是乾嘉的重要学者如段玉裁、王念孙等的研究成果以及其他相关的研究成果，这对于我们准确地体会和理解语义是很有帮助的。

所谓宏观研究，是对词汇的各个方面进行系统的研究，其中最重要的是词汇的构成和词的语义系统。词汇的构成可以从不同角度去分类，可以分为基本词和非基本词，单音词和复音词等等。基本词是语言中最稳固的部分，它们虽然在语言的发展中也有变化，但这种变化一般是其非主要意义的变化，并不影响该种语言的继

---

① 参看张双棣《淮南子校释》，北京大学出版社，1997年。

承关系。非基本词随着社会的发展、时代的变化而发展变化着，这种变化时快时慢，有新生也有消亡，体现着一种语言在继承基础上的不断发展。词汇系统主要体现在词义的历时关系和词义的共时关系以及词义与词的结合上。词义的历时关系，主要表现为词义的引申系统，一个词由本义通过各种方式引申出不同的引申义，使一个单义词变成为一个多义词，词的多义性是语言词汇发展成熟的标志。确定词的本义及各引申义产生的方式和时代，是研究的重要内容。确定各引申义产生的时代要靠与前代语言材料作历史的比较，这种比较不应该是泛泛的，而应该是以穷尽性的考察为依据。比如研究《吕氏春秋》的词汇要比较前代的典籍如《尚书》《诗经》《论语》《左传》《孟子》等，有时为了验证，也要考察大约同时代的典籍如《韩非子》等。为了看出发展，后代的典籍如《淮南子》《史记》《汉书》等有时也需要考察。这种方法同样适用于新产生的词语的考察。词语的新生与消亡，也是词汇系统历时变化的重要方面。词义的共时关系，主要表现在词义的聚合关系上，即词义的同义聚合和词义的反义聚合。考察词义的聚合关系必须把这些词义放在同一个历史平面上，因为聚合群体中的个体也随词义的发展而变化着。这种变化也反映了词汇系统的变化。考察词义的聚合关系，可以了解词义的相同与对立，大同与微殊，找出同义词、反义词的特点。另外，同源词研究也是研究词汇系统的重要内容，它可以通过共时的比较看出历时的演变。

语言中词汇不是孤立的，它与语音、语法有着密切的联系，因为词本身就是声音、意义、语法范畴的结合体。王力先生曾经指出："词是极端复杂的一种语言现象，它是意义、声音和形态结构的整体。我们如果不全面地研究这三方面的因素，我们就不能发现一个词的特征。”①我们研究词汇要始终贯彻这个原则。词的组合关系是一种词义的搭配关系，或者说是词义的语法结合。这种组合关系可以使词义产生变化，或者使词的语法类别产生变化，甚至产生新词。研究词的组合关系是词汇语义研究的重要方面，应该予以重视。语言与它的书写符号——文字，本来是两个概念，不过记录汉语的汉字有其不同于其他文字的特殊性，这种特殊性表现在汉字与汉语有着极其密切的关系。汉字是表意体系的文字，字形可以直接体现意义，众多的同音词，有时要靠字形去区别它们的意义。通假现象更是汉字与汉语密切关系的一种表现。因此我们研究汉语词汇语义不能不注意到汉字。从古代汉语专书语言词汇研究来说，尤其离不开汉字，古代典籍都是靠汉字记录下来的，没有汉字，没有传承至今的汉字，古代汉语的研究恐怕势同登天。

研究专书的词汇语义，材料是封闭的，因此有可能进行穷尽性的定量统计。定量统计是定性分析的基础。穷尽性的定量统计可以避免泛泛而谈，做到言之有据。穷尽性的定量统计要求统计数字必须准确无误，这样得出的结论才能正确可靠。这种穷尽性的定量统计应该是全面的、完整的，而不能是随意的。也就是说，从各类词如单音词、复音词的数量，到每个词每个意义的数量，凡是所论述到的内容都应该有穷尽性的统计数字作为基础。比如我们统计《吕氏春秋》的单音词有 2972 个，复音词有 2017 个，单音词中表现为单义的有 1691 个，多义的有 1281 个，多义词中每个意义各出现多少次，情况如何，都要有穷尽性的统计；复音词也是如此，从单义、多义，到结构方式，都要做穷尽性的统计分析；同义词、反

---

① 见《汉语史稿》上册，中华书局，1980 年，16 页。

义词等莫不如此。当然，一部专书的语言材料有其局限性，通过一部专书的考察所得到的统计数字和分析结果，可能是不全面的，甚至有片面的地方，比如某个词在《吕氏春秋》中表现为单义，不一定在整个先秦时代都是单义的。但是这也无妨，如果我们将某一时代的著作一部一部地都这样做过穷尽性的统计分析，综合起来，这一时代的词汇语义的面貌就可以完整地、清晰地勾勒出来了。如果进而将每个时代的情况贯穿起来，理清发展脉络，就可以对整个汉语词汇语义发展的历史有一个全面而完整的认识了。

壹 《吕氏春秋》的字和词

一

字和词，一般认为，是两个不同范畴的概念。字是文字，是记录语言的书写符号单位，词则是有声语言中有意义的能够独立运用的最小的语言单位。我们研究词汇，首先要把字和词区分开。这个问题看似简单，在汉语研究中，却是一个十分棘手而一直困扰着的问题。

我们这里不打算对词的同一性做专门的理论探讨，只是为讨论《吕氏春秋》的字和词的关系确立一些基本的标准和原则，并用这些标准和原则来分析《吕氏春秋》所收字词的情况。

一种语言字和词的对应关系有其自己的特点，研究汉语字和词的关系要从汉语的实际出发，研究上古汉语字和词的关系，要立足于上古汉语，要充分考虑上古汉语自身的特点，不能用别的什么往上古汉语上去套。这是我们研究这个问题首先要确立的基本原则。

汉语是语义型语言，尤其是上古汉语，是典型的单音节语，汉字是适应这种单音节语的需要而创制的一种书写符号。汉语与汉字有着密不可分的关系。汉字初创时期，一个汉字表示一个语言中的词，字和词是重合的。但由于语言的发展，词义的引申以及文字的假借，一个汉字和一个词逐渐不能完全重合，而出现一些错综复杂的关系。在字和词的种种关系之中，存在争议最多的是，同一个汉字是表示一个词还是两个或两个以上的词。

词是语言中声音、意义及语法范畴的结合体。在三者之中，意义是核心，声音与语法范畴是外在的形式。我们考虑一个字是一个词还是几个词，应该三者综合考虑，同时要加上字形的因素，因为在确定上古汉语字词关系时，字形是重要因素。

确定字词关系，意义因素是最重要的因素，是首先要考虑的。一个汉字，字典上罗列出若干意义，这些意义是属于同一个词呢，还是属于不同的词？根据什么来确定呢？吕叔湘先生曾说过："一个语素可以有几个意思，只要这几个意思连得上，仍然是一个语素……如果几个意思连不上，就得算几个语素。"吕先生讲的是语素，也完全适用于词。几个意义有联系，就应该看作一个词的几个义位，而不应看作不同的词。在上古汉语，这一点特别重要，必须十分明确。比如：

"新"在《吕氏春秋》中有三个义位：

①新的，与旧相对。《忠廉》："夫为故主杀新主，臣以为不义。"

②更新。《先己》："精气日新，邪气尽去。"

③刚刚。《不屈》："人有新取妇者，妇至，宜安矜烟视媚行。"

这三个意义有联系，应该看作一个词的三个义位，不应看作三个不同的词。

"尊"在《吕氏春秋》中有三个义位：

①酒器。《情欲》："尊，酌者众则速尽。"

②尊贵。《恃君》："有力者贤，暴傲者尊。"

③尊重。《劝学》:“疾学在于尊师。”

后两个意义之间的联系比较明显,前一个意义与后两个意义之间的联系不那么明显,似乎看不出什么联系。其实它们之间是有联系的,段玉裁《说文解字注》云:“郑注《礼》曰:‘置酒曰尊。’凡酌酒者必资于尊,故引申以为尊卑字,犹贵贱本谓货物而引申之也。”许慎《说文》“尊”[①]字条说:“《周礼》六尊,牺尊、象尊、箸尊、壶尊、大尊、山尊,以待祭祀宾客之礼。”因以“尊”待祭祀宾客之礼,故引申为“尊贵”之义,应该是很自然的。“尊”的三个意义是一个词的三个义位。

有人将“兵”看作两个词,一个词是“兵器”的意义,一个词是“士兵”的意义。其实,这两个意义之间的联系十分明显,由“兵器”引申为“拿兵器的人,即士兵”,是直接的近引申的关系,这两个意义至多只能算是一个词的两个义位。这种把一个“兵”看作两个词的做法,完全脱离了上古汉语的特点和实际情况。这样一来,上古汉语词义被弄得支离破碎,上古汉语词的面貌被弄得一团模糊。

语法范畴在这里主要指词类,它与意义有着密切的联系。在判断一个新词形成的过程中,它应该起什么作用?我们觉得,不能因为词类一变化,就认为一个新词产生了。词类变化,主要是语义类型发生了变化,表示名物意义的词表示了行为的意义,表示行为意义的词表示了名物的意义,或者是表示性状意义的词表示了行为或名物的意义,等等。这种种变化,意义上的联系,一般都十分密切,有的甚至只是一种临时用法,在声音、字形没有变化的条件下,我们要承认词类的活用和兼类。承认兼类和活用是区分汉语

---

① 《说文》以“䮶”为正体,以“尊”为异体。

词类的重要条件，词的兼类和活用是古代汉语的重要特点。

词类活用和兼类，既有联系，又不相同。所谓词类活用，是就某一固定词类中的个别临时用法而言。比如，“耳”“目”作为“听觉器官”“视觉器官”的意义，都是名词，但是，它们偶尔也有动词的用法，表示“用耳听”“用眼看”的意义。在《吕氏春秋》中，“耳”“目”作为“耳朵”“眼睛”的意义，各出现70次，可以作主语、宾语、定语的中心语，根据它们的意义和语法功能可以确定是名词。同时，“耳”“目”各有5次可以作述语带宾语，具有了动词的功能，相应地，意义也发生了变化，表示“用耳听”“用眼看”的意义，《知度》:“吾举登也，已耳而目之也。”“用耳听”“用眼看”的意义是“耳”“目”的临时意义，承载这个临时意义的动词的用法，是词类的临时用法。这种词类活用的情况在上古汉语中是很多的，《吕氏春秋》中有词类活用的词就有309个。词类活用的经常化和固定化，即可形成兼类。一般的兼类都经过活用的阶段。“王”本指“天子、帝王”，是名词，偶尔用作动词，义为“称王、统治天下”。《诗经》用作名词“帝王”义118次，用作动词“称王”义仅2次，这是活用。到战国末期，动词“称王、统治天下”义用得越来越多，《吕氏春秋》已达63次，这说明“王”的“称王、统治天下”义已形成固定的意义，同时，也形成固定的动词词类，因此应该说“王”已经兼有名词、动词两类了。如何判断是活用，还是兼类，主要看使用频率。两种词类使用频率都很高，就应认为是兼类。当然这种使用频率不能只局限于一部书，而应是同一个时代，有时还要兼顾到历史的发展。比如“寇”，本义是“入室抢劫”，《诗经》中“寇”出现7次，6次是动词，义为“抢劫、掠夺”，1次是名词，义为“盗匪”。《诗经》时代，名词“盗匪”义应是活用。《吕氏春秋》中“寇”出现27次;26次是名词，义为“入侵之敌”，1 次是动词，义为“劫掠”。若仅从《吕氏春秋》考虑，动词义似是活用。然而考虑了《诗经》之后，应该认为“寇”兼有名词、动词两类，是兼类词。

不管是活用，还是兼类，都是一个词内部的事，不是两个词。

汉语词的分类本有不同的层次，名词、动词、介词、连词之类处于中间层次，其上层还有实词、虚词之分。实词主要表示词汇意义，虚词主要表示语法意义。有些字，既表示实词，又表示虚词，一般来说，应该看作不同的词，因为其意义或没有联系，或看不出联系。比如“耳”，一类为名词“耳朵”，一类为语气词，这两个意义没有丝毫联系，应是一种假借关系。“以”，一类表示动词“用”，一类是连词，这两个意义已看不出联系，因引申关系过远。有些字，作为虚词，与实词的意义联系很明显，如介词几乎都是从动词演化而成，与同形的动词意义联系密切，而且保存有动词的部分功能。这样，介词与同形动词应属于同一词内的兼类。有些字，同属两类虚词，我们一般把它看作两个词，而不是兼类，这是因为每一类所表示的语法意义各有不同。

判定一个字代表一个词还是两个词，读音也是重要因素。人们是通过声音去感知意义的。词义发生引申之后，如果表示这一引申义产生了新的不同于原义的读音，就说明这一意义已从原词中脱胎分离出来，形成一个新词。如：

“长”，本义是“长短之长”，甲骨文中用人的长髮来表示。后来引申出“生长”的意义，所谓“生长”，也就是“逐渐加长”的意思。这两个意义有着明显的联系，是一个词的两个义位。“生长”及其引申义“增长、年长、长辈”等，与“长短之长”及其引申义“长久、长处”等声音发生了变化。“长短之长”等义读阳部定母，“生长”等义读阳部端母，这说明“生长”等义已经从原词中分离出来，形成了一个新词。

“朝”，本义是“早晨”，甲骨文用草丛中日月同时出现来表示。后来引申出“早晨拜见君主，即朝见”的意义，又由此引申出“朝见君主的地方，即朝廷”的意义。这几个意义应是一个词内的几个义位。由于“朝见、朝廷”的意义改变了读音，不再读端母宵部，而读定母宵部，从而成为不同的两个词。

在上古汉语中，所谓声音变化，主要是指声母和韵部的变化。上古音研究表明，同一个汉字，根据同谐声者必同部的原则，除少量对转的情况，一般是不会出现在两个不同的韵部之中的(假借除外)。这样一来，就主要是声母的不同了。上古汉语声母研究是很不够的，除了钱大昕“古无轻唇音”“古无舌上音”等被大家公认之外，基本是中古声母的上推，可据以确定词的分化的声音的变化并不很多。《吕氏春秋》所见，如：

造^1—往、到，清，宵；　造^2—开始、制造，从，宵。

乐^1—快乐，来，沃；　乐^2—音乐，疑，沃。

断^1—砍断，定，元；　断^2—决断，端，元。

分^1—分别，帮，文；　分^2—职分，並，文。

这些并不影响意义联系作为判定词的主要标准。

还有一个所谓四声别义的问题。有人称之为变音构词。声调的问题比较复杂，上古声调更是众说纷纭的事，或者说，汉语声调何时产生，先秦时代发展到什么程度，都是有待进一步研究的。我们姑且认为清儒段玉裁古无去声说有其合理性，王力先生入声分长短是可能的。所谓四声别义，就是用四声的变化来区分意义。先秦汉语没有去声，这种现象就没有存在的基础，清儒顾炎武、钱大昕、卢文弨、段玉裁都认为汉以前不存在所谓四声别义现象。周祖谟先生认为,用去声区别意义的现象产生于后汉。周先生发现,汉末郑玄、高诱等人的注释中已有"阴读为依廕之廕""渔读如论语之语"的说法,汉末人已在用声调的变化主要是去声来区别意义。汉末人为什么选择去声作为区分意义的标志?这大概是因为去声是一个新产生的声调,而这个声调对人们有一种新鲜感,用这个声调作为区别词义的标志,容易引起人们的重视。这种用去声辨别意义是否应认为形成一个词,我们不拟讨论,因为我们研究的先秦时代的《吕氏春秋》的词义不存在这样的问题。

上古汉语字和词的关系中,字形也是一个重要因素。如果一个词的某一个引申义,古代另造了一个字形表示它,这时,一般来说,它已经形成了一个新词。比如"取"引申有"娶妻"的意义,用同一个字形"取"表示时,这一意义是同一个词的不同义位。后来为"取"的"娶妻"义造了一个"娶"字。① 这样,"娶"和"取"在"娶妻"义上,或者可以认为是同一个词,但是"取"的意义很广泛,而"娶"的意义很单一,就这两个字所表示的词来说,应该是两个词。如果认为是同一个词,那是讲不通的。我们说,"娶"字的产生,说明古人认为"娶妻"义已作为新词从"取"中分离出来,已经自立门户。此后,如果不是存古,"娶妻"应该用"娶"。古籍中"娶妻"义用"取"是一种存古的形式。这种情况说明,表意的汉字与语义型的汉语的一种特殊关系。我们判断一个字是否代表一个词,应该特别尊重这种特殊关系。

总之,我们认为,只要意义有联系,而声音与形体又没有变化,

① "娶"字其实产生很早,甲骨文中就有。

就应该认为是同一个词。

二

依以上的标准，我们可以看出，《吕氏春秋》中存在着同字异词的现象。同字异词包括两种情况，一种是同形同音词，这类为数甚多。如：

"而"字表示4个词：①动词，如同、好像。《分职》："食棘之枣，衣狐之皮，先王固用非其有而已有之。"②代词，你（你们）。《孝行》："善乎而问之。"③连词。《贵因》："如秦者立而至，有车也。"④语气词。《当务》："子，肉也；我，肉也；尚胡革求肉而为？"

"耳"字表示2个词：①名词，耳朵。《自知》："恐人闻之而夺己也，遽揜其耳。"②语气词。《忠廉》："士患不勇耳，奚患於不能？"还有：

子，名词、名词；　心，名词、名词；　房，名词、名词；
已，代词、名词；　兹，名词、代词；　所，名词、代词；
女，名词、代词；　身，名词、代词；　乌，名词、代词；
侯，名词、代词；　今，名词、连词；　则，名词、连词；
辛，名词、名词；　是，形容词、代词；　苟，形容词、连词；
诸，形容词、代词；　危，形容词、名词；　虚，形容词、名词；
昌，形容词、名词；　乃，代词、副词；　斯，代词、副词；
者，代词、语气词；　訾，动词、叹词；　已，动词、语气词；
訾，动词、叹词；　惟，动词、副词；　弥，动词、副词；
予，动词、代词；　孰，动词、代词；　及，动词、连词；

宿,动词、名词； 张,动词、名词； 扬,动词、名词；
挚,动词、名词； 暴,动词、形容词； 既,副词、连词；
乎,介词、语气词； 自,代词、介词； 辟,名词、动词；
师,名词、名词(专)； 枝,名词、名词(专)； 戎,名词、名词(专)；
巍,名词、名词(专)； 贾,名词、名词(专)； 铎,名词、名词(专)；
羽,名词、名词(专)； 曹,名词、名词(专)； 陶,名词、名词(专)；
卯,名词、名词(专)； 尾,名词、名词(专)； 师,名词、名词(专)；
丙,名词、名词(专)； 原,名词、名词(专)； 国,名词、名词(专)；
墨,名词、名词(专)； 夏,名词、名词(专)； 孙,名词、名词(专)；
曹,名词、名词(专)； 汤,名词、名词(专)； 跖,名词、名词(专)；
燕,名词、名词(专)； 璜,名词、名词(专)； 氏,名词、名词(专)；
毂,名词、名词(专)； 管,名词、名词(专)； 翼,名词、名词(专)；
胃,名词、名词(专)； 荆,名词、名词(专)； 蒲,名词、名词(专)；
虎,名词、名词(专)； 衔,名词、名词(专)； 阖,名词、名词(专)；
陶,名词、名词(专)； 黄,名词、名词(专)； 铸,动词、名词(专)；
回,动词,名词(专)； 夷,动词、名词(专)； 随,动词、名词(专)；
屈,动词、名词(专)； 卫,动词、名词(专)； 匡,动词、名词(专)；
延,动词、名词(专)； 施,动词、名词(专)； 济,动词、名词(专)；
申,动词、名词(专)； 登,动词、名词(专)； 瞻,动词、名词(专)；
许,动词、名词(专)； 诎,动词、名词(专)； 赞,动词、名词(专)；
赦,动词、名词(专)； 辨,动词、名词(专)； 铸,动词、名词(专)；
随,动词、名词(专)； 何,代词、名词(专)； 胡,代词、名词(专)；
高,形容词、名词(专)； 魁,形容词、名词(专)；
齐,形容词、名词(专)； 宽,形容词、名词(专)；
弱,形容词、名词(专)； 桀,形容词、名词(专)；

温,形容词、名词(专); 炎,形容词、名词(专);
卯,名词(专)、名词(专); 氏,名词(专)、名词(专);
宰,名词(兼动)、名词; 方,动词(兼介名)、副词;
纵,动词(兼名)、连词; 使,动词(兼名)、连词;
于,动词(兼介)、语气词; 如,动词(兼介)、连词;
象,名词、动词(兼名); 道,名词(兼动)、介词;
卒,名词、动词(兼副); 因,动词(兼介)、连词;
官,名词(兼动)、名词; 故,名词(兼形)、连词;
於,动词(兼介)、语气词; 解,动词(兼名)、形容词;
固,形容词(兼副)、连词; 恶,名词(兼形动)、动词;
用,动词(兼介)、连词; 视,动词(兼名)、名词(专);
完,形容词(兼动)、名词(专); 意,名词(兼动)、名词(专);
幽,动词(兼形)、名词(专); 厉,动词(兼形名)、名词(专);
息,动词(兼名)、名词(专); 易,动词(兼形)、名词(专);
书,动词(兼名)、名词(专); 视,动词(兼名)、名词(专);
贾,动词(兼名)、名词(专); 赐,动词(兼名)、名词(专);
陈,动词(兼名)、名词(专); 危,形容词(兼动)、名词(专);
虚,形容词(兼副)、名词; 高,形容词(兼名)、名词(专);
其,代词、连词、语气词; 之,动词、代词、连词;
有,动词、副词、连词; 夫,名词、代词、语气词;
且,副词、连词、语气词; 唯,动词、副词、连词;
或,代词、连词、语气词; 焉,代词、连词、语气词;
然,形容词、代词、连词; 若,动词、代词、连词;
成,动词、量词、名词(专); 越,动词、名词、名词(专);
盖,名词(兼动)、连词、语气词; 质,形容词、名词、名词(专);

微,形容词(兼动)、副词、连词； 为,动词(兼介)、连词、语气词；
以,动词(兼介)、代词、连词； 田,名词(兼动)、动词、名词(专)；
将,动词(兼名)、副词、连词； 故,名词(兼形)、副词、连词；
由,动词(兼介)、名词(专)、连词； 毕,动词(兼副)、名词、名词(专)；
武,形容词(兼名)、名词(专)、名词(专)；周,动词(兼副)、名词(专)、名词(专)；
丹,名词、名词(专)、名词(专)； 文,名词、名词(专)、名词(专)；
丘,名词、名词(专)、名词(专)； 商,名词、名词、名词(专)、名词(专)；
梁,名词、名词(专)、名词(专)、名词(专)； 角,名词、名词(专)、名词(专)、动词；
无,动词、副词、连词、语气词； 与,动词(兼介)、连词、语气词、叹词。

这类同形同音词之间,一般没有意义上的联系,都是由于同音假借而形成。

另一种是同形不同音词,这包括两种情况：

1. 由于词义引申分化而形成,上文说到的“朝”“长”等属于这种情况,还有：

徵¹(端母蒸部,动词,索求等), 徵²(端母之部,名词,五音之一)；
亢¹(见母阳部,名词,星宿名), 亢²(溪母阳部,动词,抵御)；
共¹(见母东部,动词,供给等), 共²(群母东部,动词兼副词)；
分¹(帮母文部,动词,分开等), 分²(並母文部,名词,名分)；
别¹(帮母月部,动词,分别), 别²(並母月部,动词,离别)；
大¹(定母月部,形容词、副词), 大²(透母月部,副词,过分)；
女¹(泥母鱼部,名词,女子), 女²(日母鱼部,代词)；
屏¹(帮母耕部,动词,掩蔽), 屏²(並母耕部,名词,屏障)；
属¹(照母屋部,动词,连接等), 属²(禅母屋部,名词,下属)；
乐¹(来母沃部,形容词,快乐), 乐²(疑母沃部,名词,音乐)；
父¹(帮母鱼部,名词,老者尊称), 父²(並母鱼部,名词,父亲)；

省^{1}(山母耕部,动词,节省), 省^{2}(心母耕部,动词,察看等);

背^{1}(帮母职部,名词,脊背), 背^{2}(並母职部,动词,违背等);

臧^{1}(精母阳部,名词,奴隶), 臧^{2}(从母阳部,动词,藏匿);

华^{1}(晓母鱼部,名词,花), 华^{2}(匣母鱼部,形容词,繁茂);

菑^{1}(庄母之部,动词,植物枯死), 菑^{2}(精母之部,名词,灾害);

见^{1}(见母元部,动词,看见等), 见^{2}(匣母元部,动词,显露);

说^{1}(审母月部,动词,解释等), 说^{2}(喻母月部,动词,高兴);

识^{1}(审母职部,动词,知道等), 识^{2}(照母职部,动词,记);

费^{1}(滂母物部,形容词兼动名), 费^{2}(帮母物部,专名);

质^{1}(端母质部,动词,抵押等), 质^{2}(照母质部,形容词,素朴等);

造^{1}(清母幽部,动词,到), 造^{2}(从母幽部,动词,制造);

还^{1}(匣母元部,动词,回来), 还^{2}(邪母元部,动词,掉转等);

参^{1}(山母侵部,名词,星宿名), 参^{2}(心母侵部,数词),

参^{3}(清母侵部,动词,检验)。

2. 由于假借而形成,如“亡”字表示3个词,亡^{1},义为“逃亡”,读明母阳部合口,《异宝》:“五员亡,荆急求之。”亡^{2},义为“无”,读明母鱼部,《别类》:“小有之不若其亡也。”亡^{3},义为“结盟”,读明母阳部开口,《慎行》:“毋或如齐庆封,弑其君而弱其孤,以亡其大夫。”亡^{2}、亡^{3} 所表示的词的本字分别是“无”和“盟”。

除同字异词之外,《吕氏春秋》中还存在异字同词的现象,主要包括两种情况:一种是异体字,一种是假借字。

异体字,《吕氏春秋》中共出现39个,如“畮”“畞”。《说文》:“畮,六尺为步,百步为畮,秦田二百四十步为畮。从田每声。畞,畮或从十久。”(《说文》这里讲的不是畮的本义,畮的本义是田垄)《辩土》:“故畮欲广以平,甽欲小以深。”《任地》:“上田弃畞,下田弃畂。”“畮”“畝”表示一个词。

假借字,《吕氏春秋》中共出现 173 字,如“炙”“跖”。“炙”的本义是烤肉,《说文》:“炙,炮肉也。”(段玉裁据毛传改为“炙肉也”)借为“跖”,指动物的脚掌,《本味》:“肉之美者,猩猩之唇,貛貛之炙。”王念孙曰:“炙读为鸡跖之跖。”“跖”在《吕氏春秋》中出现 2 次(不包括人名),《用众》:“善学者,若齐王之食鸡也,必食其跖数千而后足。”“炙”与“跖”在这里代表一个词。

关于异体字和通假字的情况将在“《吕氏春秋》的书写形式”一节中详细说明。

※　※　※　※　※　※　※

通过对《吕氏春秋》字和词的全面分析,《吕氏春秋》共出现单字 3016 个,其中单独成词的字有 2728 个,不能单独成词的字有 275 个,不明音义的字有 13 个。同形词 249 个,假借字 173 个,其中没有出现同形词的有 43 字,本字没有出现的 62 字,另有异体字 39 个。总合《吕氏春秋》中共有单音词 2972 个。

贰 《吕氏春秋》的基本词

基本词和常用词是人们从不同角度观察语言词汇所得出的既有联系又不相同的两个概念。

基本词是语言词汇的核心，一般认为，基本词具有三方面的特点：一是为全民所常用，二是在历史发展过程中具有稳固性，三是具有较强的构词能力。

基本词在不同的民族语言中是不同的，汉语有汉语的基本词，俄语有俄语的基本词。同一种民族语言在它的不同发展时期，基本词也是有变化的，比如现代汉语的基本词，跟先秦汉语的基本词就不尽相同。不过，不同历史时期基本词的变化远比一般词的变化小得多，这就是它的稳固性的所在。

语言中的基本词和一般词，时代越久远，它们的差距就越小。原始时代的语言，大概很难分清基本词和一般词的界限。王力先生说："甲骨文时代，基本词和一般词二者的界限也还是不大的。"[①]春秋战国时代，汉语的基本词与一般词差距比甲骨文时代应该是加大了，但与现代汉语相比，差距还是小得多。

根据上述原则和基本词的三个特点，我们如何确定《吕氏春秋》中出现的基本词？关于全民常用，似乎主要根据应该是出现频

---

① 《汉语史稿》下册，科学出版社，1980年，493页。

率，除《吕氏春秋》本书中出现频率之外，同时代其他著作的频率也是应该考察的。但是，先秦典籍绝大部分都是历史政治哲学方面的著作，它们所运用的词汇多是与此相关的，全民日常生活最常用的词汇反而出现频率并不高。比如“床”，《诗经》中出现 3 次，作于西周时期的《豳风·七月》：“十月蟋蟀入我床下。”此词应该是很古老的词，《孟子》出现 1 次，《庄子》出现 1 次，《荀子》出现较多，有 6 次，《韩非子》出现 3 次，《吕氏春秋》出现 2 次。应该说，“床”这个词是基本词，但它出现的频率并不算高，现有传世文献中用例不多，并不能完全说明这个词不是全民常用的。鉴于此，第二个特点“在历史发展过程中具有稳固性”就显得特别重要了。《吕氏春秋》以前，我们要考察甲骨文、金文及传世文献《尚书》《诗经》《周易》《论语》《左传》《孟子》等是否有某个词及其运用情况，也要考察后代乃至现代某词是否还在运用，如果运用时间很久远，说明这个词具有很强的稳固性，应确定为基本词。所谓构词能力，是说它能够成为构造新词的基础。徐通锵先生说：“这条标准不适用于汉语的研究，因为汉语的每一个字都有很强的组字能力；即使在语言演变中已被更替的字。”①单音词是如此，而汉语中还有相当的复音词，这些复音词很难说它有多强的构词能力，但我们不能不承认其中有些是基本词，先秦汉语是如此，即使现代汉语也是如此。

确定《吕氏春秋》中的基本词，最主要的根据是看它在历史发展过程中的稳固性，其次是看它在战国时代的运用情况，是否是常用的。

常用词与基本词重合的部分，就是在某一时代都是常用的。

---

① 《基础语言学教程》，北京大学出版社，2001 年，127 页。

如何确定哪些词是常用词？王力先生在编写《古代汉语·常用词》时所确定的标准是频率，他说："上册的常用词大致是以《春秋三传》《诗经》《论语》《孟子》《庄子》书中出现10次以上的词为标准，而予以适当的增减。"①我们确定《吕氏春秋》中的常用词，应大体以此为准，次数不限定过死，而是可以上下浮动，专名如人名、地名一般不列入，除考察《吕氏春秋》外，也还要考察一些同时代的著作。

常用词是着眼于某一历史时期词的使用情况，不大管它在历史发展过程中的变化。基本词则主要是着眼于历史发展过程中的地位和作用。前者是共时的，后者虽考虑共时的情况，但主要是考虑历时的运用。所以二者既有联系，有重合，又有区别。

基本词和常用词的范围也不大相同，徐通锵先生说："基本语汇只涉及实字，并且强调它是语汇的核心；常用语汇不受字的虚、实的限制，只要是常用，都可以收录。"②

《吕氏春秋》中出现的基本词，我们主要就名词分类做些分析，与之相关的动词、形容词则在各类中一并分析。

我们先按照名词的意义类别分为：(一) 关于自然现象与自然事物的词；(二) 关于人体部位、器官及组成的词；(三) 关于人际关系、亲属称谓的词；(四) 关于时间、方位、颜色的词；(五) 关于生产方面的词；(六) 关于物质文化方面的词；(七) 关于精神文化方面的词；(八) 关于思想意识形态方面的词；(九) 关于政治宗法方面的词。

---

① 《古代汉语》第一册，中华书局，1981年，9页。

② 《基础语言学教程》，北京大学出版社，2001年，127页。

（一） 关于自然现象与自然事物的词

这方面的词可以分为四个小类：1. 天象、气候；2. 地理；3. 动物；4. 植物。

1. 天象、气候 这类词中有天、日、月、星、风、云、雨、霖、虹、雷、电、冰、霜、雪、雹、霰、雾、露、星辰等。如：

《观表》："天为高矣，而日月星辰云气雨露未尝休也。"

《贵因》："夫审天者，察列星而知四时。"

《大乐》："能以一治天下者，寒暑适，风雨时，为圣人。"

《孟春》："霜雪大挚。"

《仲春》："日夜分，雷乃发生，始电。"

《仲夏》："雹霰伤穀。"

《仲冬》："气雾冥冥。"

《孟冬》："虹藏不见。"

这些词中，不少是甲骨文时代就有的，如日、月、星、风、云、雨、雪、霜、霖、雾、虹等，而有些词，一直沿用到今天，如风、云、雨、雪、霜、雾、虹等，几千年来没有发生什么变化。有些词，现代则作为词素存在于复音词中，如月，现代称月亮；雹，现代称雹子或冰雹。还有些词，现代不用了，被其他一些词或词语所取代，如日，现代称太阳；电，现代称闪或闪电；霖，现代没有一个与之对应的词。霖，《吕氏春秋》只出现1次，但甲骨文时代就有，后代很长时间在运用，意义没有什么变化，尽管近现代口语中不用了，但至少在《吕氏春秋》时代还应属于基本词。有些词，基本义没有什么变化，但意义发展了，反映了人们对自然界认识的进步。比如：

"天"，作为单音词，《吕氏春秋》中出现182次，五个意义：①天，天空。《重言》："飞将冲天。"②自然界。《情欲》："天生人而使有贪有欲。”③天气。《分职》:“卫灵公天寒凿池。”④人的本性。《本生》:“圣人之制万物也,以全其天也。”⑤天神、万物的主宰。《知分》:“吾受命于天。”在《吕氏春秋》中,前三个意义是主要意义。它所谓天,是自然界的物质和物质的自然界。它讲天,经常是与地对言:“天地有始,天微以成,地塞以形。”(《有始》)天有日月星辰,地有草木禽兽,都是自然物。这些自然物,都不是神造的,而是由天地二气的结合及分离等自身的矛盾运动形成的。人们要认识“天”,就要根据这些自然物和自然现象。它说:“民无道知天,民以四时寒暑日月星辰之行知天。”(《当赏》)这些都说明人们对自然界认识的深化在语言中的反映。

“天”作为基本词,它的构词能力很强,《吕氏春秋》有复音词天干、天下、天子、天年、天宗等,《现代汉语词典》以“天”开头的复音词有上百个之多。

关于天象的词,大多意义都比较单一,如云、雨、雪、霜、露、雾、雷等,也有些词意义引申发展,形成多义词。比如:

“风”,基本义古今相同,指与地面平行的空气流动所形成的自然现象,此义《吕氏春秋》出现36次,占该词各义的80%以上。同时,又有引申义产生:①风格,民风。《适音》:“凡音乐,通乎政而移风平俗者也。”②民间歌谣。《音初》:“周公及召公取风焉,以为‘周南’‘召南’。”③病名。《尽数》:“郁处头则为肿为风。”

关于天象的词,有些是很常用的,比如宿(星宿)、中(中星)等。《圜道》:“月躔二十八宿。”《立春》:“日在营室,昏参中,旦尾中。”《吕氏春秋》中第一次完整地出现了二十八宿的名称,《有始》:“何谓九野?中央曰钧天,其星角、亢、氐;东方曰苍天,其星房、心、尾;东北曰变天,其星箕、斗、牵牛;北方曰玄天,其星婺女、虚、危、营室；西北曰幽天，其星东壁、奎、娄；西方曰颢天，其星胃、昴、毕；西南曰朱天，其星觜巂、参、东井；南方曰炎天，其星舆鬼、柳、七星；东南曰阳天，其星张、翼、轸。”这二十八宿是古人观测黄道周围天象的坐标，不管是专业观测还是日常生活，都常常用到这些星宿的名称。顾炎武说：“三代以上，人人皆知天文。‘七月流火’，农夫之辞也；‘三星在户’，妇人之语也；‘月离于毕’，戍卒之作也；‘龙尾伏辰’，儿童之谣也。”①

与天象、气候有关的动词和形容词有：躔、冻、寒、暑、燥、湿等。如：

躔，日月星辰在黄道运行。《圜道》：“月躔二十八宿。”

冻，水遇冷凝结。《首时》：“水冻方固，后稷不种。”

寒，寒冷。《分职》：“天寒起役，恐伤民。”

暑，炎热。《大乐》：“四时代兴，或暑或寒。”

燥，干燥。《重己》：“其为宫室台榭也，足以辟燥湿而已矣。”

湿，潮湿。例见上。

这些词，除“躔”现代消亡不再用外，其他词或仍单用（如冻），或以词素的形式广泛存在于复音词中。

2. 地理　关于地理的基本词有土、地、山、石、丘、陵、阜、阪、险、原、隰、野、渎、壑、川、水、井、泉、源、湖、海、谿、薮、泽、滨等。如：

《音初》：“土弊则草木不长。”

《去私》：“天无私覆也，地无私载也。”

---

① 《日知录集释》卷三〇“天文”条。岳麓书社，1996年，1049页。

《审己》:“水出于山而走于海。”

《季夏》:“行秋令,则丘隰水潦。”

《节丧》:“故凡葬必于高陵之上。”

《古乐》:“质乃效山林谿谷之音。”

《重言》:“有鸟止于南方之阜。”

《义赏》:“焚薮而田。”

《仲冬》:“祈祀四海大川名原渊泽井泉。”

《季春》:“修利堤防,导达沟渎。”

《诚廉》:“石可破也,而不可夺坚。”

《贵直》:“是障其源而欲其水也。”

《古乐》:“疏三江五湖,注之东海。”

《慎势》:“吞舟之鱼,陆处则不胜蝼蚁。”

《慎人》:“舜耕于历山,陶于河滨。”

这些词中有不少在甲骨文时代就已经存在,甲骨文中有土、丘、陵、阜、山、川、泉、渊、石、陆、谷等。这些词中有很多历久不衰,直到现在仍在运用,如土、地、山、海、泉、石等,意义没有什么变化。有些词现代仍然作为词素出现在复音词中,如谷(山谷)、陆(陆地)、原(平原、高原)、池(水池、池塘)等。有些词现代已经不用,如薮、阪、险、隰等。“丘”“陵”“阪”“险”“原”“隰”这几个词表示几种不同的地形:“丘”“陵”指大小不同的土山,“阪”是山坡地,“险”是高低不平的地,“原”是广阔平坦的地,“隰”是低洼潮湿的地。《孟春》:“王布农事,命田舍东郊……善相丘陵阪险原隰,土地所宜,五穀所殖,以教导民,必躬亲之。”这几种土地对种植农作物,各有不同的要求,对农业生产影响很大。因此王命令田官仔细查看各种地形的情况,并将适宜种什么,怎么种植,亲自教给农民。这几个词,《诗经》中已有,而且出现频率很高。“丘”出现13次,“陵”出现7次,“阪”出现5次,“原”出现13次,“隰”出现24次,只“险”出现1次,且用于“险阻”义。“险”的“险阻”义是它的常用义。

“原”,本指水泉,水的源头,《说文》:“原,水泉本也。”《吕氏春秋》出现了3次,例见前引。引申为“根本、本原”,也出现了3次。同时,“原”有“平坦广阔之地”义,例亦见上引。《说文》此二义字形不同,“水源”义小篆作原,古文作厵,此义后来写作“源”,《吕氏春秋》此字出现2次,例亦见前引。“平坦广阔之地”义作“邍”,不过此字经传古籍绝少用者。现代此二义作为词素仍存在于复音词中。

“井”,本义当为水井,此义《吕氏春秋》出现8次,《勿躬》:“伯益作井。”《察传》:“吾穿井得一人。”此义至今仍单用。《吕氏春秋》另有一义:泉。出现2次,《本味》:“昆崙之井。”高诱注:“井,泉。”此义《山海经·海内西经》:“(昆仑之虚)西有九井,以玉为栏。”《淮南子·地形》:“(昆仑虚)旁有九井。”大概人掘出水处为井,自然出水处亦为井,又称作泉。“井”之“泉”义后代罕用。“井”作为基本词是它的“水井”义。

3. 动物　动物的名称,《吕氏春秋》出现上百种,其中不少应属于基本词,如虎、豹、狼、犬、狗、鹿、熊、狐、鼠、兔、象、蛇、鸟、雁、燕、鸡、雏、鹰、龟、蝉、猩猩、蚯蚓、兽、禽、蟲等。这些词,甲骨文中已有虎、狼、犬、狐、兔、象、蛇、龟、鹿、鸟、燕、雁、鸡、雏等,有的在卜辞中只作人名或地名、国名。这说明这些词在更古老的时代就已经产生,而且在后代以至现代还在应用,无疑都应该是基本词。

“兽”,《尔雅·释鸟》:“四足而毛谓之兽。”即走兽的总名。此字甲骨文已有,不过不作“野兽”讲,而是“田猎”的意思。《吕氏春秋》出现21次之多,《孟夏》:“驱兽无害五穀。”后代亦常用,意义没有什么变化。

“鸟”,是飞禽的总名。甲骨文中是以地名出现的,后代乃至现代都单独成词,而且意义相同。《吕氏春秋》中频率也很高,出现41次,《重言》:“有鸟止于南方之阜,三年不动不飞不鸣。”

“禽”,甲骨文象覆鸟兽的长柄网,卜辞中用作“擒获”的意义。本为动词,后来将擒获之物也称作禽,所以《白虎通》说:“禽者何?鸟兽之总名。”《孟子·滕文公下》:“昔者赵简子使王良与嬖奚乘,终日而不获一禽。”此“禽”即兼指鸟兽言。大约在战国中晚期,“禽”由兼指鸟兽而转移为专指鸟类。《尔雅·释鸟》:“二足而羽谓之禽。”《吕氏春秋》中保存“禽”的三个主要意义:①擒获、捕获,不限于擒获禽兽,同时可以指捕获人。《顺民》:“禽夫差,戮吴相。”②鸟兽的总称。《季秋》:“命主祠祭禽于四方。”③鸟类。《功名》:“庶草茂则禽兽归之。”后代“擒获”义分给了“擒”,而兼指鸟兽的意义逐渐少用,多用为专指鸟类。

“蟲”,《尔雅·释蟲》:“有足谓之蟲,无足谓之豸。”《说文·豸部》:“豸,兽长脊行豸豸然,欲有所司杀形。”段注:“豸本谓有足之蟲,因凡蟲无足者其行但长脊豸豸然,故得假借豸名。”“豸”本指虎豹之类的走兽。《说文·虫部》:“物之细微,或行或飞,或毛或蠃,或介或鳞,以虫为象。”段注:“古虫蟲不分,故以蟲谐声字多写作虫。”《大戴记·易本命》及《吕氏春秋》十二月纪均有五蟲(鳞、羽、倮、毛、介)之称。据此可知,“蟲”本义为动物之总名,此义《吕氏春秋》出现25次之多。引申专指昆虫、虫子而言,《吕氏春秋》出现9次,《仲春》:“行夏令,则国乃大旱,暖气早来,蟲螟为害。”《壅塞》:

"此所谓'肉自生蟲'者也。"现代"蟲"专指昆虫等。然近现代口语中"蟲"仍有泛称者，如将虎称为"大蟲"，将蛇称为"长蟲"。

还有关于动物肢体组成的词，如角、尾、爪、皮、肉、卵、翼等，与动物相关的名词，如雌、雄、巢、穴等。这些词，在古代相当长的一段时期内都应该属于基本词的范畴。现代有的词仍在用，有的词只出现在书面语里或复音词中，如：卵，现代口语被"蛋"所取代，"卵"则只出现在书面语中，如"卵生"；"巢"被"窝"所代替，"巢"只出现在复音词或成语中，如"巢穴""倾巢而出"等。

与动物有关的动词有飞、鸣等。飞是鸟的行为，《吕氏春秋·重言》："是鸟虽无飞，飞将冲天。"鸣可用于鸟，也可用于昆虫。《仲春》："苍庚鸣。"《孟秋》："寒蝉鸣。"飞，自古至今都在运用；鸣，现代口语一般不单用，只出现在书面语或复音词中。

与动物有关的形容词有腥、臊、膻等。《吕氏春秋·本味》："夫三群之蟲，水居者腥，肉玃者臊，草食者膻。"这三个词，现代口语中仍在应用，"腥""膻"用得很普遍，"臊"用得少一些。

4. 植物　植物名称，《吕氏春秋》中出现数十个，其中不少当属于基本词，如松、柏、槐、荆、棘、竹、苇、菊、草、木、树、林等。如：

《明理》："尽荆越之竹，犹不能书。"

《求人》："啁噍巢于林，不过一枝。"

《知化》："嗟乎，吴朝必生荆棘矣。"

《尊师》："捆蒲苇。"

《季秋》："菊有黄花。"

《博志》："草与稼不能两成。"

《孟春》："禁止伐木。"

《慎人》:"伐树于宋,穷于陈蔡。"

其中,有些词出现频率很低,"槐"出现了1次,"荆""柏"各出现2次,"松""竹"各出现3次,"棘""苇"各出现4次。但这些词有的甲骨文已有,如"竹""柏"等;有的在《诗经》等早期文献中出现频率很高,如"松"出现11次,"棘"出现12次。而且这些词一直沿用到近现代,虽然有的只出现在复音词中。出现频率低只是《吕氏春秋》体裁内容所致,比如"杨""柳"二词作为树名,自古至今,既为全民所常用,又历久不衰,稳固性很高,但《吕氏春秋》中一次用例都没有,仅这一点,不能认为它不是古代汉语的基本词。

草—木—林—树 《吕氏春秋》出现频率较高,"草"出现37次,而且此词后代常用,意义也没有变化。"林"出现20次,后代意义相同,只是现代一般出现在复音词中,如"森林""园林"等。"树""木"二词作为"树木"义意义相同,并存于《吕氏春秋》中,但它们本义不同,产生时代有异。"木"的"树木"义产生很早,甲骨文时代就已产生。其引申义也较多,后代构词能力也很强。《吕氏春秋》"木"出现58次,"树木"义36次,引申为:①木材、木料。《别类》:"木尚生,加涂其上,必将挠。"②五行之一。《孟春》:"太史谒之天子曰:'某日立春,盛德在木。'"③八音之一,木制乐器。《侈乐》:"为草木之声则若雷,为金石之声则若霆。""木"组成的复音词,《现代汉语词典》就有三四十个。"树"本义是"种植",动词,此义《吕氏春秋》出现7次,只占"树"出现21次的三分之一,《任地》:"苦菜死而资生,而树麻与菽。"由"种植"而引申出"树立、建立"义,出现3次,《不广》:"君奚不纳之,以定大意,且以树誉。"作为名词"树木"义,《吕氏春秋》出现10次,例已见上。"树"的"树木"义产生较晚,大约在战国早期,《诗经》中"树"只有动词义,没有名词"树木"义,

《左传》中"树"始见"树木"义。从《吕氏春秋》看"树"的"树木"义已超过动词"种植"义出现频率,但"木"的"树木"义还是"木"的主要意义。这说明,"树"的"树木"义有不断增长的势头,而"木"的"树木"义还占着主要位置。这种情况,到汉代则有所改变,"树"的"树木"义逐渐压过了"木",而后代口语中"树"逐渐取代了"木"。

《吕氏春秋》出现植物部位的词有本、末、枝、叶、茎、根、华、实等。如:

《先己》:"是故百仞之松,本伤于下,而末槁于上。"

《精通》:"兔丝非无根也,其根不属也。"

《必己》:"枝叶盛茂。"

《审时》:"后时者,纤茎而不滋。"

《本味》:"果之美者,沙棠之实。"

《季秋》:"菊有黄华。"

这几个词,除"本""末"二词,现代只用其引申义,其他几个词仍在运用,或独用,或出现在复音词中。即使"本""末"二词,古代也是长期常用,都应该看作基本词。"本""根"二词基本同义,都是指草木的根,细分则"本"泛指草木的根,"根"则专指旁根,而二者常混用不别。《吕氏春秋》"本"出现 70 次,"树根"义只 8 次,其余 62 次,均为引申义"事物的根本、本原";而"根"出现 5 次,皆为"树根"义。这说明,"根"有取代"本"的趋势,而"本"多用于抽象义。这两个词常常连用,如《左传·隐公六年》:"绝其本根,勿使能殖。"《国语·晋语八》:"本根益茂。"后代有复音词"根本",用其比喻义,指事物的根本。

(二) 关于人体部位、器官及组成的词

这方面的词,《吕氏春秋》中出现大约有 70 个,其中有不少当属于基本词：首、头、髪、鬚、眉、目、耳、口、鼻、唇、齿、牙、面、颈、要（腰）、腹、胸、背、肩、身、股、手、指、肘、足、心、肝、肺、肠、脑、血、肤、筋、骨、肉、肌、体、窍、泣、涕等。如：

《顺民》："要领不属，手足异处。"

《恃君》："灭鬚去眉。"

《遇合》："垂眼临鼻，长肘而盭股。"

《知分》："直兵造胸，勾兵钩颈。"

《期贤》："履肠涉血。"

《忠廉》："尽食其肉，独舍其肝。"

《必己》："以楫虓其头。"

《适音》："故先王之制礼乐也，非特以欢耳目、极口腹之欲也。"

《首时》："王子光举帷，搏其手而与之坐。"

《孝行》："安床笫、节饮食，养体之道也。"

《谨听》："昔者禹一沐而三捉髪。"

《观世》："千里而有一士，比肩也。"

《直谏》："跪而加之于背。"

《重己》："人不爱倕之指而爱己之指。"

《忠廉》："今汝拔剑则不能举臂。"

《过理》："杀比干而视其心。"

《禁塞》："单唇干肺。"

《重己》："味重珍则胃充。"

《长攻》："一成，脑涂地。"

《达郁》："肌肤欲其比也，血脉欲其通也，筋骨欲其固也。"

这些词，在甲骨文中已有首、面、眉、目、耳、舌、齿、身、肘、足、骨、腹、肉等;有些词一直沿用到现在,如头、手、拳、牙、胸、要(腰)、心、肝、胃、血、筋等,大部分是作为词素出现在现代汉语的复音词中,如指(手指)、肘(胳膊肘)、骨(骨头)、耳(耳朵)、齿(牙齿)、肌(肌肉)等。这些人体部位、器官等词都是人们日常生活离不开的,而且数千年意义基本相同,都应属于汉语的基本词。只是有某些词古今有些转移或交替。比如:

目—眼 古代这两个词是有分别的,"目"指整个眼睛,"眼"指眼珠。王筠《说文句读》云:"作目者,有匡,有黑睛,有童子。"徐灏《说文解字注笺》引戴侗曰:"眼,目中黑白也。合黑白与匡谓之目。"前引《遇合》例"垂眼临鼻",是说眼珠很大,垂下来接近鼻子。《庄子·盗跖》"子胥抉眼","眼"也指眼珠,"抉眼"就是挖出眼珠。"目"则包括眼珠和眼眶,《必己》中说孟贲在船人不让他上船时"髮植,目裂",所谓"目裂",是指眼睛睁得很大,眼眶都要裂开了。《赞能》中说鲁国送还管仲给齐国时"胶其目",所谓"胶其目"是指粘住眼皮。《知化》中说夫差在伍子胥自杀以后"抉其目著之东门",这里所谓"抉其目"与《盗跖》"抉眼"意义相同,"目"指眼珠子。由此可见,"目"指整个眼睛,亦可分别言之,指眼睛的某一部分。能看外物而具有视力,只能用"目",《顺说》:"际高而望,目不加明也。"《情欲》:"目之欲五色。""眼"则仅指眼珠这一部位而言。在先秦,"目"是基本词,"眼"不是基本词。现代口语中,"眼"完全取代了"目","以目视"现代说成"用眼看","目"只作为词素存在于书面语中。

首—头 这两个词,在《吕氏春秋》中同义,都指脑袋。"首"产生较早,甲骨文中已有,《诗经》出现8次,《邶风·静女》:"搔首踟蹰。"《左传》出现16次,《僖公十五年》:"晋大夫反首拔舍从之。"

《孟子》出现3次,《梁惠王下》:"疾举首蹙頞而相告。"甲骨文、《诗经》《论语》《孟子》中都没有"头"字,《左传》中仅出现1次,可见"头"是战国才产生的新词。《吕氏春秋》中,"头"出现12次,都是"脑袋"的意思。"首"出现12次,只6次是"脑袋"的意思,4次是"首位、第一"的意思,《义赏》:"赵襄子出围,赏有功者五人,高赫为首。"2次是"开头、开端"的意思,《尽数》:"凡食,无强厚味,无以烈味重酒,是之谓疾首。"可见到《吕氏春秋》时"首"的引申义已占相当比重,而"头"的"脑袋"义已是"首"的两倍。这说明,"头"作为一个新生词,意义还比较单一,但已经成为常用词,到现代口语中,"头"则取代"首"。"首""头"二词在古代都应该属于基本词。

皮—肤　先秦时代,这两个词分用划然,"皮"指兽皮,"肤"指人的皮肤。《诗经》"皮"出现3次,都是指兽皮而言,《鄘风·相鼠》:"相鼠有皮。""肤"出现1次,指人的皮肤,《卫风·硕人》:"肤如凝脂。"《论语》《孟子》等书情况相同。《吕氏春秋》"皮""肤"各出现6次,"皮"指兽皮,"肤"指人的皮肤,丝毫不混。《韩非子》"皮"也出现6次,"肤"出现2次,情况同。而且《吕氏春秋》《韩非子》中都是"肌肤"连文。"肌"指人的肉,所以"肌肤"连文。"肉"指动物的肉,所以常"皮肉"连文。后代"肌肉"连文,"皮肤"连文,没有"肉肤""皮肌"连文者。到汉代,人的皮肤也可以用"皮"了,《灵枢》《素问》中"皮"多次用于指人的皮肤,《灵枢·九针十二原》:"皮肉筋脉各有所处。"《素问·痹论》:"皮肤不营,故为不仁。"《史记·扁鹊仓公列传》:"乃割皮解肌。""皮"用于人的皮肤,盖从医学内容始。

表示人体部位的词有时连用,表示的词义有所变化,不再表示具体的部位名称,而表示一种比喻义,如"骨肉"连文,比喻至亲,《精通》:"此之谓骨肉之亲。"此义至今仍在运用。

与人体部位、器官有关的动词包括得很广，其中以与手有关的动词最多，如拔、抽、摇、投、采、抱、指、推、举、牵、插、扶、按、择等。如：

《疑似》："拔剑而刺之。"

《贵信》："庄公左搏桓公，右抽剑以自承。"

《具备》："宓子贱从旁时掣摇其肘。"

《为欲》："投以炙鸡，则相与争矣。"

《下贤》："周公旦抱少主而成之。"

《重言》："君举臂而指，所当者莒也。"

《慎人》："孔子憱然推琴。"

《权勋》："荀息操璧牵马而报。"

《贵卒》："拔矢而走，伏尸插矢而疾言。"

《开春》："自扶而上城。"

《贵信》："曹翙按剑当两阶之间。"

《孟春》："乃择良辰。"

《慎人》："颜回择菜于外。"

这些词都应该是基本词。它们自古至今，意义基本相同，而且现代还可单独成词。另有些词，后代一般不单独使用，只作为词素出现在复音词或成语中，或消失不用了，但这些词在古代尤其是上古都是常用的。如：

捉　握着。《谨听》："昔者禹一沐而三捉髮。"

捕　捕捉。《上德》："使袒而捕池鱼。"

援　拉、拽。《贵生》："王子搜援绥登车。"

抚　抚摩。《知分》："晏子抚其仆之手。"

把　握住。《忠廉》："射之矢，左右满把。"

摅　按着。《介立》:“两手摅地而吐之。”

搏　抓。《音初》:“二女爱而争搏之。”

抑　按。《适威》:“抑之以方则方。”

振　摇动。《期贤》:“振其树而已。”

《说文》:“捉,搤也,一曰握也。”“搤,握也。”“捉”是“握住”的意思,《吕氏春秋》同。现代“捉”没有“握”的意义,而是“捕捉”的意义,这个意义大概产生于汉末魏晋之间。“捕”,《说文》谓“取也”,是“捕捉”义,现代已不单独运用,只作为词素出现在复音词中。在现代口语中,“捉”取代了“捕”。“把”古代是“单手合围,即握”的意义,《说文》:“把,握也。”《孟子》赵岐注:“把,以一手把之也。”现代口语一般不用“把”字,而用“攥”或“握”。不过有时也偶尔用之,《新华字典》“把”字条举例“两手把着门”;书面语中“把持”一词,“把”字都含有“握”的意义。

与其他部位有关的动词有视、见、听、闻、吞、吐、饮、食、哭、笑、坐、卧等。这些词在古代都应是基本词。现代“视”被“看”取代。先秦时,没有“看”这个词,《韩非子》出现1次,是“探访”的意义,到南北朝时才引申为一般的“看”,到现代则完全取代了“视”。“闻”从“耳闻”义转移到“鼻嗅”义,在《吕氏春秋》就已经发生了,但“闻”的“耳闻”义还是作为主要意义与“鼻嗅”义并存,到汉代“鼻嗅”义才逐渐在口语中多起来,现代“鼻嗅”义已是“闻”的最主要的意义,“耳闻”只在固定词组和成语中出现。“饮”“食”二词,现代也只出现在复音词或成语中,口语中已被“喝”“吃”所取代。

(三)关于人际关系、亲属称谓的词

1. 人际关系　这方面的词主要有客、宾客、朋、友、主人、主、邻等。其中单音词有的甲骨文中已有,《诗经》中都有运用。甲骨文中有“朋贝”之“朋”,与“朋友”之“朋”无关。“友”,甲骨文与《说文》基本相同。“朋”“友”二词,在《吕氏春秋》中出现频率很不平衡,“友”出现 47 次,36 次作名词“朋友”义,《贵当》:“臣非能相人也,能观人之友也。”11 次用作动词“交友”义,《举难》:“文侯师子夏,友田子方。”“朋”只出现 1 次,还是“朋友”连文,《壹行》:“不可之,则君臣父子兄弟朋友夫妻之际败矣。”“宾”“客”二词出现频率与此相近,“客”出现 20 次,而“宾”只在“宾客”连文中出现 1 次。这说明:①“友”“客”的应用范围比较广。孔颖达《周易·兑》疏云:“同门曰朋,同志曰友。”同志自较同门为多。“宾”与“客”亦有别,“客”泛指客人,包括门客,“宾”一般指贵宾。《韩非子》“客”出现 48 次,而“宾”只出现 1 次。“友”出现 9 次,“朋”独用无,3 次出现于“朋友”或“友朋”连文中。情况与《吕氏春秋》相同。《论语》的情况也与此相似,“友”出现 19 次,“朋”只出现 1 次,“朋友”作为复音词出现 8 次,“客”出现 3 次,“宾”没有出现。②“友”“客”的运用比较稳固。不只是从《论语》到《吕氏春秋》如此,而且后代这两个词的运用也远比“朋”“宾”为多。“友”“客”可独用,而“朋”“宾”一般只出现在 “朋友”“宾客(或嘉宾、贵宾)”等复音词之中。

2. 亲属称谓　这类词,《吕氏春秋》中有父、母、子、女、夫、妻、妇、兄、弟、姊、祖、孙、姑、姪、姨等。其中大部分词在甲骨文时代就已经存在,如父、母、祖、孙、兄、弟、夫、妻、妇、子、姪等,而且广泛运用于先秦著作中。直到现代,这些词或运用于书面语,或作为主要词素出现在复音词中,如女(女儿)、夫(丈夫)、子(儿子)等。有些词在口语中被其他词所取代,如父(爸)、母(妈)、兄(哥)、姊(姐) 等。“儿子”一词,先秦已经产生,《吕氏春秋》中出现2次,《异宝》:“今以百金与抟黍以示儿子,儿子必取抟黍矣。”不过,意义与现代不同,《吕氏春秋》中“儿子”是“小孩”的意思,高诱注:“儿子,小儿。”《吕氏春秋》中尚有“婴儿”一词,共出现7次,所指盖从初生儿到七八岁的儿童,《本味》:“得婴儿于空桑之中。”《具备》:“三月婴儿,轩冕在前,弗知欲也。”此指初生到数月之婴儿。《荡兵》:“家无怒笞,则竖子婴儿之有过也立见。”此指数岁之儿童。《吕氏春秋》中“儿子”与“婴儿”义近,而不是现代“儿子”的意义。

“夫”,《吕氏春秋》出现17次,“丈夫”义为10次,“成年男子”义为5次。“丈夫”一词先秦也已存在,《吕氏春秋》中出现5次,是“成年男子”的意义,《顺说》:“臣有道于此,使天下丈夫女子莫不驩然皆欲爱利之。”与现代的意义不同,不是称谓词,称谓词用“夫”。不过,现代的意义,在《战国策》中已出现,《燕策一》:“其丈夫三年不归,其妻爱人。其所爱者曰:子之丈夫来,则且奈何乎?”同在《燕策一》中,另有人讲到同一故事时则用单音词“夫”,可见这里的“丈夫”已与“夫”同义。

“妇”,《吕氏春秋》出现12次,有三个意义,“已婚女子”应是本义,另外两个意义是:①妻子。《不屈》:“人有新取妇者,妇至,宜安矜烟视媚行。”②儿媳。《遇合》:“姑妐知之,曰:为我妇而有外心,不可畜。”这几个意义,自《诗经》时代已然。“已婚女子”的意义,《吕氏春秋》尚有复音词“妇人”“妇女”,这两个复音词后代常用。“妻子”“儿媳”义,后代则被复音词所取代。

(四)关于时间、方位、颜色的词

1. 时间　这方面的词,《吕氏春秋》中有年、岁、时、春、夏、秋、冬、月、旬、日、旦、朝、早、晨、昼、昏、夕、暮、夜、昔、古、今、今日、明日、昨日等。这些词与人们日常生活及农业生产都有密切关系。甲骨文中已出现年、岁、月、旬、日、春、秋、昔、旦、朝、昏、夕、莫(暮)等。这些词来源久远,而且后代沿用,意义相同。比如甲骨文中“日”的三个意义:①太阳;②白昼,与“夕”相对;③一天。《吕氏春秋》中完全保留:①太阳。《有始》:“冬至日行远道。”②白昼。《至忠》:“爨之三日三夜,颜色不变。”③一天。《慎大》:“三日之内。”这几个意义一直沿用到现代。

年—岁 《说文》:“年,穀孰也。从禾千声。”甲骨文从禾、人,表示“穀熟”之义。甲骨文中有两个意义:①穀熟;②时间词,年。《吕氏春秋》仍保留这两个意义:①年成。《任地》:“有年瘗土。”②时间词,年。《长攻》:“不出三年,而吴亦饑。”从穀熟引申出时间词年,是因为禾穀成熟一次要一年的时间。“岁”,甲骨文中是穀熟收获之义,字象戉形,引申为收获一次为一岁。《吕氏春秋》保存有这两个意义:①年成。《制乐》:“岁害则民饑,民饑必死。”②年。《长攻》:“故圣人上知千岁,下知千岁也。”现代一般用“年”,称人年龄时用“岁”。《尔雅·释天》:“夏曰岁,商曰祀,周曰年,唐虞曰载。”以时代划分它们的区别,恐不尽然。甲骨文中殷亦曰岁,鼎彝中亦有周曰祀者,文献情况也是如此。

时—春—夏—秋—冬 “时”指季节,每三个月为一季,《贵因》:“察列星而知四时。”《尚书·尧典》:“朞三百有六旬有六日,以闰月定四时成岁。”甲骨文中没有“时”字。四时的具体名称是“春夏秋冬”,甲骨文中只有“春秋”,没有“冬夏”。这可能是当时四季的概念不甚分明,先有“春秋”,而后又分“冬夏”。先秦时凡记载历史的书皆称春秋,当是这种情况的反映或留存。《庄子·逍遥游》“楚之南有冥灵者,以五百岁为春,五百岁为秋”也说明这种情况。

甲骨文中有“冬”字，但不是“冬季”的意思，而是“终了”的“终”的初文。后来由“终了”义引申指一年中终了的季节为“冬”，《说文》：“冬，四时尽也。”而另外为“终了”义造“终”字。“夏”本义当是“大”，《方言》：“秦晋之间，凡物之壮大者而爱伟之谓之大。”“夏”由“大”义引申指一年中穀物壮大之季曰“夏”。从文献中看，《尚书》中只有《尧典》《洪范》中有表示季节的“夏”“冬”，《尧典》：“日永星火，以正仲夏。”《洪范》：“日月之行，则有冬有夏。”然《尧典》《洪范》均为战国初之作品。《诗经》中表示季节的“夏”出现6次，“冬”出现3次，《小雅·四月》：“四月维夏，六月徂暑。”《陈风·宛丘》：“无冬无夏，值其鹭羽。”这些亦不会早于东周初。《吕氏春秋·上农》以“春秋冬夏”连文，也是“冬夏”后起的反映。《吕氏春秋》中，每季又细分为孟、仲、季，如春分为孟春、仲春、季春，夏秋冬三季也如此。四季与农业生产关系密切，古人非常重视。《吕氏春秋》专有《审时》一篇，且开头即云：“凡农之道，厚之（当为时）为宝。”十二月纪中详述每月该做什么，违背农时则会带来灾害。附带说一下节气名称，《吕氏春秋》中已有立春、雨水、立夏、小暑、白露、立秋、霜降、立冬及日长至、日短至等，而其中有些名称似尚未确定，如始雨水、白露降、霜始降等。大约一百年后的《淮南子》，二十四个节气名称已经俱全，且与今日之名称没有什么大区别。当然在《吕氏春秋》时代，节气名不应属于基本词。

一天之内的时间，以表示晨昏时的词为多。表示“早晨”的有“晨”“旦”“朝”，表示“黄昏”的有“昏”“夕”“暮”；此外表示“白天”的有“昼”，表示“夜晚”的有“夜”。如：

《制乐》：“故成汤之时，有穀生于庭，昏而生，比旦而大拱。”

《权勋》:“若假之道,则虢朝亡而虞夕从之矣。”

《为欲》:“晨寤兴。”

《达郁》:“日暮矣,桓公乐之而徵烛。”

《达郁》:“臣卜其昼,未卜其夜。”

这些词在古代都是基本词,现代也是作为主要词素出现在复音词中,如早晨、黄昏等。

还有两个词:早、晚。《说文》:“早,晨也。”“晚,莫也。”段注:“莫者,日且冥也。”“早”“晚”本都是时间名词,但《吕氏春秋》中“早”出现17次,“晚”出现7次,都表示在某一定时间之前或之后,《孟春》:“草木早槁。”《仲夏》:“行春令,则五穀晚熟。”这两个意义,一直用到现代。因此这两个词也应该是基本词。

另外还有两个词:世、代。这两个词在表示时间上意义迥别。“世”,三十年为一世,引申为“父子相传为一世”,《慎势》:“神农十七世有天下。”《长见》:“鲁公以削,至于覲存,三十四世而亡。”“代”在表示时间时指朝代,《论人》:“三代之兴王,以罪为在己。”其中“三代”指夏、商、周三个朝代。直到唐代,为避李世民讳,才用来表示“父子相传”的意义。

2. 方位　这方面的词,《吕氏春秋》中有东、南、西、北、东南、西南、东北、西北、中、左、右、前、后、上、下、内、外、侧、旁、间等。如:

《有始》:“东北曰炎风,东方曰滔风,东南曰熏风,南方曰巨风,西南曰凄风,西方曰寒风。”

《有始》:“盖天地之中也。”

《精谕》:“前后左右尽蜻也。”

《先己》:“本伤於下而末槁於上。”

《权勋》："是犹取之内府而藏之外府也。"

《具备》："宓子贱从旁时掣摇其肘。"

《达郁》："有况乎在简子之侧乎！"

《古乐》："断两节间。"

这些词中不少在甲骨文时代已经产生了，如东、南、西、北、中、上、下、外等。

侧—旁　二词在表示"旁边"的意义上，基本意义相同，但是它们产生的时代不同，"侧"较古而"旁"晚出。"侧"本义就是"旁边"，《说文》用"旁"释"侧"，是以今释古，段玉裁云："不中则侧。""侧"，《尚书》1 见，《顾命》："执锐立于侧阶。"《诗经》6 见，《召南·殷其雷》："殷其雷，在南山之侧。"《论语》2 见，《述而》："子食于有丧者之侧。"《左传》10 见，《成公十六年》："子在君侧。"《孟子》4 见，《公孙丑上》："虽袒裼裸裎于我侧。"这些书中都不用"旁"。"旁"的本义是"普遍"，《说文》："旁，溥也。"段玉裁注："后人训侧。"《墨子》《庄子》中"旁"始有"侧"义。《韩非子》中"旁"出现 9 次，"侧"出现 7 次。《吕氏春秋》"旁"出现 8 次，"侧"出现 4 次。从这种情况可以看出，"侧"是较古的形式，至少在西周时就存在了。"旁"的"侧"义则产生于战国中后期，到战国末期已盛行，大有超过"侧"之势。

前—后　这两个词，起初是动词，"前"是"走上前去"，引申为"走在前边"；"后"是"走在后边"。《吕氏春秋》中"前"出现 31 次，没有动词的用法。"后"出现 168 次，3 次用作动词，《劝学》："孔子畏于匡，颜渊后。"

这些词中，有不少词除表示方位之外，还用于时间。"前""后"即可用于时间。"前"表示时间在前，《情欲》："悔前之过，犹不可及。""后"表示时间在后，《长见》："故审知今则可知古，知古则可知后。""上""下"二词与此类似。表时间的意义,也一直沿用到现代。

这些词跟人们日常生活关系十分密切,几乎都沿用到现代,或者单独运用,或者成了复音词中的主要词素。

3. 颜色 《吕氏春秋》中出现的有关颜色的词不多,共有 12 个:青、赤、黄、白、黑、苍、朱、玄、墨、赭、皓、丹。这些词都是古代常用的。其中"白""赤""黄"等甲骨文中已有。《吕氏春秋》中的颜色词主要是与五行相配,青赤黄白黑五色与木火土金水相配;又配以五方,东南中西北;配以四时,春夏秋冬。十二月纪中出现最基本的 8 个颜色词。如:

《孟春》:"驾苍龙,载青旂,衣青衣,服青玉。"

《仲夏》:"乘朱辂,驾赤骝,载赤旂,衣朱衣,服赤玉。"

《季夏》:"驾黄鹂,载黄旂,衣黄衣,服黄玉。"

《孟秋》:"驾白骆,载白旂,衣白衣,服白玉。"

"青""苍"颜色相近,《说文》:"苍,艸色也。""青,东方色也。"《尔雅·释器》:"青谓之葱。"东方属木,属春,所谓东方色,当即春天的木色,与"苍"草色相近。"青""苍"皆当为深绿色。葱色也即深绿色。深绿色可以引申出蓝色和黑色。在上古已引申为"蓝色",《庄子·逍遥游》:"天之苍苍,其正色邪!""苍苍",即蓝色。又:"绝云气,负青天。""青",也是蓝色。大约到汉魏时代,"青"引申出"黑色"的意义。汉代文献中"青"与"黑"的分别划然,《淮南子·说山》:"染者先青而后黑则可,先黑而后青则不可。"《论衡·道虚》:"物生也色青,其熟也色黄;人之少也鬓黑,其老也鬓白。"孔颖达《尚书·禹贡》"厥土青黎"疏引王肃曰:"青,黑色。"这是以今律古。"黎"是黑色,"青"本义仍是"青苍之色"。

这些词除"白""黑""黄"等少数几个现代还可以单用,大部分或者只能出现在复音词或固定词组中，或者被其他词所替代。如："朱""赤"被"红"或"大红"取代，"丹"只出现在复音词如"丹心"等中。

（五）关于生产方面的词

《吕氏春秋》关于生产方面的词包括很广，有农业、畜牧业、手工业、商业等。《吕氏春秋》很强调各生产部门的均衡发展，《上农》："凡民自七尺以上，属诸三官，农攻粟，工攻器，贾攻货。"下边分别加以叙述。

1. 农业　战国时期，农业是社会的主要生产方式，已经发展到相当的水准。《吕氏春秋》有《上农》《任地》《辩土》《审时》四篇，是专门讲述农业政策及农业生产技术的，是目前最早的有关农业的文献。

《吕氏春秋》中出现不少农作物的名称，其中禾、麻、菽、麦、稻、黍、稷是当时广大地区的主要农作物，是人们非常熟悉的。甲骨文中已有禾、来（麦）、稻、黍等，其来源久远，而且现代大部分也还作为主要词素出现在复音词中。只个别的现代不用了，如菽、稷，成为历史词。"菽"是豆类，分大菽、小菽，《审时》："大菽则圆，小菽则抟以芳。""菽"在上古的出现频率很高，《诗经》中就出现9次，《小雅·小宛》："中原有菽，庶民采之。"后代用"豆"取代了"菽"。现代只用"豆"，不用"菽"了。"豆"本是食器，何时取代"菽"的呢？《战国策·韩策一》："韩地险恶，山居，五穀所生，非豆而麦，民之所食，大抵豆饭藿羹。"这里的"豆"确实是现代"豆类作物"的意义，是不是先秦"豆"就有"豆类作物"的意义呢？我们发现现存的先秦文献，即使战国末期的《韩非子》《吕氏春秋》中也没有"豆"表示"豆类作物"的意义的，这个意义只用"菽"。"豆"在《韩非子》

中出现 6 次，都是“食器”的意义，《外储说右上》：“取一豆肉。”“菽”出现 5 次，都指“豆类作物”，《内储说上·七术》：“冬十二月賈霜不杀菽。”《吕氏春秋》中“菽”表示“豆类作物”义 7 次，例见上。“豆”表示“食器”义 1 次，《贵公》：“大庖不豆。”《战国策》中“豆”表示“豆类作物”义仅上述 2 例，出现在同一句中。战国时期的历史以《战国策》为原始材料的《史记》在记叙同一事情的时候，用“菽”而不用“豆”。这说明在司马迁的时代，“豆类作物”的意义也还是用“菽”表示。我们知道《战国策》是经过西汉末刘向整理的，当时“豆”已有“豆类作物”的意义，杨恽《报孙会宗书》：“种一顷豆。”杨恽大概略早于刘向，或与之同时，所以《战国策》“豆”表示“豆类作物”义是否出自刘向之手，很令人怀疑。同时，成书于汉代的《素问》，“豆”也有“豆类作物”义，其论五方之穀为麦、黍、稷、稻、豆。《金匮真言论》：“其类土，其畜彘，其穀豆。”《五常政大论》论五方之穀为麻、麦、稷、稻、豆，仍有“豆”，而且共出现 5 次，即使用于譬喻时也用“豆”，《腹中论》：“二物并合之，丸以雀卵，大如小豆。”《素问》无一处用“菽”。由此可见，在汉代“豆”的“豆类作物”义已逐渐取代了“菽”。不过“菽”在先秦仍应该是基本词。

“穀”“稼”，是穀物的总称，《孟秋》：“是月也，农乃升穀。”《审时》：“是故得时之稼兴，失时之稼约。”“穀”“稼”现代还作为词素运用，在先秦当为基本词。

《吕氏春秋》中还有些穀物名，如当时的优良品种穄、秬，种植及收获时间不同的品种稑、童（穜）等，都不应属于基本词的范畴。

当时对农作物的部位名称的认识也是很精细的，各部分都有专名，有的已在植物名称中出现，这里不重复。其他如穗、芒、苗、荚、糠、粃、粒、粟、米等。如：

《审时》："穗如马尾，大粒无芒。"

《任地》："子能使粟圆而薄糠乎？"

《辩土》："是以先生者美米，后生者为粃。"

《审时》："其荚二七以为族。"

《任地》："使苗坚而地隙。"

这些词一直运用到现代，只个别词如"粟"不用了。"粟"指禾黍的子粒，加工后外皮叫"糠"，仁叫"小米"。《说文》："粟，嘉穀实也。"段玉裁注："古者民食莫重于禾黍，故谓之嘉穀……嘉穀之实曰粟，粟之皮曰糠，中曰米。"《说文》："粱，禾米也。"段注："粟与米皆兼禾黍言，粱则专为禾米，故别言之。"

《吕氏春秋》中关于农作物部位的词还有穖、秙、稠等。"穖"是穗上的小穗，"稠"是穗上的总梗，"秙"是禾茎的皮，也指麦粒的外皮。这些词都是不常用的，后代更不用了，当不是基本词。

农业生产中，土地是很重要的。《吕氏春秋》中关于田地的词有土、地、田、亩、甽、畴等。如：

《乐成》："漳水犹可以灌邺田乎？"

《音律》："命农发土，无或失时。"

《任地》："地可使肥，又可使棘。"

《慎大》："朝不易位，农不去畴，商不变肆。"

这些词有的自甲骨文就存在，如"田""畴"等，有的一直用到现代，而且它们几乎都可以组成复音词，如"土地""田畴""畎亩"等在《吕氏春秋》中都曾出现。"土地"可以表示田地，《长攻》："譬之若良农，辩土地之宜。"还引申出"领土"的意义，《孟冬》："小兵时起，土地侵削。""田畴"指耕过的土地，《季夏》："可以粪田畴，可以美土疆。”“畎亩”，泛指田野、乡野，《离俗》：“居于畎亩之中，而游入于尧之门。”

对于农业生产来说，农具是十分重要的。战国时期，农业已很发达，这与铁器用于农耕有直接关系。有人认为春秋末期已经发明了牛耕。但我们在《吕氏春秋》专讲农业的四篇文章中不曾见到有讲牛耕的文字，至少这种耕作方式在当时还不普遍，直到汉代，恐怕也还不是主要方式。《淮南子·缪称》：“夫织者日以进，耕者日以却。”许慎注：“却，谓耕者却行。”耕者却行，说明耕者使用的农具还是耒耜。《孟春》：“天子亲载耒耜……躬耕帝籍田。”这里以耒耜躬耕帝籍田的规定，恐怕不是仿古，而是当时耕作实际的反映。《上农》讲到农夫不耕作时说：“野有寝耒，或谈或歌，旦则又昏，丧粟甚多。”看来人们耕作的农具是耒耜。《孟子》讲到陈相从宋国到滕国也是“负耒耜”而往。《孟子》还有这样的比喻，《滕文公下》：“士之仕也，犹农夫之耕也，农夫岂为出疆舍其耒耜哉？”由此可见，耒耜是农夫不可或缺的农具。甲骨文中已有“耒”“耜”二字。“耒”“耜”无疑应该是先秦的基本词。

除了“耒”“耜”之外，《吕氏春秋》中出现的农具还有锄、耰、耨、铚等。如：

《简选》：“锄耰白梃，可以胜人之长铫利兵。”

《任地》：“耨柄尺，此其度也。”

《上农》：“祸因胥岁，不举铚艾。”

“耰”是弄碎土块使田地平整的农具，“耨”是短柄的除草农具，“锄”是长柄的除草农具。段玉裁《说文解字注》“鉏”字下云：“古薅草坐为之，其器曰耨，其柄短；若立为之，则其器曰鉏，其柄长。”“铚”是收割用的短镰，《说文》：“铚，获禾短镰也。”这几个词，“锄”

“耰”“耨”是古代常用的，而“锄”至今还用。

为了保证农作物的生长和收成，需要铲除杂草，消灭害虫，做到“大草不生，又无螟蜮”（《任地》），因此农夫对野草、害虫的名称很熟悉。《吕氏春秋》中出现的有蓬、蒿、藜、莠、萑（萑）、夷（荑）、螟、蝗、蜮、螣等。这些词中，有的近现代已经不用了，有的现代只是作为词素出现在复音词中，但并不妨碍它们在上古属于基本词。王力先生说：“我们注意到某些词虽然在后代死亡了，它们在上古可能算是基本词……因为当时确有仔细区别的必要。”①这是很对的。

古时，男耕女织，女织则主要是养蚕绩麻。这方面的词主要有桑、柘、蚕、茧、丝等。如：

《季春》：“是月也，命野虞无伐桑柘。”

《季春》：“蚕事既登，分茧称丝效功。”

这些词一直到现代还在使用。

《吕氏春秋》中出现不少与农业生产相关的动词，有农、耕、稼、种、树、收、穫、灌、耰、耨、耘、殖、绩、织等。如：

《上农》：“民农非徒为地利也。”

《任地》：“五耕五耨，必审以尽。”

《审时》：“是以稼之容足。”

《用民》：“夫种麦而得麦。”

《孝行》：“所谓本者，非耕耘种殖之谓，务其本也。”

《尊师》：“疾灌寖，务种树。”

《顺民》：“天大旱，五年不收。”

---

① 《汉语史稿》下册，中华书局，1980年，509页。

《审时》:“稼就而不穫,必遇天灾。”

《长利》:“协而耰,遂不顾。”

《博志》:“新穀熟而陈穀亏。”

《顺民》:“身亲耕而食,妻亲织而衣。”

《爱类》:“女有当年不绩者,则天下或受其寒矣。”

“农”,本义就是“耕地”,《说文》:“农,耕也。”引申指“农事、农民”,《上农》:“古先圣王之所以导其民者,先务于农。”《孟夏》:“命农勉作。”

“耰”“耨”等本都指农具,又用为动词,表示“用耰平地”“用耨除草”。这是很自然的引申,属于兼类。

这些词中,很多现代还在运用,如收、种、熟、耕、灌、织等。有的是作为主要词素出现在复音词中,如“收获”。有些词现代一般不用了,如耰、耨、绩等,而“绩”只用于别的意义了。

2. 渔猎畜牧　中国农耕社会之前,曾经历过渔猎社会、畜牧社会。那时的主要生产方式是捕鱼打猎和放牧牲畜。西周社会已进入农耕社会,但人们对狩猎和放牧还很重视,对野兽和牲畜的分辨还很仔细,如《诗经·豳风·七月》:“言私其豵,献豜于公。”“豵”是一岁的野猪,“豜”是三岁的野猪。《诗经》中不同毛色、不同种类的马出现28种名称,都说明这种情况。战国时代,农业进一步发展,但捕鱼捕兽和饲养家畜作为农耕的辅助手段,仍是重要的生产方式。《吕氏春秋》中捕鱼捕兽的网出现不少,如罟、罛、网、罗、罝、罼、罘等。如:

《上农》:“罛罟不敢入于渊。”

《季春》:“田猎罼弋,罝罘罗网,喂兽之药,无出九门。”

“罛”“罟”是捕鱼的网,其他是捕鸟兽的网。

甲骨文中已有网、罝、毕(罼)等。《诗经》等先秦文献网的名称大量出现,汉代以后这些词也还是人们常用的,《淮南子》即有各种网的名称。这些词一般意义都比较单一,"网""罗"有一些引申义,但在《吕氏春秋》中都没有出现。现代,只有"网"还单用,"罗网"作为复音词还在运用,而多用于抽象义。其他词现代基本都消亡了。但是,在上古时代,它们还当属于基本词。

与渔猎相关的动词,《吕氏春秋》中有田(畋)、猎、捕、獲、渔、钓等。如:

《至忠》:"荆庄王猎于云梦。"

《上德》:"使袓而捕池鱼。"

《谨听》:"太公钓于滋泉。"

《异宝》:"见一丈人,刺小舟,方将渔。"

"田",甲骨文出现458次,其中"田猎"义出现453次,可见其主要意义是"田猎"。《吕氏春秋》中"田"出现23次,仅2次用于"田猎"。这说明,农业生产在当时居于主要地位,而"田猎"的意义主要用"猎"表示。后代沿用"猎"而少用"田"。"捕"既可用于捕动物,也可用于捕人。《吕氏春秋》中各有1例,捕"动物"义例已见上,"捕人"义如《无义》:"续经因告卫吏使捕之。"这两个意义一直沿用到现代。

畜牧业在战国时代的秦地及中原地区,当以饲养牲畜为主。《孟子·梁惠王下》:"鸡豚狗彘之畜,无失其时,七十者可以食肉矣。"《吕氏春秋》中出现的牲畜有鸡、雏、鴈、犬、狗、豚、豕、彘等。其中"鴈"指家养的鹅,《必己》:"令竖子为杀鴈饗之。"《吕氏春秋》中"鴈"出现5次,"家鹅"义4次,"大雁"义1次,《季冬》:"鴈北乡。""犬""狗"同义,《吕氏春秋》中"狗"出现27次,而"犬"出现7

次,又主要出现秋三纪中,《贵当》:“欲得良狗,则家贫无以。”《孟秋》:“食麻与犬。”后代口语中保留了“狗”,而淘汰了“犬”。先秦以狗为肉食来源的习惯也逐渐改变了。

放牧的牲畜,《吕氏春秋》主要有马、牛、羊、羔、骡。这些词一直运用到现代,词义也相同。

与畜牧业有关的名词有刍、厩、刍豢。“刍”是牲畜吃的草,“厩”是养马的棚子,《首时》:“饥马盈厩,嗼然,未见刍也。”“刍豢”,“刍”本指用草喂牲畜,“豢”指用粮食喂牲畜,引申为吃草的牲畜如牛羊叫“刍”,吃粮食的牲畜如猪狗叫“豢”。“刍豢”连文则泛指牲畜,《仲秋》:“案刍豢,瞻肥瘠。”动词有“牧”,指放牧牲畜,《季秋》:“是月也,乃合累牛、腾马,游牝于牧。”这几个词在《吕氏春秋》时代当是基本词。

3. 工商业　这方面的词,《吕氏春秋》有工、匠、商、贾、市、陶、器、货等。如:

《孟冬》:“物勒工名,以考其诚。”

《分职》:“匠不巧则宫室不善。”

《慎势》:“积兔满市,行者不顾。”

《上农》:“农攻粟,工攻器,贾攻货。”

《慎大》:“商不变肆。”

《君守》:“昆吾作陶。”

“工”指各种工匠,《吕氏春秋》7见。又特指乐工,3见,《长见》:“晋平公铸为大钟,使工听之。”还引申为形容词“精巧、精密”的意义,出现11次之多,《处方》:“今有人于此……为方圆则若规矩,此则工矣巧矣,而不足法。”“匠”,出现9次,都是“木匠”的意义,意义单一。“工”组成复音词也比较多,《吕氏春秋》中有“工人”

“工女”“工师”等。后世“工匠”连文组成复音词，泛指各种手工业工人。

“商”“贾”二词，《吕氏春秋》出现频率不高。用作名词，其分别不明显。本来运货贩卖叫“商”，即所谓“行商”；囤积坐售叫“贾”，即所谓“坐贾”。郑玄《周礼·太宰》注云：“行曰商，处曰贾。”《左传·宣公十二年》：“商农工贾，不败其业。”“商”“贾”分列而与“农”“工”并列，说明“商”“贾”之别是明显的。《吕氏春秋》中“农攻粟，工攻器，贾攻货”，“农”“工”“贾”并列而无“商”，“贾”中包含了“商”，“商”“贾”不再有明显的区分；而且前引“商不变肆”，“肆”即店铺，本当为坐贾而称“商”，《悔过》“郑贾人弦高、奚施将西市于周”，此去周做买卖乃行商，而称“贾人”，都说明“商”“贾”作为名词，意义分别不明显。“商”“贾”之分别，《吕氏春秋》表现为“贾”可用为动词，而“商”不能，如《上农》：“农不敢行贾。”这是因为“贾”的本义即是动词，《说文》：“贾，市也。”段玉裁注：“凡买、凡卖皆曰市。贾者，凡买卖之称也。”

与工商有关的动词有制、造、作、买、卖等。如：

《古乐》：“次制十二筒。”

《荡兵》：“人曰蚩尤作兵。”

《安死》：“其设阙庭、为宫室、造宾阼也若都邑。”

《士容》：“其邻假以买取鼠之狗。”

《离谓》：“安之，人必莫之卖也。”

这些词直到现代还在运用，意义基本相同。

上文所说市、贾、陶等也都可作动词，“市”“贾”例已见上，“陶”义为制造陶器，《慎人》：“舜耕于历山，陶于河滨。”这几个词的动词义现代都不用了。

（六）关于物质文化方面的词

物质文化包括的内容很广，这里只就衣、食、住、行等与人们日常生活最密切的方面谈谈《吕氏春秋》基本词的情况。

1. 饮食　战国时代，食物品种增多，人们对饮食日趋讲究，这方面的词汇也越来越丰富，其中不少词成为基本词。人们的主要食物是穀物，即上文所说的黍、稷、稻、麦的果实粱、粟（米），这些统称之为饭，《本味》："饭之美者，玄山之禾，不周之粟。""饭"既泛指粮食，也特指做熟的饭食，《慎大》："襄子方食抟饭。"这些都应当是"饭"的引申义，它的本义是"吃"，《任数》："回攫而饭之。""食""粮"是两个很常用的词，凡家居所食叫"食"，非家居所食叫"粮"，"粮"就是路上吃的干粮，《先识》："行者无粮，居者无食，则财尽也。""粮食"连文，固定而成为复音词，泛指粮食，这个词一直沿用到现代。

菜蔬类，《吕氏春秋》中主要有瓜、瓠等。菜蔬类总称为菜，《慎人》："颜回择菜于外。""菜"这个词后代意义虽有扩大，但基本意义至今没有变化。"瓜""瓠"是一般人的主要菜蔬，《仲冬》："瓜瓠不成，国有大兵。""瓜"，几千年一直运用，基本意义至今未变。"瓠"是葫芦类，嫩时可食，现代叫瓠子，有些地方还用作菜蔬。菜食还有一个"羹"字，羹分肉羹、菜羹两种，指带汁的肉和菜。《适音》："大羹不和，有近乎味者也。"这是指肉羹。《慎人》："孔子穷于陈蔡之间，七日不尝食，藜羹不糁。""藜羹"就是用藜的嫩叶做的羹。菜羹是人们平日的常食，《战国策·韩策一》："民之所食，大抵豆饭藿羹。""藿"是豆叶，"藿羹"就是用豆叶做的菜羹。

肉食起初只是贵族的事，一般平民恐怕是吃不上肉的。《左传·庄公十年》："肉食者鄙。"杜预注："肉食者，在位者。"孔颖达疏：

"大夫以上乃得食肉。"这种规矩到战国中期可能已有改变,《孟子·梁惠王上》:"鸡豚狗彘之畜,无失其时,七十者可以食肉矣。"这里指老人食肉,因为"七十者非肉不饱"。到了战国末期,凡有钱者大概都可以食肉了。《安死》说掘墓者"乘车食肉"。肉的来源即上文所说的鸡、豚、狗、彘等。肉食的基本词还有"脯",意义为"干肉",《吕氏春秋》出现4次,《报更》:"乃复赐之脯二束。"这个词至今还作为主要词素出现在复音词中,如"兔脯""鹿脯"等。另外,现代还可指干的水果之类,如"杏脯"。其实这个意义在中古就产生了,《齐民要术·种枣》:"切枣曝之,干如脯也。"鱼、鳖等物盛产于水中,是人们除藜藿之羹外的常食之物。"鱼",《吕氏春秋》出现30次,"鳖"出现5次,《功名》:"水泉深则鱼鳖归之。"鱼的种类,《吕氏春秋》中出现十余种,只有"鲤"沿用到现代。鱼肉的特殊气味,如腥、臊、膻,人们已经能够体会并想办法去除,《本味》:"凡味之本,水最为始,五味三材,九沸九变,火为之纪,时徐时疾,灭腥去臊除膻。"这说明人们已经掌握了很好的烹调手段。

饮用之物,《吕氏春秋》提到水、酒等。水是维持生命的最重要的东西,古今是一样的。酒是中国古老的发明,甲骨文中已有"酒"字,《勿躬》:"仪狄作酒。"《礼记·射义》:"酒所以养老也,所以养病也。"酒的种类,《吕氏春秋》中有醴、酏、酎等。"醴"是甜酒,甲骨文中已有"醴"字。"酏"是一种米酒,《说文》:"酏,黍酒也。"《重己》:"其为饮食酏醴也,足以适味充虚而已。""酎"是一种反复酿制的醇酒,《说文》:"酎,三重醇酒也。"《孟春》:"是月也,天子饮酎。""饮"作为名词,泛指饮用之物,《周礼·天官·浆人》:"掌共王之六饮:水、浆、醴、凉、醫、酏。"《吕氏春秋》"饮"作名词6次,《权勋》:"司马子反渴而求饮。"这个意义,现代还出现在复音词中,如

“冷饮”。

《吕氏春秋》中关于五味及调和五味的作料有酸、苦、甘、辛、醎、薑、桂、醯、醢、盐等。如：

《尽数》：“大甘、大酸、大苦、大辛、大醎，五者充形则生害矣。”

《本味》：“和之美者，阳朴之薑，招摇之桂，越骆之菌，鳣鲔之醢，大夏之盐。”

这些词中有酸、苦、醎、薑、盐，直到现代还单独使用，意义相同。“甘”“辛”，现代口语中一般少用，而被“甜”“辣”取代，但仍出现在复音词或书面语中。“桂”是一种香树，其皮可以作调料，现代一般作调料时不单称“桂”，而称“桂皮”。“醯”现代不用了，被“醋”所取代。以“醋”代“醯”，大约唐宋时代就已经出现了。《论语·公冶长》：“或乞醯焉，乞诸其邻而与之。”邢昺疏：“醯，醋也。”《左传·昭公二十年》：“水火醯醢盐梅，以烹鱼肉。”孔颖达疏：“醯，酢也。醢，肉酱也。”“醢”是肉酱，也是古代的一种调味品。这些词，后代虽然不用了，但上古应属基本词。

饮食器具，也是人们须臾不能离开的。《吕氏春秋》有釜、缶、甑、壶、斗、樽、觞、盘、杯、瓶、鼎等。甲骨文中已出现鼎、镬、缶、盘、尊(樽)、壶、斗等，说明这些词是很古老的。“鼎”是贵族用的器物，《吕氏春秋》出现15次之多。有一个“镬”字，是无足的鼎，出现2次，《察今》：“尝一脟肉，而知一镬之味，一鼎之调。”这两个词，“鼎”当是基本词。

壶、盘、杯、瓶等词，一直沿用到现代，尽管意义有些许变化，口语中要儿化或加词尾“子”。“壶”是先秦用来盛饮食的器具，自商周以来就是常用词。《诗经》中多次出现，《大雅·韩奕》：“显父饯之，清酒百壶。”《孟子》里有“箪食壶浆以迎王师”。《吕氏春秋·介立》：“见而下壶飧以餔之。”可见“壶”既可盛酒、浆，也可盛带水的饭。“盘”字又作“槃”，先秦时是用来承接盥水的器皿，多为青铜制成。后代形制和功用都发生了变化，主要用来盛菜肴食品。“瓶”字又作“缾”，《说文》中“瓶”是“缾”的或体，“瓶”是瓦制的器皿，可以盛酒，也可以汲水。早期的文献如《诗经》《周易》中都有“缾”字，《诗经·小雅·蓼莪》：“缾之罄矣。”《吕氏春秋》中“瓶”只出现1次，《察今》：“见瓶水之冰，而知天下之寒。”“杯”是盛饮料或食物的器皿，《诗经》《尚书》《论语》《左传》等书中均未出现，大概产生于战国时代，江陵和信阳楚简中已有发现。《孟子·告子上》：“犹以一杯水救一车薪之火也。”《庄子·逍遥游》：“覆杯水于坳堂之上。”《吕氏春秋》出现1次，《直谏》：“鲍叔奉杯而进。”虽然出现频率不高，仍应归入基本词。汉代以后“杯”应用更多，不仅盛酒水和食物，而且是酒器了。通常“杯盘”连文。“杯”一直沿用至今。

关于饮食方面的词，还有薪、柴、炭、厨、庖等。如：

《季秋》：“草木黄落，乃伐薪为炭。”

《季冬》：“命四监收秩薪柴。”

《知分》：“鹿生于山，而命悬于厨。”

《去私》：“庖人调和而弗敢食，故可以为庖。”

“薪”“柴”浑言不别，析言则有别。郑玄《礼记·月令》注云：“大者可析谓之薪，小者合束谓之柴。”古代“薪”是通语，是柴草的总称，而且可以组成多种复音词，现代口语中只用“柴”而不用“薪”了。“炭”指木头烧成的木炭，《吕氏春秋》出现4次，《仲夏》：“无烧炭。”此词一直用到现代，意义也没有什么变化。这几个词都应该是基本词。“庖”“厨”都指厨师，不过先秦“庖”用得多于“厨”，且多组成复音词,如《吕氏春秋》就有“庖人”“庖丁”等。“庖厨”连文一般不指人,而指处所,即厨房,《具备》:“伊尹尝居于庖厨也。”《孟子·梁惠王上》:“是以君子远庖厨矣。”现代不管指人还是指处所,一般都用“厨”不用“庖”。

关于饮食方面的动词,《吕氏春秋》中有烹、调、熟、烂、腐、煎、饮、食、咽、吞、吐、尝、渴、饱、饥、饐(噎)、醉等。如:

《孝行》:“熟五穀,烹六畜,和煎调。”

《尽数》:“食能以时,身必无灾。”

《尽数》:“饮必小咽。”

《恃君》:“又吞炭以变其音。”

《介立》:“两手據地而吐之。”

《精谕》:“淄、渑之合者,易牙尝而知之。”

《权勋》:“司马子反渴而求饮。”

《尽数》:“凡食之道,无饥无饱。”

《本味》:“熟而不烂。”

《荡兵》:“夫有以饐(噎)死者。”

《疑似》:“我醉,汝道苦我,何故?”

《贵生》:“嗜肉者,非腐鼠之谓也。”

其中咽、尝、吐、吞、渴、饱、熟、饐、醉、烂等词一直运用到现在,词义没有什么变化。“烂”的本义是“熟”,《说文》作“爤”,云:“孰也。”《方言》七:“烂,熟也。自河以北赵魏之间火熟曰烂。”这个意义先秦典籍如《尚书》《诗经》《论语》《左传》《孟子》《墨子》《庄子》《荀子》《韩非子》等都不曾出现。“熟而不烂”,“烂”与“熟”相对,“烂”不能等于“熟”,高诱注:“烂,失饪也。”《方言》七:“饪,熟也。”《论语·乡党》:“失饪不食。”孔安国注:“失饪,失生熟之节也。”“失饪”即为失生熟之节，“饪”则当为适生熟之节，即火候适中。段玉裁《说文解字注》：“熟则火候到矣。”可见“烂”即“过熟”之义。这个意义《吕氏春秋》始见，而后代一直沿用。《吕氏春秋》“烂”还有一个意义，即“腐烂”，《本生》：“肥肉厚酒，务以自强，命之曰烂肠之食。”这个意义，《孟子·尽心下》：“梁惠王以土地之故，糜烂其民而战之。”《庄子·人间世》：“咶其叶，则口烂而为伤。”《韩非子·忠孝》：“朽骨烂肉。”都有所出现，可见是先秦的常用意义，此义一直沿用到现代而未变。《吕氏春秋》与“烂”此义相近的词有“腐”，“腐”也是“腐烂”的意义，例已见上。现代“腐烂”连文，形成复音词，单用则只用“烂”而不用“腐”了。检先秦文献，《诗经》《尚书》《论语》均未见此义。《诗经》中“烂”字出现3次，都是“灿烂、华美、鲜明”的意义，如《郑风·女曰鸡鸣》：“子兴视夜，明星有烂。”《唐风·葛生》：“角枕粲矣，锦衾烂矣。”《大雅·韩奕》：“韩侯顾之，烂其盈门。”“过熟、腐烂”与“华美、鲜明”二义有什么关系呢？战国中期以前“烂”为什么不存在“过熟”等义而具备“华美”等义呢？我们觉得，《诗经》中的“华美”等义与“过熟”等义无关。“烂”是叠韵联绵词“灿烂”的单用，《葛生》中表现得最明显。《诗经》中只是以音表义，与表示“过熟”的“烂”不可混淆。“饮”“食”“饥”，现代口语中不用了，在书面语或作为复音词词素还在应用。“食”被“吃”取代，“饮”被“喝”取代，“饥”被“饿”取代，书面语有“饮食”“饥饿”等复音词。

《吕氏春秋》中还有一个“爨”字，《任数》：“颜回索米，得而爨之。”这个词一直在口语中运用，直到最近几十年，才在城市中消失，北方农村仍在应用。

2. 衣服　人类最早有衣冠，恐怕不是为了遮羞，也不是为了御寒。《吕氏春秋·审为》：“冠，所以饰首也；衣，所以饰身也。”这大概与披发文身的民族是同一目的，只是采取的方式不同罢了。

《吕氏春秋》中有关服饰的基本词有布、帛、衣、裳、褐、裘、服、带、冠、冕、屦、履等。

布—帛 “帛”是丝织品的总称，“布”是麻葛织品的总称。据说人到五十就应衣帛，五十非帛不暖。帛是比较珍贵的，布则是一般的，《审为》：“事以币帛而不受。”《贵生》：“颜阖守闾，鹿布之衣，而自饭牛。”

衣—裳—服—褐—裘 这五个词都指衣服。“衣”是上衣，“裳”是下衣。“裳”相当于后世的裙子，为当时人们日常所服。又都泛指衣服，《诗经》中多次出现。现代“裳”不用了，“衣裳”连文泛指衣服。“服”作名词指衣服，《吕氏春秋》出现10次，《知士》：“静郭君来，衣威王之服，冠其冠。”《吕氏春秋》中已有复音词“衣服”，出现4次，《仲夏》：“衣服有量，必循其故。”“褐”是用粗毛或麻编织的短衣，是一般劳动者所服。《诗经》中就有“无衣无褐，何以卒岁”的话。《吕氏春秋》出现2次，《具备》：“巫马旗短褐衣弊裘。”随着这种衣服的消失，“褐”这个词也不用了。“裘”是皮衣，裘好坏不一，粹白狐裘十分珍贵，而上引“弊裘”大概就是破羊皮袄了。“裘”现代不能单用，只出现在复音词及成语中。

“带”是束衣的带子，用来束紧外衣，《吕氏春秋》出现6次之多，《过理》：“寡人自去国居卫也，带益三副矣。”常“冠带”连文，《仲秋》：“冠带有常。”现代带的形制与古代不同了，“带”还是作为主要词素出现在复音词中，如“皮带”。

冠—冕 “冠”是帽子的总称，《举难》：“桓公赐之衣冠。”“冕”是大夫以上戴的帽子，常“轩冕”连文（“轩”是大夫以上乘的车），《具备》：“轩冕在前，弗知欲也。”后代用“轩冕”表示官位、权势，李白《赠孟浩然》:"红颜弃轩冕。"现代口语中,"冠"被"帽子"所取代,"冕"则不用了。

与服饰有关的动词,《吕氏春秋》中有衣、服、冠、带等,这些词与名词义属于兼类词,都是名词义引申出来的,《知士》:"静郭君来,衣威王之服,冠其冠,带其剑。"《长攻》:"服衰以上夏屋之山。"这些意义现代基本都不用了。还有一个词"染",《当染》:"染于苍则苍。"这个意义一直用到现代。"染"还有一个引申义"熏染",出现 30 次之多,《当染》:"舜染于许由、伯阳。"这个意义,现代作为主要词素出现在复音词中。

3. 宫室 《吕氏春秋》中出现的有关宫室的基本词有宫、室、房、屋、堂、家、宅、馆、舍等。甲骨文中已出现宫、室、家、宅、官(馆)等。先秦时代,"宫"泛指房舍,《召类》:"西家之潦,径其宫而不止。"秦汉以后才专指帝王的宫殿。"室",浑言与"宫"无别,《尔雅·释宫》:"宫谓之室,室谓之宫。"析言则不同,古代房舍,前面大厅叫"堂",堂后中间一间叫"室",室两边的房间叫"房"。如《察贤》:"宓子贱治亶父,弹鸣琴,身不下堂而亶父治。"《慎人》:"孔子弦歌于室,颜回择菜于外。"《报更》:"晋灵公欲杀宣孟,伏士于房中以待之。""家"也是就房舍而言,《别类》:"高阳应将为室家。""馆""舍"都是客舍,不是家居的房舍。甲骨文"馆"作"官","官"即"馆"之初文。"宅"是住所,指整个宅院,《制乐》:"殷整甲移宅西河。"这些词,大部分一直用到现代,有的意义有些变化,有的作为词素出现在复音词中。

关于房舍组成部分的基本词,《吕氏春秋》中有门、户、牖、栋、柱、阶、墙、垣等。

门—户 这两个词,甲骨文已有,一直运用到现代。《说文》:

“户，半门曰户。”后代“门”“户”一般不别。与“门”“户”同义的，《吕氏春秋》还有“阖”“扇”二词，《说文》：“扇，扉也。”“阖，门扉也。”《仲春》：“乃修阖扇。”高诱注：“阖扇，门扇也。”《礼记·月令》郑玄注：“用木曰阖，用竹苇曰扇。”现代“阖”“扇”二词作为“门”义已经消失了。

“牖”是在墙上挖的窗户，这在上古时代是很自然的。它不同于“窗”，“窗”是天窗，开在屋顶上，《说文》说“在屋曰窗”，“屋”是房顶。先秦古籍中都没有“窗”字。“牖”字《诗经》出现2次，《豳风·鸱鸮》：“绸缪牖户。”《尚书》1见，《顾命》：“牖间南乡。”《吕氏春秋》3见，《君守》：“不窥于牖而知天道。”汉代以后“窗”用得渐多，与“牖”并存，最后取代了“牖”。先秦早些时候还有一个“向”，《说文》：“向，北出牖也。”《诗经·豳风·七月》：“塞向墐户。”《吕氏春秋》中没有出现“向”。

“栋”指房子的脊檩，“柱”是房子的立柱，都是房子的重要支撑部分，《喻大》：“灶突决，则火上焚栋。”《节丧》：“譬之若瞽师之避柱也。”《吕氏春秋》还有一个词“枢”，指门上的转轴，《尽数》：“户枢不蝼。”这几个词，现代只能作为词素出现在复音词或成语中。有的复音词多表示抽象意义，如“栋梁”“枢纽”。

“阶”，指台阶，《自知》：“文侯下阶而迎之。”“阶”字来源很古老，《尚书》7见，《顾命》：“一人冕，执锐立于侧阶。”《诗经》2见，《大雅·瞻卬》：“维厉之阶。”这个词现代还在运用，或者作为主要词素出现在复音词中。《吕氏春秋》中还有一个“陛”，也是“台阶”的意义，《说文》：“陛，升高阶也。”《贵信》：“曹翙按剑当两陛之间。”“陛”字产生较晚，大约在战国中期以后。先秦古籍中仅见于《墨子·备城门》以下诸篇及《吕氏春秋》，《墨子》4见，《吕氏春秋》2见。王筠《说文句读》云：“盖古名阶，后名陛，因而专为殿陛之名也。经文无陛字可见。”《吕氏春秋》中有“陛下”一语，是指阶陛之下，《制乐》：“臣请伏于陛下以伺候之。”此义《战国策》亦有，《燕策三》：“以次进至陛下。”后代以“陛下”称天子，蔡邕《独断上》：“群臣与天子言，不敢指斥天子，故呼在陛下者而告之，因卑达尊之义也。”“陛下”一词实最早见于《韩非子·存韩》，共10见，是称呼秦王和韩王。韩非上秦王政书云：“陛下虽以金石相弊，则兼天下之日未也。”《战国策》1见，《秦策五》：“陛下尝轫车于赵矣。”高诱注：“陛下，谓孝文王也。”看来，先秦时期“陛下”是称呼国君的，秦汉以后专称天子。可见，“陛”上古时期不当属于基本词。

墙—垣　二词同义，《召类》：“南家之墙犨于前而不直。”《知接》：“有一妇人踰垣入。”现代“墙”仍在运用，而“垣”只出现在复音词及成语中。不过这两个词在上古都应为基本词。

有关坐卧扫洒器具，《吕氏春秋》中有几、床、席、枕、箕、帚等。“床”，上古时期为卧具，《诗经》3见，《豳风·七月》：“十月蟋蟀入我床下。”《吕氏春秋》2见，《至忠》：“文挚至，不解屦登床。”这个意义一直用到现代。《吕氏春秋》中还有“笫”，指竹制的床垫，经常与“床”连文，《孝行》：“安床笫。”《左传·襄公二十七年》：“床笫之言不踰阈。”《国语·晋语一》：“床笫之不安邪？”“床笫”连文则泛指床。“席”，指坐卧铺的用具，《分职》：“坐熊席。”《顺民》：“身不安枕席。”引申为“座位”，《慎大》：“武王避席再拜之。”这两个意义至今仍在运用。《吕氏春秋》中还有“筵”，只1见，且用为动词“设置筵席”义。“筵”浑言与“席”同义，《说文》：“筵，席也。”段玉裁《说文解字注》：“铺陈曰筵，藉之曰席。”这是说，筵指铺在地上的席，席在筵上，人坐于席上。现代则只用“席”，不用“筵”了。“枕”，《吕氏春秋》出现2次，1次是名词，1次是动词。名词义为“枕头”，与“席”

连用，例已见上《顺民》。动词义为“以头枕物”，《重己》：“不免乎枕之以糠。”“枕”的这两个意义现代仍在运用。

“箕”“帚”都是扫洒用具，“箕”是簸箕，也用于簸扬，“帚”是笤帚。这两个词甲骨文中屡见，但未用本义。先秦古籍“箕”多用于人名、地名，《礼记》《战国策》《庄子》有用于“簸箕”义的。“帚”只《礼记》《战国策》各1见，《礼记·曲礼上》：“必加帚于箕上。”《战国策》：“请以秦女为大王箕帚之妾。”《吕氏春秋》各出现1次，并且连文，《顺民》：“执箕帚而臣事之。”这两个词后代沿用，现代作为主要词素出现在复音词中。

4. 交通　《吕氏春秋》中关于道路的基本词有道、路、途（塗）、街、衢、径等。如：

《音律》：“达道通路。”

《不苟》：“公孙枝徙，自敷于街。”

《精谕》：“弊邑寡君使下臣愿藉途而祈福焉。”

《乐成》：“男子行乎塗右，女子行乎塗左。”

《离俗》：“每朝与其友俱立乎衢。”

《孝行》：“道而不径。”

战国时期，“道”“路”“途（塗）”基本同义。《说文》：“道，所行道也。”“路，道也。”“道”“路”经常连文，意义与单用同。《尔雅·释宫》：“一达谓之道路。”《吕氏春秋》中“道路”出现4次，《劝学》：“君子行乎道路，其有父者可知也。”应该看作复音词。“途”“塗”本义不同，“途”是道路，“塗”是泥。“塗”表示道路，是假借。先秦古籍中，多用“塗”表示道路。《吕氏春秋》中“塗”出现19次，11次借作“途”，是“道路”的意义，而“途”只出现1次。“塗”的本义出现6次，《别类》：“塗干则益轻。”用作动词“涂抹”义2次，《仲冬》：“塗阙庭门间。""街""衢"基本同义。《说文》:"街,四通道也。""衢,四达谓之衢。"不过"衢"可用于城镇,也可用于郊野,而"街"一般只用于城镇之内。现代"道""路""街"还存在于口语中,"径""途"只作词素出现,而"衢"基本不用,成了僻字,只出现在个别成语中。

交通工具有梁、舟、船、车、舆、轩、辇等。"梁",先秦是"桥梁"的意义,《说文》:"梁,水桥也。"《序意》:"近视梁下,类有人。"先秦称桥梁为"梁",几乎不用"桥"。战国末期的《吕氏春秋》《韩非子》都没有"桥"。先秦古籍中只有《墨子·备城门》出现2例:"木桥长三丈。""断城以板桥。"汉以后,"桥梁"义渐多用"桥",如《史记·秦本纪》:"初作河桥。""桥"的本义,《说文》说:"水梁也。"这是许慎以今注古。"桥"的本义是"井桥",段玉裁《说文解字注》云:"古者挈皋曰井桥,《曲礼》:'奉席如桥衡。'取高举之义也。"现代"桥梁"义只用"桥",不用"梁","梁"一般只出现在复音词"桥梁"中。

"舟""船",在《吕氏春秋》中是同义词,"船"是从关西方言进入通语的,后代"船"逐渐在口语中取代了"舟",现代口语中用"船"不用"舟"了。

"车"是车的通称,"舆"原指车箱,也泛指车。《吕氏春秋》中,"舆"出现8次,都是车的意思,《先识》:"白圭固辞,乘舆而去。""车"到现代还是基本词,而"舆"一般不用了。"轩"是大夫以上乘的车,例已见上;"辇"是小的人力车,《说文》:"辇,輓车也。"段注:"谓人輓以行之车也。"《本生》:"出则以车,入则以辇。"这两个词现代一般都不用了。

有关车的部件,《吕氏春秋》中有轮、轨、轼、辅等。"轮"指车轮,"轨"指两轮之间,《勿躬》:"平原广城,车不结轨,士不旋踵。"高诱注:"两轮之间曰轨。"这两个词后代常用,现代也作为主要词素出现在复音词中。不过“轨”经常用它的引申义“轨道”，如“无轨”“车轨”。这个引申义汉代就已经产生了，《淮南子·本经》：“五星循轨而不失其行。”“辅”是车轮两旁立的直木，《权勋》：“车依辅，辅亦依车。”后代经常用“辅”的引申义“辅佐、辅助”。这个意义先秦也是常用义，《吕氏春秋》出现3次，《当赏》：“辅我以义，导我以礼者，吾以为上赏。”“轼”是车前的横木，一般是用来扶手的，也用来示敬，需要时可以登上望远。《左传·庄公十年》有“登轼而望之”，《吕氏春秋·忠廉》：“今汝拔剑则不能举臂，上车则不能登轼，汝恶能？”有人曾认为“轼”不可登，而把《左传》那句话在“登”字后断句，要“轼”作动词。先秦“轼”作动词是很多的，但都是凭轼低头示敬的意思，《吕氏春秋》这种用法出现4次，《期贤》：“魏文侯过段干木之闾而轼之。”《忠廉》明言“登轼”，可见“轼”是可以登的，此足以纠正《左传》那种新断句的错误。《左传》那种断句把“轼”讲成动词“凭轼示敬”也是错误的。那是齐鲁交战，观察敌军后退之势，岂有示敬之理？“轼”“示敬”义起初作“式”，先秦古籍中多有用例，《礼记·曲礼上》：“兵车不式。”因俯身手扶车前横木叫“式”，从而所扶车前横木也叫“式”，后来写作“轼”，“示敬”义的“式”也写作“轼”。

除了上述这些词外，还有一些有关物质文化方面的词，也应该是先秦的基本词。《吕氏春秋》中有仓、廪、府、库、筐、篆、堤、防、池、园、圃等。其中“仓”“廪”“府”“库”是储藏粮食、财物和车辆器械的房舍，“仓”“库”至今还是口语中常用的。“筐”是方形竹筐，“篆”是圆形的筐。《季春》：“具栚曲篆筐。”高诱注：“圆底曰篆，方底曰筐，皆受桑器也。”“篆”又作“籧”，也作“筥”，《诗经·召南·采蘋》：“于以盛之，维筐及筥。”毛传：“方曰筐，圆曰筥。”《礼记·月令》：“具曲植籧筐。”郑玄注：“籧亦作筥。”“篆”“籧”“筥”实同一词。

后代通称为“筐”。“篆”逐渐消亡了。“堤”“防”在先秦是同义词,现代只用“堤”,“防”只作为词素出现在复音词如“堤防”中。“池”在《吕氏春秋》中出现10次,都是“池塘”的意义,《上德》:“使祖而捕池鱼。”此应是“池”的本义。大徐本《说文》无“池”字,段玉裁据《初学记》及《风俗通》等补,云:“池,陂也。”《释文》:“停水曰池。”由“池塘”义引申出“护城河”义,因为护城河也是停水的地方。这种引申是很自然的。反过来,若由“护城河”义引申为“池塘”义,则谬剌难通。这两个意义在先秦都是常见义。《诗经》“池塘”义4见,都出现在大小《雅》中,如《召旻》《皇矣》《无羊》等,而“护城河”义出现3次,都出现于《陈风·东门之池》一首三章中。毛传谓“城池”,《释文》引孔安国云:“停水曰池。”孔颖达疏云:“东门之外有池水。”看来孔颖达亦认为“池”为“池塘”。孔疏又说:“以池系门言之,则此池近在门外,诸诗言东门皆是城门,故以池为城池。”《左传》“池塘”义4见,“护城河”义3见;《孟子》“池塘”义5见,“护城河”义2见;《韩非子》“池塘”义15见,“护城河”义2见。从这个统计看,“池”的本义和常见义都是“池塘”,这个意义一直沿用到现代。“护城河”义后代逐渐消失,现代只保留在“金城汤池”等成语中。

(七)关于精神文化方面的词

关于精神文化,主要就祭祀、礼俗、音乐、教育等几个方面谈谈《吕氏春秋》的基本词。

1. 祭祀　殷商时代人们对自然力抗争能力比较弱,因而十分迷信,希望得到一种超自然的力量的帮助。现在所看到的商代的甲骨文,都是占卜的记录,其中有许多祭祀的名称。周人的神权思想也相当严重,祭祀是日常生活中必不可少的活动。商周人对各种祭祀都赋予专名，这与畜牧时代把牲畜分得很细，稍有差别就单立名称一样，是社会发展状况的反映，是适应人们交际需要的。《吕氏春秋》成书于战国末期，虽然当时已经经过大的变革进入封建社会，又由于铁器的发明，生产力大大提高，但是人们对祭祀仍很重视。《尽数》中说："今世上卜筮祷祠。"商周时代关于祭祀的词汇一直沿用下来，《吕氏春秋》中也存有这方面的词汇，总量不是很多，而大部分集中在作为天子行为规范的十二月纪之中。

关于祭祀名称的基本词有雩、郊、庙等。"雩"是天旱求雨的一种祭祀，这是一种很古老的祭祀，甲骨文和金文中多次出现此字，《仲夏》："大雩帝。""郊"是在郊外焚柴对上天的祭祀，"庙"是在祖庙对先祖的祭祀，《季春》："分茧称丝效功，以供郊庙之服。"高诱注："郊祭天，庙祭祖。"《季夏》："以给郊庙祭祀之服。"高诱注："郊祀天，庙祀祖。""郊""庙"的祭祀大约始于西周，《尚书·召诰》："起三日丁巳，用牲于郊，牛二。"《诗经·周颂·清庙》："於穆清庙，肃雍显相。"这里"庙"指祭祖先的地方，引申而指对祖先的祭祀。"郊""庙"的祭祀是古代社会的大祭祀，秦汉以后一直未废。

古人不但祭天、祭祖，而且凡有恩德利益于人的事物都要祭祀，《仲冬》："天子乃命有司祈祀四海、大川名原、渊泽井泉。"《季冬》："而赋之牺牲以供山林名川之祀。"十二月纪中还有所谓四时之祭，即"户""灶""中霤""门""行"。"户"是春祭，"灶"是夏祭，"中霤"是中央祭，"门"是秋祭，"行"是冬祭。"户""灶"等本是居室的五个部位，"户"指室门，"中霤"指屋的中央，"行"指门内之地。古人认为这些地方有恩德于人，而且须臾不能离开，它们也有神灵，因此要祭祀以求保佑。

祭祀的对象，最主要的是上帝、先祖、社稷。《吕氏春秋》中有“皇天”“上天”“上帝”“帝”“先帝”“先祖”“社稷”等词。《吕氏春秋》讲到“天”的时候，绝大部分是指自然界的天，但构成“皇天”“上天”等词的时候，都出现在祭祀的场合，作为祭祀的对象，因此与一般的“天”截然不同，而是指有意识的万物的主宰，如《季冬》：“以供皇天上帝社稷之享。”《慎大》：“上天弗恤，夏命其亡。”“帝”“上帝”是两个很古老的词，甲骨刻辞及商代文献如《尚书·盘庚》中都曾出现，《盘庚》：“肆上帝将复我高祖之德。”它们的意义都指至高无上的神。“帝”还指帝王，如甲骨文中即有“帝乙”“帝辛”之类。这是古老的神人合一论的体现，地上的王是天上的神的意志的体现者。《吕氏春秋》中“帝”出现40次，5次指“天帝”，35次指“帝王”，《仲夏》：“大雩帝。”《贵生》：“帝王之功，圣人之餘事也。”“先帝”则指死去的前辈君王，“帝”的意义逐渐由指天神为主过渡到指帝王为主。

社—稷　“社”指社神，即土地神，“稷”指穀神。《吕氏春秋》单音词有“社”无“稷”，“社”出现7次，1次用作动词“祭土神”，《仲春》：“择元日，命人社。”6次用作“祭祀土神之地”，《应同》：“天先见火赤乌衔丹书集于周社。”“社稷”一词本指土神和穀神，古人以农立国，于是以时祭祀，后遂以“社稷”代称国家。《吕氏春秋》出现20次之多。《季冬》：“以供皇天上帝社稷之享。”此指社稷之神。《听言》：“而欲宗庙之安也，社稷之不危也，不亦难乎？”此代称国家。

与祭祀迷信有关的基本词还有鬼、神、巫、祝、龟、策、兆、卦、祠、庙、太牢、牺牲等。

鬼—神　这两个词甲骨文中已有。人死后灵魂为“鬼”，“神”一般指天神，又泛指一切神，《异宝》：“荆人畏鬼。”《本味》：“其母居伊水之上，梦有神告之。”这两个词，《吕氏春秋》出现频率很高，“鬼”出现12次，“神”此义出现21次，而且现代仍是常用词。

巫—祝 “巫”“祝”都是指人。“巫”是以舞降神的人，《达郁》：“王使卫巫监谤者。”“祝”是负责祭祀的人，《仲秋》：“乃命宰祝巡行牺牲。”

龟—策—兆—卦 四词都与占卜有关。“龟”为占卜用的龟甲；“兆”是烧龟甲所出现的裂纹，古人根据裂纹来判断吉凶；“策”是占卜用的蓍草；“卦”是卦象，占卜的记号。《孟冬》：“命太卜祷祠龟策，占兆审卦吉凶。”

祠—庙 “祠”“庙”指祭祀的地方。“祠”为祭神的庙堂，《怀宠》：“问其丛社大祠，民之所不欲废者，而复兴之。”后世称为祠堂。“庙”是祭祀祖先的场所，也称作“宗庙”，《知士》：“且先王之庙在薛。”《孝行》：“能全支体，以守宗庙，可谓孝矣。”段玉裁《说文解字注》云：“古者庙以祀祖先，凡神不为庙也。为神立庙者始三代以后。”后代祭先祖之地只称“宗庙”，而“庙”在汉代以后可以指供奉神灵或先贤的地方，《史记·封禅书》：“于是作渭阳五帝庙。”隋唐以后，又偶称供奉佛的场所①，《晋书·何准传》：“惟诵佛经，修营塔庙而已。”

太牢—牺牲 这两个词指祭祀用的牲畜。“牺”“牲”起初单用，意义基本相同。“牲”有时也指宴享时所用的牛、羊、豕。甲骨文中已出现“牲”字。《尚书》中“牺”1见，“牲”2见；《诗经》中“牺”2见，“牲”2见，均单用。《左传》始出现“牺牲”连文，共2次，《庄公十年》：“牺牲玉帛，弗敢专也。”《吕氏春秋》“牺牲”出现9次，《仲秋》：“乃命宰祝巡行牺牲。”这个词在秦汉以后的封建社会中一直是常用的，现代则用它的引申义，指“为正义事业献身”。“太牢”

① 奉佛之所一般称“寺”，不称“庙”，而供奉人神之处称“庙”。

指牛、羊、豕三牲俱全,《仲春》:“以太牢祀於高禖。”只用羊、豕则称“少牢”,《吕氏春秋》没有出现。

与祭祀祈祷有关的动词,《吕氏春秋》中有祭、祀,祈、祷、祠、祝、卜、筮、斋,斋戒、荐、享(饗)等。

“祭”“祀”是祭祀的统称,《说文》:“祭,祭祀也。”《尔雅·释估》:“祀,祭也。”这两个词很古老,甲骨文中屡见。起初凡祭必有鲜,也就是要有牺牲。与“祭”相近的还有“荐”,“无牲而祭曰荐,荐而加牲曰祭”。这种分别早在西周时代就不那么严格了,《诗经·豳风·七月》:“献羔祭韭。”《吕氏春秋》中有时也是混用的,《仲夏》:“天子以雏尝黍,羞以含桃,先荐寝庙。”《仲秋》:“以犬尝麻,先祭寝庙。”

“荐”是向鬼神进献的意思,与此义相同的还有“享(饗)”,《季冬》:“以供皇天上帝社稷之享。”《孟冬》:“饗先祖五祀。”

“祈”“祷”“祝”“祠”的共同意义都是向神祷告以求福,《季夏》:“为民祈福。”《顺民》:“汤乃以身祷於桑林。”《异用》:“汤见祝网者。”《上德》:“太子祠而膳於公。”后世除“祠”少用于动词外,其他三个词都是常用的。现代一般是“祈祷”连文,形成复音词,“祝”也多用于“祝贺”义。

“卜”“筮”,用灼龟甲取兆预测吉凶为“卜”,用著草占卜叫“筮”,《达郁》:“臣卜其昼,未卜其夜。”《尽数》:“今世上卜筮祷祠,故疾病愈来。”甲骨文已有“卜”字,这两个词后世常用。

“斋”“斋戒”意义是相同的,都是“在举行祭祀之前沐浴,整洁身心”的意思。这两个词大约产生于春秋末和战国时期,《诗经》《尚书》中无“斋”字,《论语》《左传》始有“齐”(繁体作齊,齋的古字),《论语·乡党》:“齐,必有明衣。”《左传·隐公十一年》:“齐于社圃。”《孟子》始见“斋戒”,《离娄下》:“虽有恶人,齐戒沐浴,则可以祀上帝。”《吕氏春秋》中“斋”出现 3 次,《孟春》:“天子乃斋。”“斋戒”出现 3 次,《季春》:“后妃斋戒,亲东乡躬桑。”这两个词在长期的封建社会中都是常用的基本词。

与此相关的还有形容词“吉”“凶”。这是意义相对的两个词,“吉”是吉利,“凶”是凶险、不吉利。这两个词在《吕氏春秋》中出现频率都比较高,“吉”出现 17 次,“凶”出现 13 次,《序意》:“所以知寿夭吉凶也。”这两个词也很古老,甲骨文中有“吉”字,《尚书》《诗经》中都有“吉”“凶”二字,后世也常用,当为基本词。

2. 礼俗　礼俗类词可以分一般礼俗、婚嫁、丧葬三方面叙述。

一般礼俗名词有习、俗、风、习俗等。如:

《君守》:“至圣变习移俗。”

《适音》:“凡音乐,通乎政而移风平俗者也。”

《知化》:“习俗不同,言语不通。”

这几个词都是表示“风俗、习俗”的词。“习”的本义是“鸟练习飞”,引申为“反复的行为”,进而指“长期重复而形成的风气”,“习”或称“习俗”。“俗”,《说文》:“习也。”《说文》以“习”释“俗”用的是“习”的引申义,“习”的引申义“风气、习俗”与“俗”同义。这几个词产生不早于春秋,《尚书》《诗经》中均无“习”“俗”二字,“风”也无“风俗”的意义。《左传》中“习”“风”二词始有“习俗、风俗”的意义,《昭公十六年》:“将因是以习。”《二十一年》:“天子省风以作乐。”“俗”始见于《老子》《孟子》,《老子》八十章:“安其居,乐其俗。”《孟子·公孙丑上》:“其故家遗俗,流风善政,犹有存者。”战国以后这个词一直是常用的基本词,现代则多用复音词“习俗”“风气”,而少用单音词了。

这方面的动词有揖、拜、跪、顿首、稽首等。“揖”指拱手行礼。“拜”,《说文》:“首至手也。”段注:“既跪而拱手,而头俯至於手,与心平,是之谓头至手。”《说文》:“跪,拜也。”段注:“当云所以拜也。”《异用》:“搏杖而揖之。”《介立》:“脆弱者拜请以避死。”《直谏》:“跪而加之于背。”依段玉裁说,通言拜则包括顿首、稽首。“顿首”是头至地而拜,《至忠》:“太子顿首彊请。”“稽首”是先拜而后双手合抱按地,头伏于手前地上,《顺民》:“文王再拜稽首而辞。”“稽首”是最恭敬的礼节。这几个词后代沿用,现代几乎不用了。除这几个词之外,《吕氏春秋》中还有“反走”“再拜”“避席”等词。“反走”是后退几步表示恭敬,其后一般与“再拜”的礼节相连。“再拜”是拜两次,较“拜”的礼为重,《博志》:“尹儒反走,北面再拜。”也可以不与“再拜”相连,《报更》:“宣孟曰:‘而名为谁?’反走对曰:‘何以名为? 臣骫桑下之饿人也。’”“避席”是离开席位以示恭敬,也可与“再拜”连用,《吕氏春秋》出现2次,都与“再拜”连用,《慎大》:“武王避席再拜之。”

婚嫁方面的基本词如“夫”“妾”等都在亲属称谓中述及,这里不重复,另有动词婚、嫁、娶(取)等。如:

《本味》:“汤於是请取妇为婚。”

《上农》:“庶人不冠弁、娶妻、嫁女、享祀。”

“取”引申有“娶妻”义,甲骨文已有“娶”字表示此义。《吕氏春秋》1见,例见上。但《吕氏春秋》仍有3次用“取”,例亦见上,这应当是一种存古现象。后代一直沿用“娶”。“娶”“嫁”二词一直沿用到现代,“婚”则作为主要词素出现在复音词中。

丧葬方面的基本词有名词棺、椁、坟、墓、冢等,动词有丧、葬等。如:

《高义》:“乃为之桐棺三寸。”

《节丧》:“善棺椁,所以避蝼蚁蛇虫也。”

《慎大》:“封比干之墓。”

《首时》:“鞭荆平之坟三百。”

《怀宠》:“不虐五谷,不掘坟墓。”

《安死》:“齐未亡而庄公冢扣。”

《安死》:“尧葬於谷林。”

《制乐》:“问疾吊丧。”

这些词在后代都是常用的,有的一直用到现代,或独用,或作为复音词出现,如“棺椁”“坟墓”,其实这两个词在《吕氏春秋》时已经出现。

先秦很多习惯或风俗不能用一个专用词去表示。比如《贵因》:“如秦者立而至,有车也;适越者坐而至,有舟也。”可以看出先秦乘车是立乘。又比如《察微》:“鲁人为人臣妾于诸侯,有能赎之者,取其金于府。”这里可以看出鲁国赎人的习惯。

3. 音乐　古人很重视音乐,认为音乐有潜移默化之功,把它作为对人民实行教化的重要内容,同时,也把它作为王者政治的重要标志。《吕氏春秋》出现的基本词主要有音、乐、声、风、律、歌、舞等。

“声”“音”“乐”三词意义相近。“声”在《吕氏春秋》中出现 48 次,其中 22 次指声音,21 次指音乐,《音初》:“郑卫之声,桑间之音,此乱国之所好,衰德之所说。”“音”出现 56 次,其中 19 次指乐音(音阶、音律),《长见》:“后世有知音者,将知钟之不调也。”25 次指音乐,《适音》:“亡国之音悲以哀。”“乐”出现 75 次,72 次指音乐,《察传》:“昔者舜欲以乐传教於天下。”“音声”“音乐”经常连用而成同义词，现代“音乐”一词还是常用词。

“律”起初指律管，用以定音，《古乐》：“昔黄帝令伶伦作为律。”此义出现14次，后来指乐律，《音律》：“天地之风气正，则十二律定矣。”此义出现6次。后世“乐律”的意义常用，而“律管”的意义少用了。

“风”指民间歌谣，这个意义很古老，《诗经》中有国风，就是指各国的民歌。《吕氏春秋》此义出现2次，《音初》：“周公及召公取风焉。”这个词现代不常用了，只在特定场合应用。

“歌”“舞”自古至今都是基本词。《诗经》中“歌”出现14次，三个意义：①唱歌（9次）；②作歌（1次）；③歌曲（4次）。“舞”出现13次，两个意义：①舞蹈（10次）；②跳舞（3次）。《吕氏春秋》中这两个词的意义与《诗经》完全相同，“歌”出现19次，三个意义：①唱歌（9次）；②作歌（3次）；③歌曲（4次）。“舞”出现15次，两个意义：①舞蹈（2次）；②跳舞（13次）。这说明这两个词意义十分稳固。现代这两个词的基本意义仍没有什么大的变化，只是经常出现在复音词中。

《吕氏春秋》还有一些主要乐器名称的词应当看作基本词，如钟、鼓、笙、磬、管、箫、琴、瑟等。这些词有的在甲骨文时代就已产生，如鼓、磬等，而且后代一直沿用，鼓、笙、琴、箫等一直活在现代人们的口语中。“钟”的意义发生了转变，在古代钟是乐器，《说文》：“钟，乐钟也。”《诗经·周颂·执兢》：“钟鼓喤喤，磬管将将。”《吕氏春秋·长见》：“后世有知音者，将知钟之不调也。”大约到隋唐时，则特指佛寺用作报时、报警、集合信号的钟，也指一般报时的钟，李商隐《无题》：“月斜楼上五更钟。”现代西洋报时钟表传入中国，仍取“报时”之义称钟。

《吕氏春秋》除以上具体乐器名外，还有所谓八音，即各种乐器的统称。八音包括金（钟）、石（磬）、土（埙）、革（鼓）、丝（琴、瑟）、木（柷、敔）、匏（笙、竽）、竹（箫、管）。《孝行》：“正六律，和五声，杂八音。”《侈乐》：“为木革之声则若雷，为金石之声则若霆，为丝竹歌舞之声则若噪。”还有“五声”“五音”。“五声”“五音”同义，都指乐音的五种音阶：宫、商、角、徵、羽。《古乐》：“黄帝又命伶伦与荣将铸十二钟，以和五音，以施英韶。”《遇合》：“人之能知五声者寡。”宫、商、角、徵、羽五个音阶在《吕氏春秋》中亦屡有出现。还有所谓十二律，《音律》：“天地风气正，则十二律定矣。”十二律的具体名称全部出现，《音律》：“黄钟、大吕、太蔟、夹钟、姑洗、仲吕、蕤宾为上，林钟、夷则、南吕、无射、应钟为下。”这些词虽则不能算作基本词，但可以看出《吕氏春秋》作者对音乐的重视。

《吕氏春秋》中关于音乐方面的动词主要有歌、舞、唱（倡）、和、吹、奏、谣，讴歌等。

“唱”“倡”在表示“领唱、领奏”的意思时是一个词。“和”是应和，即跟着唱。这两个词《诗经》中已出现，《郑风·萚兮》：“倡予和女。”《释文》：“倡又作唱。”《吕氏春秋》中“唱（倡）”出现6次，“和”出现3次，《顺说》：“我为汝唱，汝为我和。”现代不管是领唱还是跟着唱，都叫“唱”。“和”只出现在特定的复音词或成语中。

“谣”是没有乐器伴奏的唱，《诗经·魏风·园有桃》：“我歌且谣。”毛传：“曲和乐曰歌，徒歌曰谣。”《先识》：“歌谣好悲。”此义后来引申为名词，指歌曲。现代“谣”只用作名词，一般不单用，作为词素出现在“民谣”“歌谣”等复音词中。

“吹”“奏”都是“演奏乐器”的意义，不过“吹”只限于奏管乐器，而“奏”的范围较宽。甲骨文中已有“吹”字，不过只用于方国名称。《诗经》中已见此二词的这个意义。“吹”《诗经》中出现4次,用作“吹奏”义,《小雅·何人斯》:“伯氏吹埙。”《韩非子》出现6次,4次用作“吹奏”义,《内储说上·七微》:“齐宣王使人吹竽。”《吕氏春秋》出现7次,都是“吹奏”义,《季秋》:“上丁,入学习吹。”“奏”《诗经》出现8次,5次用于“奏乐”,《小雅·楚茨》:“乐县入奏。”《左传》出现6次,都是“奏乐”的意义,《昭公十七年》:“乐奏社。”《韩非子》出现6次,5次是“奏乐”的意义,《十过》:“三奏之。”《吕氏春秋·古乐》:“以仲春之月……始奏之。”这两个词,从古至今都是常用的,都是基本词。

4. 教育 《吕氏春秋》中关于教育方面的基本词主要有师、徒、弟子、先生、诗、书等。

“师”本指军队,到春秋末战国初始有“老师”之义,《论语·述而》:“三人行,必有我师焉。”“徒”本义为步行,引申为“徒党、同伙的人”,再引申为“弟子、学生”。《吕氏春秋》“师”的“老师”义出现68次之多,“徒”的“弟子”义出现6次,《诬徒》:“父不能令於子,师不能令於徒。”

“弟子”原义是“年幼者”,《论语》出现2次,《为政》:“有事,弟子服其劳。”引申为“学生、门徒”,《论语》出现5次,《述而》:“正唯弟子不能学也。”《孟子》出现4次,《吕氏春秋》出现23次之多,都是“学生、门徒”的意义。《遇合》:“委质为弟子者三千人。”“弟子”的“学生、门徒”义大概产生于春秋战国之交,此义一直沿用至今,没有发生什么变化。

“书”在《吕氏春秋》中有四个意义:①书写,记载。《具备》:“宓子贱令吏二人书。”②文字。《君守》:“苍颉作书。”③书籍。《尊师》:“观驩愉,问书义。”④书信。《乐成》:“群臣宾客所献书者,操以进之。"这四个意义都是常用义，而且后世一直沿用，现代主要用于"书籍"义，其他意义只出现在书面语和复音词中。

有关教育的动词基本词有教、导、诲、学、习、问、读、诵、讽等。

"教""导""诲"三词都有"教育、教导"的意义，《吕氏春秋》中"教"有两个意义：①教育、教导。《贵公》："愿仲父之教寡人也。"②教化、教令。《劝学》："先王之教，莫荣於孝。""导"的"教导"义是从"疏通、疏导"义引申来的，它侧重在引导。《吕氏春秋》这两个意义都存在，《古乐》："降通漻水以导河。"此为"疏导"义。《适威》："忠诚以导之。"此为"引导、教导"义。"诲"义较单一，是"教诲、诱导"的意义，《说文》："诲，晓教也。"义在"启发、诱导"。《乐成》："我有子弟，而子产诲之。"这三个词都可以组成复音词"教导""教诲"等，现代以用复音词为主。

"学""习""问"都含有"向别人学习请教"的意义。"学"侧重在学习自己不能的东西，不限于向别人或向书本学；"问"则侧重在向别人请教，了解自己所不知的东西，《谨听》："不知则问，不能则学。""学"此义《吕氏春秋》出现69次，"问"此义则出现108次，频率都是非常高的，这两个词后世一直沿用，甚至至今还活跃在口语中。"学"和"问"可以组成复音词"学问"，表示有系统的知识。《吕氏春秋》已有此词。《听言》："不习其心，习之於学问。"这个词一直到现代也还是常用的。"习"的本义是"鸟反复练习飞"，《吕氏春秋·季夏》出现了这个意义，"鹰乃学习"。引申为"反复练习的行为"，《孟夏》："乃命乐师习合礼乐。"再引申为"学习"，《听言》："造父始习於大豆。"现代"习"经常与"学"组成复音词。

"读""诵""讽"三词也有相通之处，《说文》："读，诵书也。"

“诵，讽也。”“讽，诵也。”“诵”“讽”互训，都有“背诵、朗诵”的意义，《重言》：“天子言，则史书之，工诵之。”《尊师》：“疾讽诵。”“讽”“诵”义近，故常连文。“读”则专指念书，“诵”“讽”则不限于此；“读”或出声或不出声，“诵”“讽”则是朗诵或背诵，又不相同。《察传》：“有读史记者。”这三个词中，“诵”“读”后世常用，“讽”主要用于其他意义。现代“读”仍独用，“诵”一般出现在复音词中。

（八）关于思想意识形态方面的词

春秋战国时期是中国思想史上的鼎盛时期之一，百家争鸣是这个时期的突出特点。这一时期关于思想意识形态方面的词十分丰富，很多都已是基本词，《吕氏春秋》中主要有德、道、忠、信、节、义、礼、仁、勇、智、孝、廉等。这些词所表示的内容，在长期的封建社会中，一直是人们信守的道德规范。

“德”的本义，从甲骨文字形看，是用眼睛盯着道路，认真地行走，所以引申出“行为”的意义，这种行为当是中性的，本身不含有善、恶。《尚书》中有所谓“爽德”（《盘庚》）、“明德”（《梓材》），《论语》中有所谓“君子之德”“小人之德”（《颜渊》），《吕氏春秋》中也有所谓“凶德”（《论威》）、“酒德”（《先识》）。不过，“德”大约在殷商时代就可以用来单指美好的德行了，《尚书·盘庚》：“无有远迩，用罪伐厥死，用德彰厥善。”这里“用罪”“用德”对言，足见“德”指美好的品行。此后长时期内，“德”指品行、行为与特指美好的品行同时并存。指美德的如《荀子·劝学》：“积善成德。”《吕氏春秋·情欲》：“德义之缓，邪利之急。”作为一种美好的品德，实际上已经是一种社会行为规范，抽象一步即是所谓道德。这个意义《论语》出现 27 次，《为政》：“为政以德。”《左传》出现上百次之多，《隐公四年》：“臣闻以德和民。”《孟子》中有 34 次，《梁惠王上》：“德何如则可以王矣?”《吕氏春秋》中出现 69 次,并专有《上德》一篇,其开头即说:“为天下及国,莫如以德,莫如行义。”“德”这种古老的行为规范,一直是人们遵守的准则,这个词也一直是汉语的基本词。不过,随着社会制度的改变,它的内容在现代发生了很大的变化。与“德”意义相同的,还有“德行”一词,它也兼指一般的行为和美好的品德、道德。《诗经》中“德行”出现 3 次,2 次指美好的品德、道德,《大雅·抑》:“有觉德行,四国顺之。”《论语》出现 1 次,指道德,《先进》:“德行,颜渊、闵子骞。”《左传》出现 2 次,指道德,《襄公三十一年》:“德行可象。”《吕氏春秋》出现 5 次,4 次指一般行为,1 次指道德,《慎大》:“今赵之德行,无所於积。”“德行”的这两层意义一直到现代还活在人们的口语中。

作为思想意识方面的词,“道”大约起于春秋末。“道”的本义是道路,金文中已有“道”字。《诗经》32 见,《尚书》12 见,均无思想意识方面的意义。春秋以后,逐渐由“具体的道路”引申为“抽象的道路”,由“抽象的道路”再引申为“必然的规律”,再引申为“思想学说、道德规范”。春秋末至战国初期,老聃、孔丘、墨翟等各自树立自己的学说,宣传自己的“道”,“道”在他们的思想体系中有不同的含义。战国时期,百家并起,“道”的内容更是五花八门。《吕氏春秋》中“道”作为思想意识方面的词有这样几个意义:①指规律。《孟春》:“无变天之道。”②指清明的政治。《适音》:“有道之世,观其音而知其俗。”③思想、学说。《谕大》:“孔丘、墨翟欲行大道于世而不成。”④指《吕氏春秋》所认为的宇宙的本源。《大乐》:“道也者,至精也,不可为形,不可为名,强为之,谓之太一。”“道”还与“德”连文构成复音词“道德”,指最高的行为准则。《吕氏春秋》出现 2 次,《异宝》:“以和氏之璧,道德之至言以示贤者,贤者必取至言矣。""道德"一词一直运用到现代。

"节"的本义是"竹节",引申为"事物的关键",再引申为"行为的规范、节操"。"节"作为人伦道义上应遵守的准则,大约起于春秋末期。《诗经》中没有"节"字,《尚书》出现2次,《康诰》一次指持节之臣,《召诰》一次指节制,不见"节操"的意义。《论语》中"节"有四个意义,作为人伦准则的"节操"义2见,《泰伯》:"临大节而不可夺也。"《左传》中"节"有五个意义,"节操"义11见,《成公十五年》:"圣达节,次守节,下失节。"《吕氏春秋》中"节"出现50次,"节操"义12见,《序意》:"青荓非乐死也,重失人臣之节。"《高义》:"子囊之节,非独厉一世之人臣也。""节"在古代社会一直是人们遵守的规范。现代仍作为主要词素保留在复音词中,但赋予了它新的含义。

"义"作为伦理道德观念,似乎产生较早,《尚书》中16见,有3次是"合理的、应当做的事"的意义。1次见于《高宗肜日》:"惟天贤下民,典其义。"1次见于《无逸》:"不义惟王。"1次见于《洪范》:"无偏无颇,遵王之义。"《高宗肜日》是商末之作,《无逸》是周公戒成王之辞,《洪范》大概为战国人所假托。由此看来,"义"作为道德观念似乎在商末周初就已初步形成,到春秋时代则完全确立。《论语》中"义"24见,均为此义,《述而》:"闻义不能徙。"《左传》94见,几乎都是此义,《文公二年》:"死而不义非勇也。"《孟子》108见,98次为此义,《梁惠王上》:"亦有仁义而已矣。"《吕氏春秋》中出现220次,其中218次是"合理的、应当做的事"的意义(有些属于形容词用法),《简选》:"天下美其德,万民说其义。"《高义》:"君子之自行也,动必缘义,行必诚义。"《禁塞》:"今不别义与不义,而疾取救守。"春秋战国时期,列国纷争,对人们的行为进行规范,要求人们去做那些合理的、应当做的事,就显得更加重要,所以"义"作为约束人们行为的准则在当时受到特别的重视，而且一直是封建社会的伦理道德之一。“义”这个词是古代社会的基本词。

“仁”，甲骨文未见，先秦文献《诗经》2见，《郑风·叔于田》：“洵美且仁。”《齐风·卢令》：“其人美且仁。”《尚书·金縢》1见：“予仁若考。”这几处都是“仁爱、对人亲善”的意义。《叔于田》《卢令》《金縢》都应当是春秋时的作品，这个意义应当是春秋时运用的意义。春秋末期，孔子在此意义的基础上，将它升华为一种含义广泛的道德规范，而且成为孔子思想的核心。《吕氏春秋·不二》说“孔子贵仁”。《论语》中“仁”出现109次，其中105次指孔子的道德规范，《学而》：“巧言令色鲜矣仁。”《卫灵公》：“当仁不让于师。”此后儒家著作中无不讲仁，孟子以“行仁政”的思想游说各国君主。《吕氏春秋》保存了这两种意义：①仁爱，对人亲善。《爱类》：“不仁于它物，独仁于人。”②一种道德规范。《适威》：“古之君民者，仁义以治之。”“仁”作为儒家的道德规范，一直是古代社会的基本词。现代作为词素以“仁爱”的意义出现在复音词中，儒家道德规范的意义只能出现在特定的场合。

“孝”也是一种道德规范，中心思想是孝敬父母。这种思想，起源大概很早。前文讲到祭祀的对象，一是天神，一是先祖，可见古人对祖宗的尊敬。对祖宗的尊敬的更现实的表现就是孝敬父母，因此这种观念很早就产生了。从文献记载来看，至少在周初就已形成。《尚书》中“孝”出现4次，《康诰》《酒诰》《文侯之命》《尧典》各1见，《康诰》《酒诰》是周初作品，《康诰》：“元恶大憝，矧惟不孝不友。”《酒诰》：“肇牵牛车远服贾，用孝养厥父母。”西周铜器铭文也屡见“孝”字。《诗经》中“孝”字18见，13次用于孝敬父母的意义，而且都出现在《雅》及《周颂》等西周作品中，《大雅·下武》：“永言孝思,孝思维则。”可见在西周时期,孝是一种重要的道德观念。春秋战国时代,更得到全社会的普遍重视。“孝”字《论语》出现19次,都是“孝敬父母”的意义,《学而》:“其为人也孝弟。”《左传》出现22次,《孟子》出现28次,也都是“孝敬父母”的意义。《左传·隐公三年》:“父慈,子孝。”《孟子·梁惠王上》:“申之以孝弟之义。”《吕氏春秋》中“孝”字出现42次之多,也都是“孝敬父母”的意义,《孝行》:“民之本教曰孝。”《劝学》:“忠孝,人君人亲之所甚欲也。”数千年的中国封建社会,“孝”始终作为一种道德而受到全社会的承认,“孝”这个词也一直是个基本词。

“忠”的意义是“忠诚无私,对他人负责”。作为人伦道德观念,大约产生于春秋,而成熟于战国。甲骨文、金文中不见“忠”字,《尚书》《诗经》等早期文献也不见“忠”字。但是战国初期的《论语》《左传》中出现频率已很高,《论语》出现18次,《左传》出现70次。这时的所谓“忠”,是人与人之间的一种道德观念,上下之间以及平辈之间都可以说“忠”。《论语·学而》:“为人谋而不忠乎?”这是指互相之间。《左传·桓公六年》:“所谓道,忠于民而信于神。上思利民,忠也。”这是上对下。《宣公十二年》:“民皆尽忠以死君命。”这里指下对上。“忠”的运用范围是很宽的。到战国末期,“忠”的运用频率仍很高,《韩非子》出现93次,《吕氏春秋》出现68次,但是意义明显地朝着下对上的关系发展和转移,上对下的情况已极少见。《吕氏春秋》中只有1次是上对下,《诚廉》:“其于人也,忠信尽治而无求焉。”1次是互相之间,《遇合》:“以谓为己谋者以为忠。”3次泛指一般品质,其余63次均指下对上尽忠心,尤其以指臣子对君主尽忠心为最多,达52次。《韩非子》的情况与《吕氏春秋》大体相同,上对下用“忠”的仅1例,《难一》:“忠,所以爱其下也。”另有

3次为泛指,其余89次均指下对上,也尤以臣子忠于君主为最多。后世“忠”专指忠于君主,正是这种发展趋势的必然结果。“忠”在相当长的时期内,都是一个基本词。

(九) 关于政治宗法方面的词

这方面的内容很广泛,我们主要就国家建置、战争、宗法、法制等几个方面谈谈《吕氏春秋》基本词的情况。

1. 国家建置　国家形式,从文献及甲骨刻辞来看,最迟到殷商时代已经确立,到战国时代已经十分完备。期间,这方面的词汇不断涌现,很多已经进入基本词的范畴。《吕氏春秋》中出现的有天子、诸侯、君、王、公、卿、大夫、侯、官、吏、天下、国、国家等等。其中很多词在甲骨文中已有,如王、君、公、侯、史(吏)等。甲骨文中有“王”,无“天子”一词。《尚书》中“王”出现277次,“天子”出现5次。“天子”一词大概产生于周初,《尚书》中“天子”一词最初出现于《立政》《康王之诰》,这两篇为周初作品。《诗经》中“天子”一词渐多,达21次,《小雅·雨无正》:“云不可使,得罪于天子。”但“王”仍是多数,出现118次,《大雅·文王》:“王之荩臣,无念尔祖。”到春秋战国时期,诸侯君亦称王,周王则多称天子,《吕氏春秋》“天子”一词出现145次。这说明词汇运用随着社会发展而变化。

邦—国　这两个词意义相同,都指诸侯的封地。《说文》:“邦,国也。”甲骨文中这两个字都有,《尚书》中“国”出现22次,“邦”出现68次,《多士》:“非我小国敢弋殷命。”《大诰》:“大诰而多邦。”《诗经》中“国”出现68次,“邦”出现46次,《大雅·皇矣》:“维彼四国,爰究爰度。”《尚书》《诗经》两书中“邦”主要出现在西周作品中,东周渐少。《左传》中“邦”单用5次,均为《诗经》引文,“邦国”“邦家”连文5次,4次引自《诗经》,而“国”出现甚多,光“国家”义就有509次。《孟子》中“国”出现110次,“邦”只出现2次,而且都是引用《诗经》。这似乎说明,到战国时期,“邦”已经成为历史词。《吕氏春秋》的情况与《左传》《孟子》相同,“国”的“国家”义出现350次,而“邦”只出现1次,而且是引自《诗经》。这说明到战国末期,“国”完全取代了“邦”。(有些情况待考,《孙子》《庄子》《穀梁传》《离骚》《九歌》均无“邦”字,《荀子》1次引《诗》,然而《论语》48次,《周礼》235次,特别是《韩非子》18次,《老子》“国之利器”,《韩非子》却是“邦之利器”,用“邦”而不用“国”;再者,出土的吕不韦戈均为“相邦”,而不是“相国”。)《吕氏春秋》尚有“国家”一词,《适威》:“骤战而骤胜,国家之福也。”共出现14次。其实这个词在《尚书》中已经出现,《立政》:“其惟吉士,用勱相我国家。”这个词后世常用,一直是汉语的基本词。

有些词,早期文献出现频率很低,而《吕氏春秋》出现频率却非常高。《尚书》中“天下”出现7次,“诸侯”出现4次,“大夫”出现2次。《召诰》:“用于天下,越王显。”《顾命》:“诸侯出庙门俟。”《金縢》:“王与大夫尽弁。”《诗经》中“天下”出现1次,“诸侯”出现1次,“大夫”出现8次。《大雅·皇矣》:“以对于天下。”《小雅·雨无正》:“邦君诸侯,莫肯朝夕。”《鄘风·载驰》:“大夫跋涉,我心则忧。”《吕氏春秋》中“天下”出现268次,“诸侯”出现78次,“大夫”出现27次。《用众》:“义兵之为天下良药也亦大矣。”《忠廉》:“诸侯之所知也。”《骄恣》:“大夫之虑,莫如寡人矣。”

官—吏　甲骨文中“官”是“馆舍”之“馆”的初文,文献中“官”的本义是“官府”,引申为“官职、官吏”。“吏”甲骨文中与“史”“事”同形,实为一词。这两个词在早期文献如《尚书》《诗经》中都没有出现。《吕氏春秋》中“官”“吏”基本同义，都是“官员、官吏”的意义，《仲冬》：“可以罢官之无事者。”《具备》：“二吏归报于君。”这两个词后世常用，现代“官”还单用，“吏”只出现在复音词中。

春秋战国时期，有大量的复音词产生，这些复音词很快就进入了基本词的行列，有关国家机构方面的词有“朝廷”“庙堂”“将军”“相国”“宰相”等。

“朝廷”一词始见于《论语》，《乡党》：“其在宗庙朝廷。”“朝廷”起初只称“朝”，《诗经·齐风·鸡鸣》：“鸡既鸣矣，朝既盈矣。”“朝”的使用频率在先秦时代远高于“朝廷”，《论语》中“朝”的“朝廷”义出现 4 次，《公冶长》：“束带立于朝。”“朝廷”则出现 1 次，《孟子》中“朝”的“朝廷”义出现 10 次，《梁惠王上》：“使天下之仕者皆欲立于王之朝。”“朝廷”一词只出现 2 次，《公孙丑下》：“朝廷莫如爵。”《吕氏春秋》中情况与此类似，“朝”的“朝廷”义出现 21 次，《过理》：“令妇人载而过朝以示威。”“朝廷”则只出现 1 次，《慎势》：“大夫无等则朝廷乱。”《韩非子》中“朝廷”一词则出现 7 次，与“朝”的“朝廷”义出现次数相当。后世“朝廷”一词使用渐多，直到现代在某些场合仍在使用。

2. 战争　战国期间，战争频仍，关于战争方面的词汇十分丰富。《吕氏春秋》有近十篇专门讲述战争的，这方面的基本词有甲、胄、刀、剑、矛、干、戈、弓、矢、车、骑、兵、卒、师、军、将、帅、将军等。作为兵器，甲骨文中已有兵、干、戈、弓、矢、刀、斧等。这些词一直属于古代社会的基本词。有些词现代仍用，只是不再具有“兵器”的意义了。“干”“戈”很早就可以连文表示“战争”的意义，《论语·季氏》：“而谋动干戈于邦内。”《吕氏春秋》中亦有，《论威》：“敌已服矣，岂必用枹鼓干戈哉！”

战国时期，车战仍是主要的战争形式，但已有骑兵。《不苟》："赏其末则骑乘者存，赏其本则臣闻之御子虎。"这里的"骑"应指骑兵而言。"骑"字本义是"骑马"，《说文》："骑，跨马也。"先秦古籍中"骑"字出现不多，《尚书》《诗经》《论语》《左传》等书未见"骑"字，《墨子》中4见，《旗帜》："车为龙旗，骑为鸟旗。"孙诒让案："单骑盖起于春秋之季，而盛于六国之初，故此书及《吴子》并有之。"《庄子》中"骑"字出现2次，1次在《齐物论》"骑日月"，1次在《大宗师》"骑箕尾"。"骑"已不限于骑马，类似于骑马的动作都称作"骑"。可见当时骑马已很普遍，而且沿习已久了。秦汉以后，"骑"的"骑兵"义大量出现，《史记》中就有很多。

军—师—旅　这几个词都是古代的军队编制，也泛指军队，这个意义大约在西周时代就产生了。《诗经·大雅·公刘》："其军三单。"《周颂·酌》："於铄王师。"《大雅·皇矣》："爰整其旅。"这三个词组成复音词也泛指军队，或称"师旅"，或称"军旅"。这两个复音词，至少在战国初就产生了。《左传》《论语》中已经出现。《论语·宪问》："王孙贾治军旅。"《先进》："加之以师旅，因之以饥馑。"《左传·闵公二年》："夫帅师，专行谋，誓师旅。"《吕氏春秋》中"军""师"都可单用泛指军队。"军"的"军队"义出现13次，《察今》："军惊而坏都舍。""师"的"军队"义出现54次，《悔过》："师过周而东。"它们出现的频率远较复音词"军旅""师旅"为高。"军旅"1次，《至忠》："人之有功于军旅。""师旅"1次，《季秋》："民气解堕，师旅必兴。"

"将军"一词是由偏正词组"将军"凝固而成，词组"将军"是"统帅军队"的意义，《孙子·九地》："将军之事，静以幽，正以治。"这里"将军"还不能看作名词"将军"，最多只能认为是由词组向名词的过渡。"将军"一词，始见于《左传》《孙子》，《昭公二十八年》："岂将军食之而有不足?”《军争》:“将军可夺心。”《吕氏春秋》则多次出现,《乐成》:“令将军视之。”这个词后世常用,一直运用到现代。

还有两个词也应当归于基本词:陈、敌。“陈”本是“陈列”义,引申为“战阵”,即陈列出的军队的行列。《吕氏春秋》此义出现3次,《简选》:“利趾者三千人,以为前陈。”这个意义,后代写作“阵”,在相当长的时期内都是基本词。“敌”是“敌人”的意义,此词当出现很早,周初已有,《尚书·君奭》:“咸刘厥敌。”《吕氏春秋》出现38次之多,《先己》:“故上失其道,则边境侵于敌。”《爱士》:“凡敌人之来也,以求利也。”这个词一直到现代还在应用。

关于战争的动词基本词有征、伐、讨、侵、袭、攻、守、胜、败、射、击、刺、杀等。如:

《简选》:“东征至于庳庐。”

《振乱》:“攻无道而伐不义。”

《召类》:“乱而弗讨,害民莫长焉。”

《察微》:“使人举兵侵楚之边邑。”

《悔过》:“昔秦穆公兴师以袭郑。”

《振乱》:“攻伐之与救守一实也。”

《义赏》:“楚胜于诸夏而败于柏举。”

《本生》:“万人操弓,共射其一招。”

《简选》:“有利剑于此,以刺则不中,以击则不及。”

《知分》:“此贤者,不可杀也。”

这些词不但在上古是基本词,后代不少仍在运用,就是在现代,还作为主要词素出现在复音词中。

3. 宗法　宗法是以家族为核心的等级制度,周代是宗法社会,对嫡庶等级的区分十分严格。但到战国末期,新兴的地主阶级已经确立，吕不韦又亲手灭掉了名义上的周天子，周王朝彻底灭亡。旧的宗法观念受到很大震荡。新兴地主阶级待它的统治地位稳固之后，仍需要宗法等级制度作为它统治的基础。《吕氏春秋》有时否定宗法观念，有时又在提倡，正是这种社会形势的反映。

关于宗法方面的基本词《吕氏春秋》出现不多，主要有宗、族、適、庶、孽、姓、氏、適子、太子等。

甲骨文中有宗、族、姓等。“宗”，《说文》：“尊也，祖庙也。”甲骨文正象供奉神主的祖庙，同祖庙就是同宗，同宗就是同姓、同部族。“族”是同宗即同部族的分支，族也就是氏。《左传·僖公五年》：“（虞公曰）晋，吾宗也。”虞公与晋公都是姬姓，是同一宗族，同一祖先。《吕氏春秋·察微》：“仲孙氏、叔孙氏相与谋曰：‘无季氏则吾族也死亡无日矣。’”族是指同宗的分支，也就是氏。《异宝》：“问其名族，则不肯告。”名族即指名和氏。古人名只与氏连，一般不着姓。钱大昕《十驾斋养新录》卷十二“姓氏”条说：“三代以前，姓与氏分，汉魏以后，姓与氏合。”又说：“三代以上，男子未有系姓于名者。汉武帝元鼎四年封姬嘉为周子南君。此男子冠姓于名之始。”《吕氏春秋》除了有“名族”的说法，还有“名姓”连文者，《顺民》：“变容貌，易名姓，执箕帚而臣事之。”考先秦古籍《韩非子》，尚有一例“名姓”连文者，《内储说下·六微》：“郑桓公将欲袭郐，先问郐之豪杰、良臣、辩智果敢之士，尽与姓名，择郐之良田赂之。”这说明战国末期，“姓”“氏”已经开始混同，已有以姓为氏而系于名者，秦汉以后“姓”“氏”则混而不分了。

適一庶　二者的分别古人很严格，“適”是正妻，“適子”是正妻所生之子；“庶”“孽”都是非正妻或非正妻所生。《慎势》：“適孽不分则宗族乱。”又：“立適子不使庶孽疑焉。”在家族中，適子地位尊贵，庶子较为低下。《当务》有记载立纣的情况，说："纣之同母三人，其长曰微子启，其次曰中衍，其次曰受德。受德乃纣也，甚少矣。纣母之生微子启与中衍也尚为妾，已而为妻而生纣。纣之父、纣之母欲置微子启以为太子，太史据法而争之曰：'有妻之子，而不可置妾之子。'故纣为后。"適子与太子不同，太子一般是適长子，但二者不等同，適长子是生来就具有的地位，而太子是要置立的，只有太子才有君位继承权，在某些特殊情况下，太子是可以更换的。《知士》："不若革太子，而立卫姬婴儿校师。"

4. 法制 《吕氏春秋》是综合著作，它博采各家之长，虽然吕不韦不赞成秦王政的法家独尊的政策，但法家思想他还是吸收了，执笔人中就有李斯这样的法家代表人物，因此，书中也出现有关于法家的基本词，主要有法、制、刑、罚、狱、讼、囹圄、桎梏等。如：

《察今》："先王之法，有要于时也。"

《上农》："此圣人之制也。"

《功名》："罚虽重，刑虽严，何益？"

《勿躬》："决狱折中。"

《离谓》："民之献衣襦袴而学讼者，不可胜数。"

《仲春》："省囹圄，去桎梏，无肆掠，止狱讼。"

"法"出现频率很高，达 92 次，有两个意义：一是名词，法度、法令，达 73 次；一是动词，效法，19 次。而且构词能力也很强，在《吕氏春秋》中出现"法令""法式""法制""法则""法律""法程""法室"等诸多复音词，都是与法制相关的。"法"及"法律""法则""法令"等词后世一直沿用。

以上主要就名词以及相关的动词等分析了《吕氏春秋》的基本词。

叁 《吕氏春秋》的词义

讨论《吕氏春秋》的词义之前，先要明确什么是词义。词义就是词的意义，就是用声音外壳所表现的意义内涵，也就是用声音确定下来的人们对客观事物特征认识的概括反映。这种反映随着民族和语言的不同而有所差异。

词义的构成，要从共时和历时两方面分析。共时方面，一是看词义的数量。词的一个意义，语义学上称作一个义位。一个词只有一个义位称作单义词，不止一个义位，就是说有两个或两个以上义位，则称作多义词。二是看词义的性质。词义可以分为理性意义和非理性意义。理性意义又称概念意义，它反映的是人们对事物的理性认识，是某一事物的本质特征。这是词义的核心。非理性意义包括隐含意义、感情意义、社会意义、风格意义、比喻意义等等。义位是对外界事物本质特征的概括反映，而可以不顾及那些琐细的、不重要的差异。三是看词义的内部组成。义位是由义素组成的，义素是构成一个义位的区别于其他义位的区别性特征。组成义位的义素不是平列的，而是分层次的。可以分为中心义素和限制性义素。一个表示理性意义的义位，是由一个中心义素和若干限制性义素分层次组成的。历时方面，要看词义的发展的情况。一个多义词的若干个义位，是历史发展的结果。在若干义位中，有一个义位是最早或较早产生的，叫做本义。其他义位都是从这个义位派生出来的,叫做引申义。最初的时候,一个词只反映一种概念,也就是说,有一个义位。由于社会的进步,人们认识的发展,词义也在不断地发展。一个词逐渐由表示一个概念到表示多个概念,也就是说,词义由单义向多义发展。词的多义性是语言不断成熟的标志。

一

《吕氏春秋》词汇中,有单音词和复音词。我们这里讨论的主要是单音词的词义,复音词的问题另节作专门讨论。《吕氏春秋》中一共有单音词 2972 个,其中单义的有 1691 个,占全部单音词的 57%,多义的 1281 个,占 43%。

《吕氏春秋》中的单义词,名词数量最大,共 881 个,其次是动词 536 个,形容词 172 个,其他词类较少,共 102 个。

单义名词中有人名、地名。人名中包括名、字,以及单独出现的姓、氏、谥号。

人名:午、丹、卬、术、丙、申、由、回、延、向、诎、视、枝、虎、昌、质、周、建、施、春、封、羿、骈、宽、衰、座、挚、贾、铎、倕、弱、陶、赦、圉、琬、琰、越、厥、跖、赐、登、意、阖、髡、虞、魁、翟、璜、豫、辨、赞、瞻、夔、姬、吕[2]、蔡、管、孔、墨、孙、吴、商、高、国、黄、炎、汤、尧、舜、鲧、禹、桀、纣、厉、幽。

例如:

姬。《慎小》:“我姬姓也,戎人安敢居国。”

管,指管仲;商,指商鞅。《不侵》:“能治可为管、商之师。"

孔,指孔丘;墨,指墨翟。《不侵》:"孔、墨,布衣之士也。"

孙,指孙武;吴,指吴起。《上德》:"阖庐之教,孙、吴之兵,不能当矣。"

以上为姓氏。

何,指詹何。《执一》:"何闻为身,不闻为国。"

挚,指文挚。《至忠》:"王之疾已,则必杀挚也。"

回,指颜回。《劝学》:"颜渊曰:子在,回何敢死。"

师,某墨者名。《应言》:"司马喜难墨者师於中山王前以非攻。"

以上为名。

幽,指周幽王;厉,指周厉王。《审分》:"幽、厉之臣不独辟。"

以上为谥。

在这几种情况中,以名指人的占大多数,共53处。以氏、谥指人的有22处,而且有一个显著的特点,几乎无例外的都是两两并举,这是因为氏、谥不单说的缘故。一般来说,以名指人的词单义性程度最高,一人一名,都是单一的,也可能有多人同名的现象。比如"婴",《吕氏春秋》有时指靖郭君田婴,有时又指晏婴,《知士》:"靖郭君曰:'王之不说婴也甚。'"《士节》:"晏子上车,太息而叹曰:'婴之亡也岂不宜哉?'"又如"丘",《吕氏春秋》中或指孔子,或指狐父之盗,《先己》:"孔子曰:'此非迂言也,丘闻之,得之于身者得之人,失之于身者失之人。'"《介立》:"狐父之盗曰丘。"由于不同的上下文,分辨还是很清楚的,不会发生混淆。以氏、谥指人单义性相对差些,氏是姓的不同的分支,而且不同的姓也可能出现相同的氏,《吕氏春秋》以氏指人的不多,几乎没有出现一氏指多人的现象。只有“管”既指管仲,又指管叔,《不侵》:“能治可为管、商之师。”《开春》:“周之刑也戮管、蔡,而相周公。”谥的含义一般是固定的,近似的含义也可能用同样的谥。《逸周书·谥法解》:“壅遏不通曰幽。”又:“杀戮无辜曰厉。” 又:“施德为文,除恶为武。”《吕氏春秋》中“幽”“厉”没有出现所指不同的现象,“幽”都是指周幽王,“厉”都是指周厉王,是单一的。《吕氏春秋》“武”一指周武王,一指晋国的曲沃武公,《圜道》:“主也者,使非有者也,舜禹汤武皆然。”《不广》:“事若能成,继文之业,定武之功,闢土安疆,于此乎在矣。”这个时候从语言的角度应该看作是不同的两个词,是同音同形词。

地名中包括国名、邑名、山名、河名等等。

地名:丹、汉、蔺、申、江、匡、扬、毕、邠、纪、汶、郰、岐、穀、河、泗、郕、夏、商、周、屈、济、洧、莒、郢、绛、亳(薄)、原、镐(鄗)、殷、陶、渑、淄、梁、鄄、温、渭、杞、铸、鄣、殽、颍、彘、雍、蒲[2]、薛、酆、晋、齐、楚、秦、燕、赵、魏、韩、郑、卫、宋、吴、越、虞、虢、吕[1]、邢、阮、滕、费、邹、鲁、狄、氐、羌、戎、胡、貉、巴、夷、蛮。

例如:

齐,指齐国;荆,指楚国;燕,指燕国。《安死》:“齐、荆、燕尝亡矣。”

秦,指秦国;楚,指楚国。《首时》:“之秦之道,乃之楚乎?”

原,古国名,后为晋国邑名。《为欲》:“晋文公伐原。”

绛,指绛邑,晋的都城。《报更》:“昔赵宣孟将上之绛。”

亳,指亳邑,汤灭夏之前的都城。《慎大》:“伊尹奔夏三年,反报于亳。”

江，指长江；汉，指汉水。《重己》："人不爱昆山之玉、江汉之珠。"

河，指黄河。《必己》："孟贲过於河。"

单义名词中绝大部分是植物名、动物名、器物名、星宿名、人体器官名等等。

植物名（包括其部位）：李、莱、枲、蒲[1]、黍、樝、楚、瓜、秬、梧、华、瓠、苗、桃、藁、蒿、茅、条、枚、稻、柳、柚、莠、枣、草、苇、藟、槐、秕、藜、茨、蒉、禾、麦、稷、柏、榖、稑、菽、菊、秫、橘、穗、穖、穄、荔、荚、粒、蘖、菱、萍、稠、桐、桂、松、堇、茎、菁、荆、萌、菖、粱、桑、橡、薑、芒、蓬、糠、根、箘、芹、蘋、芡、蓝等。

例如：

桑、柘，树名。《季春》："是月也，命野虞无伐桑柘。"

桃、李，树名。《仲春》："始雨水，桃李华，仓庚鸣。"

麦，植物名，五穀之一。《孟春》："食麦与羊。"

动物名（包括其部位）：兽、马、驹、騵、骀、驽、骆、骖、骏、骥、骡、兔、鼠、羊、羔、牛、犊、彘、豚、猳、犬、狗、玃、猢、狸、虎、豹、狼、豺、狐、狷、猨、熊、犀、兕、鹿、獐、麋、麛、凤、鸟、雀、鴐、乌、雞（鷄）、雏、鴂、燕、鴈、鸩、鹊、鹤、鹄、鸾、枭、鹰、隼、枭、鸱、蛇（虵）、龟、鳖、鼋、獭、鱼、蜃、蛤、鲵、鲔、鲤、鲕、鲋、鳐、鳣、蛟、螭、鼍（鱓）、螾、蚁、螣、蜮、蜹、蝇、螟、蜻、蝗、蝉、蚈、蚕、爪、尾、羽、毛、卵、翠、尻、髭、距[1]等。

例如：

狗、玃，兽名。《察传》："故狗似玃，玃似母猴。"

鲤，鱼名。《本味》：“其状若鲤而有翼。”

狸，兽名，即猫。《功名》：“以狸致鼠，以冰致蝇，虽工不能。”

器物名：杯、罘、耜、笥、箕、旗、裘、鼙、鞞、篪、屣（躧）、圭（珪）、鈇、釜、弩、橹、车、俎、锄、罝、敔、盂、竽、壶、柱、珠、襦、殳、屦、刀、铫、鞀、旐、橑、缟、缶、桴（枹）、罦、矛、舟、帚、陶[1]、牖、糟、皁、箫、绣、胶、脂、臼、椎[1]、榡、耒、锥、璣、旂、帷、陛、笫、玺、几、箅、罗、杙、轼、璧、幎、帛、幕、辂、梛、戟、镬、垩、韣、彀、幄、柷、铚、镄、瑟、籁、翣（篓）、钺、篋、簦、甑、矰、弓、瓶、鼎、笭、磬、笙、旌、旍、罔（網）、床、裳、璜[1]、筐、甬（桶）、筒、瓮、樽、轮、畚、弁、槃（盘）、辇、扇、棺、轩、柍、琴、船、鑑、剑、槛等。

人体器官名：胎、趾、耳、脾、骸、肤、牙、头、鬚、口、脑、肘、胄、手、眉、肌、皮、髓、背[1]、臂、脉、嗌、骼、腹、颡、脚、骨、胃[1]、鼻、髮、肺、頞、颊、胁、领、颈、胫、肠、踵、眼、筋、肾、肩、肝等。

星宿名：角、亢、氐、房、心、尾、箕、斗、虚、危、奎、娄、胃、昴、毕、参、鬼、柳、张、翼、轸等。

食物名：饴、醢、醯、脯、朐、酎、酒、醴、酏等。

例如：

饴，糖稀。《异用》：“仁人之得饴，以养疾侍老也。”

剑，兵器名。《察今》：“舟已行矣，而剑不行。”

亢，星宿名，二十八宿之一。《仲夏》：“仲夏之月，日在东井，昏亢中，旦危中。”

庚，天干名。《孟秋》：“其日庚辛。”

手，人体器官名。《介立》："两手据地而吐之。"

肝，人体器官名。《忠廉》："尽食其肉，独舍其肝。"

颡，人体器官名，即额。《遇合》："椎颡广颜。"

单义词中抽象名词为数较少，例如：

恩，恩惠。《长见》："亲亲上恩。"

灾，灾害、灾祸。《尽数》："食能以时，身必无灾。"

祸，灾祸；福，幸福。《荡兵》："善用之则为福，不能用之则为祸。"

抽象名词之所以少，是因为它们几乎都是从具体名词发展来的，一般都是多义的。

单义动词，包括具体行为动词和抽象行为动词。具体行为动词，例如：

笞，用鞭子等抽打。《直谏》："王之罪当笞。"

啼，哭。《察今》："有过于江上者，见人方引婴儿而欲投之江，婴儿啼。"

捽，揪住头髮。《忠廉》："王子庆忌捽之，投之江中。"

抽象行为动词，例如：

欺，欺骗。《似顺》："铎也欺我。"

诲，教诲。《序意》："尝得学黄帝之所以诲颛顼矣。"

遮，遏制。《应同》："子不遮乎亲，臣不遮乎君。"

单义形容词，主要是性质形容词，例如：

久，时间长。《听言》："夫去人滋久，而思人滋深欤！"

贫，贫穷。《贵当》："欲得良狗，则家贫无以。"

拙，笨拙。《用民》："勇者以工，惧者以拙。"

《吕氏春秋》中的单音词是否单义，不完全取决于它出现的次数。有的只出现一两次，如“考”，只出现 1 次，义为“考察”，《孟冬》：“物勒工名，以考其诚。”“縶”，只出现 1 次，义由动词“拘囚”而指“囚犯”，《孟夏》：“断薄刑，决小罪，出轻縶。”“帛”，出现 2 次，义为“丝织品”，《去尤》：“为甲裳以帛。”“穆”，出现 2 次，义为“美好”，《至忠》：“申公子培，其忠也可谓穆行矣。”有的则是多次出现，如“池”，共出现 10 次，只有“池塘”一个意义，《重己》：“昔先圣王之为苑囿园池也，足以观望劳形而已矣。”“灾”，共出现 15 次，只有“灾祸”一个意义，《孝行》：“五行不遂，灾及乎亲，敢不敬乎？”“剑”，共出现 46 次，只有“兵器名”一个意义，《察今》：“楚人有涉江者，其剑自舟中坠于水。”有的词，只出现两次，却是两个意义。如“扑”，一为名词，义为“戒尺之类的教刑用具”，《季秋》：“司徒搢扑，北向以誓之。”一为动词，义为“击”，《安死》：“于是乎聚群多之徒，以深山广泽林薮，扑击遏夺。”当然，一个词出现的次数多，它所具有的意义可能会多些。

在《吕氏春秋》中是单义的，并不表明这个词在先秦就是单义词，这大致有两种情况。一种情况是，该词在整个先秦时代都是单义的，没有第二个意义，如“松”，出现 3 次，只有“松树”一个意义，《先己》：“是故百仞之松，本伤于下而末槁于上。”“鼠”，出现 11 次，只“老鼠”一个意义，《贵当》：“狸处堂而众鼠散。”“鼎”，出现 15 次，义为“烹煮食物的器物”，《至忠》：“果以鼎生烹文挚。”上文所举的人名、地名、动植物名、器物名等，大体都是如此。有些动词、形容词也是。如“改”，只有“更改”一个意义，《贵信》：“且二君将改图。”“葬”，出现 39 次，只有“埋葬”一个意义，《长攻》：“我死已葬，服衰而上夏屋之山以望。”整个先秦都是单义的。另一种情况是，该词在《吕氏春秋》中是单义词，而在先秦是多义词，这很可能是一本书用词的局限或特点，如上文提到的“考”，《吕氏春秋》只出现“考察”一个意义，而在先秦还有：①年老，年纪大。《尔雅·释诂》：“考，寿也。”《说文》：“考，老也。”②死去的父亲。《礼记·曲礼上》：“生曰父曰母，死曰考曰妣。”③成，完成。《左传·隐公五年》：“考仲子之宫。”又如“池”，《吕氏春秋》只有“池塘”一个意义，先秦时“池”的另一个重要意义“护城河”，《吕氏春秋》一次也没有出现。再比如：

“穿”，《吕氏春秋》只有“挖掘”一个意义，《察传》：“吾穿井得一人。”《诗经》《论语》《孟子》《庄子》等书还有“穿透、凿通”的意义，《诗经·召南·行露》：“谁谓雀无角，何以穿我屋。”《论语·阳货》：“其犹穿窬之盗也欤？”《庄子·山木》：“衣弊履穿。”

“捷”，《吕氏春秋》只有“迅疾”一个意义，《贵卒》：“吴起之智可谓捷矣。”《诗经》有“胜利”义，《小雅·采薇》：“岂敢定居，一月三捷。”《春秋》有“战利品”义，《庄公三十一年》：“齐侯来献戎捷。”《左传》有“捷径”义，《成公五年》：“待我，不如捷之速也。”

《吕氏春秋》作为一部书，它的内容是有限的，词汇量是有限的，自然所反映出来的词义也是有限的。

词义的发展，是从单义向多义的发展。最初，人们对外界事物的认识是简单的，反映在词义上则表现为词义的单义性。随着社会的发展，人的认识的复杂化，词义逐渐向多义发展。但是，词义的发展也有其自身的规律。同一个时代，一个词的意义不可能太多，否则会影响社会交际。王力先生说过：“同一个时代，同一个词有五个以上的义项是可疑的（通假意义不在此例），有十个以上的义项几乎是不可能的。”①王力先生的论断是十分正确的，《吕氏春

① 见向熹著《诗经词典》序，四川人民出版社，1986年。

秋》词义运用情况，完全验证了王先生的论断。最近，有人对王先生的这一论断产生误解。我们在论述《吕氏春秋》多义词之前，必须先予以纠正，这样也有利于我们的论述。

词义是人们认识外界事物的概括反映，概括性是词义的重要特征。过去的词义研究，经常忽略词义的概括性，而采取随文释义的办法，是非常错误的。王力先生多次纠正这种错误，由他主编的《古代汉语》纠正过这种错误，王先生晚年写的《古汉语字典·序》强调字典的八个特点，其中第一条就是加强词义的概括性。王先生给向熹先生《诗经词典》写的序言中的那几句话，也是强调词义的概括性。有人将某部专书中词的义项弄得很琐碎，并以此来证明王先生的结论的错误，是靠不住的。他举了"道""成""出""明"等几个例子，说"道"有 18 个义项，"成"有 16 个义项，"出"有 20 个义项，"明"有 16 个义项。一部书中一个词能归纳出这么多义项，恐怕不只王先生认为不可能，只要懂得一点词义概括性知识的人都会觉得不可能。某些辞书采用《经籍纂诂》式的随文释义的办法，是不可取的。研究词汇词义学的著作不能采取这种办法。《王力古汉语字典》"道"9 个义项，"成"8 个义项，"出"5 个义项，"明"9 个义项。这种归纳概括是包括了很多后代晚起的词义，尽管如此，也都不超过 10 个义项，怎么可能只在先秦一个词就有那么多个义项呢？恐怕主要是概括性原则没有掌握好。王力先生多次说过，近引申义合并，远引申义单立。这也是要注意的。

再者，王力先生在他那句话中还有一个括号，其中说，通假意义不在此例。这也是非常重要的。王先生讲的是词义，不是字义。我们研究词义，应该把通假义区分出去。所谓通假，只是文字的借用，与词义没有关系，只是书写词的文字符号变化了，词义本身没有变化。比如：

“营”，《说文》：“营，帀居也。”段玉裁注：“帀居，谓围绕而居。”所以引申出“环绕”“军垒”“范围”等意义，但也有“迷惑、惑乱”的意义，如《吕氏春秋·尊师》有这样的句子：“凡学，必务进业，心则无营。”这个“营”，就是“迷惑”的意义，不过这不是“营”这个词的意义，这是个假借义。实际上，“迷惑”的意义，是“謍”所表示的那个词的意义，《说文》：“謍，惑也。”古书的旧注中常常不去分辨是否通假，上举《吕氏春秋》一例，高诱就注：“营，惑也。”这时候，我们应该把“营”看作两个词，即“营[1]”表示“营”的本义和引申义，“营[2]”表示“营”的通假义，即“謍”的词义。

“清”，《说文》：“清，朖也，瀓水之貌。”本义是“水清澈”。《吕氏春秋》中有这个意义，《本生》：“夫水之性清。”同时《吕氏春秋》还有两个意义：①社会太平。《序意》：“盖闻古之清世，是法天地。”这是从本义中直接引申出来的。②寒，凉。《有度》：“冬不用翣，非爱翣也，清有餘也。”这“寒、凉”的意义，不是“清”这个词的意义，而是“凊”这个词的意义借“清”字去表示，所以《吕氏春秋》中的“清”字代表了两个词，即“清[1]”“清[2]”，不能说“清”有三个意义。

还有些词，其中某个意义是否假借，又是借用哪个词，有时很难分辨。比如“苦”，本义是“一种有苦味的野菜”，引申为“苦味”，再引申为“劳苦、痛苦”，这看得比较清楚。“苦”还有“粗劣”一义，《贵信》：“百工不信，则器械苦伪。”这个意义是怎么来的，就存在分歧。一般认为，这是“盬”这个词的引申义的假借，“盬”本义为“河东盐池”，引申为“未经加工的粗盐”，此义亦借“苦”为之，《周礼·天官·盐人》：“祭祀，共其苦盐、散盐。”“盬”引申有“粗劣、不坚固”的意义，此义亦借“苦”为之，如所引《吕氏春秋》例。但是，也有人反对这个意见，认为“苦”的“粗劣”义不是“盬”的假借。

每个字除去它通假所得到的意义，这个字作为一个单音词所具有的意义，自然会又少一些。所以说，王力先生的论断是完全正确的。当然，我们研究专书词义，开始的时候，可以或者说应该细致一些，这样容易发现可能是新的词义，但是，还是不能不顾词义的概括性原则。我们下面对《吕氏春秋》多义词的分析就是本着这样的原则去做的。

《吕氏春秋》的多义词，有的是单一词性的，几个义位都属于同一个词性，如都是名词，或都是动词、形容词等等。有的是兼有不同词性，比如本是名词，又兼属动词或形容词；或本是动词，又兼属名词或形容词等等。这些现象是词义引申的结果。比如“树”，本义是动词“种植”，《任地》：“而树麻与菽。”引申为名词“所种植的树木”，《孟夏》：“无伐大树。”这种情况，我们称之为兼类，而不把它们分成几个不同的词。关于兼类问题前文已述及。通过分析归纳，《吕氏春秋》中的多义词的意义分布大致是，有两个意义的有 546 个，三个意义的有 352 个，四个意义的有 184 个，五个意义的有 86 个，六个意义以上的共有 93 个，最多的有九个意义，只有 8 个词。比如：

两个意义的：“移”，动词。①移动。《有始》：“极星与天俱游，而天枢不移。”②改变。《荡兵》：“武者不能革，而工者不能移。”

三个意义的：“色”，名词。①颜色，色彩。《本生》：“有色于此，目视之必慊已，视之则使人盲，必弗视。”②神色，表情。《观世》：“子列子穷，容貌有饥色。”③女色。《长攻》：“代君好色，请以其姊妻之，代君许诺。”

六个意义的：“服”，(1) 动词。①用，使用。《不苟》：“秦国僻陋戎夷，事服其任，人事其事，犹惧为诸侯笑。”②驾驭。《古乐》：“商人服象。”《慎大》：“马弗复乘，牛弗复服。”③归服。《适音》：“法立则天下服矣。”用作使动，使归附。《赞能》：“文王得吕望而服殷商。”④穿，佩戴。《长攻》：“我死已葬，服衰而上夏屋之山以望。”《孟春》：“衣青衣，服青玉。”(2) 名词。⑤衣服。《知士》：“衣威王之服，冠其冠。”⑥服马。《爱士》：“昔者，秦缪公乘马而车为败，右服失而埜人取之。”

八个意义的：“节”，(1) 名词。①竹节。《古乐》：“取竹于嶰谿之谷，以生空窍厚钧者，断两节间。”又泛指植物长枝叶的地方。《审时》：“后时者，短茎疏节。”②骨节。《本生》：“三百六十节皆通利矣。”③事情的关键。《察传》：“夫乐，天地之精也，得失之节也。”④节令，时令。《明理》：“阴阳失当，四时易节。”⑤符节。《首时》：“楚王说之，与将军之节以如秦。”⑥马箠。《适威》：“若御良马，轻任新节，欲走不得，故致千里。”⑦节操，气节。《高义》：“子囊之节，非独厉一世之人臣也。”(2) 动词。⑧节制。《论人》：“节嗜欲。”《下贤》：“礼士莫高乎节欲。”又为“节省、节俭”。《原乱》：“节器用。”

这个情况说明，意义越多，词数越少。《吕氏春秋》的多义词大多数集中在二、三、四个意义之间。

《吕氏春秋》多义词的这种意义分布，跟单义词的情况一样，也受到材料及内容的限制，有些先秦时代有的意义，《吕氏春秋》中没有反映。如“常”，《吕氏春秋》中有四个意义：①永久，固定。《功名》：“民无常处。”②平常，平庸。《举难》：“之歌者非常人也。”③常规，准则。《孟春》：“以初为常。”④经常，常常。《贵当》：“田猎之获常过人矣。”先秦时代常用的一个意义，表示长度单位，八尺为寻，倍寻为常。《国语·周语下》：“其察色也，不过墨丈寻常之间。”《吕氏春秋》中就没有出现。

先秦时期有的词义，在某一部书得不到反映，这应该是正常现象。但这没有关系，只要我们把先秦的所有著作的词义综合起来，就会得到完整的词义。一个词是如此，整个词汇系统也是如此。

《吕氏春秋》中多义词各意义之间的关系包括这样两种：一种是本义与引申义之间的关系，一种是引申义与引申义之间的关系。

本义与引申义的关系，如：

"防"，《说文》："防，隄也。"《吕氏春秋》中有两个意义：①堤防。《慎小》："巨防容蝼而漂邑杀人。"②堵塞。《达郁》："防民之口，甚于防川。"这两个意义之间的关系，是本义与引申义之间的关系。"堤防"是本义，堤防是用来堵塞、阻止水流的，所以引申出"堵塞"的意义来。

"决"，《说文》："决，行流也。"本义是"疏通河道，使水下流"。《吕氏春秋》中有这个意义，《爱类》："禹于是疏河决江，为彭蠡之障。"此外还有四个引申义：①掘开河堤或河岸，使水下流。《适威》："若决积水于千仞之谿。"②裂开口子。《分职》："今民衣弊不补，履决不组。"③决断。《节丧》："此二者，圣人之所独决也。"④判决。《孟夏》："断薄刑，决小罪。"

"戮"，《说文》："戮，杀也。"《吕氏春秋》有此义，《顺民》："禽夫差，戮吴相。"由此引申出：①陈尸示众。《离谓》："于是杀邓析而戮之，民心乃服。"②羞辱。《慎大》："身体离散，为天下戮。"

"末"，《说文》："末，木上曰末。"所谓"木上"，即是"树梢"。《吕氏春秋》有这个意义，这是本义，《先己》："是故百仞之松，本伤于下，而末槁于上。"《吕氏春秋》还有由此引申出的两个意义：①非根本的、不重要的事物。《用众》："立已定而舍其众，是得其末而失其本。”②末尾。《当赏》：“拂吾所欲，数举吾过者，吾以为末赏。”

“盖”，本义是名词，“苫盖之物”。《音律》：“土事无作，慎无發盖。”引申为动词：①覆盖。《知接》：“虫流出于户，上盖以杨门之扇，三月不葬。”②超过。《似顺》：“虽未至贤，犹足以盖浊世矣。”

引申义与引申义的关系，如：

“废”，《说文》：“废，屋顿也。”本义是“坍塌”。《吕氏春秋》没有出现这个意义。《吕氏春秋》出现两个意义：①伤残。《审为》：“左手攫之则右手废，右手攫之则左手废。”②废弃。《直谏》：“臣承先王之令，不敢废也。”这两个意义都是引申义。

“餘”，《说文》：“餘，饶也。”这是本义，《吕氏春秋》中有两个意义：①剩餘，多餘。《权勋》：“达子又率其餘卒。”《有度》：“夏不衣裘，非爱裘也，暖有餘也。”②非根本的，末等的。《贵生》：“帝王之功，圣人之餘事也。”这两个意义都是引申义，本义在《吕氏春秋》中没有出现。

“菑”，《说文》作“葘”，云：“不耕田也。”段玉裁注引陈鳣曰：“不当为才，才耕田，谓始耕田也。”又加按语曰：“不当为反，字之误也。《尔雅》‘田一岁曰菑’。毛诗传，马融、虞翻易注皆用之，韩诗，董遇易章句皆曰：‘菑，反草也。’与田一岁义相成。”郭璞《尔雅·释地》注曰：“今江东呼初耕地反草曰菑。”《吕氏春秋》中没有出现这个本义，只有两个引申义：①植物枯死。《达郁》：“故水郁则为污，树郁则为蠹，草郁则为菑。”《辩土》：“寒暑不节，稼乃多菑。”②灾害。《审时》：“稼就而不获，必遇天菑。”“灾害”义是由“植物枯死”义引申出来的。

《吕氏春秋》中多义词的各个意义之间，或本义与引申义之间，或引申义与引申义之间，有的有直接联系，如“防”由“堤防”引申为

"堵塞","决"由引申义"打开河堤"引申为"裂开口子"。有的看不出直接联系,如"决"的本义"引水下流"与引申义"决断""判决"之间就看不出什么直接联系,即使引申义"打开河堤"与"决断"等之间也看不出什么直接联系。这主要是《吕氏春秋》中出现的词义不完全,中间环节上的引申义没有出现的缘故。如果我们在其他古籍中找到这些中间环节,它们的引申关系就会看得很清楚了。

二

《吕氏春秋》的 2972 个单音词中,有 1747 个运用了词的本义,占 58.8%。这些运用了本义的词,既包括单义词,也包括多义词。

如何确定一个词的本义呢?汉字是记录汉语的书写符号,而汉字又是表意体系的文字,汉字与汉语这个单音节语有着十分密切的关系。造字时期的字义,基本上可以反映当时的词义。所以,通过分析字形确定字的本义,是确定词的本义的重要途径。但是字的本义和词的本义,又不能完全等同。有些抽象的词义,是不容易在字形上反映出来的,就只好用具体的形象去表现,这时候,字形所表现的字义,就不一定与词义完全吻合,我们体会词的本义,就应当从抽象的角度去体会字形所表现出来的意义。另外,有些较早的词义,一开始没有给它造字,只借用别的字形去表示,或者开始时曾造过字,但后来字形变化了,后来的字形不能再说明原来的词义,这时候,我们就不能依靠字形去寻找词的本义了,只能通过词义系统去探寻词的本义,比如说根据词的引申系统,或者是根据词的语源关系,去推求词的本义。

《说文解字》是一部通过字形解释字的本义的书，因为它所用的字形小篆、古文、籀文时代比较早，所以它所讲的字的本义，有相当部分就是词的本义。当然，也有讲错的，把引申义当作本义了，这些，我们可以利用更早的甲骨文、金文去纠正它，或者通过古籍所表现出来的词义去探寻。

《吕氏春秋》保留了大量的词的本义，用它跟《说文》比较，有几种情况。一种是《吕氏春秋》保留的词的本义与《说文》的说法是一致的。如：

“秋”，穀物成熟。《孟夏》：“麦秋至。”《说文》：“秋，禾穀孰也。”

“乳”，生子。《音初》：“孔甲迷惑，入于民室，主人方乳。”高诱注：“乳，产。”《说文》：“人及鸟生子曰乳，兽曰产。”

“扇”，门板。《知接》：“上盖以杨门之扇，三月不葬。”《说文》：“扇，扉。”

“跖”，脚掌。《用众》：“齐王之食鸡也，必食其跖数千而后足。”《说文》：“跖，足下也。”

“测”，深度到达之处。《下贤》：“昏乎其深而不测也。”高诱注：“测，尽也。”《说文》：“测，深所至也。”段玉裁注：“深所至谓之测，度其深所至亦谓之测，今则引申之义存而本义隐矣。《吕览》‘昏乎其深而不测’，高云：‘测，尽也。’此本义也。”

“破”，石头破碎。《诚廉》：“石可破也，而不可夺坚。”《说文》：“破，石碎也。”

“译”，翻译异国语言的人。《慎势》：“凡冠带之国，舟车之所通，不用象、译、狄鞮。”《说文》：“译，传四夷之语者。”

“习”，鸟练习飞。《季夏》：“鹰乃学习。”《说文》：“习，数飞也。”

“鸷”，猛禽击杀飞鸟。《季夏》：“寒气不时，鹰隼早鸷。”《说文》：“鸷，击杀鸟也。”

“晏”，天气清朗。《诬徒》：“若晏阴喜怒无处。”《说文》：“晏，天清也。”

“肄”，练习。《孟冬》：“天子乃命将率讲武，肄射御。”《说文》：“肄，习也。”

“垆”，坚硬的黑土。《辩土》：“凡耕之道，必始于垆。”《说文》：“垆，黑刚土也。”

“采(採)”，采摘。《首时》：“方叶之茂美，终日采之而不知。”《本味》：“有侁氏女子採桑。”《说文》：“采，捋取也。”

再一种情况是，《说文》所说并非本义，而《吕氏春秋》保留了词的本义。如：

“祭”，《说文》：“祭，祭祀也。”这应该是引申义，本义当是“杀”，《孟秋》：“鹰乃祭鸟。”高诱注：“是月鹰挚杀鸟于大泽之中，四面陈之，世谓之祭鸟。”《季秋》：“豺则祭兽戮禽。”高诱注：“豺于是月杀兽，四面陈之，世所谓祭兽。”高诱将“祭鸟”释为“挚杀鸟”，将“祭兽”释为“杀兽”，已把“祭”的本义解释出来。“四面陈之”大概是当时受“祭祀”义的影响而流行的一种说法，但并不影响“祭”的基本释义为“杀”。高诱的注为我们正确地理解“祭”的本义提供了合理的依据。首先根据高诱注明确释“祭”为“杀”的是沈兼士先生。他说：“盖古代血食，祭之事必资于杀，故祭之语亦当原于杀。卜辞、《说文》‘祭’字均从又持肉，即告杀之义。”①古代祭祀必杀牲，有牲

① 《䊮、杀、祭古语同源考》，见《沈兼士学术论文集》，中华书局，1986年。

曰祭，无牲曰荐。“祭”就是从杀牲而来。古文字[illegible]，象以手持肉，⺀者，肉之滴血，以示刚杀之义。小篆讹为“示”字。从古代习俗及字形看，“祭”皆为“杀”义。《季秋》“祭兽戮禽”，“祭”“戮”互文，均为“杀”义。

“抒”，《说文》：“抒，指麾也。”本义当是“张、拉开”，《贵卒》：“管仲抒弓射公子小白。”《壅塞》：“左右有言秦寇之至者，因抒弓而射之。”高诱注：“抒，引也。”高诱注是对的。段玉裁《说文解字注》“抒”字条下引《山海经·大荒南经》“有人方抒弓射黄蚍”正是这个意义，郭璞注：“抒，挽也。”

“行”，《说文》：“行，人之步趋也。”这不是本义，是引申义。“行”的本义是“道路”。古文字作“[illegible]”，表示十字路口，义为“道路”。《吕氏春秋》反映了这个本义，《下贤》：“桃李之垂于行者，莫之援也；锥刀之遗于道者，莫之举也。”“行”与“道”并举，其义尤明。

“屋”，《说文》：“屋，居也。”许慎的意思是，“屋”的本义是“人所居之处”。这也是引申义。“屋”的本义应该是“屋顶”，《说文》“囱”字下说：“在墙曰牖，在屋曰囱。”所谓“在屋曰囱”，就是在屋顶上开的天窗叫做囱。段玉裁在《说文解字注》中说得也很清楚，他说：“屋者，室之覆也。”《诗经·豳风·七月》“亟其乘屋”的“屋”正用的本义。《吕氏春秋》中也有本义的用例，《长攻》：“其所求者，瓦之间隙，屋之翳蔚也。”《谕大》：“燕雀争善处于一屋之下。”

另一种情况是，有些词《说文》没有它的文字形式，而《吕氏春秋》有并且保留了这些词的本义。如：

“醒”，酒醒，《疑似》：“丈人归，酒醒，而诮其子。”此义古籍多有，《左传·僖公二十三年》：“姜与子犯谋，醉而遣之，醒，以戈逐子犯。”《说文》可能漏收，《说文》新附始收，云：“醒，醉解也。”

还有一种情况，一个词从来没有专门为之造字，一直借用别的字。《说文》收有这个词借用字形，但释义是按照字形所反映出来的本义，与这个词没有关系。而《吕氏春秋》保留了这个词的本义。如：

"求"，依《说文》"求"是"裘"的古体，《说文》："裘，皮衣也。从衣，求声。一曰象形，与衰同意。求，古文省衣。"本义是"皮大衣"。甲骨文作"[illegible]"，象皮毛外露的皮衣，与《说文》古文相和。然而，这个"求"字所记录的是义为"皮衣"的词。古时另有一词，义为"寻找"，因与"求"同音，一直借"求"为之。此词古多有所用，《吕氏春秋》出现 98 次，从上下文表现出"寻找""追求""要求""请求"等义。"寻找"是其本义，《察今》："舟止，从其所契者入水求之。"《淫辞》："宋有澄子者，亡缁衣，求之塗。"

词义的发展，主要是从本义引申出引申义。引申义都是从本义中引申派生出来的。直接从本义中派生出引申义，叫做直接引申。从引申义再派生出引申义，叫做间接引申。引申的方式，概括地说，有两种。一种是由本义引申出引申义甲，引申义甲再引申出引申义乙，这种顺次产生引申义的方式具有多重性，一般称之为连锁式引申。例如：

"涉"，本义是"徒步趟水过河"，《说文》："涉，徒行厉水也。"《察今》："澭水暴益，荆人弗知，循表而夜涉，溺死者千有餘人。"由此引申出"渡水"，可以依靠船或者桥。《察今》："楚人有涉江者，其剑自舟中坠于水。"这里是乘船渡河。《音初》："还反涉汉，梁败，王及蔡公抎于汉中。"这里是从桥上过河。再由"过河、渡水"引申出"度过、经历"，《士容》："临患涉难而处义不越。"图示如下：

趟水过河→渡水（可依靠舟、桥）→度过、经历

"日"，本义是"太阳"，《孟春》："孟春之月，日在营室。"由此引

申为“白天”,《先识》:“中山之俗,以昼为夜,以夜继日。”又由“白天”再引申为“一昼夜”,《慎大》:“三日之内,与谋之士封为诸侯。”又由“一昼夜”引申为“日子”,《开春》:“愿太子易日。”又由“日子”引申为“时间”,《上农》:“故敬时爱日。”图示如下:

太阳→白天→一昼夜→日子→时间

“期”,本义是“约会、相约”,《说文》:“期,会也。”《怀宠》:“信与民期,以夺敌资。”《为欲》:“明年,复伐原,与士期必得原然后反。”引申为“约定的时日、期限”,《贵因》:“吾已令胶鬲以甲子之期报其主矣。”再由此引申出“期望”,《察今》:“故曰良剑期乎断,不期乎镆铘。”图示如下:

约会、相约→约定的时日、期限→期望

“後”,本义是“走在后边、落在后边”,《劝学》:“孔子畏于匡,颜渊後。”由此引申为“位置、时间、次序等在后的”,《具备》:“三月婴儿,轩冕在前,弗知欲也;斧钺在後,弗知恶也。”《乐成》:“贤主忠臣,不能导愚教陋,则名不冠後,实不及世矣。”又由此引申出“子孙后代”,《慎大》:“命封黄帝之後于铸,封帝尧之後于黎,封帝舜之後于陈。”图示如下:

走在后边、落在后边→位置、时间、次序在后的→子孙后代

再一种是由本义直接引申出若干引申义,这种方式像光辐射一样,具有多向性,一般称作辐射式引申。例如:

“长”,本义是“长短的长”,甲骨文画一个人的长头发表示,《审时》:“得时之麦,稠长而颈黑。”用于度量方面,引申出“长度”的意义,《古乐》:“其长三寸九分。”用于时间方面,引申为“长久、久远”的意义,《重己》:“世之人主贵人,莫不欲长生久视。”用于抽象意义,表示“人的长处、优点”,《用众》:“故善学者,假人之长以补

其短。”①图示如下：

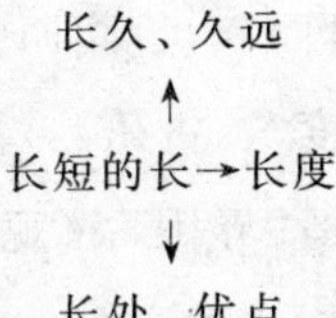

“上”，本义是“位置在上的上”，《圜道》：“上不竭，下不满。”由这一意义直接引申出若干意义，用作动词，表示“向上、登上”，《士节》：“晏子上车。”用在地势上，指“河畔、海边”，因岸上比水面高，《本味》：“其母居伊水之上。”《遇合》：“自苦而居海上。”用在时间上，指“时间在前的”，《召类》：“三王以上，故皆用兵矣。”用在人上，指“君主”，因君主居上位，《察今》：“上胡不法先王之法。”用于抽象意义，则指“上等”，《上农》：“上田夫食九人。”②图示如下：

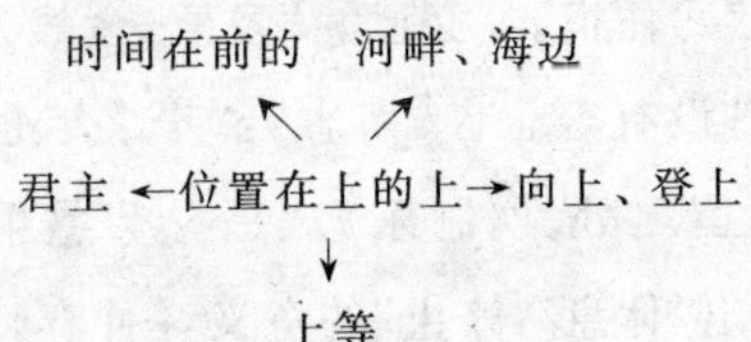

词义是复杂的，词义引申的方式也不可能是单一的，经常是连锁式引申和辐射式引申交互进行的，而这种交互进行的情况更为普遍。例如：

“度”，本义是“量长度的标准”，《仲秋》：“日夜分，则一度量，平权衡。”由此向不同的方向引申，引申出两个意义：一个是“标

---

① “长”还引申有“生长”的意义，“生长”就是“使其加长”，因语音改变，已分化为一个新词。

② “上”还有第二层引申义，这里暂不录。

准”,《季秋》:“轻重之法,贡职之数,以远近土地所宜为度。”另一个是“衡量”,《高义》:“翟度身而衣,量腹而食。”从“标准”的意义又引申出两个意义:一个是“法度”,《古乐》:“夏为无道,暴虐万民,侵削诸侯,不用轨度。”另一个是“界限”,《观表》:“欲无度者,其心无度。”由“界限”的意义又引申出“度过”,《异宝》:“丈人度之绝江。”图示如下:

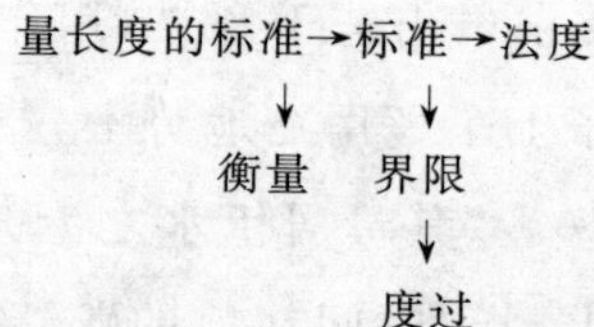

“舍”,本义是“客舍”,《说文》:“市居曰舍。”段玉裁注:“此市字非买卖所之,谓宾客所之也。”《吕氏春秋》有这个本义,《知士》:“于是舍之上舍。”由此义引申出四个意义:①一般的房舍。《察今》:“军惊而坏都舍。”②住宿。《必已》:“及邑,舍故人之家。”③三十里之称,因每三十里设有客舍。《博志》:“步之迟也,而百舍,不止也。”④星宿运行停留之处。《制乐》:“是夕荧惑果徙三舍。”由“住宿”的意义又引申出“休息、停止”的意义,《仲春》:“耕者少舍,乃修阖扇。”由“停止”的意义又引申出“放置”的意义,《仲春》:“命乐正入舞舍采。”由“放置”的意义又引申出“舍弃”的意义,《具备》:“所舍者小鱼也。”图示如下:

一般房舍
↑
三十里为一舍←客舍→住宿→休息、停止→放置→舍弃
↓
星宿运止之处

“行”,本义是“道路”,前文已述及。《说文》云“人之步趋也”则是引申义,从“道路”义引申为“在路上行走”。《必已》:“庄子行

于山中。”由“行走”义引申出四个意义：①离开，外出。《贵公》：“伯禽将行，请所以治鲁。”②巡行，巡视。《季夏》：“乃命虞人入山行木，无或斩伐。”③实行。《下贤》：“礼士莫高乎节欲，欲节则令行矣。”④行为，品行。《贵当》：“汤武修其行而天下从，桀纣慢其行而天下畔。”由“道路”还引申出两个意义：①行列。《辩土》：“衡行必得，纵行必术。正其行，通其风。”②祭祀名。《孟冬》：“其祀行，祭先肾。”由“离开、外出”又引申为“施予”，《孟夏》：“行爵出禄，必当其位。”图示如下：

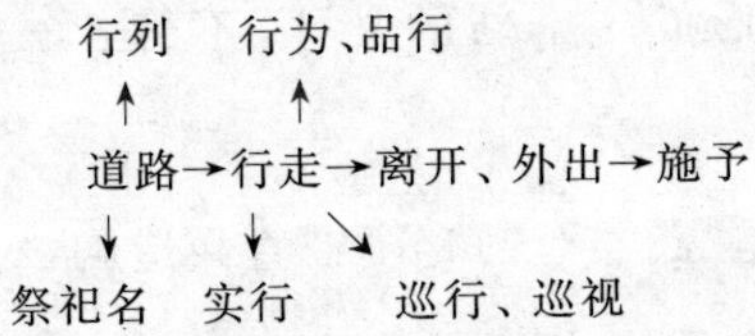

行列　行为、品行
↑　↑
道路→行走→离开、外出→施予
↓　↓　↘
祭祀名　实行　巡行、巡视

“朝[1]”“朝[2]”，“朝[1]”义为“早晨”，这是本义，知母宵部。它的引申义改变了读音，为澄母宵部，由于读音改变，它已形成一个新词：朝[2]。“朝[2]”的意义是由“早晨”引申而来：①早晨臣拜见君主。此义《左传·宣公二年》“盛服将朝，尚早，坐而假寐”最为明显。也可不限于早晨，臣拜见君主即可。《求人》：“尧传天下于舜，礼之诸侯，妻以二女，臣以十子，身请北面朝之。”②早晨君主听朝。《精谕》：“明日君朝，揖管仲而进之。”由此二义引申为“朝廷”，即臣拜见君主、君主听朝的地方，《孟秋》：“还，乃赏军率武人于朝。”《知化》：“吴朝必生荆棘矣。”由“臣拜见君主”的意义引申为“拜见”，即不管主体和受事是什么人，但一般还是下朝上，如果是上朝下，则含有谦恭的意思。《求人》：“昔者，尧朝许由于沛泽之中。”《博志》：“明日往朝其师。”《具备》：“（宓子贱）至于亶父，邑吏皆朝。”①图示如下：

---

① 此处是引申后既产生新词，又产生新义。

朝[1] 早晨→朝[2]→早晨拜见君主，拜见君主→拜见
↘早晨君主听朝 ↓
↘朝廷

所谓词义引申，就是在词原有义位的基础上，人们通过想象或联想，取其相似或相关之处，增减原来义位的义素，从而形成一个新的义位。比如上文所举的“舍”，原义是“客舍”，所谓“客舍”是“客人住的＋房舍”，去掉前边的限定性义素“客人住的”，只剩下“房舍”，这样就形成一个新的义位，不管什么人住的房舍都叫“舍”。又比如：

“兵”，本义是“武器”，《知分》：“直兵造胸，句兵钩颈。”通过与之相关的联想，在原来义位的义素的基础上，增加新的义素，即“拿＋武器＋人”，从而形成一个新的义位：士兵。《慎行》：“惟门左右而寘甲兵焉。”再在这个义位的基础上增加新的义素，即“士兵＋集体”，从而形成新的义位：军队。《简选》：“齐桓公良车三百乘，教卒万人，以为兵首。”

“寇”，本来是动词，“劫取”，《贵公》：“大勇不鬬，大兵不寇。”《吕氏春秋》“劫取”的意义只出现1次，但这个意义是其本义，也是先秦的常用意义，《说文》：“寇，暴也。”《书·费誓》：“无敢寇攘。”金文字形作“[illegible]”，象人举着棒子闯进别人屋内击打人家的头，也说明其本义是动词。通过相关的联想，在原义位所有义素上增添相关义素，即“劫取＋人”，而形成新的义位：强盗、入侵之敌。《壅塞》：“又使人往视齐寇。”

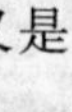

“刺”，本义是“用尖锐的东西扎”，《知分》：“于是赴江刺蛟，杀

之而复上船。”由用尖锐的剑扎刺蛟等动物，联想到用竹篙扎刺水面，从而形成一个新的义位，即：撑船。《异宝》：“过于荆，至江上，欲涉，见一丈人，刺小船，方将渔，从而请焉。”这里有一点词语组合关系上的差异。“刺蛟”，“刺”的对象是“蛟”，受事直接在动词后边；而“刺小船”，刺的对象应该是水面，而没有出现，出现的是小船，小船是刺水面而使之运动的物体，这可能是人们想象跳跃的结果。

词义的发展，其主要途径是引申，不过也还有其他的一些途径，如语词的组合搭配、修辞手法以及社会的发展。

词语的组合是某些词产生新义的重要途径。某一个词长久出现在某一位置，就可能逐渐产生出新的意义，平时经常说的“活用”“兼类”，就是产生新义的过程。比如：

“目”，本义是“眼睛”，名词，《顺说》：“际高而望，目不加明也。”名词后是不能带宾语的，当“目”后边带了宾语，它的意义就发生了变化，就有了动词“看、察看”的意义，《知度》：“襄子曰：‘吾举登也，已耳而目之矣。’”不过这时应用频率不高，只能是一种临时活用。

“少”，本义是形容词，“数量小”，与“多”相对，《用民》：“能用非己之民，国虽小，卒虽少，功名犹可立。”形容词后边不能带宾语，当它带了宾语，久而久之，词义就发生了变化，产生新的意义，《谨听》：“亡国之主反此，乃自贤而少人。”这里的“少”就是由它的意动用法而产生的“轻视”的意义。

“闻”，本义是“听到”，《说文》：“闻，知声也。”《贵因》：“武王入殷，闻殷有长者。”因经常用于使动，意思是使宾语所代表的人听到，久而久之，即形成一个新的意义：报告。《首时》：“伍子胥欲见吴王而不得，客有言之于王子光者，见之而恶其貌，不听其说而辞之。客请之王子光，王子光曰：'其貌适吾所甚恶也。'客以闻伍子胥。"这里"客以闻伍子胥"就是客把这件事报告给伍子胥，"闻"已形成"报告"的意义。《察传》："有闻而传之者曰：'丁氏穿井得一人。'国人道之，闻之于君。"这里"闻之于君"也是向君主报告这件事情的意思，"闻"只能是"报告"的意思，不能再用使动去解释。"闻之"的"之"是非生物词，本身不具备"闻"的功能，"闻之"不是"使之闻"的意义。

"亩"，本义是"田垄"，即田中高起种庄稼的地方，《任地》："上田弃亩，下田弃甽。"引申为"田地"，《吕氏春秋》没有出现这个意义。由于这个意义经常与数词组合，逐渐成为称量田地的单位，也就是说，由名词发展成量词，《任数》："三亩之宫，而心不能知。"

"行"，本义是"道路"，引申为"行列"，此义经常与数词组合，逐渐表示行列的量，而成为量词，《长见》："吴起至于岸门，止车而望西河，泣数行而下。"

上文提到的"寇"，本义是"劫取"，动词。因为它经常出现在主语、宾语的位置上，又可以受名词定语修饰，逐渐具备了名词的性质。《吕氏春秋》中出现"寇至""寇在边""备寇""召寇""击寇""齐寇""秦寇""戎寇"等共 25 次之多，名词的意义"强盗、入侵之敌"的意义已明显形成。

上文说是通过联想而形成名词义，这里又说词语组合关系的影响。这好像是一对矛盾。是先由联想而产生新的词义，再用于主宾语的位置上，还是经常用于主宾语的位置，才产生新词义的？恐怕是二者共同交替作用的结果。

实词的虚化，也主要是由于词语组合关系的变化，长久而固定，逐渐由实词的词汇意义变成虚词的语法意义。比如：

“以”，本是动词，义为“用”，《分职》：“为圆必以规，为方必以矩。”由于带宾语后经常处于状语的位置，起引进动作行为涉及的对象、原因、时间等作用，逐渐虚化为介词，《下贤》：“尧不以帝见善綣。”《行论》：“松下乱，先君以不安弃群臣也。”《孟春》：“天子乃以元日祈穀于上帝。”进一步虚化，逐渐变为连词，连接两个并列的谓词性结构，与“而”作用相同，《适音》：“故治世之音安以乐，其政平也；乱世之音怨以怒，其政乖也。”《辩土》：“故晦欲广以平，甽欲小以深。”

某些修辞方法的运用，长久而固定化也可以引起词义的变化。王力先生说：“词义的演变，和修辞的关系是很密切的。在许多情况下，由于修辞手段的经常运用，引起了词义的变迁。”[①]这里所说的修辞手段主要是比喻和借代。比如：

“族”，本义是“宗族、同宗的分支”，《骄恣》：“族大多怨。”因为同族的人都聚居在一起，所以用来比喻“拥簇在一起的东西”，《审时》：“得时之菽，长茎而短足，其荚二七以为族。”这个意义后来写作“蔟”。

“布衣”，本为“用麻布做的衣服”，《贵生》：“颜阖守闾，鹿布之衣，而自饭牛。”因为布衣是平民百姓所穿，逐渐指代“平民百姓”，《首时》：“时至，有从布衣而为天子者。”其间，有一个过渡阶段，《不侵》：“孔墨，布衣之士也。”“布衣之士”，即穿布衣的人，此处的“布衣”还不是指代人。

语言是随着社会的发展而发展的，词义也是这样，它受社会的

① 《汉语词汇史》，商务印书馆，1993 年，102 页。

影响而有所变化。比如：

“君”，上古时期一国之主叫君，天下之主叫天子。《恃君》：“圣人深见此患也，故为天下长虑，莫如置天子也；为一国长虑，莫如置君也。”随着社会的发展，到战国末期，诸侯国君已称“王”，因此诸侯国有封地的卿相大臣开始称“君”，如战国时有信陵君、平原君、孟尝君、春申君。《吕氏春秋》也反映了这种词义的变化，《知士》：“靖郭君善剂貌辨。”靖郭君即孟尝君之父，齐威王、齐宣王之相。

“孤”，本义是“幼而无父”，《说文》：“孤，无父也。”引申为“孤独”。后来君王为了表示自谦，用“孤”自称，于是产生“君王自称”的意义，《赞能》：“孤弗敢专，敢以告于先君。”这个意义，《诗经》等早期文献中没有，大概产生于春秋战国之交，《左传》中不乏用例。

词义引申的结果，也就是说，新的意义与原来意义之间的关系，又是怎样的呢？大概有这样几种情况：

（一）词性改变

1. 名词引申为动词。

“环”，本义是“玉环”，名词，《说文》：“璧肉好若一谓之环。”《过理》：“刑鬼侯之女而取其环。”引申为“环绕、包围”的意义，动词，《节丧》：“积石积炭，以环其外。”《爱士》：“晋人已环缪公之车矣。”

“觞”，本义是“饮酒器”，名词，《义赏》：“断其头以为觞。”引申为“进酒、以酒食待人”，动词，《召类》：“士尹池为荆使于宋，司城子罕觞之。”

“权”，本义是“秤锤”，名词，《仲秋》：“日月分，则一度量，平权衡，正钧石，齐斗甬。”引申为“衡量”，动词，《慎势》：“权轻重，审小大。”

“櫌”，本义是“弄碎土块的农具”，名词，《简选》：“锄櫌白梃，可以胜人之长銚利兵。”引申为“用耰覆土保护种子”，动词，《长利》：“协而耰，遂不顾。”《吕氏春秋》动词义是名词义的三倍，所以单独形成一个义位。

“威”，本义是“威风、威势”，名词，《节丧》：“上虽以严威重罪禁之，犹不可止。”引申为“以威风使之畏惧、震慑”，动词，《用民》：“虽造父之所以威马，不过此矣。”

2. 动词引申为名词。

“歌”，本义是“唱歌”，动词，《说文》：“歌，咏也。”《古乐》：“昔葛天氏之乐，三人操牛尾，投足以歌八阕。”引申为“歌曲”，名词，《音初》：“乃作为破斧之歌。”

“死”，本义是“生命结束”，动词，《论威》：“此夏桀之所以死于南巢也。”引申为“死者的身体、尸体”，名词，《离谓》：“洧水甚大，郑之富人有溺者，人得其死者。”

“历”，本义为“经过”，动词，《说文》：“历，过也。”《安死》：“孔子径庭而趋，历级而上。”引申为“历法”，名词，《贵因》：“推历者，视月行而知晦朔，因也。”

“闭”，本义是“关门”，动词，《说文》：“闭，阖门也。”《慎大》：“故周明堂外户不闭。”引申为“门闩的孔”，名词，《异用》：“跖与企足得饴，以开闭取楗也。”

“盟”，本义是“在神前立誓缔约”，动词，《慎大》：“汤与伊尹盟，以誓必灭夏。”引申为“所立的盟约”，名词，《慎大》：“商涸旱，汤犹发师，以信伊尹之盟。”

3. 动词引申为形容词。

“贼”，本义是“杀害”，动词，《序意》：“子将贼吾君。”引申为“残忍”，形容词，《离俗》：“后之伐桀也，谋乎我，必以我为贼也。”

"盲",本义是"失明",动词,《序意》:"夫私视使目盲,私听使耳聋。"引申为"昏暗",形容词,《音初》:"天大风,晦盲。"

4. 形容词引申为动词。

"危",由"高"引申为"险陡",又由"险陡"引申为"危险",形容词,《义赏》:"寡人之国危,社稷殆。"又引申为"使人遭受危险、危害",动词,《顺说》:"苟虑危人,人亦必虑危之。"

"多",本义是"数量大";"少",本义是"数量小"。二词都是形容词。《恃君》:"自上世以来,天下亡国多矣。"《用民》:"能用非己之民,国虽小,卒虽少,功名犹可立。""多"引申为"以为高明","少"引申为"轻视、看不起"。都是动词。《谨听》:"亡国之主反此,乃自贤而少人,少人则说者持容而不极,听者自多而不得,虽有天下,何益焉?"

"嘉",本义为"美好",形容词,《音律》:"申之此令,嘉气趣至。"引申为"赞美",动词,《古乐》:"乃为三象,以嘉其德。"

"易",本义为"平坦",形容词,《长攻》:"夫吴之与越,接土邻境,道易人通。"引申为"使平整、整治",动词,《辩土》:"农夫知田之易也,不知其稼之疏而不适也。"

5. 名词引申为形容词。

"昏",本义为"黄昏",名词,《说文》:"昏,日且冥也。"《制乐》:"故成汤之时,有穀生于庭,昏而生,比旦而大拱。"引申为"昏乱、糊涂",形容词,《有度》:"凡人之知,不昏乎其所已知,而昏乎其所未知。"

"荣",本义是"草木的花",名词,《仲秋》:"草木生荣。"引申为"光荣",形容词,《劝学》:"先王之教,莫荣于孝,莫显于忠。"

"野",本义是"野外、远郊",名词,《说文》:"野,郊外也。"《上农》："野有寝耒。"引申为"粗俗"，形容词，《遇合》："为野音而反善之。"

6. 形容词引申为名词。

"高"，本义是"高低的高"，形容词，《说文》："高，崇也。"《重己》："台高则多阳。"引申为"高处"，名词，《顺说》："际高而望，目不加明也，所因便也。"

7. 名词引申为量词。

"户"，本义是"门"，名词，《尽数》："流水不腐，户枢不蝼。"引申为量词，"一家称为一户"，《顺民》："百户之邑，民无有不说。"

"里"，本义是"古代的居民组织"，五家为邻，五邻为里，名词，《怀宠》："以里听者，禄之以里。"引申为"长度单位"，量词，《博志》："骥一日千里，车轻也。"

8. 动词引申为量词。

"束"，本义是"捆、束扎"，动词，《说文》："束，缚也。"《直谏》："苞申束细荆五十，跪而加之于背。"引申为"一捆、一束"，量词，《报更》："乃复赐之脯二束。"①

引申过程中，词性的改变，有时不是单一的，而是多样的。如：

"善"，本义是"好、美好"，形容词，《先己》："故反其道而身善矣，行义则人善矣。"引申为"好的人或好的事物"，名词，《审分》："夫人主亦有居车无去车，则众善皆尽力竭能矣。"又引申为"亲善、与……友好"，动词，《上德》："墨者钜子孟胜，善荆之阳城君。"

① 这里的"束"应该已经是量词了，只是名词"脯"在前。"脯二束"的说法，战国时期已有，如《韩非子》中有"百束布"，《战国策》中有"金千斤"的说法。"脯二束"，相当于"二束脯"，《孟子·告子上》已有"一杯水""一车薪"之类的说法。这说明战国时期量词已经产生。

（二）词义大小的变化

王力先生在讲词义演变的时候讲到扩大、缩小、转移三种情况。他说："汉语词义的引申情况大致也可以归入这三类。词义的扩大和缩小都保留了原义的全部或一部分；词义的转移则是脱离了原义的范围而转入另一词义的范围。"①我们先看词义的扩大和缩小。

关于词义的扩大，王力先生说，是缩小了特征，扩大了应用范围。从语义学的角度说是减少了限制性义素，义位由下位义变成上位义。比如：

"彊"，本义是"弓有力"，《说文》："彊，弓有力也。"《壅塞》："齐宣王好射，说人之谓己能用彊弓也。"引申为"一般的有力"，《审时》："四卫变彊。"《精谕》："足高气彊。"由"弓有力"，缩小特征，或者说减少限制性义素，变成一般的"有力"，这样就扩大了应用范围，"四卫""气"都可以说"彊"了，原义的全部都保留在新的意义之中，所以说词义扩大了。

"舍"，上文说过，它的本义是"客舍"，即"客居者住的房舍"，引申为"一般的房舍，不管是什么人住的"，这样就减少了房舍的限制性义素，也就是缩小了特征，同时，扩大了应用范围，使它从"客居者住的房舍"上升到"不管什么人住的房舍"，也就是使下位义上升为上位义，词义扩大了。

"涉"，上文已经说过它的引申情况，它的本义是"徒步趟水过河"，引申为"过河"，不限于徒步，也可以借助舟、桥，这样就去掉了"徒步"这个限制，扩大了应用范围，不管采用什么方式过河都可

---

① 《汉语词汇史》，商务印书馆，1993年，91—92页。

以叫“涉”。引申后的词义包含了原来词义的全部。《吕氏春秋·察今》中同时出现原来的意义和引申后的意义。

关于词义的缩小，王力先生说，是扩大特征，缩小应用范围。从语义学的角度说是增加限制性义素，使义位由上位义变成下位义。比如：

“禽”，本义是“鸟兽的总名”，《白虎通》：“禽者何？鸟兽之总名。”王力先生《同源字典》：“禽的本义应是猎获物（包括鸟兽）。”《季秋》：“命主祠祭禽于四方。”引申为“飞禽、鸟”，《尔雅·释鸟》：“二足而羽谓之禽。”《异用》：“汤之德及禽兽矣。”“禽”由“动物（人不算动物）”，引申为“二足会飞的动物”，是扩大特征，即增加限制性义素，从而缩小了应用范围，使之由上位义变成下位义，词义缩小了。

“臭”，本义是“气味”，《孟春》：“其味酸，其臭羶。”《本味》：“臭恶犹美，皆有所以。”引申为“不好的气味”，《遇合》：“人有大臭者，其亲戚兄弟妻妾知识，无能与居者。”“臭”由“气味”引申为“不好的气味”，是扩大了特征，即增加了限制性义素，从而缩小了应用范围，使之由上位义变成下位义，词义缩小了。

“女”，本义是“女性”，也就是“女子、妇女”，《爱类》：“女有当年而不绩者，则天下或受其寒矣。”引申为“女儿”，《遇合》：“其父母以为然，于是令其女常外藏。”从“女子”引申为“女儿”，即下一辈的亲生女子，增加了“下一辈”“亲生的”两个特征或叫做限制性义素，从而缩小了应用范围，也就是缩小了词义。

从词义的发展来看，词义扩大的情况，远远多于词义缩小的情况，这符合人类思维的一般规律，也符合词义发展的一般规律。

（三）词义重心的转移

王力先生说："词义的转移，包括甚广。凡引申的意义既不属于扩大，又不属于缩小的，都可以认为是转移。"①王先生认为转移的特征是，脱离了原义的范围而转入另一词义的范围。从语义学的角度看，就是从此一语义场转入彼一语义场。比如：

"官"，本义是"官府"，《当染》："故古之善为君者，劳于论人而佚于官事。"引申为"官吏"，《仲冬》："是月也，可以罢官之无事者，去器之无用者。"《观世》："郑子阳令官遗之粟数十秉。"从"官府"到"官吏"，词义的范围变化了，从此一意义范围转到彼一意义范围，从语义学的角度说，就是从这个语义场转到另一个语义场，词义的重心转移了。"官"的"官府"义，《吕氏春秋》只出现 2 次，而"官吏"义出现 24 次，这说明，战国末期"官"的词义重心的转移已经完成。

"丹"，本义是"朱砂"，《说文》："丹，巴越之赤石也。"《诚廉》："丹可磨也，而不可夺赤。"引申为"朱砂的颜色、赤色"，《离俗》："梦有壮子，白缟之冠，丹绩之袀，東布之衣。""丹"由"朱砂"引申为"朱砂的颜色、赤色"，词义的范围转移了，或者说，语义场改变了，原来与矿石类词构成语义场，引申后，则与颜色词构成语义场，词义转移了。

"北"，本义是"背对着的方向、北方"，《疑似》："梁北有黎丘部。"引申为"背对着敌人、败逃"，《离俗》："令此将众，亦必不北矣。"由方位词转成动词，词义范围转移了，或者说语义场改变了。

"组"，本义是"用丝编织的带子"，《说文》："组，绶属。"《去尤》："令官为甲必以组。"引申为"编织"，《分职》："今民衣弊不补，履决

---

① 《汉语词汇史》，商务印书馆，1993 年，99 页。

不组。”由“用丝编织的带子”引申为“编织”，是由名物转移到动作行为，词义发生了转移。

词义转移，有些是向相反的方向转移，也就是说，引申义与原义正好相反。比如：

“赋”，本义是“征收赋税”，《说文》：“赋，敛也。”《乐成》：“我有田畴，而子产赋之。”引申有“布施、赋予”的意义，《慎大》：“发巨桥之粟，赋鹿台之钱以示民无私。”“征收”与“赋予”，词义正相反。

“息”，有“止息”的意义，《振乱》：“凡为天下之民长也，虑莫如长有道而息无道。”又有“生息”的意义，《适威》：“若五种之于地也，必应其类，而蕃息于百倍。”

这种词义的转移，两个意义之间，有时候，哪个意义在先，哪个意义在后，并不容易分辨，但它们是词义的反向转移则是确定的。

词义轻重的变化，也是一种词义的转移。比如：

“击”，本义是“敲打”，《说文》：“击，支也。”《精通》：“臣之身得生，而为公家击磬。”引申为“击杀”，《顺说》：“使人虽有勇而弗敢刺，虽有力不敢击。”由“敲打”到“击杀”，词义加重了，也是一种转移。

“诛”，本义是“用言语责备”，《说文》：“诛，讨也。”《长利》：“惟余一人，有善易得而见也，有不善易得而诛也。”引申为“杀”，《当务》：“父诛而代之，不亦孝乎？”从“责备”到“诛杀”，也是词义加重的转移。

（四）词义感情色彩的变化

前面所说的词义都是词的理性意义，这里说的是词的附加意义，可以分为几种情况：

1．由褒义变为贬义。

"爱",本义是"喜爱",《说文》:"爱,惠也。"《必己》:"爱人而不必见爱。"对东西爱得过分了,就有了"吝惜"的意义,也就从褒义变成贬义了,《有度》:"夏不衣裘,非爱裘也,暖有餘也。"

2. 由褒义变为中性。

"征",本为"上伐下、有道伐无道",《国语·周语》:"穆王将征犬戎。"韦昭注:"征,政也,上伐下之称。""征"本为褒义,《孟秋》:"以征不义。"《吕氏春秋》已变为中性,诸侯之间攻伐也叫征,《简选》:"东征至于庳庐,西伐至于巴蜀。"甚至寇戎侵犯天子也叫征,《仲春》:"寇戎来征。"

3. 由中性变为褒义。

"智",《吕氏春秋》中常用"智力"的意义,《悔过》:"智亦有所不至。"这是中性。引申为作为聪明智慧的一种美德,《不广》:"文公可谓智矣。"这就是褒义了。

"称",本有"称量"的意义,《审时》:"称之,得时者重。"这是中性。引申为"称赞、称颂"的意义,《长攻》:"然而后世称之,有功故也。"《尊师》:"孔子曰:'吾何足以称之?'"这就是褒义了。

4. 由中性变为贬义。

"简",《吕氏春秋》中有"简约"的意义,《诬徒》:"以章则有异心,以简则有相反。"这是中性。引申有"怠慢"的意义,《骄恣》:"自骄则简士。"这就是贬义了。

肆 《吕氏春秋》的新词新义

语言随着社会的发展而发展，词汇是语言要素中反映社会发展最直接、最现实、最迅速的。战国时期，尤其是后期，社会动荡剧烈，人员往来频繁，促进了各方言的融合及语言词汇、语义的产生与消亡。《吕氏春秋》反映了这种语言变化的现实，保存了大量的新词新义。这些新词新义有相当部分已进入基本词汇的范畴，为后世所沿用。

一

《吕氏春秋》所反映的战国末期产生的新词。比如：

掣 《说文》："觢，引纵曰觢。"段玉裁云："俗作掣。"先秦古籍中，《诗经》《论语》《左传》《孟子》《庄子》《墨子》《荀子》《韩非子》均未出现"掣"字。《周易》出现1例，《睽》："见舆曳，其牛掣。"《说文》"觢"字条引《周易》此句作"觢"，义为"牛角一俯一仰"，非"牵曳"之义。① 《吕氏春秋》中有2例，《具备》："吏方将书，宓子贱从旁时掣摇其肘。吏书之不善，则宓子贱为之怒。"义为"牵曳、牵拉"。《尔雅·释训》中有"掣曳"一词，郭璞注："谓牵挽。"亦当为"牵拉"义。

---

① 《尔雅·释畜》："角一俯一仰，觭；皆踊，觢。"义与《说文》异。

后世“掣肘”一词，谓“从旁牵制”，即当源于《吕氏春秋》。

抿　此字先秦古籍中除《吕氏春秋》外均无用例。《吕氏春秋·长见》：“吴起抿泣而应之。”毕沅曰：“抿与抆同，拭也。”义为“擦拭”。《楚辞·九章·悲回风》：“孤子唫而抆淚兮。”洪兴祖补注：“抆，拭也。”“抿”与“抆”均为明母文部，民声与文声亦常通用，“抿”与“抆”当为一词。且《吕氏春秋》之“抿”与《楚辞》之“抆”出现语境相同，都组合为“抿泣”或“抆淚”。“泣”与“淚”同义，《广雅》：“泣，淚也。”此词盖为战国后期产生的新词。

揝　《说文》作“揗”，云：“抚也。”从昏、从昬古多通用，“揝”“揗”当为一词。《吕氏春秋·求人》：“攢树之所，揝天之山。”《马王堆汉墓帛书·老子乙本道经》：“揝之弗得，命之曰夷。”此字先秦其他古籍未见，仅《吕氏春秋》1见，当为战国末期产生的新词。《说文》：“幔，墀地也，以巾撋之。”段玉裁云：“撋盖即手部揗字，今之抆字。揗者抚也，涂地以巾，按而摩之。”然则“揗”与“抿”“抆”“撋”亦可相通。

插　《说文》：“插，刺内也。”（大徐本“内”作“肉”，小徐本作“内”，今依段注改。）段玉裁注：“内者，入也；刺内者，刺入也。”《玉篇》：“插，刺入也。”此义先秦文献仅《吕氏春秋》出现1次，《贵卒》：“（吴起）拔矢而走，伏尸插矢而疾言曰：‘群臣乱王。’”后代则为常用义，一直用到现代。由此义引申出不少引申义，比如用作表示插入土中掘土的工具，《战国策·齐策六》：“坐而织蒉，立则杖插。”《淮南子·齐俗》：“今之修干戚而笑钁插。”名词义后造“锸”字表示。《释名·释器用》：“锸，插也，插地起土也。”①

① 《说文》有“臿”字，云：“舂去麦皮也。”段玉裁注：“引申为凡刺入之称，如农器刺地曰鏊臿。”《说文》“敹”字说：“臿地为敹。”段注：“臿者，今之插字，汉人只用臿。”

抃 《说文》作"拚",云:"拊手也。"段玉裁注:"言拊手者,谓两手相拍也。"玄应《一切经音义》引作"拍手曰拚"。先秦古籍"抃"字罕见,《吕氏春秋》有1例,《古乐》:"帝喾乃令人抃。"高诱注:"两手相击曰抃。"《楚辞·天问》有1例:"鳌戴以抃,何以安之?"王逸注:"击手曰抃。"此词当亦是战国后期产生。

瞋 《说文》:"瞋,张目也。"义为"睁大眼睛",多用于发怒的表现。先秦古籍中《庄子》出现3次,如《秋水》:"昼出,瞋目而不见丘山。"《盗跖》:"盗跖大怒,两展其足。案剑瞋目,声如乳虎。"《商君书》有1例,《君臣》:"瞋目扼腕而语勇者得。"《韩非子》出现1次,《守道》:"人主甘服于玉堂之中,而无瞋目切齿倾取之患。"《吕氏春秋》1例,《必己》:"中河,孟贲瞋目而视船人。"《庄子》3例都出现在外、杂篇,它们的完成时间,大约与《韩非子》《吕氏春秋》同时,甚至还要晚一些。《君臣》篇亦非商君亲作,恐亦是战国末期法家所为。"瞋"当是战国末期产生的新词。且先秦这些用例,都是与"目"连文,组合成"瞋目","瞋"尚未见单独表示"张目"的意义。

瞚 《说文》:"瞚,开阖目数摇也。"徐铉曰:"瞚,今俗别作瞬。"义为"眨眼"。先秦古籍中《庄子》出现1次,《庚桑楚》:"终日视而目不瞚。"陆德明《释文》:"瞚,动也,字又作瞬。"又用"一瞚"表示时间短,《吕氏春秋·安死》:"夫死,其视万岁犹一瞚也。"这个词当是战国末期产生的新词。《周易》《尚书》《诗经》《论语》《左传》及《孟子》《墨子》《荀子》《韩非子》等都未见此词。

酣 《说文》:"酣,酒乐也。"义指"饮酒正畅快之时"。此义《吕氏春秋》出现6次,均出现在"酒"字后边,形成"酒酣"的形式,如《长攻》:"代君至,酒酣,反斗而击之。"高诱注:"酣,饮酒合乐之时。"与《吕氏春秋》同时代的《韩非子》有4例,如《十过》:"晋平公觞之于施夷之台。酒酣，灵公起。”《战国策》有5例，如《赵策三》：“平原君乃置酒，酒酣，起，前，以千金为鲁连寿。”此词当产生于战国末期，《诗经》《左传》《论语》《孟子》《庄子》《墨子》《荀子》等均未见此词。然而《尚书》中有2例，一例在《伊训》：“敢有恒彝于宫，酣歌于室，时谓巫风。”《伊训》属伪古文《尚书》，乃后世伪托。此句盖源于《墨子·非乐》之“为乐非也，何以知其然也？曰先王之书，《汤之官刑》有之，曰‘其恒舞于宫，是谓巫风’”。“酣歌于室”，乃伪托者加入之辞，不想却露出了马脚，汤时绝无“酣歌”之说法。另一例在《酒诰》：“在今后嗣王酣身，厥命罔显于民，祇保越怨不易。”“酣身”的说法更是离奇，《伊训》伪造“酣歌”与“恒舞”相对，“歌”“舞”均为动词，“酣”为状语。《韩非子》等已有“酣战”的说法，故后世造出“酣歌”，于语法可通。“酣身”的说法则于语法难通，此“酣”字可疑。

垄 《说文》作“壟”，云：“丘壟也。”《周礼》郑注：“冢，封土为丘壟也。”此义为“坟墓”。先秦古籍《尚书》《诗经》《左传》《论语》《孟子》《庄子》《韩非子》等均未出现此词。《吕氏春秋》出现2次，《安死》：“今有人于此，为石铭置之垄上。”《权勋》：“不战，必刬若类，掘若垄。”《战国策》有1例，《齐策四》：“有敢去柳下惠垄五十步而樵采者，死不赦。”另外，《墨子·节葬下》有3例，《荀子·礼论》有1例。可见“垄”是战国后期产生的新词。

袴 《说文》：“绔，胫衣也。”段玉裁注：“今所谓套袴也。”“袴”是“绔”的或体。段玉裁云：“今皆作袴。”《尚书》《诗经》《论语》《左传》《孟子》《荀子》等均无此词。《墨子》1见，《非乐上》：“因其蹄蚤，以为袴屦。”《吕氏春秋》中有2例，《离谓》：“子产治郑，邓析务难之，与民之有狱者约，大狱一衣，小狱襦袴。民之献衣襦袴而学讼者，不可胜数。"《韩非子》有 11 例，如《内储说上·七术》："昭侯知之，故藏弊袴。""袴"起初大概是关西的方言词，战国后期逐渐进入通语，《方言四》："袴，齐鲁之间谓之襱，或谓之襱，关西谓之袴。"

绕 《说文》："绕，缠也。"义为"缠绕、环绕"。《山海经·海外西经》出现 1 次："四蛇相绕。"《韩非子》出现 5 次，均见于《内储说下》一段之中，如："文公髪绕炙，而穰侯请立帝。"《战国策》出现 1 次，《魏策三》："秦绕舞阳之北，以东临许，则南国必危矣。"《庄子·说剑》出现 1 次："绕以渤海，带以常山。"《吕氏春秋·知分》出现 2 次，如："子尝见两蛇绕船能两活者乎?"此词当产生于战国后期，以前的古籍均未曾出现。

隔 《说文》："隔，障也。"段注本改"障"为"塞"，义为"障塞、分隔"。《尚书》《诗经》《论语》《左传》《孟子》《庄子》等均无"隔"字，此词大约是战国后期产生的新词。《吕氏春秋》出现 1 次，《观表》："使人迎其妻子，隔宅而异之，分禄而食之。"见于先秦其他文献的有：《墨子》3 例，《备城门》："坚为斗城上隔。"《号令》："皆为舍内道，各当其隔部。"又："人自大书版，著之其署隔。"《荀子》1 例，《儒效》："坚白同异之分隔也。"《韩非子》2 例，《难一》："一人之力能隔君臣之间。"《八经》："故明主之言隔塞而不通。"《战国策》1 例，《赵策二》："秦无韩魏之隔。"《墨子》诸篇当是墨家后学所作，其时代当在荀卿前后，亦当属战国后期。

孪子 《说文》："孪，一乳两子也。"即双生子。《方言三》："凡人兽乳而双产……自关而东，赵魏之间谓之孪生。"先秦古籍自《尚书》《诗经》乃至《荀子》《韩非子》均无此词，《吕氏春秋·疑似》1 见："夫孪子之相似者，其母常识之。"同时期的《战国策·韩策三》亦有此词："夫孪子之相似者，唯其母知之而已。"

遗老 “遗”本有“遗留、遗弃”之义,“老”指“老人、老者”。先秦文献除《孟子·告子下》有一处“遗老”连文,餘皆未见连文者。《孟子》连文为:“遗老失贤,掊克在位。”与上句“养老尊贤,俊杰在位”相对。“遗老”对“养老”,是一个动宾词组,“遗”是“遗弃”的意义。《吕氏春秋》“遗老”连文 3 次,《简选》:“显贤者之位,进殷之遗老,而问民之所欲。”《慎大》:“命周公旦进殷之遗老,而问殷之亡故,又问众之所说,民之所欲。殷之遗老对曰……”这里的“遗老”与《孟子》的“遗老”完全不同,显然是一个复音词,是一个名词,意义当是指“前代的旧臣或长者”。两例都是周武王向他们请问殷民的希望或殷灭亡的原因。“遗老”一词当是战国末期产生的新词,后代一直沿用,意义又有所发展。

音乐 “音乐”一词在《吕氏春秋》中出现 5 次:

《大乐》:“音乐之所由来者远矣。”

《重己》:“其为声色音乐也,足以安性自娱而已矣。”

《适音》:“凡音乐,通乎政而移风平俗者也。”又:“俗定而音乐化之矣。”又:“故先王必托于音乐以论其教。”

这是一个并列式复音词,盖产生于战国末期,先秦文献中,从《诗经》《尚书》到《荀子》《韩非子》都没有出现过这个词。屈原《远游》1 见:“音乐博衍无终极矣。”王逸注:“五音安舒,靡有穷也。”如果说《远游》仅指五音而言,那么,《吕氏春秋》中则实实在在是指概括的音乐了。这个词是由表示音乐的“音”(《吕氏春秋》出现 25 次)和表示音乐的“乐”(《吕氏春秋》中出现 72 次)经常连文凝固而成的新词。此词后代沿用,《史记》出现 3 次:

《乐书》:“音乐者,所以动荡血脉,流通精神。”

《五宗世家》:“王者当日听音乐声色。”

《魏其武安侯列传》:“蚡得为肺腑,所好音乐狗马田宅。”

《汉书》出现 7 次:

《窦田韩灌传》:“蚡得为(胏)〔肺〕附,所好音乐狗马田宅,所爱倡优巧匠之属。”

《景十三王传》:“子安王光嗣,初好音乐舆马,晚节遴,唯恐不足於财。”又:“王者当日听音乐,御声色。”

《严朱传》:“辟如女工有绮縠,音乐有郑卫。”

《公孙刘田传》:“劝上施恩惠,缓刑罚,玩听音乐,养志和神,为天下自虞乐。”

《王商史单傅喜传》:“建昭之间,元帝被疾,不亲政事,留好音乐。”

《佞幸传》:“是时,元帝被疾,不亲政事,方隆好於音乐。”

有人认为“音乐”一词是外来词,恐怕欠妥。

徒步 如果作为一个状中结构的词组,它应是“不乘车在地上行走”的意思。但是《吕氏春秋·有度》:“夫以外胜内,匹夫徒步不能行,又况乎人主!”“徒步”是与“匹夫”并列的,而与“人主”相对,它是一个名词,已经从词组凝固成一个词了。这个词应该是当时新产生的。《战国策》有 2 例,《齐策一》:“士之高者乃称匹夫徒步而处农亩。”《燕策一》:“匹夫徒步之士,不制于妻妾。”其他先秦文献均未见。到了汉代,所用渐多,《淮南子·氾论》:“苏秦匹夫徒步之人也,鞀蹻嬴盖,经营万乘之主。”《修务》:“若以布衣徒步之人观之。”《汉书》中多次用到,如《公孙弘传》:“弘起徒步,数年至宰相封侯。”

宰相 “宰”通指“官吏”,《穀梁传·僖公九年》:“天子之宰,通于四海。”范宁注:“宰,天官冢宰兼为三公者。”《国语·齐语》:“桓公自莒反齐,使鲍叔为宰。"韦昭注:"宰,太宰也。""相"有"国君辅臣"的意义,《孟子·公孙丑上》:"夫子加齐之卿相。"《吕氏春秋·下贤》:"今女欲官则相位。""宰""相"在此意义上是同义的,二字连用,逐渐凝固而成复音词。此词产生于战国末期,《庄子》出现1次,《盗跖》:"今谓宰相曰:'子行如仲尼墨翟,则变容易色。'"《韩非子》出现1次,《显学》:"宰相必起于州部,猛将必发于卒伍。"《吕氏春秋》出现2次,《制乐》:"宰相,所与治国家也。"又:"虽然,可移于宰相。"

礼貌 "礼"指"礼节、行为规范","貌"指"外貌、外表"。《韩非子·喻老》:"礼者,所以貌情也。"又:"礼者,情貌者也。"礼是表现实情的,是情的外表。《喻老》有"礼貌"连文1处:"行情实而去礼貌也。"此处"礼貌"与"情实"相对,是指外表而言,还没有凝固成一个词。《吕氏春秋·报更》出现2次:"愿君礼貌之也。"又:"孟尝君令人礼貌而亲郊迎之。"此二处"礼貌",义为"以礼相待",已凝固成一个复音词。此词产生于战国末期,其他先秦文献均未见此词。

束缚 "束""缚"都是动词,都有"捆绑"的意义,《说文》:"束,缚也。""缚,束也。"两词并列连用逐渐形成复音词。此词《吕氏春秋》出现6次,其中5次用于具体意义,4次是动词:

《赞能》:"管子束缚在鲁,桓公欲相鲍叔。"

《顺说》:"管子得于鲁,鲁束缚而槛之。"

《去宥》:"吏搏而束缚之。"

《直谏》:"使管仲毋忘束缚而在于鲁也。"

1次是名词:

《开春》:"段乔使人夜解其吏之束缚也而出之。"

1次用于抽象意义:

《论人》:“意气宣通,无所束缚,不可收也。”

用于具体意义的 5 例,束缚的对象都是人。

《韩非子》出现 3 次:

《难言》:“夷吾束缚。”

《外储说左下》:“管仲束缚,自齐之鲁。”

《难一》:“桓公解管仲之束缚而相之。”

《韩非子》3 例束缚的对象也都是人。这应该是此词的特点。此词产生在战国末期,《尚书》《诗经》《论语》《左传》《孟子》《墨子》《荀子》均无此词。

偏枯 这是一个与疾病有关的词,义指“半身不遂”。《吕氏春秋·别类》出现 2 次:“我固能治偏枯,今吾倍所以为偏枯之药,则可以起死人矣。”《庄子·盗跖》有 1 例:“禹偏枯。”成疏:“治水勤劳,风栉雨沐,致偏枯之疾,半身不遂也。”先秦文献从《尚书》《诗经》到《荀子》《韩非子》均未出现此词。《说文》有“𤵎”字,许慎云:“半枯也。”盖为“偏枯”一词所造的后起专字。另外,《山海经·大荒西经》有“有鱼偏枯,名曰鱼妇”,谓半体为人躯,半体已化为鱼。《山海经》此义或为别一义,或为借指之义。

退却 《说文》:“退,却也。”“却,卪却也(依段注本)。”段玉裁注:“卪却者,节制而却退之也。”“退”“却”为同义词,“退却”是同义词并列而形成的复音词。《吕氏春秋》1 见,《权勋》:“子反曰:‘亟退却也!’”“亟”单音节,其后跟一单音词,于音律已足矣,不必用两个单音词。可见此处“退却”已成一复音词无疑。《韩非子·外储说右下》:“马退而却,策不能进前也。”这里“退而却”与“进前”相对,“退”“却”之间用“而”字,说明只是并列。逐渐凝固紧密,去掉“而”字而形成复音词。

长者 本为偏正词组，指“年长的人”。《孟子》中共出现8次，4次泛指“年长的人”，如《梁惠王上》：“为长者折枝，语人曰：‘我不能。’是不为也，非不能也。”4次是孟子自指，如《公孙丑下》：“子为长者虑，而不及子思。”赵岐注：“孟子年老，故自称长者。”作为词组，《韩非子》出现6次，《吕氏春秋》出现2次，到战国末期形成复音词，《韩非子》出现1次，《诡使》：“重厚自尊，谓之长者。”《吕氏春秋》出现5次，义为“德高望重的贤者”。如：

《贵因》：“武王入殷，闻殷有长者，武王往见之。而问殷之所以亡。殷长者对曰：‘王欲知之，则请以日中为期。’”

《先识》：“威公乃惧，求国之长者，得义莳、田邑而礼之，得史驎、赵骈以为谏臣。”

《壅塞》：“臣不肖，不足以当此大任也，王不若择国之长者而使之。”

《异宝》：“故宋之长者曰：‘子罕非无宝也，所宝者异也。’”

今昔 “昔”有“往者、从前”的意义，与“今”相对，又与“夕”音近义通，指“夜”。《广雅·释诂四》：“昔，夜也。”《庄子·天运》：“蚊虻噆肤，则通昔不寐矣。”《释文》：“昔，夜也。”《吕氏春秋》“今昔”一词出现2次，《慎大》：“今昔天子梦西方有日，东方有日，两日相与斗，西方日胜，东方日不胜。”《博志》：“尹儒反走，北面再拜曰：‘今昔臣梦受之。’”意义皆为“昨夜”。先秦文献《尚书》《诗经》《论语》《左传》《孟子》《庄子》《墨子》《荀子》《韩非子》《战国策》等均无此词，此词当是战国末期产生的新词。汉代以后仍在运用，《史记·龟策列传》：“今昔壬子，宿在牵牛。”司马贞索隐：“今昔，犹昨夜也。以今日言之，谓昨夜为今昔。”

昨日 这个词的意义与现代相同。在先秦文献中，仅《吕氏春秋》《韩非子》《庄子》《战国策》各出现 1 次：

《吕氏春秋·察微》："昨日之事，子为制；今日之事，我为制。"

《韩非子·内储说下》："昨日中大夫夷射立于此。"

《庄子·山木》："弟子问于庄子曰：昨日山中之木，以不材得终其天年。"

《战国策·赵策一》："昨日我谈粗而君动。"

《庄子·外物》另有一次单用"昨"："周昨来，有中道而呼者。"

与"昨日"相应的"今日""明日"，其产生和应用与"昨日"均不甚平衡。"今日""明日"比"昨日"产生早，而且应用广，出现频率高。"今日"一词，《左传》出现 13 次，《孟子》出现 9 次，《庄子》出现 5 次，《墨子》出现 2 次，《荀子》出现 1 次，《韩非子》出现 10 次，《吕氏春秋》出现 8 次，《战国策》出现 18 次。"明日"一词，《论语》出现 2 次，《左传》出现 16 次，《孟子》出现 2 次，《庄子》出现 8 次，《韩非子》出现 14 次，《吕氏春秋》出现 20 次，《战国策》出现 24 次。

为什么"昨日"产生晚而且出现频率低？其中一个重要原因大概是，原来有"昔"或"昔者"表示"昨日"的意义，比如《庄子·齐物论》："未成乎心而有是非，是今日适越而昔至也。"这里用"昔"与"今日"对文，表示"昨日"的意思。又比如《庄子·山木》"昨日"，《吕氏春秋·必己》记载同样的事，用同样的句子，则以"昔者"来表示。"昨日"一词在战国末期刚刚产生，还没有被广泛应用，因此出现频率比较低。汉代以后，应用渐渐多起来。

扶疏 这是个叠韵联绵词，《吕氏春秋》出现 2 次，《辩土》："树肥无使扶疏，树墝不欲专生而族居。肥而扶疏则多秕，墝而专居则多死。"意义是"枝叶茂盛的样子"。此词《韩非子·扬权》也出现 2

次:"为人君者,数披其木,无使木枝扶疏。"又:"木枝扶疏,将塞公闾。"此词是战国末期产生的新词,后代多有运用,如《世说新语·汰侈》:"枝柯扶疏,世罕其比。"

滋味 这个词在《吕氏春秋》中出现9次,都是"美味"的意思。如:

《贵生》:"耳虽欲声,目虽欲色,鼻虽欲芬香,口虽欲滋味,害于生则止。"

《仲夏》:"是月也……止声色,无或进,薄滋味,无致和。"

《适音》:"口之情欲滋味,心弗乐,五味在前弗食。"高诱注:"欲美味也。"

先秦文献中几乎没有一处出现这个词。《庄子·盗跖》出现1次,然《盗跖》乃杂篇,属庄周后学所作,时间大概晚于《吕氏春秋》,至少与《吕氏春秋》相近。《礼记·月令》出现1次,然《月令》乃集《吕氏春秋》十二月纪所成,实即《吕氏春秋》之文。《列子·汤问》出现1次,然《列子》乃魏晋人所伪托。汉代以后,应用渐多,《淮南子》出现4次,3次是"美味"的意思。如:

《时则》:"君子斋戒,慎身无躁,节声色,薄滋味,百官静,事无径,以定晏阴之所成。"

《诠言》:"重于滋味,淫于声色,发于喜怒,不顾后患者,邪气也。"

《泰族》:"今目悦五色,口嚼滋味,耳淫五声,七窍交争,以害其性,日引邪欲而浇其身。"

《韩诗外传》出现2次,都是"美味"的意思。如:

第二十章:"饮食适乎藏,滋味适乎气。"

第三十二章:"圣人养性而衡六气,持一命而节滋味。"

到汉代引申出"味道"的意思。如:

《淮南子·修务》:“尝百草之滋味,水泉之甘苦,令民知所辟就。”

《史记·律书》:“未者,言万物皆成,有滋味。”

《说文解字》:“味,滋味也。”①

《吕氏春秋》中出现的战国末期产生的新词很多,除单音词外,更大量的是复音词。战国中后期,是汉语词汇复音化的重要时期,《吕氏春秋》中出现了很多战国后期产生的复音词,我们前文举了一些,还有很多,如整齐、强大、洁白、隐匿、莽莽、壤壤等等。这些新词语义上的特点是单一性,因为新词产生之初,一般都是一个意义,逐渐通过引申等手段增加义位。《吕氏春秋》反映的战国末期的新词,一般生命力都很强,在后代的文献中长期沿用不衰,有的甚至活在后代的口语中,只有少数词在后代罕用或消亡了。

二

《吕氏春秋》所反映的战国末期新产生的词义。比如:

徒 徒的本义是“步行”,动词,《说文》:“徒,步行也。”引申为“跟随”,再引申为“跟随的人”,即“徒党”,《左传·襄公三十年》:“岂为我徒。”杜预注:“徒,党也。”《论语·先进》:“非吾徒也,小子鸣鼓而攻之可也。”杨伯峻“吾徒”译作“我们的人”,亦即“徒党”义。此义《吕氏春秋》中亦有,《报更》:“与天下之贤者为徒,此文王之所以王也。”同时,《吕氏春秋》中有新的意义,即“学生、弟子”,共出现6次:

---

① 段玉裁注“滋言多也”,非是。

《诬徒》:“善教者则不然,视徒如己。”又:“此六者不得于学,则君不能令于臣,父不能令于子,师不能令于徒。”又:“所加于人,必可行于己,若此则师徒同体。”又:“此学者之所悲也,此师徒所以异心也。”又:“此师徒相与造怨尤也。”

《遇合》:“委质为弟子者三千人,达徒七十人。”

其中“师徒”连文3次,“师”“徒”对文1次,更可以看出“徒”是“学生、弟子”的意义。这个意义是战国末期产生的新义,战国中期以前的文献没有这个意义。上引《论语》“非吾徒也”,邢昺疏曰:“非我门徒也。”《孟子·滕文公上》“其徒数十人”,赵岐注:“其徒,学其业者也。”《梁惠王上》:“仲尼之徒,无道桓文之事者。”赵岐注以“孔子之门徒”。其实,这几处的“徒”都是“徒党”的意义,正如杨伯峻所译“吾徒”即“我们一伙的”,“仲尼之徒”亦即是“仲尼一派的人”。赵注、邢疏在这里都是用当时的意义去理解古人的语言了。王力先生说过,不要把词义可能的转变看成转变了的现实,“徒”从“徒党”义有引申出“门徒、弟子”义的可能,但在战国末期以前并未引申出这个意义。这个意义除《吕氏春秋》中出现外,《韩非子》中亦有用例,如《说疑》:“言听事行,则如师徒之势。”

履 本义为“踩踏”,动词,《说文》“屦”字条段玉裁注:“《诗》《易》凡三履,皆谓践也。然则履本训践。”到战国末期,“履”产生了一个新的意义“鞋”,名词。段玉裁在“履”字条注曰:“晋蔡谟曰‘今时所谓履者,自汉以前皆名屦’……按蔡说极精,《易》、《诗》、三《礼》、《春秋传》、《孟子》皆言屦,不言履,周末诸子汉人书乃言履。”“履”作“鞋”讲,《吕氏春秋》中出现5次:

《离俗》:“梦有壮子,白缟之冠,丹绩之袧,東布之衣,新素履。”

《恃君》:“无衣服履带宫室蓄积之便。”

《达郁》:“列精子高听行乎齐湣王,著東布衣,白缟冠,颡椎之履。”

《行论》:“履及诸庭,剑及诸门,车及之蒲疏之市。”

《分职》:“今民衣敝不补,履决不组。”

与《吕氏春秋》同时代的《韩非子》此义亦出现5次,如《外储说左上》:“郑人有且置履者。”“履”产生“鞋(屦)”义后,“履”仍保存着原来“踩踏”的意义,《吕氏春秋》中有5次,如《达郁》:“令马履之。”“履”产生“鞋”义后,本作“鞋”讲的“屦”并没有消亡,仍与“履”同时并存,如《至忠》:“文挚至,不解屦登床。”《韩非子》的情况与《吕氏春秋》相同。

著 有“附着”的意义,引申之,使衣服附着于身体,即产生“穿戴”的意义。这个意义,先秦文献《尚书》《诗经》《周易》《论语》《左传》《孟子》《庄子》《墨子》《荀子》《韩非子》中都没有出现。各种辞书此义所引书证多为汉乐府,如《为焦仲卿妻作》:“著我绣袂裙。”其实,战国末期已产生此义。《吕氏春秋》出现2次,如《士节》:“著衣冠,令其友操剑奉笥而从。”《过理》:“宋王筑为蘖台,鸱夷血,高悬之,著甲胄,从下射,血坠流地。”

仆 本义是“奴隶、臣仆”,《说文》:“仆,给事者也。”此义先秦文献屡见,如《诗经·小雅·正月》:“民之无辜,并其臣仆。”由此引申,可作为“自我的谦称”。然而先秦文献从《诗经》《尚书》到《荀子》《韩非子》都没有出现这个意义,古汉语方面的字典辞书如《康熙字典》《汉语大字典》《辞源》等于此义多举司马迁《报任安书》例,似此义汉代才产生。其实,这个意义在战国末期就产生了。《吕氏春秋·高义》:“道有杀人者,石渚追之,则其父也,还车而反,立于庭曰:'杀人者,僕之父也。'"这里的"僕"正是"对自己的谦称"。各种字典若举始见书,当以此为例。

闻　本义及古代的常用意义是"耳朵听到声音"。到战国末期,词义发生转移,由"耳朵听到"转为"鼻子嗅到"。① 这个意义《吕氏春秋》出现1次,《权勋》:"龚王驾而往视之,入幄中,闻酒臭而还。"同时代的《韩非子》《战国策》也有用例,《韩非子·内储说下·六微》:"王强问之,对曰:'顷尝言恶闻王臭。'王怒曰:'劓之。'"《战国策·楚策四》:"其似恶闻王之臭。"这说明战国末期,"闻"确实产生了"嗅到"的意义。此后这个意义用得逐渐多起来,《淮南子》《史记》都有用例。东汉郑玄在《诗经·大雅·文王》笺中说:"耳不闻声音,鼻不闻香臭。"像郑玄这样的大经学家在一句话中耳听用"闻",鼻嗅也用"闻",可见"闻"的"嗅到"义在东汉已经根深蒂固。从耳到鼻的转移,可用闻,也可用听。京东宝坻县一带,普通话说"闻一闻什么味",宝坻县则说"听一听什么味"。这说明意义相近的可以沿着相同的方向引申出相同的意义来。

抵　先秦为"抵触"义,《山海经·海外北经》:"相柳氏之所抵,厥为泽谿。"《荀子·非十二子》:"今所谓士仕者……触抵者也。"《说文》:"牴,触也。"段玉裁注:"亦作抵、觝。""牴""觝""抵"三字音同,实同一词。"抵"在战国末期引申出"抵偿"的意义,《吕氏春秋》出现4次。如:

《必己》:"宋桓司马有宝珠,抵罪出亡。"

《分职》:"若是则受赏者无德,而抵罪者无怨矣。"

---

① 《尚书·酒诰》"庶群自酒,腥闻在上"之"闻",多有争论,即使有"嗅"义,亦是孤证。姑且不论。

《直谏》:"臣宁抵罪于王,毋抵罪于先王。"

《韩非子》亦有此义,《内储说下》:"是将以济阳君抵罪于齐矣。"先秦其他文献均未见此义。另外,《吕氏春秋》还有"投靠、依归"之义,《无义》:"李言、续经与之俱如卫,抵公孙与。"这也是战国末期产生的新义。

招 《说文》:"招,手呼也。"意思是"用手招呼人"。战国末期产生一个新的引申义:箭靶(喻义为靶是招箭的)。《吕氏春秋》出现 4 次。如:

《本生》:"万人操弓,共射其一招,招无不中。"

《别类》:"射招者欲其中小也。"

《尽数》:"譬之若射者,射而不中,反修于招,何益于中?"

《战国策》有 1 例:

《楚策四》:"将加己乎十仞之上,以其类为招。"

先秦其他文献均无此义。

疑 《说文》:"疑,惑也。"义为"疑惑、猜疑"。战国末期引申出"似、相似"的意义,《吕氏春秋·疑似》:"疑似之迹,不可不察也。""疑似"是同义词连用。这个意义战国其他文献均未出现,而后代不乏用例,如庾信《舟中望月》:"山明疑是雪,岸白不关沙。"李白《观庐山瀑布》:"飞流直下三千尺,疑是银河落九天。"

天 本义是"头顶",引申指"最高处、最上端",即"天空"。这个引申义是《吕氏春秋》中的主要意义,《诗经》中已经出现这个意义,《唐风·绸缪》:"三星在天。"《吕氏春秋》中"天"还有一个意义:天气。《分职》:"卫灵公天寒凿池。"这个意义,《诗经》《左传》《论语》《孟子》《庄子》《荀子》等文献中均未见,当是战国末期产生的新义。

被 《说文》:"被,寝衣也,长一身有半。"许慎以为"被"的本义是"寝衣",是本于《论语》及孔注。《论语·乡党》:"必有寝衣,长一身有半。"孔注:"今之被也。"郑玄注则曰:"今之小卧被也。"许慎《说文》也说:"衾,大被也。"汉代"衾""被"似有细微区别,然浑言则不别。《诗经·召南·小星》:"抱衾与裯。"毛传:"衾,被也。"孔疏:"今名曰被,古名曰衾。"只是时代的差异而已:汉代称"被",先秦称"衾"。汉代"被"的"衾(被子)"义起于何时呢?"被"的本义是什么?先秦文献中"被"字出现频繁,但基本上是动词"披着、遭受"的意义。《左传》中有2例给我们以启示,《昭公十二年》:"雨雪,王皮冠、秦复陶、翠被、豹舄,执鞭以出。仆析父从。右尹子革夕,王见之,去冠、被,舍鞭,与之语。"此处的"被",绝不是卧具的被子,楚王下雪出门时着上,到了之后则脱掉。杨伯峻《春秋左传注》云:"被当读为帔,《释名·释衣服》:'帔,披也,披之肩背不及下也。'盖以翠毛为之,所以御风雪,若今之斗篷或清时妇女所着之披风。"杨先生的解释是正确的。不过,"被"与"帔"的关系,当是古今字的关系,"被"是古字,"帔"是今字。由此向不同方向引申,首先引申为动词,斗篷是披在肩上的,故引申出"披"的意义。由此再引申为"受",再引申为"遭受",这些意义在先秦文献中应用频率很高。这是一条引申路线。再者,披在肩上的斗篷,躺卧时即可盖在身上,其大小正好"一身有半",于是引申出"被子"的意义。这个意义《吕氏春秋》中出现1次,《节丧》:"含珠鳞施,玩好货宝,钟鼎壶滥,舆马衣被戈剑,不可胜其数。"此处是说厚葬者随葬之物,"被"应是"衾被"之"被"。《韩非子·内储说上》的一段文字可作佐证:"齐有好厚葬者,布帛尽于衣衾,材木尽于棺椁。"《吕氏春秋》的"衣被"正是《韩非子》的"衣衾","被"就是"衾"。此外,宋玉《招魂》亦有1

例:“翡翠珠被,烂齐光些。”王逸注:“被,衾也。”先秦其他文献“被”未见此义,此义盖产生于战国末期而常用于汉代以后。

细 《说文》:“细,微也。”本义当是“小”。此义先秦文献所在多有,既可指具体事物,也可用于抽象事物,其反面是“大”。由具体事物的“小”引申,则可指直径的“小”,其反面是“粗”。试比较:

《庄子·人间世》:“夫仰而视其细枝,则拳曲不可以为栋梁;俯而见其大根,则轴解而不可以为棺椁。”

《吕氏春秋·直谏》:“葆申束细荆五十,跪而加之于背,如此者再。”

《庄子》的“细枝”与“大根”相对,“细”主要还是指“小”。但“细枝”的“小”已含有“直径小”的意味,这大概正是“细”向“直径小(与粗相对)”的意义发展的过渡。《吕氏春秋》的“细荆”是用来抽打人的,而且五十根绑在一起,尽管还含有“小”的意味,但主要着眼点在“直径小(与粗相对)”上,这也就是后代“细(与粗相对)”的意义,这个意义当产生在战国后期,《墨子》1 见,《兼爱中》:“昔者楚灵王好细腰,故灵王之臣,皆以一饭为节。”《韩非子》1 见,《二柄》:“楚灵王好细腰而国中多饿人。”“细腰”自然指粗细而言,不是指大小而言。

讔 《说文》无此字,当为“隐语”义的后起专用字。“隐”义为“隐蔽、隐藏”,即话不明说,而用别的话暗示,后世称为廋语,类似近代的谜语。《韩非子》中有此义,出现 3 次,《喻老》:“右司马御座而与王隐曰。”《难三》:“管仲之射隐不得也。”《韩非子》中用“隐”不用“讔”。《吕氏春秋》用“讔”不用“隐”。(“讔”当是后起字,《吕氏春秋》中恐为后人所改。)《吕氏春秋》中“讔”出现 4 次,《重言》:“荆庄王立三年,不听而好讔。”又:“成公贾之讔也,贤于太宰嚭之说也。”又:“成公贾之讔,喻乎荆王,而荆国以霸。”又:“臣非敢谏也,愿与君王讔也。”前三例为名词,后一例为动词。先秦其他文献中“隐”无“隐语”义,当是战国末期产生的新义。

毙 《说文》:“獘(毙),顿仆也。”意思是“仆倒”。这是“毙”的本义。至于“毙”何时产生“死”义,过去讨论很多,一般认为先秦没有“死”义,至少是在汉代产生。其实,《吕氏春秋》中已有“毙”为“死”义的用例,《圜道》:“人之窍九,一有所居则八虚,八虚甚久则身毙。”高诱注:“毙,死也。”高诱的注是对的,这里的“毙”确是“死”的意义,不能再认为是“仆倒”,不能认为高诱是在用汉代的意义注古语。

我们从《吕氏春秋》所透露的信息,甚至可以认为《左传》中“毙”已有“死”的意义。《左传·僖公四年》:“与犬,犬毙;与小臣,小臣亦毙。”许慎《说文》引此例作“顿仆”义的注脚,不过以“獘”为正字,以“毙”为异体。一般人维护许慎的看法,甚至认为从死的“毙”是汉代“獘”产生“死”义以后才造的字,而后人改了《左传》的字形。这种看法恐怕是不妥当的。《吕氏春秋·上德》记载同一件事,是这样说的:“尝人,人死;食狗,狗死。”《吕氏春秋》用“死”来对译《左传》的“毙”,可见“毙”应是“死”义。至少可以说,《吕氏春秋》的作者认为“毙”是“死”的意义。《史记·晋世家》记载同样的事也说:“与犬,犬死;与小臣,小臣死。”春秋时代的史料,司马迁主要依据的是《左传》。看来,司马迁也认为“毙”是“死”的意义。无独有偶,为什么吕不韦和司马迁都用“死”来对译“毙”呢?可以肯定地说,战国末期“毙”已产生“死”义,甚至可以认为《左传》时代“毙”也已具有“死”的意义。

培 本义是“培土”,这也是常见义。由此义引申,可指“土垒起的墙”,多指“后墙”,《吕氏春秋·听言》:“某氏多货,其室培湿,守狗死,其势可穴也。”《淮南子》中也有用例,《齐俗》:“颜阖,鲁君欲相之而不肯,使人以币先焉,凿培而遁之。”许慎注:“培,屋后墙也。”字又作“阫”,《庄子·庚桑楚》:“正昼为盗,日中穴阫。”《释文》:“裴云:阫,墙也。”郭庆藩集释:“阫与培同。”《说文》无“阫”字,“阫”“培”同音,当即“培”字的后起字。字又作“备”,《淮南子·齐俗》:“则必有穿窬拊楗抽箕踰备之奸。”许慎注:“备,后垣也。”“备”“培”双声兼叠韵,均为並母之部,二字相通。此义当是战国末期产生的新义,《尚书》《诗经》《左传》《论语》《孟子》《墨子》《荀子》《韩非子》等文献中均无此义。

经 本义是“丝织物的纵线”。从此义引申出“经过”的意义,又引申为“时间上的经过”,《本味》:“求之其本,经旬未得。”《吕氏春秋》中出现2次,先秦其他古籍均未发现这个意义。

综上所述,战国后期不但产生了大量的新词,也产生了大量新的意义。这是适应时代发展的需要而产生的。这些新义有如下特点:(1)新义产生初期,应用范围还不广,使用频率还不高,如“被”“闻”等。(2)新义与旧义并存,形成多义。一般的引申如此,词义的转移也是如此。比如,“闻”由“耳听到”转移为“鼻嗅到”,两个意义同时并存。(3)一个词的新义与原来表示此义的词并存。比如,“屦”原义是“鞋”,“履”引申出“鞋”义以后,“屦”并没有一下子消失。二者并存时间,从发展过程来看,有的相当长,“履”到汉代才逐渐取代“屦”,成为常用词,“被”也是到汉代才逐渐取代“衾”而成为常用词,“闻”的“嗅到”义排斥掉“听到”义,恐怕就更晚了。(4)这个时期产生的新的意义,很多具有很强的生命力,一直沿用到后代。比如“细”为“粗”之对的意义,直到现代还在运用。(5)这些新义有不少具有较强的构词能力。

附带说一下,《吕氏春秋》中还有一些他书不见或少见的词义,比如:

染 常见的意义是"染色",为先秦古籍所多见。但《吕氏春秋》中有1例作"豉酱"解,《当务》:"于是具染而已。"高诱注:"染,豉酱也。"这一意义他书所未见。

丸 常见的意义是"弹丸",《左传·宣公二年》:"从台上弹人,而观其避丸也。"《吕氏春秋》中也有这个意义。其他古籍,《庄子》中有2例,《荀子》中有1例,都是指弹丸或供玩弄的圆形小球,《诗经》《论语》《墨子》《孟子》《韩非子》等都没有这个词。《吕氏春秋》中有1例,是"鸟卵"的意思,《本味》:"流沙之西,丹山之南,有凤之丸,沃民所食。"高诱注:"丸,古卵字也。"这一意义亦他书所未见。其意义来源大概也是引申,弹丸是圆形的,卵也是圆形的,通过这种相似联想,而引申出这一意义。

绳 《说文》:"绳,索也。"这是本义,也是常用义。木匠用墨绳取直,故而引申有"准绳、标准"的意义,再由合乎标准而引申出"称颂、赞誉"的意义。《吕氏春秋》中有这个意义,《古乐》:"周公旦乃作诗曰:'文王在上,於昭于天,周虽旧邦,其命维新。'以绳文王之德。"这个意义《左传》中有个别用例,《庄公十四年》:"蔡哀侯为莘故,绳息妫以语楚子。"其他先秦古籍则未见。《广雅·释诂》有"譝"字,大概是"绳"的后起区别字。

伍 《吕氏春秋》的同义词

词义是成系统的，词义系统很重要的方面是词与词之间的关系。词与词之间的关系，有所谓组合关系和聚合关系。组合关系指词和词的搭配关系，即词和词通过语义和语法规则组合成句子；聚合关系指可以出现在相同语法位置上，所表示的意义或概念有类属关系的词。同义关系和反义关系是两种特殊的聚合关系。词的同义聚合，一般称作同义词。我们下面也以同义词称之。

同义词的研究，在我国有着悠久的传统。在战国早期的古籍中就有对同义词的解释，如《左传·庄公三年》："凡师，一宿为舍，再宿为信，过信为次。""舍""信""次"都有"行军中宿止"的意思，但宿止的时间不同。《庄公·二十九年》："凡师，有钟鼓曰伐，无曰侵，轻曰袭。""伐""侵""袭"都有"对外用兵"的意思，正规的鸣钟击鼓的讨伐叫做"伐"，没有钟鼓的进攻叫做"侵"，偷偷摸摸的攻击叫做"袭"。《左传》的作者都做了很好的说明。《尔雅》一书，粗略地说，是一部同义词汇编，尤其是《释诂》，一组同义词放在一起用一个常用词去解释，少的两三个词一组，多的数十个词一组，如："绩、勋，功也。""弘、廓、宏、溥、介、纯、夏、幠、厖、坟、嘏、丕、弈、洪、诞、戎、骏、假、京、硕、濯、訏、宇、穹、壬、路、淫、甫、景、废、壮、冢、简、箌、昄、晊、将、业、席，大也。"《说文》中的互训、同训、递训，也有不少反映了古人对同义词的认识。如互训：似，像也；像，似也。同训：兴，起也；作，起也。递训：喉，咽也；咽，嗌也。[①] 古代注释家在古书的注解中也有很多对同义词的分析，郑玄在《周礼·廪人》注中说："行道曰粮，止居曰食。"高诱在《吕氏春秋·季秋》注中说："无财曰贫，鳏寡孤独曰穷，行而无资曰乏，居而无食曰绝。"清代学者如段玉裁、王念孙等人，在他们的著作如《说文解字注》《广雅疏证》中运用科学的方法，对同义词做了更为深入的分析和研究，提出很多精辟的见解。这些都为我们研究上古汉语同义词包括《吕氏春秋》同义词提供了很宝贵的借鉴，我们应该很好地继承它，充分地利用它。

一

研究同义词，首先要明确同义词的概念。什么是同义词？王力先生在《同源字论》中说，同源字有三种情况：(1) 实同一词，(2) 同义词，(3) 各种关系。对于同义词，王先生认为包括两种情况：一是完全同义，一是微别。王先生说："所谓同义，是说这个词的某一意义和那个词的某一意义相同，不是说这个词的所有意义和那个词的所有意义都相同。"[②]王先生这里说的是同源同义词，但可以总括所有同义词的情况。一，说某两个或几个词同义，不是说这两个或几个词的所有意义都相同，而是说它们有一个意义相同。如果它们除某一意义相同外，另一意义也相同，当然它们在这

① 同训、递训中有相当部分不同义，如同训：屦，履也；禮，履也。递训：侧，旁也；旁，溥也。这里"屦"与"禮"、"侧"与"溥"都绝对不能看作同义词。因为词大多是多义的，或用此义，或用彼义，用的不是同一意义。

② 《同源字典》，商务印书馆，1982 年，24 页。

一意义上也是同义词。二，王先生所说的完全同义，从他所举的例证来看，是指理性意义的核心意义完全相同，而非理性意义或理性意义的非核心意义不一定相同，也就是说，在范围、程度、色彩等方面可以不同。王先生所说的微别，是指理性意义的核心意义有些微的差别。王先生的意思很明确，研究同义词，是研究词的意义关系。具体点说，是研究词的同义聚合关系。这种关系是以义位为单位，不是以词为单位的。说这个词与那个词是同义词，是一种习惯的说法，严格地说，应该说这个词的某个意义与那个词的某个意义相同。王力先生对同义词的说明是完全正确的。我们对同义词的研究就是遵循王先生的意见去做的。

汉语词汇发展到战国末期，很多词都是多义词，《吕氏春秋》的情况也是如此，上文已经述及。一个词的几个意义可能与几个不同的词的相应的意义分别构成同义关系。比如：

在《吕氏春秋》中"造"有三个意义：①来到，②制造，③开始。分别与"至""制""始"构成同义词。

①来到　《士节》："令其友操剑奉笥而从，造於君庭。"
　　　　《序意》："赵襄子游於囿中，至於梁，马却不肯进。"

②制造　《安死》："为宫室、造宾阼也若都邑。"
　　　　《古乐》："次制十二筒，以之阮隃之下，听凤凰之鸣，以别十二律。"

③开始　《大乐》："万物所出，造於太一，化於阴阳。"
　　　　《季夏》："凉风始至。"

研究同义词，我们想再强调两点。一是必须在同一历史平面上进行，脱离同一历史平面就脱离了同义词研究的基础，因为不同时代的词汇系统是有差别的，是不同的，词与词之间的关系尤其是同义关系也是不同的。比如，在汉代“偷”和“窃”可以构成同义关系，它们都有“不经过别人允许暗中拿别人东西”的意思，但是在先秦“偷”不能与“窃”构成同义关系，因为在先秦“偷”是“苟且”的意思，没有“不经过别人允许暗中拿别人东西”的意思，即不能与“窃”构成同义关系。研究专书的同义词应该不存在这方面的问题，某一专书的词汇自然处于同一历史平面。二是必须在同一意义层面上进行，属概念与种概念不能相混，也就是说，不能认为某一个属概念与某一个种概念构成同义。比如“目”和“眼”，不属于同一意义层面，“目”属于属概念，“眼”属于种概念。戴侗《六书故》说：“眼，目中黑白也……合黑白与匡谓之目。”王筠《说文句读》说：“目者，有匡，有黑睛，有童子。”“眼”和“目”的分别是清楚的，“目”是总括，“眼眶、眼珠的总和”称“目”，“眼”的意义只是“眼珠”。在先秦“目”运用得很广泛，而“眼”只出现 5 次。在具体上下文中，“目”有时可以单指“眼眶”，也可以单指“眼珠”，比如《吕氏春秋·必己》：“孟贲瞋目而视船人，髮植、目裂、鬓指。”《知化》：“夫差乃取其身而流之江，抉其目，著之东门。”“目裂”的“目”是指“眼眶”，“抉其目”的“目”是指“眼珠”，不能说“目”有两个意义，一是眼眶，一是眼珠，那只是“目”在上下文中的所指，不是“目”的概括的词义。《说文》：“目，人眼也。”“眼，目也。”《说文》的互训，在先秦有很多都是同义词，但也有一部分不是，其原因主要是许慎用汉代的意义作说解，“眼”“目”就是一例，大概到了汉代“眼”产生了“目”的意义，“眼”和“目”可以构成同义词了。意义层面随着时代的发展在发生着变化。

基于以上认识，我们可以把同义词分成绝对同义词、完全同义词、近义词三类：

1. 绝对同义词，即两词的某一意义的理性意义和附加意义完全相同，任何情况下都可以互换。绝对同义词主要是一些名词，或是由方言进入通语，或是词义引申的结果。如“舟—船”，“舟”是关东方言，时代较早；“船”是关西方言，起于战国末期。在《吕氏春秋》中二词并存，在相同的语言环境中，二词都可以出现，而且意义完全相同。又如“疾—病”，“疾”是名词，指“疾病”；“病”是动词，义为“病情加重”。但“病”引申出名词“疾病”的意义时二者同义。在《吕氏春秋》中，二词出现在完全相同的语言环境中而意义不变。① 这些绝对同义词随着社会和词汇系统的发展，在不断地发生着变化，比如在汉代“船”出现的频率大大高于“舟”，再往后“船”就逐渐代替了“舟”，“舟”只出现在固定语词里。“疾”“病”逐渐发展成双音词“疾病”，这在《吕氏春秋》中已有所体现。到后代，口语中用“病”，书面语用“疾病”。

2. 完全同义词，即两词的某一意义的理性意义相同而某些附加意义不同。

3. 近义词，即两词的某一意义的理性意义的中心义素相同而某个限制性义素不同。

绝对同义词在语言中为数不多，它们在一种语言中只能短时间共存，随着社会和语言的发展及语言的内部机理的制约，或者淘汰其一，或者发生变化。因为大量绝对同义词的存在是违反语言的经济性原则的。同中有异的完全同义词和近义词是同义词的主体，是语言丰富和精密的标志，也是我们研究的主要对象。

---

① 这里暂不举例，例见下文。

二

我们考察《吕氏春秋》的同义词，共得到491组。

从同义词中各词的音节构成来看，可以有三种情况：

1. 单音词与单音词构成同义词。这类同义词占大多数，共有352组，约占总数的70%。这种情况与先秦汉语以单音词为主的情况是一致的。我们的讨论将以这种同义词为主。

2. 双音词与双音词构成同义词。这种情况又分为三个小类：

(1)各词的内部构成成分完全不同。如：

布衣—徒步—匹夫

《首时》："有从布衣而为天子者。"

《本生》："上为天子而不骄，下为匹夫而不惛。"

《有度》："夫以外胜内，匹夫、徒步不能行，又况乎人主？"

君子—良人

《贵生》："今世之君子，危身弃生以徇物。"

《序意》："朔之日，良人请问十二纪。"

革车—戎路

《贵直》："与吾得革车千乘也，不如闻行人烛过之一言。"

《孟秋》："天子居总章左个，乘戎路。"

"布衣""徒步""匹夫"三个词在"没有官职的平民"的意义上是相同的，但它们的来源不同。古时平民只能穿麻葛所织的布，不能穿丝帛，所以称平民为"布衣"。平民又只能步行，不得乘车，所以又以"徒步"称之。"匹夫"本为平民中的男子可匹配者，引申为平民百姓，与"布衣""徒步"构成同义词。

(2) 各词的内部构成成分部分相同，部分不同。如：

婴儿—儿子

《察今》："见人方引婴儿而欲投之江中，婴儿啼。"

《异宝》："今以百金与抟黍以示儿子，儿子必取抟黍矣。"

相国—宰相

《应言》："今赵兴兵而攻中山，相国将是之乎？"

《制乐》："宰相，所与治国家也。"

军旅—师旅

《至忠》："人之有功也於军旅，臣兄之有功也於车下。"

《季秋》："民气解堕，师旅必兴。"

"婴儿""儿子"都指"幼儿"，意义相同。"军旅""师旅"都指"军队"，"军""师""旅"都是"军队的编制单位"，所以可以两两结合而泛指"军队"。"相国""宰相"都指"辅助国君的最高行政长官"，两词相同的部分"相"，是主要部分。

(3) 各词的内部构成成分完全相同，只是排列次序不同，即所谓同素异序。如：

节俭—俭节

《节丧》："侈靡者以为荣，节俭者以为陋。"

《安死》："是故先王以俭节葬死也。"

听从—从听

《任数》："人臣以不争持位，以听从取容。"

《大乐》："故一也者制令，两也者从听。"

"节俭""俭节"都有"在财用上节省不浪费"的意义，"听从""从听"都有"自己处于被动地位服从别人"的意义，因此构成同义词。

还有的是构成成分交错相同。如：

知交—知友—交友

《节丧》:“野人之无闻者,忍亲戚兄弟知交以求利。”

《诬徒》:“出则慙于知友邑里。”

《安死》:“故孝子、忠臣、亲父、交友,不可不察于此也。”

这三个词的意义都是“好朋友”,构成一组同义词。

由于《吕氏春秋》中复音词大多数是专有名词,因此这类同义词不多。

3. 单音词和双音词构成同义词。如:

道—路—道路

《介立》:“东方有士焉,曰爰旌目,将有适也,而饿於道。”

《爱类》:“贤人之不远海内之路,而时往来乎王公之朝。”

《劝学》:“君子行於道路,其有父者可知也。”

“道”“路”“道路”在“道路”的意义上实质意义是相同的,不再有所谓容二轨、容三轨的区别(《周礼·遂人》:“浍上有道,川上有路。”郑玄注:“道容二轨,路容三轨。”),所以可以凝结成双音词“道路”,而这个双音词又与其构成成分的单音词构成同义词。

恐—惧—恐惧

《察微》:“鲁国皆恐。”

《论威》:“冉叔誓必死於田侯,而齐国皆惧。”

《重言》:“卿大夫恐惧,患之。”

疾—病—疾病

《制乐》:“无几何,疾乃止。”

《察今》:“病万变而药不变。”

《尽数》:“今世上卜筮祷祠,故疾病愈来。”

这种同义词还有:迁—徙—迁徙,身—体—身体,妇—女—妇女，简—慢—简慢，告—愬—告愬，等等。一般来说，由单音同义词并列而凝固成的双音词，几乎都可以和它们组成成分的单音词的相同意义构成同义词。

每组同义词聚合所包括的词（确切地说是义位）的多少不同，最少的是两个词，多则可达十几个。但是我们觉得，每组聚合包括的词数越多，它们同义的程度越低，也就是说，义位的核心意义完全重合的几率就越小。所以，每组聚合的词数不宜过多，有的分开会更合适些，如"视""观""瞻""览""望""窥"为一组，"见""睹"为一组，前者强调的是看的动作行为，后者强调的是看的结果，虽然在"看"的意义上同义。通过这样的分析，《吕氏春秋》同义词中每组聚合包括两个词的为数最多，共 280 组（只就单音同义词而言）。如：

宫—室　隄—防　器—械　零—落　覆—盖

拔—抽　铦—利　刚—坚　遥—远

每组包括三个词的其次，有 51 组。如：

门—户—扇　荆—棘—楚　更—革—改

哭—泣—啼　故—旧—陈　显—著—彰

每组包括四个词以上的较少，只 21 组。如：

之—如—往—适　舍—释—弃—遗

疾—急—速—捷　道—路—途—行—術

杀—弑—诛—贼—屠　瞻—览—观—视—窥

三

词是一个综合体，包含了语音、语义、语法三方面的因素。

因此从这三方面分析同义词的特点，才能有比较全面完整的认识。

(一) 语音分析(只限单音同义词)

同义词聚合中各词之间有很多具有音同音近的关系。王力先生在《同源字论》中认为同源词包括同义词和意义相关的词。而且说："音义皆近的同义词，在原始时代本属一词。后来由于各种原因(如方言影响)，语音分化了，但词义没有分化，或者只有细微的分别。这种同义词，在同源字中占很大的数量。"①如此看来，同义词中的同源词语音自然有相同或相近的特点。某些同义词中的非同源词，也具有语音相近的特点。

1.《吕氏春秋》同义词中两个词为一组的语音相同相近的情况，大致是：

(1)声韵皆相同或相近的有26组，其中声韵皆相同的3组，声相同韵相近的6组，声相近韵相同的3组，声韵皆相近的14组。

声韵皆相同的：

悟—寤(疑母双声、鱼部叠韵)

《论人》："故日杀僇而不止，以至于亡而不悟。"

《离俗》："惕然而寤，徒梦也。"

穫—獲(匣母双声、铎部叠韵)

《任地》："孟夏之昔，杀三叶而穫大麦。"

《贵当》："田猎之獲常过人矣。"

此类还有：陨—抎(匣母双声、文部叠韵)。

声相同韵相近的：

祸—害(匣母双声、歌月对转)

① 《同源字典》，商务印书馆，1982年，23页。

《制乐》:“妖者,祸之先者也。”

《先识》:“周鼎著饕餮,有首无身,食人未咽,害及其身。”

依—倚(影母双声、微歌旁转)

《权勋》:“车依辅,辅亦依车。”

《制乐》:“故祸兮福之所倚。”

此类还有:

喧—哗(晓母双声、元鱼通转) 佩—服(並母双声、之职对转)

欢—欣(晓母双声、元文旁转) 恭—敬(见母双声、鱼月通转)

声相近韵相同的:

性—情(心从旁纽、耕部叠韵)

《本生》:“人之性寿,物者扣之,故不得寿。”

《情欲》:“口之欲五味,情也。”

趋—走(清精旁纽、侯部叠韵)

《举难》:“救溺者濡,追逃者趋。”

《功名》:“大热在上,民清是走。”

这类还有:薄—迫(並帮旁纽、铎部叠韵)。

声韵皆相近的:

罢—免(並明旁纽、歌元对转)

《仲冬》:“可以罢官之无事者。”

《处方》:“杀之免之。”

故—旧(见群旁纽、鱼之旁转)

《去尤》:“邾之故法,为甲裳以帛。”

《怀宠》:“訾丑先王,排訾旧典。”

此类还有:

破—弊(滂並旁纽、歌月对转) 比—密(並明旁纽、脂质对转)

侵—袭(清邪旁纽、歌月对转)　旁—普(並滂旁纽、阳鱼对转)
皮—肤(並帮旁纽、歌鱼通转)　漂—浮(滂並旁纽、宵幽旁转)
昌—盛(穿禅旁纽、阳耕旁转)　交—友(见匣旁纽、宵之旁转)
道—理(定来旁纽、幽之旁转)　衔—衢(见群旁纽、支鱼旁转)
彰—著(端照准双声、阳鱼对转)起—兴(溪晓旁纽、之蒸对转)

(2)声母相同或相近的有54组,其中声母相同的31组,声母相近的23组。

声母相同的:

成—熟(禅母双声)

《仲夏》:"则草木零落,果实早成。"

《仲春》:"则阳气不胜,麦乃不熟。"

坚—刚(见母双声)

《举难》:"譬之若金与木,金虽柔,犹坚于木。"

《别类》:"金柔锡柔,合两柔则为刚。"

此类还有:

经—过(见母双声)　经—纪(见母双声)　纲—纪(见母双声)
洁—蠲(见母双声)　敬—谨(见母双声)　供—给(见母双声)
镜—鉴(见母双声)　哭—泣(溪母双声)　货—贿(晓母双声)
荣—华(匣母双声)　惶—惑(匣母双声)　逐—除(定母双声)
坠—堕(定母双声)　惮—悼(定母双声)　零—落(来母双声)
志—识(照母双声)　移—易(喻母双声)　孰—谁(禅母双声)
衰—杀(山母双声)　恣—纵(精母双声)　细—小(心母双声)
习—俗(邪母双声)　诽—谤(帮母双声)　背—反(帮母双声)
灭—亡(明母双声)　止—辍(照端准双声)　肃—杀(心山准双声)

声母相近的:

即—就（精从旁纽）

《爱士》："期吾骡者，请即刑焉。"

《应同》："均薪施火，火就燥。"

通—达（透定旁纽）

《分职》："人主之不通主道者则不然。"

《重己》："有慎之而反害之者，不达乎性命之情也。"

此类还有：

工—巧（见溪旁纽） 高—危（见疑旁纽） 惊—骇（见匣旁纽）
君—后（见匣旁纽） 器—械（溪匣旁纽） 禽—获（群匣旁纽）
昏—惑（晓匣旁纽） 追—逐（端定旁纽） 舟—船（照神旁纽）
种—殖（照禅旁纽） 充—实（穿神旁纽） 热—暑（日审旁纽）
遗—失（喻审旁纽） 异—殊（喻禅旁纽） 积—聚（精从旁纽）
祭—祀（精心旁纽） 薦—羞（精心旁纽） 疾—速（从心旁纽）
背—叛（帮並旁纽） 反—覆（帮滂旁纽） 偾—踣（帮並旁纽）

（3）韵相同或相近的有66组，其中韵相同的26组，韵相近的40组，如：

韵相同的：

简—慢（元部叠韵）

《行论》："人主之患，在先事而简人。"

《孝行》："敬其亲，不敢慢人。"

苟—偷（侯部叠韵）

《不苟》："虽贵不苟为。"

《义赏》："虽今偷可，后将无复。"

此类还有：

餘—绪（鱼部叠韵） 疏—麤（鱼部叠韵） 仇—雠（幽部叠韵）

忧—愁(幽部叠韵)　悲—哀(微部叠韵)　阶—陛(脂部叠韵)

勉—劝(元部叠韵)　反—还(元部叠韵)　简—选(元部叠韵)

患—难(元部叠韵)　荐—献(元部叠韵)　完—全(元部叠韵)

阐—显(元部叠韵)　颈—领(耕部叠韵)　命—令(耕部叠韵)

登—升(蒸部叠韵)　丧—亡(阳部叠韵)　伤—创(阳部叠韵)

当—亢(阳部叠韵)　芳—香(阳部叠韵)　厌—赡(谈部叠韵)

刺—击(锡部叠韵)　杀—祭(月部叠韵)　灭—绝(月部叠韵)

韵相近的：

罢—倦(歌元对转)

《适威》："骤战则民罢，骤胜则主骄。"

《顺说》："役人不倦，而取道甚速。"

诵—读(东屋对转)

《重言》："工诵之，士称之。"

《察传》："有读史记者曰。"

遭—遇(幽侯旁转)

《诚廉》："遭乎治世，不避其任。"

《慎势》："贤士制之，以遇乱世，王犹尚少。"

束—缚(屋铎旁转)

《悔过》："过天子之诚，宜橐甲束兵。"

《用民》："自缚其主而与文王。"

此类还有：

备—恢(职之对转)　意—志(职之对转)　朋—友(蒸之对转)

克—胜(职蒸对转)　商—贾(阳鱼对转)　广—博(阳铎对转)

步—行(铎阳对转)　狱—讼(屋东对转)　树—木(侯屋对转)

报—告(幽觉对转)　身—体(真脂对转)　过—绝(歌月对转)

离—别(歌月对转) 离—散(歌元对转) 变—化(元歌对转)
折—断(月元对转) 恃—怙(之鱼旁转) 妇—女(之鱼旁转)
齿—牙(之鱼旁转) 保—持(幽之旁转) 留—止(幽之旁转)
伺—候(之侯旁转) 府—库(侯鱼旁转) 俘—虏(幽鱼旁转)
头—首(侯幽旁转) 教—导(宵幽旁转) 违—离(微歌旁转)
声—响(耕阳旁转) 清—凉(耕阳旁转) 重—更(东阳旁转)
讽—诵(冬东旁转) 温—暖(文元旁转) 谨—慎(文真旁转)
扑—击(屋锡旁转) 窦—窌(屋觉旁转)

2. 三个词及三个词以上为一组的情况比较复杂些,大致可以分为这样三种情况:

(1) 三个词或四个词为一组,三个词或四个词之间语音均相同或相近的有9组。如:

更—改—革(见母双声,"改""革"之职对转)

《开春》:"请弛期更日。"

《贵信》:"且二君将改图,毋或进者。"

《为欲》:"三王不能革,不能革而功成者,顺其天也。"

分—别—辨(帮並旁纽,"别""辨"月元对转,"分""辨"文元旁转)

《听言》:"三代分善不善,故王。"

《古乐》:"听凤凰之鸣,以别十二律。"

《异用》:"故孔子以六尺之杖,谕贵贱之等,辨疏亲之义。"

此类还有:

诛—屠—戮(端定来旁纽,"诛""屠"侯鱼旁转)

徼—要—求(宵幽旁转,"徼""求"见群旁纽)

飢—饿—馁(脂歌微旁转,"飢""饿"见疑旁纽)

幼—少—孩(幽宵之旁转)

汝(女)—而—尔(日母双声,"汝""而"鱼之旁转)

毁—坏—隳—堕(微歌旁转,晓匣旁纽)

思—虑—图—谋(之鱼旁转,"思""谋"之部叠韵,"虑""图"鱼部叠韵、来定旁纽)

(2)三个词或三个词以上为一组的,两两之间语音相同相近的有23组。如:

迁—徙—移("迁""徙"清心旁纽,"迁""移"元歌对转)

《明理》:"有社迁处。"

《召类》:"南家,工人也,为鞔者也,吾将徙之。"

《有始》:"极星与天俱游,而天枢不移。"

吾—我—予—余("吾""我"疑母双声,"予""余"喻母双声,"吾""予""余"鱼部叠韵)

《知分》:"子变子言,则齐国吾与子共之。"

《贵生》:"我适有幽忧之病,方将治之。"

《赞能》:"夷吾佐予。"

《审己》:"余不听豫之言,以罹此难也。"

此类还有:

旦—朝—晨("旦""朝"端母双声,"旦""晨"元文旁转)

枉—曲—骫("枉""骫"影母双声,"枉""曲"阳鱼对转)

隄—防—障("隄""障"端照准双声,"防""障"阳部叠韵)

土—地—壤("土""地"透定旁纽,"土""壤"鱼阳对转)

沟—洫—渎("沟""洫"见晓旁纽,"沟""渎"侯屋对转)

腐—朽—败("腐""败"並母双声,"腐""朽"侯幽旁转)

众—多—庶("众""多"照端准双声,"众""庶"照审旁纽)

分—散—裂（“散”“裂”元月对转，“分”“散”文元旁转）

尽—竭—殚（“竭”“殚”月元对转，“尽”“竭”真元旁转）

耻—辱—丑—戮（“耻”“丑”“戮”透来旁纽，“丑”“戮”幽觉对转，“耻”“丑”之幽旁转）

诈—诬—欺—伪（“诈”“诬”铎鱼对转，“诬”“欺”鱼之旁转，“欺”“伪”溪疑旁纽）

道—路—涂—行（“道”“路”“涂”定来旁纽，“道”“涂”幽鱼旁转，“涂”“路”“行”鱼铎阳对转）

门—户—阖—扇（“户”“阖”匣母双声，“门”“扇”文元旁转）

种—树—艺—殖（“种”“树”“殖”照禅旁纽，“种”“树”东侯对转）

之—适—如—往（“之”“适”“如”照审日旁纽，“如”“往”鱼阳对转）

举—皆—咸—毕—悉（“举”“皆”“咸”见匣旁纽，“毕”“悉”质部叠韵）

坟—墓—丘—垄—冢（“坟”“墓”並明旁纽，“垄”“冢”来端旁纽、东部叠韵）

宫—室—房—舍（“室”“舍”审母双声，“舍”“房”鱼阳对转，“宫”“房”东阳旁转）

封—疆—境—边—鄙（“封”“边”“鄙”帮母双声，“疆”“境”见母双声、阳部叠韵，“封”“疆”“境”东阳旁转）

是—时—斯—此—以—兹（“是”“时”“以”禅喻旁纽，“斯”“此”“兹”心清精旁纽，“是”“时”“斯”“此”支部叠韵，“以”“兹”之部叠韵）

视—观—窥—瞻—览（“观”“窥”见溪晓旁纽，“瞻”“览”谈部叠

韵）

（3）三个词及三个词以上为一组的，两个词之间语音相同或相近的有14组。如：

争—证—谏（“争”“证”庄母双声，耕部叠韵）

《功名》：“关龙逢、王子比干能以要领之死争其上之过，而不能与之贤名。”

《知士》：“士尉以证靖郭君，靖郭君不听。”

《过理》：“赵盾骤谏而不听。”

舍—释—弃（“舍”“释”审母双声，鱼铎对转）

《具备》：“渔为得也，今子得而舍之，何也？”

《长见》：“窃观公之意，视释天下若释屣，今去西河而泣，何也？”

《顺民》：“则孤将弃国家，释群臣。”

此类还有：

盈—溢—满（“盈”“溢”喻母双声、耕锡对转）

治—理—经（“治”“理”定来旁纽、之部叠韵）

焦—燥—干（“焦”“燥”精心旁纽、宵部叠韵）

兴—起—作（“兴”“起”晓溪旁纽、蒸之对转）

振—拯—救（“振”“拯”照母双声）

安—宁—静（“宁”“静”耕部叠韵）

夕—暮—昏（“夕”“暮”铎部叠韵）

荆—棘—楚（“荆”“棘”见母双声）

似—像—类（“似”“像”邪母双声）

山—丘—陵（“丘”“陵”之蒸对转）

磨—厉—砥（“磨”“厉”歌月对转）

睹—见—察(“见”“察”元月对转)

(二) 语义分析

汉语发展到战国时期,已经具有悠久的历史,词义在长期的发展演变过程中,旧的词义在衰亡,新的词义在不断地产生,因此同义词也在不断地重新组合,本来同义的词变得可能不同义了。如:

路—行 “路”的本义是“道路”,《说文》:“路,道也。”《吕氏春秋》中出现11次,《爱类》:“贤人之不远海内之路,而时往来乎王公之朝。”“行”的本义也是“道路”,甲骨文作“䢷”,象四通的道路之形。《尔雅·释宫》:“行,道也。”这个意义,在西周时期是常用义,《诗经》的早期诗篇中多次出现这个词,《雅》出现5次,《周颂》1次,《国风》中的早期作品如《七月》等篇出现4次。“女执懿筐,遵彼微行。”毛传:“微行,墙下径也。”孔颖达疏:“行,训为道也。”“微行”就是“小路”。这时,“行”和“路”是同义词。但是到了战国末期,“行”的常用义已经发展为“行走”,《说文》:“行,人之步趋也。”正说明这种变化。《吕氏春秋》中出现50多次,而“行”的“道路”义只出现1次,《下贤》:“桃李之垂于行者,莫之或援。”这种情况说明,在战国末期,在实际语言中,“行”与“路”已经不能再作为同义词了,它们在当时作为同义词只是一种存古。

这种情况告诉我们,在进行共时词汇语义研究的时候,必须注意历时的发展,必须注意识别相对于当时的古汉语成分。另外,我们也要注意这样一种情况,一个新的意义产生以后,当它还没有成为常用意义的时候,旧的词义还会存在,有时候还会存在一个相当长的时期,而该词新的词义可能与另外本来不同义的词,变成同义了。如:

闻—嗅 “闻”的本义是“听见”,即“用耳朵感知声音”,《说文》:“闻,知声也。”引申为“用鼻子感知气味”,《吕氏春秋·权勋》:“龚王驾而往视之,入幄中,闻酒臭而还。”此义《吕氏春秋》只出现这 1 次,“听到”的意义还是主要的,出现 201 次之多。《韩非子》的情况与《吕氏春秋》相近。大概到了汉末,“闻”新产生的这个意义才与原有的意义平起平坐。郑玄在《诗经·文王》笺中两义并用,他说:“耳不闻声音,鼻不闻香臭。”“闻”新产生的“用鼻子感知气味”的意义,在《吕氏春秋》中已与“嗅”成为同义词,《适音》:“鼻之情欲芬香,心弗乐,芬香在前弗嗅。”

《吕氏春秋》同义词所同意义之间的关系,大致可以分成这样三种情况:

1. 本义与本义相同构成同义词。

《吕氏春秋》中本义相同构成同义词的有 74 组。如:

墙—垣 《说文》:“墙,垣蔽也。”“垣,墙也。”“垣”“墙”本义相同,都是“墙”的意思。《召类》:“南家之墙犨于前而不直。”《知接》:“有一妇人踰垣入。”有时“墙垣”连用,《孟秋》:“修宫室,坿墙垣。”“墙”“垣”浑言没有分别,析言则不完全相同。段玉裁“垣”下注云:“此云垣者墙也,浑言之,墙下曰垣蔽也,析言之。垣蔽者,墙又为垣之蔽也。垣自其大言之,墙自其高言之。”这是说,垣一般要矮于墙。

拔—抽 《说文》:“拔,擢也。”“抽,引也。”《方言》卷三:“揠、擢、拂、戎,拔也。自关而西或曰拔,或曰擢。”它们的本义都是“把东西从里边比较快地拽出来”。《疑似》:“丈人望其真子,拔剑而刺之。”《贵信》:“庄公左搏桓公,右抽剑以自承。”

积—聚 《说文》:“积,聚也。”“聚,会也。”段玉裁“积”字注:“禾与粟皆得称积,引申为凡聚之称。”“聚”字注:“积以物言,聚以人言，其义通也。”它们的本义都是“积聚”，段氏是就字形而言。《适威》：“民之走之也，若决积水于千仞之谿。”《孟春》：“无聚大众，无置城郭。”

谨—慎 《说文》：“谨，慎也。”“慎，谨也。”二字互训，都是“谨慎、小心”的意义。《行论》：“此弊邑之择人不谨也。”《义赏》：“故赏罚之所加，不可不慎。”

远—遥 《说文》：“远，辽也。”《方言》卷六：“遥、广，远也。梁楚曰遥。”它们的本义相同，都是“距离远”的意义。《贵直》：“及战，且远立。”《长攻》：“其妻遥闻之状，磨笄以自刺。”然而它们的使用情况很不相同。“远”各书出现频率都非常高，《诗经》36次，《论语》26次，《孟子》19次，《庄子》31次，《荀子》75次，《吕氏春秋》74次，《韩非子》80次，《淮南子》有上百次。但“遥”在《诗经》《论语》《孟子》等书中都没有出现，《庄子》《荀子》《吕氏春秋》只各出现1次，《左传》以叠音形式出现1次，义为“远貌”，《韩非子》《淮南子》没有出现（《淮南子》3次用于联绵词“逍遥”，与《说文》新附同）。《尔雅》《说文》也没有“遥”。这说明，“遥”产生于战国末期，但一直到西汉前期也没有广泛应用，《方言》认为是梁楚方言词，但多记载楚语的《淮南子》也没有出现这个意义。

这类本义相同的同义词，《说文》多采用互训的方式。如：

亡，逃也；逃，亡也。 讽，诵也；诵，讽也。

寄，讬也；讬，寄也。 追，逐也；逐，追也。

愧，惭也；惭，愧也。 邦，国也；国，邦也。

创，伤也；伤，创也。 束，缚也；缚，束也。

舟，船也；船，舟也。 飢，饿也；饿，飢也。

这种互训都是所谓浑言，只讲其相同的方面，不讲其相异的部分。还有一些《说文》采用析言的办法。如：

帷，在旁曰帷；幕，帷在上曰幕。驱，马驰也；驰，大驱也。

这种析言的办法，对我们了解同义词的差别是很有用处的。

2. 本义与引申义相同构成同义词。

两个词的本义本不相同，由于词义引申，其中一个词产生了新的意义，这个意义与另一个词的本义相同了，构成一组同义词。这种同义词在《吕氏春秋》中有108组。如：

涕—泣 这两个词的本义不同，"涕"的本义是"眼泪"，《诗经·陈风·泽陂》："涕泗滂沱。"毛传："自目曰涕。"《说文》："涕，泣也。"段玉裁注："泣也二字，当作目液也三字，转写之误也。毛传皆云自目出曰涕。"段玉裁是在讲"泣"的本义，然而《说文》的解释，并非字误，而是用汉代的意义去解释了。"泣"的本义是"无声或小声哭"。《说文》："无声出涕曰泣。"这两个词的本义《吕氏春秋》都有，《行论》："文王流涕而咨之。"《知士》："宣王自迎靖郭君于郊，望之而泣。"但不构成同义词。由于词义引申，"泣"产生了"眼泪"的意义，《长见》："吴起抿泣而应之。"这样"泣"的引申义与"涕"的本义构成一组同义词。

屦—履 "屦"的本义是"鞋"，"履"的本义是"踩、践踏"。《至忠》："文挚至，不解屦登床，履王衣。"不能构成同义词。由于词义的引申，"履"产生了"鞋"的意义，《方言》卷四："屝、屦、麤，履也。徐兖之郊谓之屝，自关而西谓之屦……履，其通语也。"《说文》："履，足所依也。"这正是用当时的意义去解释的，段玉裁《说文解字注》说："《易》、《诗》、三《礼》、《春秋传》、《孟子》皆言屦，不言履，周末诸子汉人书乃言履。《诗》《易》凡三履，皆谓践也。然则履本训践，后以为屦名，古今语异耳。""履"产生"鞋（足所依）"的意义，是在战国末期,《吕氏春秋》及《韩非子》的情况说明了这种演变。《吕氏春秋》中“履”作“鞋”的意义,出现 5 次,《韩非子》也出现 5 次。“屦”作“鞋”的意义,《韩非子》出现 4 次,《吕氏春秋》出现 1 次。这说明,“履”作“鞋”的意义,在战国末期一出现,就很快得到承认,取得了与“屦”至少是平起平坐的地位。汉初的《淮南子》“履”用于“鞋”的意义有 9 次,而“屦”用于“鞋”的意义仅 1 次。《淮南子》的情况说明,汉初“履”作为“鞋”讲已成为常用意义。扬雄说关西谓之屦,写于关西咸阳的《吕氏春秋》“屦”只出现 1 次,跟写于楚地的《淮南子》同样少,大概不是方言的原因。

过—经 “过”的本义是“经过”,《说文》:“过,度也。”《吕氏春秋》中有用例,《期贤》:“魏文侯过段干木之闾而轼之。”“经”的本义是“织物的纵丝”,与“纬”相对,《说文》:“经,织从丝也。”二者本不同义,不是同义词。不过,“经”引申有“经过”的意义,《召类》:“西家高,吾家庳,潦之经吾家也利。”这样“经”的这个引申义与“过”的本义构成一组同义词。这组同义词的构成大概在战国末期了。《诗经》《左传》《论语》《孟子》《荀子》《韩非子》等先秦古籍中均未发现“经”有“经过”的意义。

树—木 这两个词原本一个是动词,一个是名词。“树”是动词,本义是“种植”,《任地》:“苦菜死而资生,而树麻与菽。”“木”是名词,本义是“树木”,《遇合》:“比翼之鸟死乎木。”大约在战国初期,“树”引申为名词,表示“树木”之义。春秋以前的典籍如《诗经》等均没有用例。《左传》始见,共 5 例,《昭公二年》:“宿敢不封殖此树。”《吕氏春秋》中“树”用作名词“树木”义共 15 次,《慎人》:“夫子逐于鲁,削迹于卫,伐树于宋,穷于陈蔡。”而且显示了很强的构词能力,可以受形容词修饰,形成“大树”的结构,《孟夏》:“无伐大树。"可以受动词的修饰,形成"活树"的结构,《至忠》:"而日伐其根,则必无活树矣。"还可以用小名修饰,形成"梧树"的结构,《去宥》:"其邻之父言梧树之不善也,邻人遽伐之。"另外还出现5次"树木"连文的形式,《怀宠》:"不伐树木。""树"的引申义"树木"与"木"的本义构成同义词。不过,它们的使用频率还是不一样的,《吕氏春秋》"树"的"树木"义出现15次,"木"的"树木"义出现36次。用作名词,"木"是"树"的两倍还多,这反映了战国末期这两个词使用的实际情况。

铦—利　在"锋利、锐利"的意义上,这两个词同义,《简选》:"王子庆忌、陈年犹欲剑之利也。"《论威》:"虽有险阻要塞、铦兵利械,心无敢据,意无敢处。"但是它们的本义不同。"铦"的本义是"一种农具",《说文》:"铦,臿属。"因为这种农具很锋利,所以引申出"锋利"的意义,与"利"的本义构成同义词。《说文》用"铦"释"利","铦"正是用的"锋利"的引申义。"铦"的"锋利"义在《吕氏春秋》中单用仅1次,而"利"9次。"铦利"连文2次,《简选》:"简选精良,兵械铦利。"战国末期以前的古籍如《诗经》《左传》《论语》《孟子》等均没有出现"铦"这个词,《韩非子》出现2次,都是用的本义"一种农具"。《战国策》出现2次,是"锋利"的意义。这说明,战国末期"利"是"锋利"义的常用词,"铦"的"锋利"义没有普遍应用。这种局面一直延续到后代,《淮南子》中只"铦利"连文出现1次。

3. 引申义与引申义相同构成同义词。

词义经过引申,引申义与引申义相同,从而构成一组同义词。如:

兵—卒　这两个词的本义不同,一个指人,一个指物。"兵"的本义是"武器",《说文》:"兵,械也。""卒"的本义是"奴隶",《说文》:"隶人给事者为卒。"但是,这两个词都引申出"士兵、士卒"的意义。段玉裁说:“器曰兵,用器之人亦曰兵。”《用众》:“兵士已修用矣。”《决胜》:“军大卒多而不能鬥。”这样,“兵”和“卒”就构成一组同义词。这组同义词在春秋战国之交就已经形成了。《左传·襄公元年》:“败其徒兵于洧上。”《隐公元年》:“具卒乘。”

等—级 这两个词的本义不同,《说文》:“等,齐简也。”所谓齐简,就是把简册叠整齐。这是“等”的本义。《说文》:“级,丝次弟也。”“级”的本义是“丝的次第”。这两个意义,“等”“级”不能构成同义词。通过引申,“等”“级”都产生了“等级”的意义,既指“台阶的等级”,如《召类》:“土阶三等,以见节俭。”《安死》:“孔子径庭而趋,历级而上。”又指“官爵、富贵的等级”,如《诚廉》:“加富三等,就官一列。”《怀宠》:“皆益其禄,加其级。”这两个词至少在战国初期就已经形成同义词了。《左传》《论语》中“等”“级”的上述引申义均已出现。《左传·僖公二十三年》:“公降一级而辞焉。”《论语》:“出,降一等。”此指“台阶的等级”。《左传·僖公九年》:“加劳赐一级。”《成公二年》:“降于卿礼一等。”此指“官爵礼仪的等级”。“等”“级”二词自形成同义词后经常连用,《吕氏春秋》出现 3 次,《季夏》:“以为旗章,以别贵贱等级之度。”甚至可以认为它们已经形成双音词。

经—理—治 这三个词本义不同,“经”是“织物的纵线”,“理”是“整治玉石”,“治”是“治理洪水”。但它们都引申有“治理”的意义,尤其是经常用于治理国家、天下,如《求人》:“终身无经天下之色。”《长利》:“尧理天下,吾子立为诸侯。”《贵公》:“伯禽将行,问所以治鲁。”于是这三个词形成一组同义词。不过这组同义词在春秋以前就形成了,《诗经》就有用例。在《吕氏春秋》中这三个词的运用频率很不均衡,“经”只出现 1 次,“理”出现 3 次,“治”出现 103

次。这说明,“治”是“治理”义的常用词,而“经”用得比较少。后世也是如此。另外,“治”和“理”又在“治理得好、太平”的意义上构成同义词,如《先己》:“昔者,先圣王成其身而天下成,治其身而天下治。”《劝学》:“圣人之所在,则天下理焉。”“经”没有这个意义。

信—真　这两个词的本义不同,“信”的本义是“言语真实、诚实”,《说文》:“信,诚也。”“真”的本义当是“本性、实质”,《说文》:“真,仙人变形而登天也。”并非其本义。这两个词都引申为副词,义为“确实、的确”,形成一组同义词。如《爱类》:“闻大王将攻宋,信有之乎?”《去宥》:“此真大有所宥也。”“真”字是战国末期才出现的,十三经中没有“真”字,《庄子》《荀子》《韩非子》《吕氏春秋》中始有此字。

一组词,只要在一个意义上相同就可以构成同义词,有时候它们不止一个意义相同,可能两个意义或三个意义相同,那么在这些相同的意义上又构成同义词。如:

终—卒　这两个词在“终了、最终”的意义上是相同的,构成同义词。《音律》:“数将幾终,岁且更始。”《审己》:“虽当,与不知同,其卒必困。”同时,它们又都有“死”的意义,又构成同义词。《制乐》:“凡文王立国五十一年而终。”《察微》:“昭公惧,遂出奔齐,卒于乾侯。”

(三)语法分析

《吕氏春秋》的同义词有名词、动词、形容词、代词、副词、数词等。动词最多,共176组;其次是名词,共91组;再次是形容词,共71组;代词、副词、数词数量都不多。它们是:

名词

宫—室 商—贾 城—郭 宾—客 朋—友 身—体 树—木

牙—齿 颈—领 声—响 头—首 妇—女 俘—虏 器—械
镜—鉴 货—贿 纲—纪 殃—灾 苑—囿 道—路 侧—旁
幼—少 刑—罚 丘—陵 言—辞 门—闾 雷—霆 禾—稼
鹰—隼 过—非 年—岁 灾—祸 伤—创 墙—垣 容—貌
舟—船 谿—谷 髊—骼 都—邑 窦—窌 边—境 隄—防
路—涂 气—息 棺—椁 尘—俗 等—级 粮—食 骨—骸
房—室 瓜—瓠 屦—履 心—意 肌—肉 泣—涕 仆—御
薪—柴 故—事 兵—卒 仇—雠 徵—表 患—难 赋—敛
官—吏 处—所 绪—餘 珠—玑 鼎—镬 盗—贼 斧—钺
尘—土 田—地 声—音 雄—男 阶—陛 轩—辇 风—俗
饭—食 疾—病 国—都—邑 仓—廪—囷 旦—朝—晨
夕—昏—暮 封—疆—鄙 荆—棘—楚 皮—肤—革
雌—牝—女 仓—府—库 车—辂—辇 门—户—扇—阖
丘—垄—坟—墓 道—路—途—行—術

动词

守—奉 掩—霾 饭—食 悼—惮 反—覆 共—给 变—化
重—贰 求—索 还—反 疾—病 拯—救 存—在 灭—绝
退—却 背—叛 尽—央 尊—敬 惭—愧 怨—尤 败—废
卜—筮 违—离 愠—怒 被—衣 丑—恶 调—均 登—升
弹—奏 荐—羞 焚—烧 成—熟 零—落 赏—赐 荐—献
观—察 及—逮 鬻—卖 振—救 察—审 诈—诬 禁—止
谈—说 分—散 见—睹 等—钧 违—去 迎—逆 残—贼
别—辨 离—散 败—北 哀—怜 按—抑 生—活 赐—与
赞—誉 分—别 追—逐 懈—怠 贼—害 审—谨 覆—盖
拔—抽 识—知 惜—爱 继—绍 畜—养 污—漫 造—至

说—解 教—诲 克—胜 贸—易 请—谒 逾—越 截—断

刺—击 使—令 过—失 制—造 灭—亡 赋—敛 怨—望

遂—成 骄—骜 依—据 改—变 旱—涸 亏—损 简—慢

废—熄 造—始 劝—勉 愈—贤 亡—失 激—厉 即—就

辞—让 斃—偾 说—喜 当—亢 熟—审 面—乡 止—留

寄—托 报—告 俯—低 舍—赦 鞭—笞 惊—骇 蓄—积

祭—祀 竞—争 交—接 连—属 盟—誓 盗—窃 牵—引

篡—夺 生—产 愉—快 偕—俱 积—聚 匮—乏 田—猎

违—逆 逃—遁 憎—恶 枯—槁 扃—闭 已—瘳

賈(抎)—坠 敲(搋)—款 接—合—交 践—蹈—履

饥—饿—馁 如—若—而 穿—掘—扫 祈—求—要

更—革—改 证—谏—诤 哭—泣—啼 满—盈—溢

疑—似—类 更—变—易 经—理—治 起—兴—举

涉—度—济 矜—伐—夸 责—让—诮 拂—振—摇

折—断—绝 蒙—冒—覆 伐—侵—袭 征—讨—伐

营—惑—昏 迁—徙—移 眺—望—睎 兴—起—作

磨—砥—厉 毁—坏—隳 缴—要—求 饭—餧—食

隐—蔽—藏—匿 之—如—往—适 休—止—辍—息

畏—惧—恐—惕 种—树—艺—殖 死—卒—薨—没

思—虑—图—谋 舍—释—弃—遗 疑—似—像—类

诈—欺—诬—伪 瞻—览—观—视—窥

杀—弑—诛—贼—屠—祭—戮—斩

形容词

肥—厚 长—久 竭—尽 移—易 威—严 迟—缓 异—殊

巧—辩 长—高 谨—慎 和—调 枉—橈 温—暖 悲—哀

固—闭 通—达 诚—必 广—大 铦—利 隐—微 严—重

美—好 盛—大 丑—辱 耻—辱 漫—污 广—阔 危—殆

工—巧 高—危 复—厚 殊—异 便—利 众—多 空—虚

敏—捷 庳—下 密—比 细—小 卑—贱 尊—贵 苟—偷

遥—远 困—厄 疏—远 愈—贤 完—全 希—少 亏—缺

刚—坚 寡—少 恒—常 丑—恶 孤—独 普—遍 悖—乱

倒—逆 备—恢 赡—厌—满 故—旧—陈 显—著—彰

偏—颇—党 阐—显—彰 枉—曲—骫 众—多—庶

腐—朽—败 尽—竭—殚 焦—燥—干 幼—少—孩

疾—急—速—捷 宁—定—安—静

副词

亲—躬 毕—单 愈—益 殚—竭 殆—恐 更—革

举—皆—咸—毕—悉—尽—偏

代词

谁—孰 安—焉 汝—尔—而 吾—我—余—予

是—时—斯—此—以—兹

数词

二—再

连词

如—若—即

我们认为，构成同义词的一组词，词性必须是相同的。如果词性不同，意义必然有较大的差别，词义至多只能相关而不能相同，不可能构成同义词。比如："卑"，意义是"卑贱"，形容词；"婢"，意义是"卑贱的妇女"，名词。二词意义相关而词性不同，"婢"是由"卑"孳生来的，是同源词，不是同义词。词性相同是构成同义词的一个基本条件。

对于同义词,有时要在组合关系中去分析。有些同义词在相同的语言环境中,可以互换。比如,“举”“起”“兴”都有“发动”的意义,后边都可以带宾语“兵”,《报更》:“疾举兵救之。”《季夏》:“不可以起兵动众。”《爱士》:“赵兴兵而攻翟。”这里“举兵”“起兵”“兴兵”意义是相同的,“举”“起”“兴”三个词的用法也是相同的,可以互换。又如,“疾”“病”在表示“疾病”的意义时,二者也是相同的。《贵公》和《知接》都记载了管仲患病时齐桓公去看望他并询问他谁可以做他的继任人的故事,《贵公》说“管仲有病,桓公往问之”,而《知接》则说“管仲有疾,桓公往问之”。这里“病”和“疾”也是可以互换的。但是,绝不能说同义词是必须能够互换的,绝不能把互换作为确定同义词的一个条件。很多同义词虽某一实质意义相同,但还存在着感情色彩、词义程度、应用范围等方面的差异,因而不能任意互换。比如,“拯”“救”都有“免人于危难”的意义,但由于它们的应用范围不同,有时是不能互换的。《劝学》:“是拯溺而硾之以石也,是救病而饮之以堇也。”这里的“拯”和“救”就不能互换。“拯”后的宾语一般是“溺”“溺者”,而“救”后的宾语常是表示灾难的词语。有时候,可以用甲词换乙词,而不可以用乙词换甲词。比如“死”“卒”“薨”,《吕氏春秋》中“卒”“薨”都用于诸侯死,《察微》:“昭公惧,遂出奔齐,卒于乾侯。”《知士》:“威王薨。”这里的“卒”“薨”也可以用“死”,《贵卒》:“荆王死。”《知化》:“夫差将死。”《原乱》:“惠公死。”但用死的地方,如指一般人死或“死”后带宾语作为动用法的时候,就绝不能用“卒”“薨”来替换,如《制乐》“民饑必死”的“死”和《观世》“不死其难则不义”的“死”就不能换成“薨”等。

四

我们说过，研究同义词，必须是共时的，必须在同一个历史平面。但是同一个历史平面的同义词，也不是一朝一夕形成的，而是长期历史积淀的结果，而且，它的形成有各种不同的途径，我们应该分析它的历史层次和产生的途径。《吕氏春秋》的同义词的形成，大致情况如下：

（一）古语词与今语词构成同义词①

词义是发展的，有些词的意义，在前代是常用的、通行的，由于词义的发展，原来的词义，或者彻底消亡，或者完全成为古语成分。《吕氏春秋》时代，基本上已经不再使用，偶一用之，是作为历史词出现的。它也可以与当时通用的词构成同义词（这里所说的不包括仍然通用的古词义）。不过，这种情况我们应该注意区分。如：

后—君　"后"在春秋之前是"君主"的意义，《尚书》《诗经》中多次出现，如《商书·盘庚》："暨予一人猷同心，先后丕降与汝罪疾。"《大雅·下武》："三后在天，王配于京。"战国以后，"君主"的意义逐渐不用了，只作为古语词保留着，《尔雅·释诂》："后，君也。"偶尔使用，《吕氏春秋》出现 6 次，好像次数还不少，实际只出现在《音初》《离俗》两篇当中，都是讲述尧舜及夏后氏的历史故事时使用的，如《音初》："后乃取其子以归。"《离俗》："北人无择曰：'异哉，后之为人也。'"或者作为词素出现在表示人的复音词中，如"后稷"

① 这里所说的今语词不是说古时没有，而是说在当时仍然通用。

“夏后启”等。当时通用表示“君主”的意义用“君”,《吕氏春秋》使用 219 次之多,如《恃君》:“为一国长虑,莫如置君也。”

格—至　在“到来”的意义上,二词同义,“格”是历史词,“至”是当时通行的词。“格”甲骨文作“各”,表示走来。这个词在西周以前常用,如《诗经·大雅·抑》:“神之格思。”毛传:“格,至也。”《尚书·汤誓》:“格尔众庶,悉听朕言。”到战国时期已经基本不用了,《尔雅·释诂》保留着这个意义:“格,至也。”《左传》《孟子》《庄子》《荀子》《韩非子》都没有出现这个意义,《论语》中出现 1 次,还有争论。《吕氏春秋》也出现 1 次,《孟夏》:“则虫蝗为败,暴风来格。”《吕氏春秋》中的“格”应看作历史词,是古语的成分。“至”在《吕氏春秋》中出现 243 次,是当时的通用词,如《贵因》:“武王果以甲子至殷郊。”“格”作为古语词与“至”构成一组同义词。

艺—树—种　这一组词在“种植”的意义上是同义的,但使用的时代不一样。春秋以前多用“艺”“树”,而少用“种”。《诗经》中“艺”出现 6 次,均为“种植”的意义,如《大雅·生民》:“艺之荏菽。”战国以后则多用“树”“种”,而“艺”几乎不用了。《左传》仅出现 1 次,《昭公十六年》:“有事于山,艺山林也。”①《孟子》《荀子》只作为复音词“树艺”的词素出现过一两次,《孟子·滕文公上》:“后稷教民稼穑,树艺五穀。”《荀子·子道》:“夙兴夜寐,耕耘树艺。”其他先秦著作如《论语》《墨子》《庄子》《韩非子》等都没有出现“树艺”义的“艺”,《吕氏春秋》出现 1 次,《勿躬》:“垦田大邑,辟土艺粟,尽地力之利。”“艺”的“种植”义到战国末期只作为古语成分存在了。“树”的“种植”义自春秋以前直至战国时期始终是很活跃的,在《吕氏春

① 杜预注:“艺,养护令繁殖。”

秋》中“种”有超过“树”的趋势，“种”出现 15 次，“树”只出现 7 次。到后来，“树”的名词“树木”义取代了“木”，而动词“种植”义就让位给“种”。《吕氏春秋》时代，“艺”作为古语词与“树”“种”构成同义词。

（二）新产生的词义与旧有的词义构成同义词

战国后期产生一些新词新义，这些新词新义与旧有的词义构成了同义词。如：

苑—囿　这两个词都指“帝王畜养禽兽的场所”。《重己》：“昔先圣王之为苑囿园池也，足以观望劳形而已矣。”高诱注：“畜禽兽所，大曰苑，小曰囿。”《说文》：“苑，所以养禽兽。”“囿，苑有垣也。”《周礼·地官·囿人》郑玄注：“囿，今之苑也。”贾公彦疏：“古谓之囿，汉家谓之苑。”段玉裁《说文解字注》：“古今异名，许析言之，郑浑言之。”“苑”“囿”析言则有别，浑言则相同，只是时代不同而已。“苑”不是到汉代才产生的，先秦已有，大概产生在战国末期。《诗经》《左传》《论语》《周礼》《孟子》《墨子》《庄子》《荀子》等均有“囿”而无“苑”①，《吕氏春秋》《韩非子》始见。《吕氏春秋》中出现 2 次，皆与“囿”连文，例已见上。

徒步—匹夫　这两个词都指“平民”，但“匹夫”是旧有的，《论语·子罕》：“匹夫不可夺志也。”《左传·桓公十年》：“匹夫无罪，怀璧其罪。”《吕氏春秋》中出现 4 次，《本生》：“上为天子而不骄，下为匹夫而不惛。”“徒步”是战国末期产生的新词，《吕氏春秋》中出现 1 次。已在“新词新义”一节述及，不再重复。新词“徒步”与旧有的

---

① 《左传》《庄子》中有“苑”字，仅用于人名、风名。《诗经》《国语》《礼记》亦有“苑”字，然皆非此义。

“匹夫”构成一组同义词。

头—首　这两个词都指“人的头”,《必己》:“船人怒,而以楫虓其头。”《审为》:“今有人于此,断首以易冠,杀身以易衣,世必惑之。”“头”是战国时产生的新词,《左传》中始有“头”,除1次用于人名外,仅出现1次,出现频率远没有“首”高。《论语》《孟子》中也是只有“首”而没有“头”。《吕氏春秋》中“头”出现12次,都指“人的头”,“首”出现12次,仅6次指“人的头”。“头”的使用频率已是“首”的两倍,大有取代之势。但是“首”多用于抽象意义,表示“首位、开头”等,“头”的意义还比较单一,还没有这些意义。

战国末期产生很多新的词义,它们分别与旧有的词义构成同义词,如:“闻”产生了“用鼻子感知气味”的意义后,与“嗅”构成同义词;“履”产生“鞋子”的意义后,与旧有的“屦”构成同义词,等等。

(三)方言词进入通语而形成同义词

古代和现代一样,存在着不同的方言,从汉代扬雄的《辅轩使者绝代语释别国方言》中可以清楚地看到各地方言在词汇上的差异。由于时代和社会的发展,各方言的不断融合,不少方言词语陆续进入通语,这些方言词语有些就和通语词构成同义词。比如:

船—舟　这是一组方言进入通语后形成的同义词。《说文》:“舟,船也。”段玉裁注:“《邶风》‘方之舟之’传曰:‘舟,船也。’古人言舟,汉人言船。毛以今语释古,故云舟即今之船也。”《说文》:“船,舟也。”段玉裁注:“古言舟,今言船,犹古言屦,今言鞋。”段玉裁强调的是古今,应该说是对的,但他忽略了方言的影响。扬雄《方言》说:“自关而西谓之船,自关而东谓之舟。”这大概更符合实际。战国末期以前，很长一段时间，政治经济中心在关东，“舟”自然而然成为通语。反映关东语言的《左传》《论语》《孟子》等书有“舟”而没有“船”，证明了这一点。[①] 战国后期，秦国日渐强大，势力不断向东扩展，政治中心逐渐西移，因此，秦国的方言词进入通语也是很自然的事情。写于关西的《吕氏春秋》中“船”单用 9 次，“船人”4 次。同时，“舟”仍出现 23 次。这说明，“舟”是原来的通语，“船”取得了跟它差不多平等的地位。在《吕氏春秋》中“舟”“船”有时交替使用，即使在同一段文字里也是如此，即使出现在复音词“舟人”“船人”中也如此。如：

《荡兵》：“有以乘舟死者，欲禁天下之船，悖。”

《知分》：“荆有次非者，得宝剑于干遂。还反涉江，至于中流，有两蛟绕其船，次非谓舟人曰：‘子尝见两蛟绕船能两活者乎？’船人曰：‘未之见也。’次非攘臂祛衣，拔宝剑曰：‘此江中之腐肉朽骨也，弃剑以全己，余奚爱焉！’于是赴江刺蛟，杀之而复上船。舟中之人皆得活。”

战国末期的《韩非子》以及《战国策》中也有“船”的用例，《韩非子》“舟”7 次，“船”3 次；《战国策》“舟”11 次，“船”1 次。汉代初期的《淮南子》“舟”54 次，“船”9 次；《史记》中“舟”出现 27 次，“船”出现 88 次（其中“楼船”39 次）。这些情况更进一步说明，“船”与“舟”构成同义词，除了时代的差别，更主要的是方言的差别。

迎—逆　这两个词在“迎接”的意义上是同义词，《说文》：“逆，迎也。关东曰逆，关西曰迎。”“迎，逢也。”《方言》卷一：“逢、逆，迎

---

① 《尚书》《诗经》也只有“舟”而没有“船”，这恐怕又是时代的关系了。

也。自关而东曰逆，自关而西或曰逢，或曰迎。"《吕氏春秋》在"迎接"义上，"迎"出现 17 次，《赞能》："桓公使人以朝车迎之。""逆"严格说没有。[①]《春秋》《左传》在"迎接"的意义上，基本都用"逆"，《左传》用"逆"达一百余次，仅 2 次用"迎"。这从正反两个方面可以证明，《方言》《说文》的说法是正确的。不过，"迎"进入通语可能比较早，不是因为秦国的强大，势力东渐才进入通语的。我们看到，在"迎接"的意义上，《诗经》出现 2 次，《孟子》出现 5 次，而没有一次用"逆"的。战国末期以后，"迎"有取代"逆"的趋势，《韩非子》"迎"出现 6 次，"逆"出现 1 次；《战国策》"迎"出现 22 次，《淮南子》"迎"出现 21 次，两书均未见"逆"有"迎接"义者。

黔首—百姓　这组同义词，也是由于方言进入通语而后形成的，它们都有"平民"的意义。"百姓"一词来源比较早，本来指"百官之族"，大约到春秋战国之交，已普遍用于"平民、庶民"的意义。[②]《论语》《左传》几乎都是用的这个意义。"黔首"一词出现比较晚，战国末期的《吕氏春秋》《韩非子》中才出现。《吕氏春秋·振乱》："当今之世浊甚矣，黔首之苦不可以加矣。"《韩非子·忠孝》："古者黔首悗密惷愚，故可以虚名取也。"（《韩非子》只出现这 1 次）它起初是秦国的方言词，颜师古注《汉书·艺文志》说："秦谓民为黔首，言其头黑也。"《史记·秦始皇本纪》："更名民曰黔首。"战国末期，秦国强大以后，这一词随之进入通语。《吕氏春秋》出现 21 次之多，可以作主语、宾语、定语，作中心语受定语修饰，构成联合结构，运用十分灵活。秦始皇统一六国之前，"黔首"一词已经在秦

---

① 有两例是"迎击"义，《似顺》："完子请率士大夫以逆越师。"

② 《诗经》中"百姓"一词，毛传、朱传不同，毛曰百官族姓，朱曰庶民。

国行用，这正是秦始皇更名民曰黔首的基础。《吕氏春秋》“黔首”一词运用频率超过了“百姓”，“百姓”一词出现 15 次。①

（四）同源关系构成同义词

同义词中有相当一部分是音近义同的同源词。比如：

破—弊—败 这三个词在“破损、毁坏”的意义上是同义词。《本味》：“钟子期死，伯牙破琴绝弦。”《分职》：“今民衣弊不补。”《音初》：“还反涉江，梁败。”这三个词语音也相近，“弊”“败”並母双声、月部叠韵，“破”与“弊”“败”为滂並旁纽、歌月对转。它们是由同源关系形成的同义词。

断—截—绝 这三个词的共同意义是“断，使物体从截面断开”。《说文》：“断，截也。”“截，断也。”“绝，断丝也。”《权勋》：“断毂而行，至卫七日而厹繇亡。”《过理》：“截涉者胫而视其髓。”《重己》：“使乌获疾引牛尾，尾绝力勯，而牛不可行，逆也。”这三个词声音也很接近，“截”“绝”均从母月部，既双声又叠韵；“断”定母元部，与“截”“绝”元月对转、定从邻纽。这是一组同源同义词。

我们有专节讨论同源词，这里就不多说了。

（五）词义引申形成的非同源的同义词

本来不是同义词，经过词义的引申，产生了相同的意义，从而构成同义词。这时的同义词，有的语音相近，但一般不是同源词。比如：

牵—引 这两个词本来意义不同，《说文》：“牵，引前也。”“引，

---

① 《韩非子》“黔首”只出现 1 次，而“百姓”出现 33 次；《战国策》“黔首”也只出现 1 次，“百姓”出现 44 次。这说明，秦国以外的地区，“百姓”一词还是处于主要地位。即使秦始皇更名以后，《淮南子》中仍无一例“黔首”，而“百姓”出现 62 次之多。后代也只用“百姓”，不用“黔首”。“黔首”是否只行用于秦国呢？

开弓也。”后来“引”引申出“拉、牵拉”的意义，二者形成同义词。《周礼·地官·牛人》“共其兵车之牛与其牵傍”郑玄注：“牵傍，在辕外輓车也。人御之，居其前曰牵，居其傍曰傍。”《诗经·大雅·行苇》“以引以翼”郑玄笺：“在前曰引，在旁曰旁。”《吕氏春秋》皆有用例，《权勋》：“荀息操璧牵马而报。”《顺说》：“管子得于鲁，鲁束缚而槛之，使役人载而送之齐，皆讴歌而引。”

年—岁　这两个词本来意义不同。“年”是“收成”，《说文》：“年，穀孰也。”古多有“有年”“大有年”的说法。“岁”是“木星”，《说文》：“岁，木星也。”二词都引申有“年”的意义。穀物成熟一次是一年，因此引申为“年”。岁星绕天体运行，每运行一次为一年，所以引申为“年”。二词在“年”的引申义上构成同义词。《长攻》：“不出三年，而吴亦饑。”《长见》：“故圣人上知千岁，下知千岁也。”

饭—食　这两个词的本义不相同。“饭”是动词，本义为“吃、吃饭”，《说文》：“饭，食也。”段玉裁注：“云食也者，谓食之也。此饭之本义也。引申之所食为饭。”《吕氏春秋》保留有“饭”的本义，《任数》：“向者煤炱入甑中，弃食不祥，回攫而饭之。”“饭”引申为名词，意义是“吃的食物”，《本味》：“饭之美者，玄山之禾。”《慎大》：“襄子方食抟饭。”“食”是名词，本义是“饭、食物”，《说文》：“食，亼米也。”（依段注本）《下贤》：“贫无衣食而不忧慑。”“饭”的引申义与“食”的本义构成同义词。有趣的是，“食”的引申义又与“饭”的本义构成同义词。“食”引申为动词，义为“吃、吃饭”，《用众》：“善学者，若齐王之食鸡也，必食其跖数千而后足。”这种情况不要误会为它们的本义相同，引申义也相同。

（六）受社会思想影响而形成同义词

某些本来相同的概念，由于受某些社会思想的影响而用不同的词来表示。这些词的理性意义是相同的，从而形成同义词。比如：

赐—与 这两个词的理性意义都是“给予”，但是受封建等级观念的影响，“赐”只用于君主给予臣子，《吕氏春秋》中出现13次，无一例外，《顺民》：“纣喜，命文王称西伯，赐之千里之地。”“与”则用于一般的给予，没有严格的等级分别，《长利》：“子与我衣，我活也；我与子衣，子活也。”师生之间都用“与”。

弑—杀 这两个词的理性意义都是“杀”，但在封建社会中，臣子杀君父，是大逆不道的事，是要严加谴责的，因此在用词上也有所分别，只能用“弑”。用“弑”就包含了对杀君父的臣子的谴责，《慎行》：“毋或如齐庆封，弑其君而弱其孤。”“杀”用得比较宽泛，除臣子杀君父用“弑”不用“杀”外，一般的都可以用“杀”，《制乐》：“为人君而杀其民以自活也，其谁以我为君乎？”《去私》：“夫禁杀伤人者，天下之大义也。”

五

同义词除去完全同义的等义词之外，大都是有同有异，考察同义词除了看它们相同的部分，还要看它们相异的部分。这相异的部分，主要是理性意义之外的非理性意义的差别，如事物性状、性质的差别，应用范围的差别，词义程度的差别，感情色彩的差别，语法功能的差别等等。辨析同义词的这些差别，对于深刻理解词义是很有意义的。前文已经说过，所谓同义词，是就某一个意义而言，并不是要求所有意义都相同，因此辨析同义词，应该在相同意义上去比较，看它们的区别何在。因为这个意义是其构成同义词的根据。当然，对与这个意义关系十分密切的意义做一些必要的比较说明也应该是可以的，这样可以增加对这一意义的理解。如果撇开构成同义词的相同意义而大谈如何不同，就没有什么必要了。我们本着这个原则对《吕氏春秋》同义词做些辨析。

（一）物体性状、质地、功用等不同

鼎—镬　这两个词都指的是"烹煮食物的器具"，而且属于同类。《说文》："鼎，三足两耳，和五味之宝器也。"《淮南子·说山》高诱注："有足曰鼎，无足曰镬。"《汉书·刑法志》颜师古注："鼎大而无足曰镬。"《察今》："尝一脟肉，而知一镬之味，一鼎之调。"这里"鼎""镬"词义相同，交互使用，使文句错落有别，而不至于重复呆板。

珠—璣　这两个词的意义都是"珍珠"，《说文》："珠，蚌之阴精。""璣，珠不圆者也。"一般来说，璣小于珠。二者只是形状略有差别。《重己》："人不爱昆山之玉、江汉之珠，而爱己之一苍璧小璣。"

轩—辇　这两个词都有"车"的意义，"轩"是"大夫以上的人乘的曲辕车"，"辇"是"人力推挽的车"。《说文》："轩，曲輈藩车。""辇，輓车也。"《具备》："三月婴儿，轩冕在前，弗知欲也。"《本生》："出则以车，入则以辇。"

仓—府—库　这三个词意义都是"储藏东西的房舍"，只是储藏的东西不同。"仓"储藏粮食，"府"储藏金钱财物，"库"储藏兵车器物。《审己》："稼生于野而藏于仓。"《士节》："晏子使人分仓粟、分府金而遗之。"《季春》："是月也，命工师，令百工，审五库之量，金铁、皮革筋、角齿、羽箭干、脂胶丹漆，无或不良。"

（二）应用范围不同

穫—獲　这两个词都有"获得"的意义，是同义词。但它们的应用范围不同。“獲”指“猎获野兽”，“穫”指“收获庄稼”。“穫”在《吕氏春秋》中出现4次，无一例外都是指收获庄稼，《审时》：“稼就而不穫，必遇天灾。”“獲”在《吕氏春秋》中出现11次，2次用于猎取野兽，《义赏》：“焚薮而田，岂不獲得。”4次用于俘获人，《爱士》：“遂大克晋，反獲惠公以归。”还用于得到其他抽象的东西，《贵生》：“六欲莫得其宜也，皆獲其所甚恶者。”也可用于收获庄稼，《辩土》：“所谓今之耕也营而无獲者，其蚤者先时，晚者不及时。”可见，“獲”的应用范围比“穫”大。因为原本就是一个词，后来意义有了分化。

肌—肉 这两个词的理性意义是相同的，但“肌”只用于指人的肌肉，绝不用于指禽兽的肉。而“肉”则多用于指禽兽的肉。《说文》：“肉，胾肉也。”“肌，肉也。”段玉裁注：“人曰肌，鸟兽曰肉，此其分别也。”《吕氏春秋》中“肌”出现7次，无一例外都指人的肌肉，《审时》：“使人肌泽且有力。”“肉”多用于指禽兽，也用于指人，《吕氏春秋》出现23次，指禽兽的肉14次，《爱士》：“食骏马之肉而不还饮酒，余恐其伤女也。”指人的肌肉竟达9次之多，这是始料不及的。指人的肌肉，或是表示憎恶，《忠廉》：“翟人至，及懿公于荣泽，杀之，尽食其肉。”或是用于戏谑，《当务》：“子，肉也；我，肉也；尚胡革求肉而为？”还用于复音词“骨肉”，《精通》：“此之谓骨肉之亲。”“肉”用于人，到汉代逐渐多起来，尤其是医药方面的书籍如《素问》等。

食—餧—饭 这三个词都有“使吃东西”的意义，在这个意义上三者构成同义词，但三者的应用范围不完全相同。“餧”只用于禽兽，不用于人，《季春》：“餧兽之药，无出九门。”在这个意义上，《吕氏春秋》中“饭”与“餧”相近，只用于牲畜，不用于人，《吕氏春秋》出现4次，受事均为"牛"，《举难》："宁戚饭牛居车下。"①"食"则既可用于人，又可用于禽兽，《报更》："国虽小，其食足以食天下之贤者。"《上德》："尝人，人死；食狗，狗死。"

（三）动作行为的方式及所涉及的对象等不同

泣—哭—啼　这三个词都有"哭泣"的意义，但哭泣的方式不一样。"哭"是一般因悲伤流泪并发出声音，《说文》："哭，哀声也。"《悔过》："今哭而送之，是哭吾师也。""泣"是无声流泪地抽泣，《说文》："泣，无声出涕曰泣。"《长见》："窃观公之意，视释天下若释躧，今去西河而泣，何也？""啼"是因悲伤或惊恐流泪放声大哭，《察今》："见人方引婴儿而欲投之江中，婴儿啼。"从哭泣的方式即哭时有没有声音看，三者存在着明显的差别。同时，三者的词义程度也有差别。"哭"是因悲伤而哭泣，《功名》："强令之笑不乐，强令之哭不悲。"而"啼"是极度悲伤而哭，《忠廉》："弘演至，报使于肝，毕，呼天而啼，尽哀而止。""啼"的悲哀程度要深于"哭"。"泣"的词义程度比"哭""啼"都要轻，有时并不是因为悲伤，而是因为感动或者委屈而泣。《知士》："宣王自迎静郭君于郊，望之而泣。"这是因为感动而泣。《疑似》："其子泣而触地曰：'孽矣，无此事也！'"这是因为委屈而泣。②

伐—侵—袭　这三个词都有"进攻"的意思，但是进攻的方式不同。《左传·庄公二十九年》："凡师有钟鼓曰伐，无曰侵，轻曰袭。""伐"是一种公开的进攻，《权勋》："昔者晋献公使荀息假道于虞以伐虢。""侵"是不鸣钟鼓，暗暗进攻，有侵犯的意思，《先己》：

---

① 这是"饭"的引申义。"饭"的本义是"吃东西"，则用于人，《论语·述而》："饭疏食，饮水，曲肱而枕之。"《孟子·尽心下》："舜之饭糗茹草也，若将终身焉。"

② 具体内容参看《吕氏春秋》原文。

“故上失其道，则边侵于敌。”“袭”是乘人不备而偷偷进攻，《听言》：“其国饑，其城郭庳，其守具寡，可袭而篡之。”

束—缚 这两个词都有“捆起来、捆绑”的意义，《说文》为互训，“束，缚也。”“缚，束也。”但捆的对象不同，“束”一般用于物，《说文》从口木会意，段玉裁注：“口音韋，《诗》言束薪、束楚、束蒲，皆口木也。”《吕氏春秋》“束”2 次用于“捆绑”义，都是用于捆物，《悔过》：“过天子之城，宜櫜甲束兵，左右皆下，以为天子礼。”《直谏》：“葆申束细荆五十，跪而加之于背。”即使引申为量词，“束”也指物，《报更》：“乃复赐之脯二束。”这是因为量词“束”是从动词演变而来。“缚”一般用于人，《吕氏春秋》用于“捆绑”义出现 2 次，都是用于人，《用民》：“密须之民，自缚其主而与文王。”《壅塞》：“秦寇果至，戎王醉卧于樽下，卒生缚而禽之。”“束缚”连文，主要是“缚”起作用，用于人，《吕氏春秋》“束缚”连文皆“捆绑”义，都用于人，《赞能》：“管子束缚在鲁，桓公欲相鲍叔。”考先秦其他古籍，情况与此相同。“束”的“捆绑”义，《韩非子》1 次，用于物，《外储说左上》：“绅之束之。”《战国策》3 次，2 次用于物，《宋卫策》：“卫君惧，束组三百绲，黄金三百镒，以随使者。”“缚”的“捆绑”义，《韩非子》2 次，用于人，《说林下》：“而将军曰：缚之，杀以衅鼓。”《战国策》1 次，用于人，《燕策一》：“其丈夫不知，缚其妾而笞之。”“束缚”连文，《韩非子》出现 3 次，都用于人，《外储说左下》：“管仲束缚，自鲁之齐，道而饑渴。”《史记》等汉代著作与此相同。

（四）词义程度不同

怪—妖 这两个词都指“怪异的事物”，这是相同的，但词义程度有所不同。“怪”只一般的表示怪异的事物，《喻大》：“五世之庙，可以观怪。”而“妖”所表示的怪异事物一般是灾祸的先兆，《制乐》：

"妖者，祸之先者也，见妖而为善，则祸不至。""妖"的词义程度甚于"怪"，"妖"与"祥"构成反义词，"怪"不能与"祥"构成反义词。

飢—饿 这两个词在表示"饥饿"的意义时，是同义词，《说文》互训，"飢，饿也。""饿，飢也。"但在先秦，这两个词的词义程度是不同的。"飢"只表示一般的饥饿，即腹中无食。《吕氏春秋》中"飢"出现 3 次，都是这个意义，《尽数》："凡食之道，无飢无饱，是之谓五藏之葆。"借"饑"字表示"饥饿"的意义的有 16 次，《不侵》："我饑而不我食。""饿"表示"饥饿"的程度要重，一般表示"饿病了"或"饿得要死了"，《吕氏春秋》中"饿"出现 7 次，都是这个意义①，《报更》："昔赵宣孟将上之绛，见骫桑之下有饿人卧不能起者，宣孟止车，为之下食，蠲而餔之，再咽而后能视。"《介立》："东方有士焉曰爰旌目，将有适也，而饿于道。狐父之盗曰丘，见而下壶餐以餔之。爰旌目三餔之而后能视。"这两处"饿"都是"饿病了"的意义，饿得躺在地上连眼睛都睁不开，还不是饿坏了？《诚廉》："二子北行，至首阳之下而饿焉。"这里指伯夷、叔齐饿死首阳山，"饿"是"饿死"的意义。从《吕氏春秋》中可以清楚地看到，"饿"比"飢"的程度要严重。《吕氏春秋》的情况反映了先秦"飢"和"饿"的基本用法。"飢"，《诗经》出现 8 次，《左传》4 次，《论语》无，《孟子》16 次，《荀子》8 次，《墨子》24 次，《庄子》8 次，《韩非子》15 次，除《孟子》有 2 例表示严重的饥饿外，均表示一般的饥饿。"饿"，《诗经》无，《左传》出现 2 次，《论语》1 次，《孟子》6 次，《墨子》5 次，《庄子》4 次，《荀子》2 次，《韩非子》24 次，除《荀子》《韩非子》各有 1 例表示程度

---

① 其中《禁塞》"加之以冻饿飢寒之患"，虽未明确表示"饿病"，但"饿"的程度甚于"飢"是显而易见的，"饿"与"冻"并列，"飢"与"寒"并列，"冻"词义甚于"寒"。

轻的饥饿以外，都表示严重的饥饿、饿病、饿死。“飢”“饿”有程度差别是先秦的基本情况，偶尔混用的情况也出现了。到西汉末期，它们的差别才逐渐消失，《说文》的互训正说明汉代的这种情况。

这里附带说一下“疾”“病”二词。一般认为“病”是重病，“疾”是轻病，词义程度有轻重之别。比如郝懿行《尔雅义疏·释诂上》：“古人疾病连言，病甚于疾，故《说文》训为‘疾加’，《论语》郑注‘病谓疾益困也’，包咸注‘疾甚曰病’，皆其义也。”这是一种误解。《说文》：“病，疾加也。”《论语·子罕》“子疾病”集解引包咸曰：“疾甚曰病。”依《说文》，“病”的本义是动词，所谓“疾加”，是“病情加重”的意思，“疾甚”也是这个意思，《论语》的“病”正是用的动词的意义。《吕氏春秋》中也有这个意义，《知接》：“仲父之疾病矣。”郝懿行所谓“疾病”连言，当做两种分析。《子罕》“子疾病”，意思是“孔子病了，而且病情越来越重”。“疾”是“染病”的意思，“病”是指“病情加重”。这时，“疾”“病”虽然都是动词，但意义不一样，不是同义词。《知接》“仲父之疾病矣”，意思是“仲父的病加重了”，“疾”是名词，“疾病”的意思，“病”是动词，“病情加重”的意思，二者也不是同义词。当“病”作动词是“染病”的意思的时候，才与“疾”的“染病”义构成同义词。在“染病”的意义上，并没有“疾”轻“病”重的差别。《吕氏春秋·异宝》：“孙叔敖疾，将死。”《至忠》：“不出三月，子培疾而死。”疾而至于死，可见不轻了。《左传》中也有类似的用例。用作名词时，“病”与“疾”也可以构成同义词，也没有程度的差别。《贵公》与《知接》同样叙述管仲染病，桓公去看望他，前者说“管仲有病，桓公往问之”，后者说“管仲有疾，桓公往问之”，“疾”“病”互换，可见无轻重之别。又如《知化》：“越之于吴也，譬若心腹之疾也，虽无作，其伤深而在内也。夫齐之于吴，疥癣之病也，不苦其已也，且其无伤也。”这里“心腹之疾”“疥癣之病”，怎么能看出“病”重“疾”轻呢？此就词义而言，它们是相同的，只是具体所指可以随文而异。

（五）感情色彩不同

养—畜　这两个词都有“养活”的意义。“养”是中性词，既可用于养上，也可用于养下，《士节》：“捆蒲苇，织萉屦，以养其母。”《顺民》：“内亲群臣，下养百姓。”甚至可以用来指养牲畜，《季夏》：“令四监大夫合百县之秩刍，以养牺牲。”“畜”一般用于禽兽，《士容》：“是良狗也，其邻畜之数年而不取鼠。”用于人，则只能上对下，《下贤》：“贤主之畜人也，不肯受实者其礼之。”绝不用于下对上，这就是词的感情色彩所决定的了。有时有一种厌恶的色彩，《遇合》：“为我妇而有外心，不可畜。”有时用于自称，有自谦的色彩，《不侵》：“夫众人畜我者，我亦众人事之。”

杀—弑—诛　这三个词的理性意义都是“致人于死”，但是褒贬色彩有不同。“杀”是中性词，可以用于上杀下，也可以用于下杀上，不带褒贬色彩，《制乐》：“为人君而杀其民以自活，其谁以我为君乎？”《忠廉》：“夫为故主杀新主，臣以为不义。”“弑”则专指下杀上，实际上包含有对下的行为的谴责，《慎行》：“毋或如齐庆封，弑其君而弱其孤。”“诛”的对象一般都是有罪当杀的人，或者是无道之君，因此含有谴责被杀者的色彩。《荡兵》：“兵诚义，以诛暴君而振苦民。”《怀宠》：“故克其国，不及其民，独诛所诛而已矣。”附带说一句，“诛”“弑”的对象都是人，而“杀”的对象还可以是动物，《不屈》：“蝗螟，农夫得而杀之。”

征—讨—伐　这三个词都有“以兵戎相加、进攻”的意义，但色彩不同。“征”用于上伐下,《孟子·尽心下》:“征者,上伐下也,敌国不相征也。”“讨”与“征”用法相近,或者用于上伐下,或者用于正义征讨有罪,含有谴责被讨伐者的意思。《孟子·告子下》:“是故天子讨而不伐,诸侯伐而不讨。”《吕氏春秋》中“讨”出现3次,都有这层意思,《古乐》:“汤于是率六州以讨桀罪。”《召类》:“乱而弗讨,害民莫长焉。”而“征”已经不如《孟子》所说的那么严格了,相当的国家(即《孟子》所谓“敌国”)也可以用“征”了,《简选》:“(阖庐)东征至于庳庐,西伐至于巴蜀。”甚至寇戎对天子也用“征”,《仲春》:“仲春行秋令,则其国大水,寒气总至,寇戎来征。”这时,“征”完全成了一个中性词。“伐”是一种公开的进攻,《吕氏春秋》中多用于诸侯间的进攻,《贵信》:“齐桓公伐鲁。”《知化》:“吴王夫差将伐齐。”有时也用于上伐下,有道伐无道,《古乐》:“成王立,殷民反,王命周公践伐之。”《古乐》:“武王即位,以六师伐殷。”

(六)语法功能不同

败—北 这两个词都有“失败”的意义①,《权勋》:“荆师败。”《离俗》:“令此将众,亦必不北矣。”但用法有些不同,“败”可以作述语带宾语,用作使动,《察微》:“吴公子光又率师与楚人战于鸡父,大败楚人。”又可以带补语,《义赏》:“秦胜于戎而败乎殽。”“北”没有这些用法。“败”还可以直接用在名词前作定语,《乐成》:“皆壹于为,则无败事矣。”“北”也没有这种用法。《左传》《墨子》《庄子》《荀子》《韩非子》中“败北”意义的“北”均无上述“败”的用法②,《吕氏春秋》反映了先秦的基本情况。

---

① 二词意义上略有差别,“北”更强调“败逃”。

② 《诗经》《论语》《孟子》均无此义的“北”。

奔—亡　这两个词在“逃亡”的意义上构成同义词,《贵卒》:“公子小白奔莒。”《异宝》:“五员亡,荆急求之。”但用法有些不同,带体词性宾语时,“奔”的宾语一般是逃向的国家或处所,“亡”则一般不带这种宾语。“亡”可以带使动宾语,《慎行》:“夫无忌,荆之谗人也,亡夫太子建,杀连尹奢。”这里“亡夫太子建”是使太子建出亡。还可以带为动宾语,《务大》:“闻先生之义,不死君,不亡君。”这里“亡君”是“为君出亡”的意思。“奔”一般没有使动和为动的用法。先秦其他古籍也同样反映了这种情况。

适—之—如—往　这几个词都有“到……去”的意义,《尔雅·释诂》:“如、适、之,往也。”《方言》卷一:“适,往也。宋鲁语也。”《说文》:“适,之也。宋鲁语。”段玉裁注:“此不曰往而曰之,许意盖以之与往稍别。”在能否带体词性宾语一点上,“适”“之”“如”较为一致,都能带体词性宾语,《壅塞》:“国危甚矣,若将安适?”《贵因》:“西伯将何之?”《慎行》:“齐人以为让,又去鲁而如吴。”但使用情况略有不同,“之”用于“到……去”义共 40 次,有 33 次带体词性宾语;“如”17 次用于这个意义,都带体词性宾语;“适”5 次用于这个意义,3 次带体词性宾语。这说明,在战国末期,“适”的使用远低于“之”“如”,这或许是因为“适”是方言词的缘故。“往”与它们最大的不同是,“往”是不及物动词,不能带体词性宾语,《吕氏春秋》用于这个意义 81 次,有 80 次不带宾语。这反映了先秦的普遍情况。但是,《吕氏春秋》中有 1 例“往”带体词性宾语的句子,《去宥》:“齐人有欲得金者,清旦,被衣冠,往鬻金者之所。”这是比较特殊的情况。王力先生说:“中古以后,‘往’字才可以带直接宾语。”故而此例更待详考。再者,“往”用得最多的是连谓结构,有 53 次,也就是说,“往”后边一般紧跟着说明去做什么,如《贵公》:“管仲有病，桓公往问之。"《恃君》："莒敖公有难，柱厉叔辞其友而往死之。"其他三个词着重指出要去的地方，而一般意不在乎去做什么，《首时》："之秦之道，乃之楚乎？"《贵因》："如秦者立而至，有车也；适越者坐而至，有舟也。"

同义词之间，还有词义本身的细微差别、方言的差别、新旧的差别等等，前文已有叙述，这里不再重复。

陆 《吕氏春秋》的反义词

一

反义词和同义词一样，是一种特殊的词义聚合。反义词是某一意义相反或相对的一对词。首先，反义词是一种词义聚合，因此它也是以义位为单位，不是以词为单位的，只要有某一个意义相反或相对，就可以形成一对反义词。比如“肥—瘠”这两个词，在“肥”“瘦”的意义上形成一对反义词，《仲秋》：“瞻肥瘠，察物色。”

反义词和同义词一样，它的意义必须是可比的，也就是说，反义词所反映的客观事物必须属于同一类型，它们的上位义是相同的，“男—女”都指人的性别，“多—少”都指数量，“长—短”都指长度，“进—退”都指动作的方向，“哭—笑”都指人的感情或表情，等等。“男”和“多”、“进”和“笑”都不能构成反义词，它们不属于同一类概念，没有可比性。一对反义词的意义属于同一意义范畴，这是反义词形成的基础。从语义构成的角度看，反义词的义位，其构成义素中，中心义素和某些限制性义素都相同，只有一个义素相反或相对。同时，反义词要以对为单位，这不同于同义词以组为单位，一组同义词数量没有限制，可多可少，而一对反义词只能是两个。这是由它的意义相反相对的性质决定的。

反义词和同义词一样，必须处于同一历史平面，也就是说，必须是共时的。因为词义是随着时代发展的，此一时代的反义词在彼一时代可能不是反义词。当然，讨论专书的反义词，不会遇到历史的纠葛。

只有具备以上三个条件，才能确认为是一对反义词。

二

《吕氏春秋》中的反义词包括两大类：一类是语言反义词，即语言中构成的固定的反义词；一类是言语反义词，即在语言的运用中临时形成的反义词。语言反义词可以成对地出现在对比的句子中，也可以单独出现在没有对比关系的句子中，这并不影响它们构成一对反义词。比如“愚—智”，是一对反义词，“愚”是“愚笨”，“智”是“聪明”。它们可以成对地出现，《不二》：“智者不得巧，愚者不得拙。”也可以不成对地出现，《不广》：“文公可谓智矣。”《审应》：“民甚愚矣。”“愚—智”不同时出现，它们是一对反义词，也是大家所公认的。言语反义词则不是这样，它们本不是反义词，在言语中临时用来表示相反相对的意义，离开这个语言环境就不再构成反义词，如《决胜》：“故商周以兴，桀纣以亡。”这里“商周”是朝代名，“桀纣”是帝王的谥号，本是不能比较的，不能构成反义词。但是，在这个句子中它们确实代表着相反的意义，因此我们说它们是临时构成的言语反义词。这种用法，仍然出现在现代人的文章中，如毛泽东的“延安”“西安”的说法就是这样。有些我们现在认为的言语反义词，可能在古人眼里并不是临时性的言语反义词，如《异用》：“桀纣用其材而以成其亡，汤武用其材而以成其王。”“桀纣”

"汤武"都是帝王的谥号,似乎不能构成反义词,但在古人的眼里,"桀纣"是暴君,"汤武"是仁君,所以可以构成一对反义词。我们要讨论的是语言反义词。

反义词的存在是有条件的,不是所有的词都具有反义词,只有那些表示客观事物存在相反相对现象的词,或者是表示人们从相反相对的角度看待的词,才具有反义词。比如人名、动植物名等都没有反义词,因为它们不具备相反相对的性质,而表示方位、时间、人际关系、事物的性质、状态、行为的词,一般可能有反义词,因为它们可能存在相反相对的关系。《吕氏春秋》中反义词共286对,它的的分布情况,大致为:

(一)时空的反义关系

表示时间、方位的词有很多具有反义词。表时间的如:

古—今 《察今》:"故察己则可以知人,察今则可以知古。"

春—秋 《义赏》:"春气至则草木产,秋气至则草木落。"

昼—夜 《达郁》:"臣卜其昼,未卜其夜。"

朝—夕 《权勋》:"虢朝亡而虞夕从之矣。"

昏—旦 《孟春》:"昏参中。旦尾中。"

今—后 《义赏》:"于今偷可,后将无复。"

表方位的如:

左—右 《乐成》:"男子行乎涂右,女子行乎涂左。"

内—外 《去私》:"外举不避雠,内举不避子。"

前—后 《不广》:"名曰蹶,鼠前而兔后。"

上—下《先己》:"是故百仞之松,本伤于下,而末槁于上。"

南—北 《去尤》:"南乡视者不睹北方。"

(二)人际关系的反义关系

君—臣 《君守》:“当与得不在于君,而在于臣。”

父—子 《慎大》:“子不听父,弟不听兄,君令不行,此妖之大者。”

夫—妻 《明理》:“知交相倒,夫妻相冒。”

敌—我 《爱士》:“故敌得生于我,则我得死于敌。”

君子—小人 《重言》:“臣闻君子善谋,小人善意。”

天子—布衣 《下贤》:“得道之人,贵为天子而不骄倨……卑为布衣而不瘁摄。”

(三) 事物的反义关系

天—地 《去私》:“天无私覆也,地无私载也。”

名—实 《本生》:“非夸以名也,为其实也。”

本—末 《先己》:“本伤于下而末槁于上。”

祸—福 《不苟》:“故其功名祸福亦异。”

功—过 《至忠》:“归而赏有功者。”

《当赏》:“数举吾过者,吾以为末赏。”

义—利 《慎行》:“君子计行虑义,小人计行虑利。”

一些具体事物不具有对立面,因此也就不具备反义词,所以这一类反义词数量较少。

(四) 性质的反义关系

远—近 《首时》:“固有近之而远,远之而近者。”

厚—薄 《务本》:“今功伐甚薄而所望厚。”

大—小 《权勋》:“不去小利,则大利不得。”

难—易 《审分》:“凡为善难,任善易。”

众—寡 《义赏》:“楚众我寡,奈何而可?”

贫—富 《贵当》:“欲得良狗,则家贫无以。”

又:"疾耕则家富。"

强—弱 《谨听》:"无天子,则强者胜弱。"

长—短 《用众》:"故善学者,假人之长以补其短。"

治—乱 《不二》:"故一则治,异则乱。"

高—下 《审己》:"水非恶山而欲海也,高下使之然也。"

这类反义词比较多,因为表示性质的概念,大都具有对立面,而这个相对的两方正好形成一对反义词。

(五)状态的反义关系

安—危 《不二》:"一则安,异则危。"

盈—亏 《精通》:"月望则蚌蛤实,群阴盈;月晦则蚌蛤虚,群阴亏。"

死—生 《尊师》:"生则谨养……死则敬祭。"

存—亡 《序意》:"十二纪者,所以纪治乱存亡也。"

醉—醒 《疑似》:"我醉,汝道苦我,何故?"

又:"丈人归,酒醒,而诮其子。"

隐—著 《上德》:"故古之人,身隐而功著,形息而名彰。"

(六)感情的反义关系

喜—忧 《知分》:"孙叔敖三为令尹而不喜,三去令尹而不忧。"

爱—恶 《知度》:"君服性命之情,去爱恶之心,用虚无为本。"

哀—乐 《忠廉》:"弘演至,报使于肝,毕,呼天而啼,尽哀而止。"

《慎人》:"古之得道者,穷亦乐,达亦乐。"

敬—慢 《孝行》:"敬其亲,不敢慢人。"

诽—誉 《不屈》:"惠子闻而诽之。"

《慎人》:“万民誉之。”

(七) 动作行为的反义关系

出—入 《忠廉》:“夫捽而浮乎江,三入三出。”

进—退 《适威》:“民进则欲其赏,退则畏其罪。”

取—舍 《本生》:“利于性则取之,害于性则舍之。”

赏—罚 《振乱》:“赏不善而罚善,欲民之治也,不亦难乎?”

辞—受 《士节》:“辞金而受粟。”

登—降 《勿躬》:“登降辞让,进退闲习,臣不若隰朋。”

俯—仰 《知分》:“晏子俯而饮血,仰而呼天。”

攻—守 《爱类》:“请令公输般试攻之,臣请试守之。”

开—闭 《慎大》:“故周明堂外户不闭。”

《仲春》:“蛰虫咸动,开户始出。”

三

我们分析反义词和分析同义词一样,也要从语音、语义、语法三方面着手。

(一) 语音分析

王力先生说:“单音词和单音词之间也有语音联系,那就是反义词,或被古人了解为反义或有某种关系的词。”[①]他举出了双声的例子,如加减、古今、文武、男女等;叠韵的例子,如水火.老幼、新陈、旦晚等。我们对《吕氏春秋》256 对单音反义词进行分析,情况如下:

① 《汉语史稿》上册,中华书局,1982 年,47 页。

1. 声韵皆相同或相近的有10对，占3.9%。其中声韵皆相同的2对，声相同韵相近的1对，声相近韵相同的2对，声韵皆相近的5对。

盲—明 《任数》:“何以知其盲？以其目之明也。”
(明母双声、阳部叠韵)

买—卖 《离谓》:“人必莫之卖也。”
又:“此必无所更买也。”(明母双声、支部叠韵)

疏—数 《辩土》:“慎其种，勿使数，亦勿使疏。”
(山母双声、鱼侯旁转)

粜—籴 《高义》:“越王不听吾言，不用吾道，而受其国，是以义粜也。”
《长攻》:“王若重币卑辞以请籴于吴，则食可得也。” (透定旁纽、药部叠韵)

行—居 《知接》:“居者无载，行者无埋。”
(匣见旁纽、阳鱼对转)

夫—妇 《恃君》:“状貌无似吾夫者。”
《不屈》:“人有取新妇者。”
(帮並旁纽、鱼之旁转)

此类还有：

居—去(见溪旁纽、鱼部叠韵) 捋—离(定来旁纽、元歌对转)

高—下(见匣旁纽、宵鱼旁转) 远—近(匣群旁纽、元文旁转)

2. 声母相同或相近的有30对，占11.7%，其中声母相同的8对，声母相近的22对。

爱—恶 《孝行》:“爱其亲，不敢恶人。” (影母双声)

古—今 《先识》:“凡国之亡也，有道者必先去，古今一

也。” （见母双声）

解—结 《长利》:“解衣与弟子。”

《尊师》:“结罝网。” （见母双声）

短—长 《观世》:“此治世之所以短,而乱世之所以长也。”

（端定旁纽）

聚—散 《贵当》:“窥赤肉而乌鹊聚,狸处堂而众鼠散。”

（从心旁纽）

起—卧 《禁塞》:“起则诵之,卧则梦之。” （溪疑旁纽）

此类还有:

功—过（见母双声） 文—武（明母双声） 男—女（泥母双声）

晏—阴（影母双声） 死—生（心山准双声） 贫—富（並帮旁纽）

甘—苦（见溪旁纽） 出—入（穿日旁纽） 向—今（晓见旁纽）

本—末（帮明旁纽） 日—夜（日喻旁纽） 天—地（透定旁纽）

教—学（见匣旁纽） 呿—唫（溪群旁纽） 治—乱（定来旁纽）

积—散（精心旁纽） 精—牿（精清旁纽） 吉—凶（见晓旁纽）

乱—定（来定旁纽） 疾—徐（从邪旁纽） 功—苦（见溪旁纽）

缓—急（匣见旁纽） 始—终（审照旁纽） 言—行（疑匣旁纽）

3. 韵相同或相近的有55对,占21%,其中韵相同的8对,韵相近的47对。

聪—聋 《任数》:“何以知其聋? 以其耳之聪也。”

（东部叠韵）

新—陈 《先己》:“用其新,弃其陈,凑理遂通。”（真部叠韵）

同—殊 《论人》:“人同类而智殊。” （东侯对转）

旦—昏 《上农》:“野有寝耒,或谈或歌,旦则有昏,丧粟甚多。” （元文旁转）

有—无 《适威》:“有无之论,不可不熟。” (之鱼旁转)

此类还有:

老—幼(幽部叠韵) 昌—亡(阳部叠韵) 寒—暖(元部叠韵)
水—火(微部叠韵) 壅—通(东部叠韵) 天—人(真部叠韵)
朔—望(铎阳对转) 出—归(物微对转) 举—错(鱼铎对转)
良—恶(阳铎对转) 全—缺(元月对转) 竭—满(月元对转)
寒—热(元月对转) 便—害(元月对转) 安—危(元歌对转)
洁—漫(月元对转) 胜—北(蒸职对转) 辞—意(之职对转)
夙—夜(觉铎旁转) 直—曲(职屋旁转) 欲—恶(屋铎旁转)
利—害(质月旁转) 日—月(质月旁转) 父—子(鱼之旁转)
去—就(鱼幽旁转) 去—取(鱼侯旁转) 喜—忧(之幽旁转)
辞—受(之幽旁转) 喜—怒(之鱼旁转) 取—与(侯鱼旁转)
聚—去(侯鱼旁转) 取—舍(侯鱼旁转) 寿—夭(幽宵旁转)
高—庳(宵支旁转) 愚—智(侯支旁转) 巨—小(鱼宵旁转)
君—臣(文真旁转) 见—隐(元文旁转) 隐—阐(文元旁转)
寒—温(元文旁转) 声—响(耕阳旁转) 形—影(耕阳旁转)
登—降(蒸冬旁转) 腾—降(蒸冬旁转) 动—静(东耕旁转)
兴—亡(蒸阳旁转) 穷—通(冬东旁转) 纵—横(东阳旁转)
轻—重(耕东旁转) 送—迎(东阳旁转)

反义词中有语音联系,一是其中有同源关系,如“买—卖”,徐灏《说文解字注笺》说:“出物货曰卖,购取曰买,衹一声之轻重。”①王力先生《同源字典》指出:“买是买入,卖是卖出(使买)。买和卖

① 转引自王力先生《同源字典》,商务印书馆,1982年,119页。

是自动与使动的关系。”①“买”“卖”的语源是相同的。二是反义词对立于同类之中，因此也就可能出现某些语音上的联系。

（二）语义分析

《吕氏春秋》中反义词的语义关系，依据其有无中间状态的情况，可以分为两类：一类是极性对立，一类是互补对立。所谓极性对立，是说反义词的两个意义处于两极，它们之间存在过渡的中间状态。比如：

前—后 《具备》：“三月婴儿，轩冕在前，弗知欲也；斧钺在后，弗知恶也。”这里“前”“后”之间有中间地带，即不前不后。

朝—暮 《知士》：“于是舍之上舍，令长子御，朝暮进食。”这里“朝”“暮”处于一天的两极，中间有不朝不暮的上午、下午。

所谓互补对立，是说反义词的两个意义是互补的，互为存在的条件，非此即彼，非彼即此，没有中间地带。比如：

阴—阳 《君守》：“此之谓以阳召阴，以阴召阳。”中国古代把世间万物分成阴阳两类，不属于阴即属于阳，不属于阳即属于阴，没有中间地带。

动—静 《离俗》：“譬之若钓者，鱼有小大，饵有宜适，羽有动静。”事物不是动就是静，不是静就是动，没有不动不静的状态。

换一个角度看，反义词的两个意义是反向的、互相依存的，没有此即没有彼，没有彼就没有此，但非此不等于彼，非彼也不等于此。此类兼有前两类的部分特点而又与前两类不同。比如：

东—西 《有始》：“凡四海之内，东西二万八千里，南北二万六千里。”“东”是对“西”而言，“西”是对“东”而言，没有“东”就没有

① 《同源字典》，商务印书馆，1982 年，119 页。

“西”，没有“西”也就没有“东”，但“不是西”并不等于“东”，“不是东”也并不等于“西”。

师—徒　《诬徒》：“此六者不得于学，则君不能令于臣，父不能令于子，师不能令于徒。”“师”“徒”是相向的互相依存的，没有“师”就没有“徒”，没有“徒”也就没有“师”，但“不是师”不等于“是徒”，“不是徒”也不等于“是师”。

买—卖　《离谓》：“邓析曰：‘安之，人必莫之卖矣。’”同篇：“邓析又答之曰：‘安之，此必无所更买矣。’”“买”“卖”是互为依存的，此买于彼，即彼卖于此，但是“不买”不等于“卖”，“不卖”也不等于“买”。

前文说过，两个词只要有一个意义相反或相对，就可以形成一对反义词。《吕氏春秋》中有相当一部分词是多义词，那么，它就可能形成多对反义词。比如：

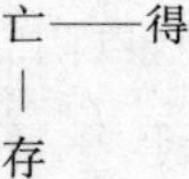

“亡”有“灭亡”义，与“存”的“存在”义形成一对反义词，《高义》：“此存亡之所以数至也。”“亡”还有“失”义，与“得”的“得到”义形成一对反义词，《贵信》：“予之，虽亡地，亦得信。”

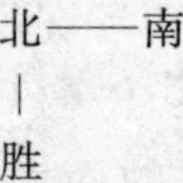

“北”表示的方位可与“南”表示的方位形成一对反义词，《有始》：“南北二万六千里。”“北”又有“失败”义，可与“胜”的“胜利”义形成一对反义词，《决胜》：“战而胜者，战其勇者也；战而北者，战其怯者也。”

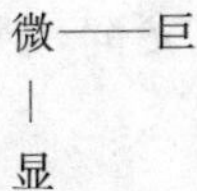

“微”的“微小”义与“巨”的“巨大”义形成一对反义词,《荡兵》:“贵贱、长少、贤者不肖相与同,有巨有微而已。”“微”的“隐蔽”义与“显”的“显著”义又形成一对反义词,《决胜》:“隐则胜阐矣,微则胜显矣。”

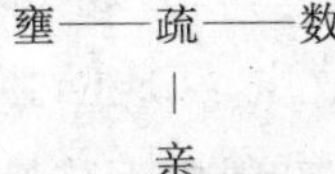

“疏”的“稀疏”义与“数”的“致密”义形成一对反义词,《辩土》:“慎其种,勿使数,亦无使疏。”“疏”的“关系疏远”义与“亲”的“关系亲密”义形成一对反义词,《异用》:“孔子以六尺之杖,谕贵贱之等,辨疏亲之义。”“疏”的“疏通”义与“壅”的“壅塞”义形成一对反义词,《古乐》:“疏三江五湖,注之东海。”《达郁》:“川壅而溃,伤人必多。”

一个词的几个意义,原则上都可以与它的对立面构成反义词,但是,实际上有的意义不存在对立面,不能构成反义词。另外,由于《吕氏春秋》词汇量的限制,有的意义在《吕氏春秋》中没有与之相对立的词,因此也不能构成反义词。这种一个词以它不同的意义分别与对立面构成反义词的情况,在《吕氏春秋》中以一对二为主,一对三、一对四则比较少,一对五以上几乎找不到。

由于同义词的存在,一个词的一个意义,与同义词组中的一个词形成反义词,也就可能与同义词组中的其他词同时形成若干对反义词。比如:

坚—刚　是一组同义词,都表示“坚硬”的意思。“柔”与“刚”形成一对反义词,《别类》:“金柔锡柔,合两柔则为刚。”因“刚”与

“坚”是同义词，“柔”与“坚”也形成一对反义词，《别类》：“柔则锩，坚则折。”

工—巧　是一组同义词，都有“精妙、技艺高明”的意思。“拙”可以分别与“工”“巧”构成两对反义词：工—拙，巧—拙。《知度》：“若此则工拙、愚智、勇惧可得以故易官，易官则各当其任矣。”《不二》：“智者不得巧，愚者不得拙，所以一众也。”

故—旧—陈　是一组同义词，都可以与“新”形成反义词：新—故，新—旧，新—陈。《忠廉》：“夫为故主杀新主，臣以为不义。”《古乐》：“周虽旧邦，其命维新。”《博志》：“新穀成而陈穀亏。”这三对反义词中，“新”的意义是相同的。“新”后代还与“老”构成一对反义词，但先秦时代“老”还没有产生“陈旧”的意义，只有“年老、老年人”的意义，所以“新”不能与“老”构成反义词。这也说明，反义词必须是共时的，不能用后代的意义与前代的意义去构成反义词。

失—遗—亡—丧　是一组同义词，都有“丢失”的意思，“得”可以分别与它们构成反义词：得—失，得—遗，得—亡，得—丧。《重己》：“一曙失之，终身不复得。”《贵公》：“荆人遗之，荆人得之。”《贵信》：“虽亡地，亦得信。”《慎大》：“故贤主于安思危，于达思穷，于得思丧。”不过，这四对反义词的使用频率是不同的，应用最多的是“得—失”，而且一直沿用到现在，同时，由于经常连用而凝结为一个复音词。

《吕氏春秋》中同义词比较丰富，作者又好用对比的方法表达思想，因此这类反义词就比较多。除上举之外，还有：

利—害、便—害　祸—福、灾—福　细—大、小—大

昼—夜、日—夜　干—湿、燥—湿　聚—散、积—散

众—寡、多—寡　首—尾、头—尾　真—伪、情—伪

勇—怯、勇—惧　寒—暑、寒—热　朝—夕、朝—暮

同—异、同—殊　穷—达、穷—通　巨—微、巨—小

夫—妻、夫—妇　死—活、死—生　始—终、始—卒

进—退、进—却　迟—疾、迟—速　高—庳、高—下

隐—显、隐—阐、隐—著，等等。

由于词的多义性和同义关系的存在，词的反义关系会出现错综复杂的情况。比如：

善—良—美　是一组同义词，都有“良好”的意思，“恶”有“劣、不好”的意思，形成对立，这样“恶”分别与“善”“良”“美”形成三对反义词，即：恶—善，恶—良，恶—美。《简选》：“以刺则不中，以击则不及，与恶剑无择。”《察今》：“良剑期乎断，不期乎莫邪。”《长攻》：“代君以善马奉襄子。”《异宝》：“王果以美地封其子。”同时，“恶”作为一个多义词，还有这样几个意义：“貌丑”“过错”“诋毁”，可以和“美”的“貌美”“美德”“赞美”等形成对立面，构成几对反义词。《去尤》：“且其子至恶也，商咄至美也。”《举难》：“以人之小恶，亡人之大美，此人主之所以失天下之士也。”《审己》：“又恶其一人而欲杀之，越王未之听。”《简选》：“天下美其德，万民说其意，故立为天子。”另外，“美”又有“气味好”的意义，“恶”又有“气味不好”的意义，也构成一对反义词。图示如下：

善	良好 ↔ 劣、不好	恶
良	良好 ↔ 劣、不好	恶
美	良好 ↔ 劣、不好	恶
	气味好 ↔ 气味不好	
	貌美 ↔ 貌丑	
	美德 ↔ 过错	
	赞美 ↔ 诋毁	

《吕氏春秋》的反义词，和同义词一样，有的是由本义和本义构成，有的是由本义和引申义构成，有的是由引申义和引申义构成。

1. 本义和本义构成反义词。

(1) 表时间、方位的反义词。

昏—旦　《说文》:"昏,日冥也。""旦,明也。"段玉裁注:"明当作朝,下文云,朝者旦也,二字互训。《大雅·板》毛传曰:'旦,明也。'此旦引申之义,非其本义。""昏"是太阳刚落山时,"旦"是太阳刚露出地平线时,"昏""旦"构成反义词,表示一晚一早的时间,《孟春》:"日在营室,昏参中,旦尾中。"

上—下　《说文》:"上,高也。""下,底也。"段玉裁谓"底"当作"氐"。"上"表示在一个标准位置的上边,"下"表示在一个标准位置的下边,形成一对反义词,《圜道》:"上不竭,下不满,小为大,重为轻,圜道也。"

(2) 表示性质、状态的反义词。

深—浅　《说文》:"浅,不深也。""深,深水,出桂阳南平。"依《说文》,"深"为河流名,此当另一词。"浅"为"不深","深"则当为"不浅",相对为义。"深"为"水深","浅"为"水浅",是其本义,《处方》:"水深浅易知。荆人所盛守,尽其浅者也;所简守,皆其深者也。"

贫—富　《说文》:"贫,财分少也。""富,备也。"《韩诗外传》卷一:"无财之谓贫。"《吕氏春秋·季春》高诱注:"无财曰贫。"《书·洪范》孔安国传:"富,财丰备。""贫"为"财少","富"为"财多",义正相反,《贵当》:"欲得良狗,则家贫无以。于是还疾耕,疾耕则家富。"

迟—速　《说文》:"迟,徐行也。""速,疾也。"《尔雅·释训》:"迟迟,徐也。"因字形从辵,故《说文》言"徐行",速亦从辵,亦为疾行。然其词之本义,即为"迟缓""急速",是一对本义相反的反义词,《审分》:"今以众地者,公作则迟,有所匿其力也;分地则速,无所匿迟也。"高诱注:"迟,徐也。速,疾也。"

(3) 表示行为、动作的反义词。

俛—仰 “俛”的本义是“低头”,“仰”的本义是“抬头”,义正相反。《说文》:“仰,举也。”慧琳《一切经音义》卷八注引《说文》:“仰,举首也。”“俛”是“頫”的异体,《说文》:“頫,低头也。俛,或从人免。”《知分》:“晏子俛而饮血,仰而呼天。”

进—退 《说文》:“进,登也。”《公羊传·庄公十三年》“曹子进曰”何休注:“进,前也。”《释名·释言语》:“进,引而前也。”“退”《说文》作“復”,云:“却也。”“进”是“前进”,“退”是“后退”,本义正相反,《序意》:“青荓进视梁下。”《士节》:“退而自刎也。”

2. 本义与引申义构成反义词。

形—景(影) 《说文》:“形,象也。”段玉裁注:“形容谓之形。”《礼记·檀弓上》郑玄注:“形,体也。”《吕氏春秋·适威》高诱注:“形,体也。”“影”本作“景”,《说文》:“景,日光也。”引申为“日光照射所形成的影子”,《明理》:“有不光,有不及景。”《先己》:“故善响者不于响于声,善影者不于影于形。”“影”字产生于汉末,《吕氏春秋》中的“影”字当是后人所改。

功—过 《说文》:“功,以劳定国也。”《尔雅·释诂下》“勋,功也”郭璞注:“功,谓功劳也。”《说文》:“过,度也。”《淮南子·览冥》高诱注:“过,犹历也。”“功”的本义是“功劳”,“过”的本义是“经过”,二字不能构成反义词。段玉裁《说文解字注》说:“引申为有过之过。”《孟子·公孙丑下》“圣人且有过与”赵岐注:“过,谬也。”“过”的引申义“过错”与“功”的本义“功劳”构成一对反义词,《高义》:“故当功以受赏。”《当赏》:“拂吾所欲,数举吾过者,吾以为末赏。”

损—益 《说文》:“损,减也。”“益”字是“溢”字的古字,《说文》分为二字,《说文》:“溢,器满也。”正是“益”的意思。“益”本义为

"器满水从中流出",引申为"增加"。《尔雅·释言》:"增,益也。"《国语·周语下》韦昭注:"益,犹加也。"《广雅·释诂二》:"益,加也。""损"的本义"减少",与"益"的引申义"增加"构成一对反义词,《察今》:"虽人弗损益,犹若不可得而法。"

死—活 《说文》:"死,澌也。"段玉裁注:"澌为凡尽之称,人尽曰死。"《韩非子·解老》:"生尽之谓死。"《说文》:"活,流声也。"段玉裁注:"其音户括切,引申为凡不死之称。""死"的本义"死亡"与"活"的引申义"生存"构成一对反义词,《长利》:"解衣与弟子,夜半而死,弟子遂活。"

险—易 《说文》:"险,阻难也。"《礼记·少仪》孔颖达疏:"险是地形险阻。"这是"险"的本义,指"地势险恶"。"易"的本义当是"难易"之"易"①,引申之,指"地势平坦"。《荀子·富国》"则其道易"杨倞注:"易,平易可行。"《汉书·晁错传》"若夫平原易地"颜师古注:"易,亦平也。""险"的本义与"易"的引申义构成一对反义词,《异宝》:"盖是国也,地险而民多知。"《长攻》:"夫吴之与越,接土邻境,道易人通。"

3. 引申义与引申义构成反义词。

师—徒 《说文》:"师,二千五百人为师。""师"的本义是"军队的编制",经过几层引申,产生有"老师"的意义,《周礼·师氏》郑玄注:"师,教人以道者之称也。"《说文》:"徒,步行也。"引申有"弟子"的意思,《吕氏春秋·诬徒》高诱注:"徒,谓弟子也。""师"的引申义"老师"和"徒"的引申义"弟子"构成一对反义词,《诬徒》:"父不能令于子,师不能令于徒。"

好—恶 《说文》:"好,美也。"引申为"喜欢",《吕氏春秋·壅

---

① 《说文》训"易"为"蜥易",当是另一词。

塞》"齐宣王好射"高诱注:"好,喜也。"《说文》:"恶,过也。"段玉裁注:"人有过曰恶,有过而人憎之亦曰恶。"《吕氏春秋·首时》"其貌适吾所甚恶者"高诱注:"恶,憎也。""好"的引申义"喜欢"与"恶"的引申义"憎恶"构成一对反义词,《精谕》:"同好同恶,志皆有欲,虽为天子,弗能离也。"

同—异 《说文》:"同,合会也。"引申为"相同、一样",《吕氏春秋·为欲》高诱注:"同,等也。"《说文》:"异,分也。"引申为"不相同",《玉篇》:"异,殊也。""同""异"构成反义词是引申义之间构成的反义词,《不苟》:"人主虽不肖,其说忠臣之声与贤主同,行其实则与贤主有异。"

新—故 《说文》:"新,取木也。"段玉裁注:"取木者,新之本义,引申之凡基始之称。"《广雅·释言》:"新,初也。"《说文》:"故,使为之也。"段玉裁注:"故,今俗云原故是也。"引申为"旧",《孟子·梁惠王下》赵岐注:"故者,旧也。""新""故"的引申义构成一对反义词,《忠廉》:"夫为故主杀新主,臣以为不义。"

反义词中有一件十分有趣的事。一对反义词一经形成,它们的关系就很牢固,一个词的意义引申,另一个词的意义也跟着相应地引申,引申后仍然构成一对反义词,即使再引申仍然是一对反义词,成双成对,谁也不抛弃谁,有人后来把这种现象称作同步引申。比如:

清—浊 这两个词的本义是指"水的清澈和混浊",《说文》:"清,朖也,澄水之貌。"贾谊《新书·道术》:"反清为浊。"段玉裁《说文解字注》:"按,浊者,清之反也。诗曰:载清载浊。"《本生》:"夫水之性清,土者抇之,故不得清。""浊"此义《吕氏春秋》缺例。两词同时用作名词,指"清水""浊水",《举难》:"螭食乎清而游乎浊。""清"由"水的清澈"引申为"社会的清明","浊"也相伴引申,由"水的混浊”引申为“社会的混乱”，仍然是一对反义词，《序意》：“盖闻古之清世，是法天地。”《振乱》：“当今之世浊甚矣。”同时，由“水的清浊”又引申出“乐音的清浮和凝重”，还是一对反义词，《适音》：“耳不失其听，而闻清浊之声。”如图：

清　水清澈 ⟷ 水混浊　浊

清水 ⟷ 浊水

社会清明 ⟷ 社会混乱

声音清浮 ⟷ 声音凝重

阴—阳　《说文》：“阴，山之北也。”《吕氏春秋·古乐》高诱注：“山北曰阴。”《诗经·殷其雷》毛传：“山南曰阳。”“阴”的本义是“山的北边”，“阳”的本义是“山的南边”，二词构成一对反义词，《古乐》：“乃之阮隃之阴，取竹于嶰豀之谷。”《爱士》：“缪公自往求之，见野人方将食之于岐山之阳。”山的南边可以见到阳光，所以“阳”引申出“日光”的意义，《辩土》：“故晦欲广以平，甽欲小以深，下得阴，上得阳，然后咸生。”与之相对应，山北见不到阳光，只有阴影，因此，“阴”引申出“日影”的意义，《察今》：“故审堂下之阴，而知日月之行。”这时“阴”“阳”还是一对反义词。由此又引申出一对哲学概念，古人把自然界的两两对立的物质及其变化都称作“阴”“阳”，《仲夏》：“是月也，日长至，阴阳争，死生分。”《大乐》：“太一出两仪，两仪出阴阳。”“阴”“阳”仍构成一对反义词。如图：

阴　山之北 ⟷ 山之南　阳

日光 ⟷ 阴影

哲学概念阴 ⟷ 哲学概念阳

左—右　“左”本为“左手”，“右”本为“右手”，是一对反义词，《贵信》：“庄公左搏桓公，右抽剑以自承。”引申指方位，“左”指“左边”，“右”指“右边”，仍是一对反义词，《乐成》：“男子行乎涂右，女子行乎涂左。”同时又引申为指人，“左”指“车左”，即“站在车左边的尊者”；“右”指“车右”，即“负责保卫车的武士”，《疑似》：“舜为御，尧为左，禹为右。”《悔过》：“左不轼，而右之超乘者五百乘。”如图：

左　　左手⟷右手　　右
　　　左边⟷右边
　　　车左⟷车右

本—末　《说文》：“本，木下曰本。”“木上曰末。”“本”的本义是“树根”，“末”的本义是“树梢”，正好相对，构成一对反义词，《先己》：“百仞之松，本伤于下而末槁于上。”引申为抽象的事物，“本”指“根本的”，“末”指“末节的”，仍互相对立，构成反义词，《本味》：“求之其本，经旬必得；求之其末，劳而无功。”“本”又特指“农业”，“末”又特指“工商”，这是因为当时人们认为农业对国家来说是根本的要务，而工商则是末节的，甚至是有损农业的。因此仍处于对立的状态，仍构成一对反义词，《上农》：“民舍本而事末则不令。”如图：

本　　树根⟷树梢　　末
　　　根本的⟷末节的
　　　农业⟷工商

这种情况并不是说，一对反义词一经形成，它的所有引申义都必定构成反义词。比如“末”，引申有“末尾、末了”义，《当赏》：“拂吾所欲、数举吾过者，吾以为末赏。”而“本”没有相应地产生“开头、起始”的意义，这时“末”和“本”就不能再构成一对反义词。

在《吕氏春秋》的反义词中，还有一种有趣的现象，有时一对反义词在特定的句式中，竟表现出同义的效果。比如：

往—来　二词无论在表示动作趋向上，还是在表现时间上，都是一对反义词，《行论》：“往不假道，来不假道，是以宋为野鄙也。”

《听言》:“往者不可及,来者不可待。”在《吕氏春秋》中有“自今以来”的格式,出现4次,《上德》:“自今以来,求严师必不于墨者矣。”也有“自今以往”的格式,出现1次,《察微》:“自今以往,鲁人不赎人矣。”在这两个格式中,一用“来”,一用“往”,好像是对立的,其实不然,这两个格式的意义是相同的,都是“从今以后”的意思。在这种特定的格式中,“往”“来”从对立变成一致了,“来”指“将来”,“往”指“往后”。

反义词在运用过程中,有时是有所选择的,尤其是两两对举的时候。比如“急”“疾”“速”都有“急速”的意思,“缓”“徐”“迟”都有“缓慢”的意思,按理此一组中的任何一个词都可以与彼一组的所有词构成反义词。但是,实际运用上不是随意的,而是有所选择的。《吕氏春秋》中一般是“急”与“缓”、“疾”与“徐”、“速”与“迟”构成反义词,如《情欲》:“德义之缓,邪利之急。”《首时》:“似缓而急,似迟而速。”《审分》:“分地则速,无所匿其迟也。”《知分》:“疾不必生,徐不必死。”《论威》:“此疾徐先后之势也。”

(三) 语法分析

反义词和同义词一样,每一对反义词组成成分的词性必须是相同的,名—名,动—动,形—形,不同词性不能构成反义词。《吕氏春秋》的269对反义词中①,形容词最多,有111对,占42.7%,其次是动词,有97对,占35%,名词最少,有61对,占22.3%。②形容词构成的反义词多,是因为形容词是表示性质的词,表示性质

---

① 这只是单音反义词,另有17对双音反义词。再者,单音反义词中,有些多义词的多个意义形成多对反义词,如本—末(树根—树梢),本—末(根本—末节),本—末(农业—工商)等,为统计的方便,没有按多对统计,这并不是说明它们只是一对。

② 其他词类数量极少,没有专门统计。

的词一般都有对立面,存在形成反义词的条件。表示事物名称的名词,或者根本没有对立面,或者很难确定它的对立面;而表示时间、方位的名词又很有限,因此,名词构成的反义词最少。

下面是形容词、动词、名词构成反义词的情况:

形容词

燥—湿　湿—干　贵—贱　贫—富　愚—智　公—私
隆—杀　大—小　急—缓　远—近　荣—陋　荣—辱
盛—衰　衰—隆　寒—暑　清—暖　热—清　寒—温
寒—暖　寒—热　亲—疏　甘—苦　尊—卑　腐—香
深—浅　盈—亏　劳—逸　强—弱　众—寡　多—寡
多—少　数—疏　真—伪　情—伪　轻—重　寿—夭
漫—洁　污—洁　功—苦　精—粗　工—拙　巧—拙
壮—幼　长—幼　老—幼　长—少　老—少　先—后
吉—凶　虚—实　高—庳　高—下　直—曲　直—骫
直—句　直—枉　善—恶　好—恶　良—恶　美—恶
故—新　旧—新　陈—新　难—易　安—危　乱—定
治—乱　聪—聋　明—盲　明—暗　捷—迟　昭—冥
敬—慢　达—穷　通—穷　微—显　隐—阐　疾—迟
速—迟　疾—徐　勇—惧　勇—怯　隐—显　隐—著
坚—柔　柔—刚　微—巨　细—大　巨—小　同—殊
同—异　坚—脆　柔—力　盛—简　肥—墝　肥—棘
肥—瘠　滑—涩　方—圜　赢—绌　从—横　诽—誉
险—易　邪—善　邪—正　长—短　突—窪　费—俭
厚—薄　清—浊　阙—全　侈靡—俭节　小弱—强大
勇敢—罢怯　贤—不肖　贵富(富贵)—贫贱

动词

取—与　取—舍　昌—亡　兴—亡　存—亡　得—亡

得—失　便—害　利—害　去—取　聚—去　聚—散

积—散　得—丧　作—止　居—行　行—止　去—居

去—就　去—来　往—来　离—合　进—退　进—却

兴—约　兴—废　推—援　赏—罚　有—无　起—卧

信—疑　胜—败　胜—北　出—入　长—绌　欢—哀

辞—受　解—结　禁—劝　释—夺　俛—仰　坐—立

劝—沮　死—活　死—生　生—杀　置—废　举—错

举—罢　成—毁　教—学　守—攻　唱—和　迎—送

加—损　损—益　屈—伸　信—诎　始—终　始—卒

悲—乐　忧—乐　哀—乐　呿—唫　买—卖　毁—誉

除—致　顺—逆　顺—倒　德—怨　欲—恶　说—恶

好—恶　爱—恶　喜—恶　喜—忧　喜—怒　拔—插

醉—醒　浮—沉　张—弛　哭—笑　塞—通　壅—通

登—降　降—腾　饥—饱　枭—衆　隐—见　动—静

静—躁　广—约　劳—佚　息—劳　从—辟　谋—意

攻伐—救守

名词

昏—旦　朝—夕　朝—暮　昼—夜　日—夜　夙—夜

早—晏　早—晚　春—秋　冬—夏　晦—朔　朔—望

向—今　古—今　上—下　内—外　左—右　天—地

己—彼　彼—此　人—己　师—徒　君—臣　父—子

兄—弟　夫—妻　夫—妇　天—人　本—末　敌—我

主—客　祸—福　灾—福　妖—祥　形—影　黑—白

东—西 南—北 文—武 德—力 適—孽 名—实

过—善 功—过 功—罪 首—尾 头—尾 首—足

是—非 前—后 阴—阳 男—女 雌—雄 声—响

水—火 日—月 言—行 妻—妾 今—后 锦—褐

本—末 君子—小人 天子—布衣 天子—舆隶

一曙—终身 寿民—殇子 高山—深谿 白垩—黑漆

万岁——瞚 百世——时 丈夫—女子 天子—匹夫

前文说过，一对反义词中一个词的意义发生了变化，另一个词的意义也会跟着发生同样的变化，也就是所谓的同步引申。这种情况包括两方面的涵义：一是意义范畴和类别，一是词性。而这两方面又是融为一体的，不可分割的。同一个意义范畴和同一个类别，它的词性必然是相同的，如果词性不同，词义就会产生差别，而不能构成反义词。有时候，甚至是词性先发生变化，从而带动词义发生变化，一对反义词发生这种变化后，仍然形成反义关系，构成一对反义词。比如：

愚—智 这两个词本是形容词，“愚”是“愚笨”的意思，“智”是“聪明”的意思，《贵公》：“人之初也愚，其长也智。”二者都用作动词，表示意动，仍形成对立，“愚”是“认为愚”，“智”是“认为智”，仍构成反义词，《知度》：“人主自智而愚人。”“自智”是“认为自己智”，“愚人”是“认为别人愚”。这两个词又同时用作名词，指“愚笨的人”“聪明的人”，还是一对反义词，《不二》：“夫能齐万不同，愚智工拙皆尽力竭能。”

多—少 这是一对反义形容词，用来指数量，《为欲》：“故人之欲多者，其可得用亦多；人之欲少者，其得用亦少。”二者都引申为动词，用作意动，意义不再指称数量，而是“认为高明”“认为不高明”的意思,《骄恣》:“人主之患,不在于自少,而在于自多。”“自少”是“认为自己不高明”,“自多”是“认为自己高明”。《谨听》:“亡国之主反此,乃自贤而少人,少人则说者持容而不极,听者自多而不得,虽有天下,何益焉?”“少人”是“认为别人不高明”。如果确立义项,“多”是“看重”,“少”是“轻视”,“自多”就是“看重自己”,“少人”就是“轻视别人”,词性仍是相同的。

远—近　这是一对指距离的反义形容词,《举难》:“卫之去齐不远。”《有始》:“夏至日行近道。”二者同时可以用作名词,指“远处”“近处”或“远处的人”“近处的人”,《简选》:“顺民所喜,远近归之。”又同时用作动词,如果受事或主体是物,则“远”义为“远离”,“近”义为“接近”,《原乱》:“故《诗》曰:‘毋过乱门。’所以远之也。”《察传》:“夫‘己’与‘三’相近。”如果受事是人,那么,“远”的意义是“疏远”,“近”的意义是“亲近”,《上德》:“晋献公为丽姬远太子。”《恃君》:“以子之材而索事襄子,襄子必近子。”

四

《吕氏春秋》反义词运用的一大特点是,经常成对出现,或者在不同分句中相对出现,或者在一句中相对出现。这对语言表达有很大好处,首先增强了矛盾方面的对比效果,使之更加鲜明和强烈。比如:

《情欲》:“德义之缓,邪利之急,身以困穷,虽后悔之,尚将何及?”

《制乐》:“吾闻祥者福之先者也,见祥而不为善,则福不至;妖者祸之先者也,见妖而为善,则祸不至。”

《观世》:“此治世之所以短,乱世之所以长也。”

《知分》:“疾不必生,徐不必死。”

《有度》:“夏不衣裘,非爱裘也,暖有余也;冬不用箑,非爱箑也,清有余也。”

《慎大》:“夫忧所以为昌也,而喜所以为亡也。”

《本生》:“利于性则取之,害于性则舍之。”

《论人》:“故论人必先以所亲而后及所疏,必先以所重而后及所轻。”

《高义》:“故当功以受赏,当罪以受罚。”

《精通》:“月望则蚌蛤实,群阴盈;月晦则蚌蛤虚,群阴亏。”

例二先说明“祥”与“福”、“妖”与“祸”的关系,然后说明能否为善而使祸福的情况发生颠倒。“妖”“祥”、“祸”“福”两对反义词的运用更增强了对比的效果。例五“冬”“夏”、“清”“暖”构成两对反义词,“裘”“箑”本不是反义词,《吕氏春秋》的作者把它们作为对立的事物,实际上构成一对言语反义词。这几对反义词的运用,使一种对比的气氛充溢其间,为下文“圣人之不为私也,非爱费也,节乎己也”做了有力的铺垫,思想表达得更加鲜明,增强了使人信服的力量。例一“缓”“急”相对,例三“治”“乱”、“短”“长”相对,例四“疾”“徐”、“生”“死”相对,例六“忧”“喜”、“昌”“亡”相对,例七“利”“害”、“取”“舍”相对,例八“亲”“疏”、“重”“轻”相对,例九“功”“罪”、“赏”“罚”相对,例十“实”“虚”、“盈”“亏”相对,都大大增强了对比的效果,增强了文章的说服力与感染力。

这种对比的句子中,反义词所处的位置都是两两相对的,因此构成一种整齐的句式,使句子产生一种整齐的美。如例二有两个较大的分句，每个大分句又包括三个小分句，“妖”“祥”、“祸”“福”各出现两次，都是出现在相对的位置上。其他例句也都是这样，反义词出现在相对的位置上，形成十分整齐的对偶句式。这样，不但意义上对比强烈，而且读起来上口，看起来整齐，给人以一种美的享受。

这样相对运用的反义词，由于所处位置的相同，它们的用法或语法功能也相同。如例三“治”“乱”都处在定语的位置，“短”“长”都处于“所以”结构中；例四“疾”“徐”都处在主语的位置，“生”“死”都处在谓语的位置；例七“利”“害”都形成一个述补结构，都带有带“于”的补语，又都处于紧缩复句的前一部分，“取”“舍”都处在紧缩复句的后一部分，又都作述语，带宾语“之”。例一的情况更典型，“缓”“急”本是形容词，这里都同时用作及物动词，都作述语带宾语，而且宾语都是靠复指代词“之”复指前置。这种用法上的一致，使句式的整齐更深入一步。

有时这种反义词与同义词配合使用，更加增强表达的效果。比如：

《明理》：“故众正之所积，其福无不及也；众邪之所积，其祸无不逮也。”

《召类》：“文者爱之徵也，武者恶之表也。”

《处方》：“荆人所盛守，尽其浅者也；所简守，皆其深者也。”

例一“正”“邪”义相对，“福”“祸”义相对，而“及”“逮”义相同。例二“文”“武”义相对，“爱”“恶”义相对，而“徵”“表”义相同。例三“盛”“简”义相对，“浅”“深”义相对，而“尽”“皆”义相同。用同义词，而不用相同的词，避免了雷同，增加语言的变化，使语言更富有表现力，更加生动。

反义词不但在不同的分句中相对地运用，也在同一小句中相对地运用。比如：

《适音》："人之情，欲寿而恶夭，欲安而恶危，欲荣而恶辱，欲逸而恶劳。"

《大乐》："四时代兴，或暑或寒，或短或长，或柔或刚。"

《侈乐》："故强者劫弱，众者暴寡，勇者凌怯，壮者慠幼。"

《慎大》："故贤主于安思危，于达思穷，于得思丧。"

《似顺》："事多似倒而顺，多似顺而倒。"

每一个小句中运用一对反义词，相同格式的小句排比在一起，句式整齐，很有气势，语言表达的效果更加鲜明。

除了相对举之外，《吕氏春秋》反义词运用的另一大特点是，经常连用，以突显其对比效果。比如：

《情欲》："此二者，死生、存亡之本也。"

《劝学》："故师之教也，不争轻重、尊卑、贫富，而争于道。"

《侈乐》："寒温、劳逸、饥饱，此六者非适也。"

《论威》："义也者，万事之纪也，君臣、上下、亲疏之所由起也。"

《决胜》："知时化则知虚实、盛衰之变，知先后、远近、纵舍之数。"

《首时》："事之难易，不在小大，务在知时。"

《知度》："若此则工拙、愚智、勇惧可得以故易官。"

反义词连用，把同一事物的矛盾双方、同一范畴的两个侧面并列在一起，揭示出来，使所论更加鲜明，更加具有说服力。

反义词对举、连用的情况，在《吕氏春秋》中主要出现在议论的语言里，而在一般的叙事性语言里则很少见到。因为议论的语言要有气势，要有感染力，要能说服人，正反对比强烈的反义词的对举、连用，无疑会起到很好的作用，收到很好的效果。一般性的叙事语言，应该以朴实无华为上品，不必也不该有过多的修饰。这也是《吕氏春秋》语言运用的精妙之处。

《吕氏春秋》的反义词，有时候只在单用的时候出现，在对举时不用反义词，而用否定式。比如：

善—恶　这是一对反义形容词，“善”是“美好”，“恶”是“劣坏”，《长攻》：“代君以善马奉襄子。”《简选》：“今有利剑于此，以刺则不中，以击则不及，与恶剑无择。”但是，《吕氏春秋》中没有“善”“恶”对举和连用的情况，“善”的对立面都是“不善”。“善不善”连文的6处，“善与不善”2处，“善”和“不善”对举的3处，如《圜道》：“令圜，则可不可，善不善，无所壅矣。”《听言》：“听言不可不察，不察则善不善不分。善不善不分，乱莫大焉。”《去宥》：“夫请以为薪与弗请，此不可以疑枯梧树之善与不善也。”又：“所言苟善，虽奋于取少主，何损？所言不善，虽不奋于取少主，何益？”《察贤》：“故曰善者得之，不善者失之，古之道也。”这可能是作者以为，此时用肯定式与否定式对举比用反义词对举对比效果更强烈。在与《吕氏春秋》同时代的《韩非子》中，“善恶”连文有3处，《扬权》：“善恶必及，孰敢不信？规矩既设，三隅乃列。”《安危》：“一曰：赏罚随是非。二曰：祸福随善恶。”《外储说左上》：“信名，则群臣守职，善恶不踰，百事不怠。”对举1处，《八经》：“故赏贤罚暴，举善之至者也；善暴罚贤，举恶之至者也。”从《韩非子》的用例看，用“善恶”连文或对举，句式更加整齐。因此，是否采用反义词，要看语言表达的需要。

反义词连用,和同义词连用一样,也是构成复音词的条件之一。但是,反义连文常常是作为一种对举,因此构成复音词的机会远不如同义连文构成复音词那么多。《吕氏春秋》中已有由反义连文凝固而成的复音词,如“小大”“动静”等,这些将在复音词一节中讨论,这里就不多说了。

《吕氏春秋》中反义词连用,有这样一个显著的特点,连用的反义词,声调大多是按照平上去入的次序排列的。《吕氏春秋》中连用的反义词有 101 对,其中声调相同的有 33 对。如:

平平:存亡 阴阳 尊卑 师徒 君臣 兴衰 安危 亲疏(疏亲) 言行 穷通 东西(西东) 高卑 援推

上上:取与 取舍 远近 父子 水火 上下 纵舍 动静

去去:治乱 去就 进退

入入:内外(外内) 日月 利害 日夜 夙夜 白黑 得失 滑易 欲恶

声调不同的有 68 对,其中单纯按平上去入的次序排列的有 51 对。如:

平上:寒暑 情伪 前后 先后 微巨 高下 男女 文武 饥饱

平去:轻重 天地 愚智 登降

平入:朝夕 贫富 清浊 兴废 荣辱 虚实 朝暮 名实 难易 强弱 穷达 工拙 赢绌 南北 坚脆 同异 劳逸 哀乐

上去:喜怒 长幼 左右 毁誉 诽誉 勇惧

上入：美恶　举错　好恶　巧拙　赏罚　损益　始卒

去入：燥湿　昼夜　祸福　胜败　晦朔　爱恶　细大

另外有10对与此次序相反。如：

上平：往来　古今　是非　浅深　死生

去平：寿夭　晏阴

入平：疾徐　吉凶

入上：怯勇

还有7对顺次序与逆次序皆有的。如：

长少:少长　贱贵:贵贱　多少:少多　兄弟:弟兄　小大:大小

长短:短长　厚薄:薄厚

从以上情况看，按平上去入顺次序排列的是与之相反的逆次序的五倍多，这应该不是一个偶然的现象。其他文献的情况亦与之相近似。

※　※　※　※　※　※　※

上边我们讨论了同义词和反义词。同义词和反义词是一种什么关系呢？它们之间有一种什么联系呢？它们的区别何在呢？

同义词和反义词都是一种词义聚合关系，所以它们有相当的共同点：(1)都是以义位为单位，而不是以词为单位的；(2)都必须是可比的，就是说都必须在相同的意义范畴之内，或者说都必须是同位义的；(3)必须是共时的，或者说必须在相同的历史平面上。

前文说过，同义词包括绝对同义词、同义词、近义词。绝对同义词是指理性意义和其他意义完全相同的词，它们在任何情况下都可以互相替换。同义词是指理性意义完全相同而附加意义有别的词。近义词是指理性意义的中心义素和部分限制性义素相同，有一个义素不同的词。反义词则是理性意义的中心义素和部分限制性义素相同，有一个义素不同。这样看来，绝对同义词、同义词与反义词的界限是清楚的，不会发生混淆。反义词只是与近义词不易区分。有人认为关键就在这个不同的义素了，不同的义素具有“互补、极性对立、反向”中一个特点的是反义词，否则不是。这样确实可以区分出相当的反义词，但仍不能彻底解决问题。因为某些一般认为同义词的，其不同的义素也具有“互补、极性对立”等特点。我们说，同义词和反义词都是同中有异，如何看待这个“异”，大概跟古人的认识心理以及语言运用习惯紧密相连。同和异是一对矛盾，如何看待这对矛盾，也就是说，古人是看重“同”还是看重“异”，决定着是同义词还是反义词。比如：

苑—囿 都是指“蓄养禽兽的园子”。这是其同。高诱注：“畜禽兽所，大曰苑，小曰囿。”这是其异。

城—郭 都是指“城墙”。这是其同。孔颖达疏：“城，内城；郭，外城也。”这是其异。

其“异”的“大—小”“内—外”是极性对立的反义词，似乎这两对词应该是反义词了。但是古人看重的不是“大小”“内外”的对立，而是看重了它们的共性，“养禽兽的园子”，“城墙”。而且“苑囿”“城郭”经常连用，表达一个完整的意义而不加区别，《重己》：“昔先圣王之为苑囿园池也，足以观望劳形而已矣。”《似顺》：“城郭高，沟洫深。”所以，以“大小”“内外”为其区别特征的“苑—囿”“城—郭”却是同义词。

清—浊 这对词都是指水，“清”指“清水”，“浊”指“浊水”，与“城—郭”指“内城”“外城”的性质应该是一样的。但是，古人经常把它们放在对立面来对举，如《举难》：“螭食乎清而游乎浊。”显然，水的性质清澈和混浊成了这对词的主要方面，是古人所看重的。

所以,人们一般认为,“清—浊”是反义词,而“城—郭”是同义词。为什么此看重异而彼看重同呢?这就是社会生活在人们心理上造成的影响与人们的语言运用习惯所决定的了。

另外从这两对词的引申线路,可以看出人们的这种心理。“清—浊”是沿着“清澈”“混浊”的意义引申的,“清明的社会”叫“清世”,“混乱的社会”叫“浊世”,《序意》:“盖闻古之清世,是法天地。”《振乱》:“当今之世浊甚矣。”“声音的清扬”叫“清”,“凝重”叫“浊”,《适音》:“黄钟之宫,音之本也,清浊之衷也。”“城”“郭”则没有沿着“内”“外”的意义引申。反过来也可以看出古人是看重其同而没有看重其“内外”的分别。

有时候,判断一组词是同义词还是反义词并不容易,要看作品和作者的语言表达习惯。比如“妻—妾”,都指“妻子”,与“城”“郭”都指城一样;“妻”为“正妻”,“妾”为“非正妻”,有“正”与“偏”的对立,也与“城”“郭”有“内”与“外”之别一样。这两组词应该没有什么区别,但是在《吕氏春秋》中“妻—妾”是强调其对立,《当务》:“有妻之子,而不可置妾之子。”这里“妻”“妾”被严格对峙着。《慎势》:“妻妾不分则家室乱。”这里也是强调其对立和区别。因此我们只能认为《吕氏春秋》中的“妻—妾”是一对反义词。也有的著作把它们看作同义词,突出其“妻子”的意义,《韩非子·外储说右上》:“昭侯必独卧,惟恐梦言泄于妻妾。”又比如:

声—响 《说文》:“声,音也。”“响,声也。”段玉裁注:“浑言之也。《玉篇》曰:‘响,应声也。’”“声”指“声音”,“响”指“回声”。一般把它们看作一组意义有区别的同义词,正如把“声—音”看作同义词一样。“声”指“人或动物发出的声音”,“音”指“器物发出的声音”,《说文》:“音,声生于心有节于外谓之音。宫商角徵羽,声也;

丝竹金石匏土革木，音也。”但是在《吕氏春秋》中“声—响”是被当作反义词来使用的，《先己》：“故善响者，不于响于声；善影者，不于影于形。”这是因为它们具有一对相对立的义素：发出—返回。而一般情况下，人们不去强调它们的对立，而突出它们声响的共同处。

就是在《吕氏春秋》一部书中，强调其同还是强调其异，有时也随语言环境而有所变化。比如：

甽—亩　“甽”指“田里垄间的小水沟”，“亩”指“田中甽间隆起种庄稼的地方”。一是凹下的，一是隆起的，《任地》：“上田弃亩，下田弃甽。”《辩土》：“亩欲广以平，甽欲小以深。”这里“甽”“亩”是作为对立面强调其异的，是一对反义词。因为“甽”“亩”都是田地的一部分，所以常连用而泛指农田。《离俗》：“居于甽亩之中，而游入于尧之门。”这种泛指实际上是强调其同。“甽”“亩”则应该看作一组同义词了。这种同义连文是作为同一个概念出现的，因此极容易固定化而形成复音词。

柒　《吕氏春秋》的同源词

同源词的研究是个既古老又年轻的课题。先秦时代已经出现通过字音解释字义的萌芽,如《吕氏春秋·节丧》:"葬也者,藏也。"用"藏"来解释"葬","藏""葬"声音很近,均属阳部,"葬"为精母,"藏"为从母,是为旁纽。《吕氏春秋》的这种解释是在无意中探求了语源,而且这种探求是合理的。但可惜的是,先秦时代这种语源探求的情况太少,没有形成一个系统。汉代的学者,开始了有意识地从声音探求语源的工作,集大成的著作是刘熙的《释名》。它运用声训的方法探求事物命名的由来。从总体上说,事物的原始命名,音义之间没有必然的联系,一味地牵合音义,难免陷入唯心主义。但是在语言的发展过程中,同一个语源的语词或名称,必然会有声音和意义上的联系。探求这种联系就是同源词研究的开始。《释名》的探求,不能说是成功的,但它为后人展示了一个很有价值的研究领域。宋代王圣美的右文说,是从汉字的形体特点出发,从另一个角度,探求了字音与字义的联系,他的方法不能作为一条普遍的规律,但就某些具体情况而言,还是有可取之处的。如果说刘熙的《释名》还是在探求单个词的语源,那么王圣美的右文说实际上是在探求词族了。

国学根底很深又受西方语言学一定影响的章太炎先生,全面地进行了一番同源词的研究,写出了《文始》。这是汉语同源词研究的真正的开始。由于章太炎先生没有完全摆脱字形的束缚，语音的联系又过于宽泛，所以不少结论不能令人信服。

王力先生晚年曾致力于同源词的研究，并写成《同源字典》一书。王先生的态度比较谨慎，从声音和意义两方面严格考察，共得出 1007 组同源词。由于王先生精于古音学，又谨守前人训诂，所得同源词多比较可靠。

汉语同源词在古代汉语词汇研究中占有重要的位置。

一

研究汉语同源词首先要弄清楚什么是同源词。所谓同源词，就是语源相同的词。原始词的音义之间没有必然的联系，它的规律是荀子所说的约定俗成。但在旧词的基础上产生新词，新旧词之间，无论声音和意义都必然具有某种联系。这种新旧词之间的联系就是一种流与源的关系。从同一个原始词产生的若干词就是同源词。由于汉语的历史久远，我们很难考定它的原始词了。我们现在考察同源词，依靠的是汉字所记录下来的古代词汇，但是文字和语言的词汇有联系又不能等同。因此考察同源词必须摆脱文字形体的束缚，而且必须贯彻到底，自始至终地遵守。关于确定字和词的问题，前文已经有专节述及，这里不再重复。

确定同源词，要有标准和原则，要从声音和意义两个方面审慎考虑。语音相同或相近，语义相同或相关，这是考虑和确定同源词的标准和原则。语音要是上古音，语义要有训诂的根据。王力先生在《同源字论》中所确定的这两条标准和原则是完全正确的，不必再有所增损。

所谓语音相同或相近，是指声韵都相同或相近，不是声纽相同而韵部相差很远，或韵部相同而声纽相差很远。所谓语义相同或相关，是指意义相同或者相关。相关就是这些词有共同的特点，意义上有某些联系。比如，《吕氏春秋》中有这样一些词：卑、庳、埤(陴)、鼙(鞞)。这几个词声音很接近，它们都是从卑得声，卑是帮母，其余几个是並母，帮並旁纽，韵部全是支部。从意义上说，“卑”是“低、地位低下”，《制乐》：“天之处高而听卑。”《慎小》：“上尊下卑。”“庳”也是“低矮、低下”，《召类》：“西家高，吾宫庳。”《诚廉》：“不以人之庳自高也。”“埤(陴)”是“城上女墙”，即“低矮的城墙”，《明理》：“有鬼投其陴。”《简选》：“反郑之埤。”“鼙(鞞)”是“小鼓”，《古乐》：“或鼓鼙，或击磬。”《仲夏》：“命乐师修鞀鞞鼓。”都与“低下、矮小”义有关。“卑”“庳”“埤(陴)”“鼙(鞞)”音近义通，是一组同源词。我们还看到，《吕氏春秋》中有一些明母字，如埋(霾)、冒、雾、迷、密、墨、默、谋、某、冥、瞑、幎、暮、墓、没、瞜、盲、矇、灭、梦、忘、晚、蛮等，这些字都含有“晦暗不明”的意义。“埋(霾)”是“掩埋”①，“冒”是“覆盖”，“雾”是“雾气”，“迷”是“迷惑”，“密”是“隐蔽”，“墨”是“黑色”，“默”是“沉默”，“谋”是“暗中策划”，“某”是“不明确指出的人或物”，“冥”是“昏暗”，“瞑”是“瞎”或“闭眼”，“幎”是“蒙面”，“暮”是“黄昏”，“墓”是“坟墓”，“没”是“沉入水中”，“瞜”是“眼力昏花”，“盲”是“瞎”，“矇”是“盲人”，“灭”是“灭亡”，“梦”是“睡中的幻象”，“忘”是“遗忘”，“晚”是“日暮”，“蛮”是“少数民族”，亦取义于“蒙昧”。这些意义相关的词，声母都是明母，是相同的，韵部看起来好

---

① 为节省篇幅就不举例了，请参看拙著《吕氏春秋词典》，山东教育出版社，1993年5月，下同。

像有些零乱，其实不然，它们之间的演变脉络还是十分清楚的。这说明这些词语音和语义有着密切的关系，很可能出自远古时代的同一语源。我们确定同源词，必须从音义两个方面做全面慎重的考虑，不可有丝毫的苟且，声音不能过于宽泛，不能左转右转，最后无所不转；特别是意义方面，不能任意牵合，把本没有什么关系的硬牵合到一起。说意义相同或相关，必须有古人的文献及训诂作根据。多字一组的同源词，更应该谨慎对待，音义比较远的不要牵合在一组之中，以音义皆近的合在一组为宜。

需要说明的是，异体字不是同源词。异体字的不同形体，所代表的是同一个词，同一个词无所谓同源。通假字也不是同源词，通假是文字的借用，“蚤”字借来表示“早晨”意义的时候，它跟“早”所代表的是同一个词，在这一点上，它与异体字的性质是一样的，因此也不是同源词。从另一个角度看，同源字可以互相通用或假借，如“爵”是“饮酒器”，“雀”是“一种小鸟”，“爵”之得名，是因爵形像雀形，所以二词同源；如果用“爵”表示“小鸟”的意思，那是借“爵”这个字形表示“雀”所表示的那个词的意义，这就是通假。这个问题要弄清楚，才不至于把同源与通假弄混淆。

二

根据上述原则，考察得出《吕氏春秋》中出现的同源词共 197 组。由于《吕氏春秋》词汇量的限制，不但同源词的组数有限，而且每组中词的数目也不多，大多数为两个词，四五个以上的则很少。具体情况如下：

二词一组的 134 组，

三词一组的 44 组，

四词一组的 12 组，

五词一组的 4 组，

六词以上一组的 3 组。

我们从语音、语义两方面对《吕氏春秋》中出现的同源词进行一些分析。

（一）语音方面

1.《吕氏春秋》同源词二词一组的 134 组中，

(1) 声韵均相同者 57 组：

封、邦（帮母东部）；　福、富（帮母职部）；

非、诽（帮母微部）；　旁、房（並母阳部）；

伏、服（並母职部）；　倍、培（並母之部）；

舞、巫（明母鱼部）；　买、卖（明母支部）；

亡、忘（明母阳部）；　命、名（明母耕部）；

知、智（端母支部）；　道、导（定母幽部）；

纍、藟（来母微部）；　歷、厤（来母锡部）；

食、蚀（神母职部）；　二、贰（日母脂部）；

人、仁（日母真部）；　余、予（喻母鱼部）；

受、授（禅母幽部）；　植、殖（禅母职部）；

盛、城（禅母耕部）；　善、缮（禅母元部）；

上、尚（禅母阳部）；　助、锄（床母鱼部）；

率、帅（山母物部）；　骏、儁（精母文部）；

集、杂（从母缉部）；　孤、寡（见母鱼部）；

交、绞（见母宵部）；　归、鬼（见母微部）；

郭、椁（见母铎部）；　疆、境（见母阳部）；

棺、馆(见母元部)； 见、观(见母元部)；

倨、踞(见母鱼部)； 解、懈(见母支部)；

攫、玃(见母铎部)； 空、孔(溪母东部)；

拳、锩(群母元部)； 牙、芽(疑母鱼部)；

寤、悟(疑母鱼部)； 鱼、渔(疑母鱼部)；

虐、疟(疑母沃部)； 言、谚(疑母元部)；

宜、义(疑母歌部)； 雀、爵(精母沃部)；

昏、婚(晓母文部)； 欢、讙(晓母元部)；

围、帷(匣母微部)； 王、皇(匣母阳部)；

横、衡(匣母阳部)； 抎、霣(匣母文部)；

援、猨(匣母元部)； 威、畏(影母微部)；

屋、幄(影母屋部)； 隐、讔(影母文部)；

枉、尪(影母阳部)； 祀、祠(邪母之部)。

(2) 声相同韵相近者40组，其中对转者10组：

剖、副(滂之/滂职)； 志、识(照之/照职)；

捕、缚(並鱼/並铎)； 无、莫(明鱼/明铎)；

迎、逆(疑阳/疑铎)； 表、襮(帮宵/帮沃)；

类、伦(来物/来文)； 施、设(审歌/审月)；

佐、赞(精歌/精元)； 欢、欣(晓元/晓文)。

旁转者16组：

里、闾(来之/来鱼)； 罦、罘(並之/並幽)；

戍、守(审侯/审幽)； 幼、夭(影幽/影宵)；

依、倚(影微/影歌)； 省、相(心耕/心阳)；

青、苍(清耕/清阳)； 焚、燔(並文/並元)；

连、邻(来元/来真)； 含、衔(匣侵/匣谈)；

鹤、鹄(匣沃/匣觉)；　独、特(定屋/定职)；

动、荡(定东/定阳)；　枯、槁(溪鱼/溪宵)；

吾、我(疑鱼/疑歌)；　飢、饑(见脂/见微)。

通转者11组：

吐、唾(透鱼/透歌)；　内、纳(泥物/泥缉)；

介、甲(见月/见盍)；　振、拯(照文/照蒸)；

播、布(帮歌/帮鱼)；　萍、蘋(並耕/並真)；

亡、灭(明阳/明月)；　霆、电(定耕/定真)；

男、农①(泥侵/泥冬)；　疾、捷(从质/从盍)；

鸿、降②(匣东/匣冬)。

旁对转者3组：

穷、极(群冬/群职)；　柔、弱(日幽/日沃)；

堕、坠(定歌/定物)。

(3)韵相同声相近者28组，其中准双声5组：

冬、终(端冬/照冬)；　至、致(照质/端质)；

徙、屣(心支/山支)；　死、尸(心脂/审脂)；

争、证(庄耕/照耕)。

旁组者15组：

非、微(帮微/明微)；　朝$_1$、朝$_2$(端宵/定宵)；

枽、朶(透沃/定沃)；　治、理(定之/来之)；

奴、虏(泥鱼/来鱼)；　视、示(禅脂/神脂)；

走、趋(精侯/清侯)；　焦、燥(精宵/心宵)；

---

① "冬""侵"在春秋时代不分，"男""农"本应同部。

② "降"通"洚"，匣母冬部。以上两组主元音略有别，暂置此处。

割、刈(见月/疑月)；　　甘、酣(见谈/匣谈)；

乾、旱(见元/匣元)；　　国、域(见职/匣职)；

拔、祓(並月/滂月)；　　定、寧(定耕/泥耕)；

雨、雩(匣鱼/晓鱼)。

准旁纽 5 组：

畜、育(晓觉/喻觉)；　　投、投(定侯/照侯)；

史、事(山之/床之)；　　湿、隰(审缉/邪缉)；

听、声(透耕/审耕)。

邻纽 3 组：

命、令(明耕/来耕)；　　土、社(透鱼/禅鱼)；

践、躔(从元/定元)。

(4) 声韵均相近者 9 组，其中准双声兼对转者 1 组：

折、断(照月/端元)。

旁纽兼对转者 3 组：

报、復(帮幽/並觉)；　　背、负(帮职/並之)；

恣、肆(精脂/心质)。

旁纽兼旁转者 4 组：

漂、浮(滂宵/並幽)；　　掘、扣(群物/匣质)；

谮、谗(庄侵/床谈)；　　呼、號(晓鱼/匣宵)。

邻纽兼对转者 1 组：

读、诵(定屋/邪东)。

2. 三词以上为一组者共 63 组中，

(1) 声韵均相同者 10 组：

工、攻、功(见母东部)；　共、供、贡(见母东部)；

家、稼、居(见母鱼部)；　夹、荚、頰(见母盍部)；

气、嘳、慨(见母物部)； 惊、儆、敬(见母耕部)；

支、枝、肢(照母支部)； 圜、环、缳(匣母元部)；

一、壹、殪(影母质部)； 正、政、征、整(照母耕部)。

(2) 声相同韵相近者16组：

释、赦、舍(审母双声) 释、赦(铎部叠韵)，释、舍(铎鱼对转)；

祸、害、患(匣母双声) 祸、害(歌月对转)，祸、患(歌元对转)；

边、滨、鬓(帮母双声) 边、滨(元真旁转)，滨、鬓(真部叠韵)；

挺、梃、杖(定母双声) 挺、梃(耕部叠韵)，梃、杖(耕阳旁转)；

浸、寖、瀸(精母双声) 浸、寖(侵部叠韵)，浸、瀸(侵谈旁转)；

引、靷、曳(喻母双声) 引、靷(真部叠韵)，引、曳(真月旁对转)；

嗌、咽、饐(影母双声) 嗌、咽(锡真通转)，嗌、饐(锡质通转)；

恶、安、焉(影母双声) 恶、安(鱼元通转)，安、焉(元部叠韵)；

进、荐、祭(精母双声) 进、荐(真元旁转)，荐、祭(元月对转)；

按、遏、抑(影母双声) 按、遏(元月对转)，遏、抑(月质通转)；

溢、盈、赢(喻母双声) 溢、盈(锡耕对转)，盈、赢(耕部叠韵)；

献、享、饗(晓母双声) 献、享(元阳通转)，享、饗(阳部叠韵)；

加、驾、盖(见母双声) 加、驾(歌部叠韵)，加、盖(歌月对转)；

胡、奚、何、曷、盍(匣母双声) 胡、何(鱼歌通转)，胡、奚(鱼支旁转)，何、曷(歌月对转)，曷、盍(月盍通转)；

汝(女)、而、尔、若(日母双声) 汝(女)、而(鱼之旁转)，汝(女)、若(鱼铎对转)，汝(女)、尔(鱼歌通转)；

暗、闇、阴、荫、隐、讔(影母双声) 暗闇、阴荫(侵部叠韵)，阴、隐讔(侵文通转)。

(3) 韵相同声相近者 19 组：

生、性、姓(耕部叠韵) 生、性(山母双声)，性、姓(山心准双声)；

皮、被、波(歌部叠韵) 皮、被(並母双声)，皮、波(並帮旁纽)；

扶、辅、傅(鱼部叠韵) 扶、辅(並母双声)，辅、傅(並帮旁纽)；

战、颤、惮(元部叠韵) 战、颤(照母双声)，颤、惮(照定准旁纽)；

中、仲、衷(冬部叠韵) 中、衷(端母双声)，中、仲(端定旁纽)；

藏、葬、仓(阳部叠韵) 藏、葬(从精旁纽)，藏、仓(从清旁纽)；

决、缺、阙(月部叠韵) 决、缺(见溪旁纽)，缺、阙(溪母双声)；

见、现、显(元部叠韵) 见、现(匣母双声)，见、显(匣晓旁纽)；

召、招、诏(宵部叠韵) 召、招(定照邻纽)，召、诏(定照邻纽)；

於、乎、于(鱼部叠韵) 於、于(影匣邻纽)，于、乎(匣母双声)；

夜、夕、昔(铎部叠韵) 夜、夕(喻邪邻纽)，夕、昔(邪母双声)；

遵、循、顺(文部叠韵) 遵、循(精邪旁纽)，循、顺(邪神邻纽)；

三、参、骖(侵部叠韵) 三、参(心母双声)，参、骖(心清旁纽)；

并、並、骈(耕部叠韵) 并、並(帮並旁纽)，并、骈(帮並旁纽)；

升、乘、登、腾(蒸部叠韵) 升、乘(审神旁纽)，升、登(审端准旁纽)，登、腾(端定旁纽)；

茎、胫、颈、刭(耕部叠韵) 茎、胫(匣母双声)，茎、颈(匣见旁纽)，颈、刭(见母双声)；

圜、抟、丸、卵(元部叠韵) 圜、抟(匣定邻纽)，圜、丸(匣母双声)，抟、卵(定来旁纽)；

关、贯、楗、管(元部叠韵) 关、贯(见母双声)，关、楗(见群旁纽)，楗、管(群见旁纽)；

卑、庳、埤(陴)、鼙(鞞)(支部叠韵) 卑、庳(帮並旁纽)，庳、埤(陴)(並母双声)，卑、鞞(鞞)(帮并旁纽)。

(4) 声韵均相近者18组：

章、彰、著　章、彰(照母双声、阳部叠韵)，
章、著(照端准双声、阳鱼对转)；
小、少、叔　小、少(心审准双声、宵部叠韵)，
少、叔(审母双声、宵觉旁对转)；
薄、迫、逼　薄、迫(並帮旁纽、铎部叠韵)，
迫、逼(帮母双声、铎职旁转)；
赠、送、媵　赠、送(从心旁纽、蒸东旁转)，
送、媵(心喻邻纽、东蒸旁转)；
归、迴、还　归、迴(见匣旁纽、微部叠韵)，
迴、还(匣母双声、微元旁对转)；
斩、杀、祭　斩、杀(庄山旁纽、谈月通转)，
杀、祭(山庄旁纽、月部叠韵)；
仰、僵、偃　仰、僵(疑见旁纽、阳部叠韵)，
仰、偃(疑影邻纽、阳谈通转)；
冒、幎、覆　冒、幎(明母双声、幽锡旁对转)，
冒、覆(明滂旁纽、幽觉对转)；
亢、禦、扞、干　亢、禦(溪疑旁纽、阳鱼对转)，
亢、扞(溪匣旁纽、阳元通转)，
扞、干(匣见旁纽、元部叠韵)；
昭、照、耀、燿　昭、照(照母双声、宵部叠韵)，
照、耀燿(照喻旁纽、宵沃对转)；
分、半、辨、别　分、半(帮母双声、文元旁转)，

	分、辨(帮並旁纽、文元旁转),
	辨、别(並帮旁纽、元月对转);
断、短、绝、截	断、短(定端旁纽、元部叠韵),
	断、绝(定从邻纽、元月对转),
	绝、截(从母双声、月部叠韵);
隆、垄、冢、肿	隆、垄(来母双声、冬东旁转),
	垄、冢(来端旁纽、东部叠韵),
	冢、肿(端照准双声、东部叠韵);
古、故、久、旧	古、故(见母双声、鱼部叠韵),
	古、久(见母双声、鱼之旁转),
	久、旧(见群旁纽、之部叠韵);
曲、句、钩、拘、朐	曲、句(溪见旁纽、屋侯对转),
	句钩、拘(见母双声、侯部叠韵),
	句、朐(见群旁纽、侯部叠韵);
广、扩、旷、宽、阔	广、扩(见溪旁纽、阳铎对转),
	广、旷(见溪旁纽、阳部叠韵),
	广、宽(见溪旁纽、阳元通转),
	宽、阔(溪母双声、元月对转);
刚、彊(强)、劲、坚	刚、彊(见群旁纽、阳部叠韵),
	刚、劲(见母双声、阳耕旁转),
	劲、坚(见母双声、耕真通转);
聚、凑、腠、族、薮、丛	聚、凑腠(从清旁纽、侯屋对转),
	聚、族(从母双声、侯屋对转),
	聚、薮(从心旁纽、侯部叠韵),
	聚、丛(从母双声、侯东对转)。

从这个统计可以看出，同源词中双声兼叠韵者最多，韵相同而声有微别者、声相同而韵有微别者次之，声韵均有微别者最少。声相同而韵有微别者中，旁转和对转居多，通转、旁对转较少；韵相同而声有微别者中，旁纽最多，准双声、准旁纽次之，邻纽最少。

《吕氏春秋》的这些情况说明，声音相同或相近是构成同源词的一个重要条件。没有这个条件，即使意义相同，也不能认为是同源词。

（二）语义方面

《吕氏春秋》的同源词，从语义方面看，包括两种情况：一种是语义相同或相近，一种是语义相关。

1. 语义相同或相近，一般都是同义词。此类情况大约有 61 组。如：

剖—副　这两个词都有“剖开”的意义，《过理》：“剖孕妇而观其化。”《行论》：“副之以吴刀。”

焦—燥　这两个词都有“干燥”的意义，《顺民》：“焦唇干肺。”《应同》：“均薪施火，火就燥。”

这种情况，同义词一节多有述及，这里不再重复。

2. 语义相关的，占同源词的大多数。所谓语义相关，是指两个或几个词有某些共同的特点，相关的意义，这类同源词一般都不是同义词。大致可分为这样几类：

(1) 具有共同的性质。

郭—椁　“郭”指“外城的城墙”，《礼记·礼运》孔颖达疏：“郭，外城也。”《释名·释宫室》：“郭，廓也，廓落在城外也。”“椁”指“外层的棺材”，《周礼·地官·闾师》郑玄注：“椁，周棺也。”《论语·先进》朱熹集注：“椁，外棺也。”“郭”“椁”都具有“外”的特点。《孟冬》：“审棺椁之厚薄，营丘垄之小大、高卑。”《贵直》：“赵简子攻卫，附郭。”

拳—錈 “拳”是“手指屈曲攥成的形状”，段玉裁说，手“卷之为拳”，《赞能》：“乃使吏鞹其拳，胶其目。”“錈”指“金属器具的锋刃卷曲”，《别类》：“剑折且錈，焉得为利剑？”“拳”“錈”都有“卷曲”的特点。

介—甲 “介”指“动物的甲壳”，《礼记·月令》“介虫败谷”郑玄注：“介，甲也，甲虫属。”《淮南子·地形》“介鳞者夏食而冬蛰”高诱注：“介，甲，龟鳖之属。”“甲”指“人的铠甲”，《诗经·郑风·叔于田》“缮甲治兵”郑玄笺：“甲，铠也。”贾公彦《周礼·夏官·司甲》疏：“古用皮谓之甲，今用金谓之铠。”《季冬》：“介虫为妖。”《顺说》：“衣无恶乎甲者。”“介”“甲”都具有保护身体的作用。这两个词经常通用，“甲壳”义也用“甲”，“铠甲”义也用“介”。

骏—儁 “骏”为“骏马”，即“马之杰出者”，《说文》：“骏，马之良材者。”“儁”指“优秀的人才”，即“人之杰出者”。《淮南子·氾论》“天下雄儁豪英”高诱注：“才过千人为儁。”《权勋》：“屈产之乘，寡人之骏也。”《孟秋》：“选士厉兵，简练桀儁。”“骏”“儁”的共同特点是“杰出的”。

垄—冢—肿 三字都有“高出、隆起”的意义。“垄”本义为“丘垄”，《说文》：“垄，丘壠也。”王逸《楚辞·七谏》注：“小曰丘，大曰垄。”引申为“坟冢”。“冢”本义是“山顶”，《尔雅·释山》：“山顶，冢。”引申指“坟冢”，段玉裁《说文解字注》：“墓之高者为冢。”《权勋》：“掘若垄。”高诱注：“垄，冢也。”《方言》十三：“冢，秦晋之间谓之坟，或谓之垄。”“肿”为“皮肉隆起之病”，段玉裁《说文解字注》：“凡膨胀粗大者谓之痈肿。”《释名·释丧制》：“冢，肿也，像山顶之高肿起也。”《安死》：“今有人于此，为石铭置之垄上。”《安死》：“齐未亡而庄公冢扣。"《尽数》:"郁处头则为肿为风。"

一—壹—殪 "一"是"数目字",《论语·公冶长》朱熹集注:"一,数之始也。""壹"是"专一",《说文》:"壹,专壹也。"《左传·文公三年》:"与人之壹也。"杜预注:"壹,无二心。""专壹"的意义可以借作"一","数目字"不借作"壹",古书中以"壹"为数目字者皆唐以后所改。"殪"是"一发射死",《诗经·小雅·吉日》:"发彼小豝,殪此大兕。"毛传:"殪,一发而死。"《国语·晋语八》:"昔吾先君唐叔射兕于徒林,殪,以为大甲。"韦昭注:"一发而死曰殪。"三字都有"一"的意思,所以同源。《谨听》:"昔者,禹一沐而三捉髮,一食而三起。"《乐成》:"皆壹于为,则无败事矣。"《决胜》:"若鸷鸟之击也,搏攫则殪。"

(2)具有泛指、特指的关系。

隐—讔 "隐"泛指"隐蔽",《说文》:"隐,蔽也。""讔"特指"隐语",即"隐含有字面以外意义的话"。字本作"隐",《汉书·东方朔传》"乃与为隐耳"颜师古注:"隐,谓隐语也。""讔"是"隐"的后起分别字。《上德》:"故古之人,身隐而功著。"《重言》:"荆庄王立三年,不听而好讔。"这两个词都有"不显露"的意义,而一个是泛指,一个是特指。

终—冬 "终"泛指"事情终了",《广雅·释诂》:"终,极也。"《音律》:"大吕之月,数将几终,岁且更始。"高诱注:"终,尽也。""冬"是"一年终了的季节",《说文》:"冬,四时尽也。"《释名·释天》:"冬,终也,物终成也。"《大乐》:"天地车轮,终则复始,极则复反。"《孟冬》:"天地不通,闭而成冬。"这两个词都有"终了"的意义,一个是泛指,一个是特指。

争—证 "争"是"一般的争取",《说文》:"争,引也。"段玉裁

注:“凡言争者,皆谓引之使归于己。”《慎势》:“投以炙鸡,则相与争矣。”“争”又特指为“用言语争取”,即“谏诤”,《功名》:“王子比干能以要领之死争其上之过。”高诱注:“争,谏也。”字后来又写作“诤”。“争”为同字同源。“证”亦特指“用语言争取”,即“诤谏”,《说文》:“证,谏也。”《知士》:“士尉以证靖郭君。”高诱注:“证,谏也。”

表—襮 “表”本指“衣服的外层”,引申为“显露在外的形式”,《说文》:“表,上衣也。”段玉裁注:“引申为凡外著之称。”《汉书·叙传下》颜师古注:“表,外也。”《离谓》:“夫辞者,意之表也。”“襮”为“外衣”,《玉篇》:“襮,衣表也。”《吕氏春秋》中用于比喻义,《忠廉》:“臣请为襮。”高诱注:“襮,表也。”

奴—虏 “奴”泛指“一切奴隶”,《汉书·刑法志》“司奴”颜师古注引李奇曰:“男女徒总名为奴。”“虏”特指“战争中俘来的奴隶”,《汉书·樊哙传》颜师古注:“生获曰虏。”《玉篇》:“虏,战获俘虏也。”《史记·李斯列传》司马贞索隐:“虏,奴隶也。”《开春》:“叔向为之奴而朡。”《慎大》:“武王胜殷,得二虏而问焉。”

(3)具有具体、抽象的关系。

伏—服 “伏”是“趴下身子”,“服”指“屈服”,一个是具体行为,一个是抽象行为。《制乐》:“臣请伏于陛下以伺候之。”《慎大》:“杀彼龙逢,以服群凶。”

扶—辅 “扶”是“用手搀扶”,《玉篇》:“扶,扶持也。”“辅”是“扶助、辅佐”,《战国策·秦策五》:“士仓又辅之。”高诱注:“辅,助也。”一个是具体行为,一个是抽象行为。《疑似》:“邑丈人有之市而醉归者,黎丘之鬼效其子之状,扶而道苦之。”《当赏》:“辅我以义、导我以礼者,吾以为上赏。”

寤—悟 “寤”是“睡醒”,《说文》:“寤,寐觉而有言曰寤。”《汉书·董仲舒传》:“朕夙寤晨兴。”颜师古注:“寤,寐之觉也。”“悟”是“醒悟”,《说文》:“悟,觉也。”《素问·八正神明论》:“慧然独悟。”王冰注:“悟,犹了达也。”一个是具体行为,一个是抽象行为。《离俗》:“惕然而寤,徒梦也。”《论人》:“昔上世之亡主,以罪为在人,故日杀僇而不止,以至于亡而不悟。”

(4)某种行为、性质及具有这种行为、性质的人或物。

率—帅 “率”表示“率领”,是一种行为,《荀子·王霸》“若夫论一相以兼率之”杨倞注:“率,领也。”《简选》:“统率士民,欲其教也。”“帅”是“具有这种行为的人”,即“率领军队的人”,《周礼·夏官·大司马》郑玄注:“帅,谓军将及师帅旅帅至伍长也。”《悔过》:“先轸遇秦师于殽,大败之,获其三帅以归。”这两个字也经常通用,“帅”表示率领,“率”表示将帅。《权勋》:“达子又帅其餘卒,以军于秦周。”《孟冬》:“天子乃命将率讲武。”

连—邻 “连”是“连接、相连”,“邻”是“相连的人或物”。《广雅·释诂二》:“连,续也。”《列子·汤问》:“连于形物亦然。”张湛注:“连,属也。”《释名·释州国》:“五家为伍,又谓之邻,邻,连也,相接连也。”《礼记·檀弓下》:“与其邻重汪踦往。”郑玄注:“邻,邻里也。”《审为》:“民相连而从之。”《本味》:“视臼出水,告其邻。”

盛—城 “盛”是“用器皿盛东西”,是动作行为,《左传·桓公六年》孔颖达疏:“盛,谓盛于器。”段玉裁《说文解字注》:“盛者,实于器中之名也。”《士节》:“盛吾头于笥中。”“城”是“像器皿盛东西那样使人居住的地方”,《说文》:“城,以盛民也。”《慎大》:“一朝而两城下。”

援—猨 “援”是“攀拉的动作”,《说文》:“援,引也。”《庄子·马蹄》“乌鹊之巢可攀援而闚”《释文》引《广雅》:“援,牵也,引也。”《下贤》:“桃李之垂于行者,莫之援也。”高诱注:“援,攀也。”“猨”是“善于攀拉的动物”,《说文》作“蝯”,云:“善援,禺属。”古籍多作“猨”或“猿”,《博志》:“荆廷尝有神白猨。”

攫—玃 “攫”是“用爪(或手)抓取”,《韵会》引《说文》曰:“攫,爪持也。”“玃”是“善于以爪持取的动物”,《说文》:“玃,母猴也。尔雅云:玃父善顾,攫持人也。”《去宥》:“见人操金,攫而夺之。”《察传》:“故狗似玃,玃似母猴。”

助—锄 “助”是“帮助的行为”,“锄”是“帮助人治田的工具”。《说文》:“助,左也。”《释名·释用器》:“锄,助也,去秽助苗长也。”《忠廉》:“王诚能助,臣请必能。”《简选》:“锄櫌白梃,可以胜人之长铫利兵。”

舞—巫 “舞”是“舞蹈”,“巫”是“以舞蹈降神驱邪的人”。《说文》:“舞,乐也,用足相背。”《诗经·周南·关雎序》:“永歌之不足,不知手之舞之、足之蹈之也。”希麟《音义》卷八“舞蹈”注:“手谓之舞,足谓之蹈也。”《说文》:“巫,祝也,女能事无形以舞降神者也。”《慎人》:“子路抗然执干而舞。”《达郁》:“王使卫巫监谤者,得则杀之。”

幼—夭 “幼”是“幼小”的意思,《说文》:“幼,少也。”《恃君》:“无上下长幼之道。”“夭”指“幼小的人或兽”。《战国策·赵策四》“刳胎焚夭”鲍彪注:“夭,小儿。”《听言》:“老弱冻馁,夭瘠壮狡,汔尽穷屈。”此指“幼儿”。《孟春》:“无杀孩虫胎夭飞鸟。”高诱注:“麋子曰夭。”《礼记·月令》孔颖达正义:“夭谓生而已出者。”

祀—祠 “祀”是“祭祀”,《尔雅·释诂下》:“祀,祭也。”“祠”是“祭祀的处所”,即“祠堂”,《史记·陈涉世家》:“又间令吴广之次所旁丛祠中,夜篝火。”《汉书·陈涉传》颜师古注:“祠,神祠也。”慧琳

《一切经音义》卷二十五"入天祠"注："祠，祭祀之所也。"不过，古时"祀""祠"多互通，"祠"也用于"祭祀"，《尔雅·释诂下》："祠，祭也。""祀"也表示"祠堂"，《礼记·檀弓下》："过墓则式，过祀则下。"孔颖达疏："祀，谓神位有屋树者。"《孟春》："乃修祭典，命祀山林川泽。"《怀宠》："问其丛社大祠、民之所不欲废者，而复兴之。"《上德》："太子祠而膳于公，丽姬易之。"《吕氏春秋》"祀"没有出现"祠堂"义。

（5）表示凭借或对象。

徙—屣（躧）"徙"的意义是"迁移"，《说文》："徙，迻也。"《尔雅·释诂》："迁，徙也。""屣（躧）"是"鞋"，迁移必须行走，行走则需要穿鞋，《广雅·释器》："屣，履也。"《上农》："民农则其产复，其产复则重徙。"《观表》："视舍天下若舍屣。"高诱注："屣，弊履。"《长见》作"躧"。

背—负 "背"指"脊背"，"负"是"用脊背驮"。《说文》："背，脊也。"《玉篇》："背，背脊。"《释名·释姿容》："负，背也，置项背也。"《礼记·曲礼上》："负剑辟咡诏之。"郑玄注："负，谓置之于背。"《直谏》："申葆束细荆五十，跪而加之于背。"《自知》："欲负而走，则钟大不可负。"

鱼—渔 "鱼"是名词，"渔"是动词，"鱼"是"渔"的对象。《说文》："渔，捕鱼也。"《义赏》："竭泽而渔，岂不获得？而明年无鱼。""捕鱼"本亦作"鱼"，《左传·隐公五年》："公将如棠观鱼者。"孔颖达疏："捕鱼谓之鱼。"

听—声 "听"是"用耳朵感知"，"声"是"声音"，即"耳朵感知的对象"。《说文》："听，聆也。"《论语·季氏》"听思聪"邢昺疏："耳闻为听。"《说文》："声，音也。"《尔雅·释言》郭璞注："声，谓声音。"

《顺民》:“目不视靡曼,耳不听钟鼓。”《顺说》:“顺风而呼,声不加疾也。”

(6) 表示因果。

驚—儆 “驚”是“吃惊”,《说文》:“驚,马骇也。”《楚辞·招魂》:“宫廷震驚。”王逸注:“驚,骇也。”“儆”是“因吃驚而警戒”,《说文》:“儆,戒也。”《察今》:“军驚而坏都舍。”《精谕》:“刘康公乃儆戎车卒士以待之。”

威—畏 “威”是“威力、威势”,《荡兵》:“威也者,力也。”《韩非子·人主》:“所谓威者,擅权势而轻重者也。”《释名·释言语》:“威,畏也,可畏惧也。”“畏”是“因威势而畏惧”,《广雅·释诂二》:“畏,惧也。”又《释诂四》:“畏,恐也。”《知分》:“利弗能使也,威弗能禁也。”《淫辞》:“若此则群臣畏矣。”

解—懈 “解”是“解开、分解”,《说文》:“解,判也。”《礼记·曲礼上》“解屦不敢当阶”孔颖达疏:“解,脱也。”“懈”是“松懈”,因解开而变得松懈了,“懈”常用以指“人的精神松懈”,《尔雅·释言》:“懈,怠也。”《长利》:“解衣与弟子,夜半而死。”《节丧》:“子虽死,慈亲之爱之不懈。”“解”本引申为“松懈”,《逸周书·大明武》:“日夜不解。”《周礼·地官·大司徒》“则民不怠”郑玄注:“则民不解怠。”郝懿行《尔雅义疏》:“解、懈古字通。”“懈”实为“解”的分别字。

知—智 “知”是“知道、了解”,《礼记·大学》“故好而知其恶”孔颖达疏:“知,识也。”“智”是“智慧”,智慧是知道事理多的结果。《释名·释言语》:“智,知也,无所不知也。”“智”本亦作“知”,故二字古常通用,《谨听》:“不知则问。”《悔过》:“智亦有所不至。”

(7) 表示使动。

至—致 “至”是“来到”,《礼记·杂记下》“大功将至”郑玄注:

“至，来也。”“致”是“使来到”，《汉书·公孙弘传》“致利除害”颜师古注：“致，谓引而至也。”《资治通鉴·周纪三》“致其兵”胡三省注：“致者，使之至也。”《情欲》：“乱难时至。”《功名》：“以狸致鼠，以冰致蝇，虽工不能。”

视—示 “视”是“看”，《说文》：“视，瞻也。”“示”是“给人看、显示”，《说文》：“示，天垂象，见吉凶，所以示人也。”《贵因》：“推历者，视月行而知晦朔。”《异宝》：“今以百金与抟黍以示儿子。”

买—卖 “买”是“买入”，“卖”是“卖出”，即“使人买”。《说文》：“买，市也。”“卖，出物货也。”《急就篇》颜师古注：“出曰卖，入曰买。”《士容》：“齐有善相狗者，其邻假以买取鼠之狗。”《离谓》：“安之，人必莫之卖也。”

(8) 其他关系。

道—导 “道”是“道路”，《说文》：“道，所行道也。”《礼记·中庸》郑玄注：“道，犹道路也。”“导”是“引导”，即“引人在道路上行走”，常用于抽象义。《说文》：“导，导引也。”《介立》：“而饿于道。”《适威》：“忠信以导之。”

弟—悌 “弟”是“兄弟”，《尔雅·释亲》：“男子先生为兄，后生为弟。”《左传·宣公十七年》：“凡称弟，皆母弟也。”“悌”是“弟尊兄”，“兄爱弟”也叫“悌”，《论语·学而》“其为人也孝悌”皇侃疏：“善事兄曰悌也。”贾谊《新书·道术》：“弟爱兄谓之悌。”《审己》：“越王之弟曰豫。”《安死》：“父之不孝子，兄之不悌弟。”

倨—踞 “倨”是“骄傲”，“踞”是“一种不礼貌、傲慢的坐姿”。《说文》：“倨，不逊也。”《下贤》：“贵为天子而不骄倨。”高诱注：“倨，傲也。”《下贤》：“魏文侯见段干木，立倦而不敢息，反见翟黄，踞於堂而与之言。翟黄不说。”高诱注：“以文侯敬干木而慢己也。”可见

“踞”是一种傲慢的表现。

雨—雩 “雨”是“下的雨”或“下雨”,“雩”是“为祈求下雨而举行祭祀”。《说文》:“雨,水从云下也。”《论衡·说日》:“云散水坠,名为雨也。”《说文》:“雩,夏祭乐于赤帝以祈甘雨也。”《荀子·天论》:“雩而雨,何也?”杨倞注:“雩,求雨之祷也。”《开春》:“时雨降,则草木育矣。”《仲夏》:“大雩帝。”

雀—爵 “雀”是“一种小鸟”,“爵”是“一种饮酒器”,“爵”的形状似雀,所以得名。《说文》:“爵,礼器也。[illegible]象雀之形,中有鬯酒;又,持之也;所以饮器象雀者,取其鸣节节足足也。”(依段注本)古文爵作[illegible],完全象雀之形。《贵生》:“今有人于此,以随侯之珠弹千仞之雀,世必笑之。”《孟春》:“反,执爵于太寝。”

多词同源的,其语义关系,一般兼有以上两种或几种情况。

嗌—咽—饐(噎) “嗌”是“咽喉”,《广韵》:“嗌,喉也。”《介立》:“焦唇干嗌。”“咽”是“通过咽喉把东西嚥下去”,《报更》:“再咽而后能视。”“饐(噎)”是“食物卡在咽喉处咽不下去”,《荡兵》:“夫有以饐死者,欲禁天下之食,悖。”三字意义相关,所以同源。

夹—荚—颊 “夹”是“把东西夹在中间”,是浑言,《仪礼·既夕礼》郑玄注:“在左右曰夹。”“荚”是“豆荚”,因其把豆粒夹在中间而得名,《广雅·释草》:“豆角谓之荚。”王念孙疏证:“荚之言夹也,两旁相夹,豆在其中也。”“颊”是“面颊”,因其处于鼻口等中线的两侧,像把鼻口夹在中间,因而得名,《说文》:“颊,面旁也。”《急就篇》卷三颜师古注:“面两旁曰颊。”《处方》:“与荆人夹沘水而军。”《审时》:“得时之菽,长茎而短足,荚二七以为族。”《观表》:“麻朝相颊。”

藏—葬—仓 “藏”是“隐藏、藏匿”,《说文新附》:“藏,匿也。”

徐铉等曰:“汉书通用臧字,从艸后人所加。”段玉裁云:“以从艸之藏为臧匿字,始于汉末。”《吕氏春秋》“藏”“臧”皆用为“隐匿”义。《遇合》:“衣器之物,可外藏之。”《上德》:“其臧武通于周矣。”“葬”是“埋藏死人”,《节丧》:“葬也者,藏也。”《说文》:“葬,藏也。”《节丧》:“故凡葬必于高陵之上,以避狐狸之患,水泉之湿。”“仓”是“储藏粮食的地方”,《说文》:“仓,穀藏也。”段玉裁注:“穀藏者,谓穀所藏之处也。”《释名·释宫室》:“仓,藏也,藏穀物也。”《审己》:“稼生于野而藏于仓。”

进—荐—祭 “进”是“进献”,“荐”“祭”都有“进献鬼神”的意义。《论人》:“贵则观其所进。”高诱注:“进,荐也。”《季春》:“荐鲔于寝庙。”高诱注:“荐,进也。”“荐”和“祭”的区别在于,“荐”不用牺牲,“祭”用牺牲,《穀梁传·桓公八年》注:“无牲而祭曰荐,荐而加牲曰祭。”《孟秋》:“农乃升穀,天子尝新,先荐寝庙。”《孟春》:“祭先肝。”

边—滨—鬓 “边”是“边界”,《尔雅·释诂下》:“边,垂也。”《玉篇》:“边,畔也。”《先己》:“上失其道则边侵于敌。”“滨”是“水边”,《诗经·召南·采蘋》“南涧之滨”毛传:“滨,涯也。”《方言》卷十“江滨谓之思”郭璞注:“滨,水边也。”《广雅·释丘》:“滨,厓也。”王念孙疏证曰:“滨与边相近,水滨犹言水边,故地之四边亦谓之滨。”《慎人》:“舜耕于历山,陶于河滨。”“鬓”是“髮边”,《说文》:“鬓,颊髮也。”段玉裁注:“鬓者,髮之滨也。”《释名·释形体》:“在颊耳旁曰髯,其上连髮曰鬓,鬓,滨也;滨,涯也,为面额之崖岸也。”《必己》:“孟贲瞋目而视船人,髮植目裂鬓指。”“边”“滨”“鬓”都有“边”的意义,所以同源。

中—仲—衷 “中”是泛指“中间”,《礼记·儒行》郑玄注:“中,中间。"《忠廉》:"中江,拔剑以刺王子庆忌。""仲"指"排行在中间的",《说文》:"仲,中也。"《释名·释亲属》:"仲,中也,位在中也。"《仲春》:"仲春之月,日在奎。""衷"本指"穿在中间的衣服",引申为"适中",《说文》:"衷,裹亵衣。"《吕氏春秋·适音》:"黄钟之宫,音之本也,清浊之衷也。衷也者,适也。"三字都有"中间"的意义,所以同源。

禦—扞—干 "禦"是"抵禦",《小尔雅·广言》:"禦,抗也。"《庄子·马蹄》"毛可以禦风寒"成玄英疏:"禦,捍。"陆德明释文:"禦,敌也。"《爱类》:"墨子能以术禦荆。""扞"也是"抵禦、抵挡",《恃君》:"肌肤不足以扞寒暑。"高诱注:"扞,禦也。""干"是"干犯、抵触",《说文》:"干,犯也。"《左传·襄公二十三年》"干国之纪"杜预注:"干,亦犯也。"《楚辞·七谏·谬谏》"恐犯忌而干讳"王逸注:"犯,触也。"《季夏》:"无发令以干时。"这三个词都有"逆对对方"的意义。

关—楗—贯—管 "关"是"门闩",即"穿门鼻的横木",《说文》:"关,以木横持门户也。""楗"与"关"基本同义,《说文》:"楗,歫门也。"希麟《音义》曰:"横曰关,竖曰楗。""贯"是动词,即"贯穿",玄应《音义》引《苍颉篇》:"贯,穿也,以绳穿物曰贯。"常用于抽象义。"管"本是"一种管状的乐器",因古代的钥匙是管状,所以"管"引申有"钥匙"的意义,《周礼》郑注引郑司农曰:"管,籥也。"《太玄》司马光注:"管,所以出楗者也。"四字都有"贯穿"的意义。《慎大》:"孔子之劲,举国门之关,而不肯以力闻。"《异用》:"跖与企足得饴,以开闭取楗也。"《过理》:"亡国之主一贯。"

颈—刭—茎—胫 "颈"是"脖子",《说文》:"颈,头茎也。"《精通》:"号令未出,而天下皆延颈举踵矣。""刭"是"用刀刎脖子",

“颈”是“刭”的对象,《左传·定公四年》“刭而裹之”杜预注:“刭,取其首。”《史记·项羽本纪》“皆自刭汜水上”集解引郑氏曰:“以刀割颈为刭。”《用众》:“其马不进,刭而投之溉水。”“茎”是“植物的茎”,“胫”是“小腿”,都是细长之物,与“颈”有共同的特点,《说文》:“茎,草木榦也。”(依段注本)《论语·宪问》:“以杖叩其胫。”皇侃疏:“膝上曰股,膝下曰胫。”《释名·释形体》:“胫,茎也,直而长,似物茎也。”段玉裁《说文解字注》:“厀下踝上曰胫,胫之言茎也,如茎之载物。”《审时》:“先时者,茎叶带芒以短衡。”《过理》:“截涉者胫而视其髓。”

圆—圜—抟—丸—卵　“圆”是“圆形”,“圜”本指“天体”,《说文》:“圆,圜全也。”“圜,天体也。”天体也是圆形的,二字古籍常通用,《序意》高诱注:“圜,天也。”《淮南子·本经》高诱注:“圆,天也。”《广雅·释诂》:“圜,圆也。”《处方》:“为方圆则若规矩。”《圜道》:“何以说天道之圜也?”“抟”是“做成圆形的”,《异宝》:“以百金与抟黍以示儿子。”“丸”是“弹丸”,弹丸是圆形的小球,《过理》:“从台上弹人,而观其避丸也。”“卵”是“动物的卵”,卵也是圆形的,《音初》:“燕遗二卵。”古字亦作“丸”,《本味》:“丹山之南,有凤之丸。”高诱注:“丸,古卵字也。”这几个字都有“圆”的意思,所以同源。

广—扩—旷—宽—阔　“广”是“广大”,“扩”是“使广大”,这两个词是一对自动词与使动词的关系。《孟子·公孙丑上》赵岐注:“扩,廓也。”“扩”不见《说文》,古字作“廓”,《方言》:“张小使大谓之廓。”《异用》:“故国广巨,兵强富。”《去尤》:“若植木而立乎独,必不合于俗,则何可扩矣。”“宽”“阔”都是“宽阔、广大”的意义,《爱士》:“君贱人则宽。”《论人》:“阔大渊深,不可测也。”“旷”是指时间而言，即“时间长”，《贵当》：“旷日持久而不得兽。”

幾—機—璣—禨—穖—譏 这几个词都有“微小”的意义。“幾”是“征兆”，即“微小的迹象”，《说文》：“幾，微也。”“機”是“弓弩上的机关”，差之毫厘，谬之千里，含有“微细”的意思。《淮南子·原道》“其用之也若發機”高诱注：“機，弩機关。”“璣”是“小珠子”，《逸周书·王会》孔晁注：“璣，似珠而小。”《尚书·禹贡》释文：“璣，小珠也。”“禨”是“吉凶的先兆”，《淮南子·人间》高诱注：“禨，祥也。”“穖”是“穀穗中的小穗”，《审时》“疏穖而穗大”高诱注：“穖，禾穗果蠃也。”程瑶田《九穀考》：“禾采成实，离离若聚珠相联贯者谓之穖。”王筠《说文句读》：“穖，吾乡谓之马。”夏纬瑛说“马”即“总穗上的分支”。“譏”是“微言”，《说文》：“譏，诽也。”段玉裁注：“譏之言微也，以微言相摩切也。”朱骏声《说文通训定声》：“微言曰诽，曰譏。”《报更》：“此书之所谓德幾无小者也。”《察微》：“夫弩機差以米则不發。”《重己》：“人不爱昆山之玉、江汉之珠，而爱己之一苍璧小璣。”《异宝》：“荆人畏鬼，而越人信禨。”《审时》：“长稠疏穖，穗如马尾。”《观世》：“观行者不譏辞。”

通过上述分析可以看出，同源词的语义都是相同或相关的。这是因为它们是从同一语源产生的。它们产生的方式，跟词义引申的规律是一致的，或者从同一语源向四外放射性地同时产生若干个词，这若干个词的意义是相关的，或者从一个语源连锁地产生一个又一个新词，这些词的词义之间有着密切的联系。

语音相同或相近，语义相同或相关，是同源词必须具备的两个条件，没有这两个条件，就不能构成同源词。

每组同源词中若干词的词性可以是相同的，也可以是不同的。因为从同一个语源可以派生出同类的词，派生词与原词为同一词类。例如：

牙—芽　“牙”是“牙齿”，“芽”是“植物的萌芽”，二者同为名词。

旁—房　“旁”指“旁边”，“房”指“在两旁的房舍”，二者同为名词。

骏—儁　“骏”为“马之杰出者”，“儁”为“人之杰出者”，二者同为名词。

柔—弱　“柔”是“柔软”，“弱”是“软弱”，二者都是形容词。

小—少　“小”是“不大”，“少”是“不多”，二者都是形容词。

疾—捷　“疾”是“急速”，“捷”也是“急速”，二者都是形容词。

捕—缚　“捕”是“捕捉”，“缚”是“捆缚”，二者都是动词。

藏—葬　“藏”是“藏匿”，“葬”是“埋葬死人”，二者都是动词。

伏—服　“伏”是“趴在地上”，“服”是“屈服”，二者都是动词。

从同一语源也可以产生出不同词类的词，或派生词与原词的词类发生变化，表示某种性质或行为的词，可以产生出表示具有这种性质或行为的事物的词。例如：

名词⟶动词

颈（脖子）⟶刭（刎脖子）

鱼（鱼）⟶渔（打鱼）

道（道路）⟶导（引路）

背（背脊）⟶负（用背驮）

威（威力）⟶畏（畏惧）

家（家庭）⟶嫁（女子出嫁）

雨（雨水）⟶雩（为求雨而举行祭祀）

动词⟶名词

隐（隐蔽）⟶讔（隐蔽的话）

围（围绕）⟶帷（围绕在四周的帐子）

援（攀拉）⟶猨（善于攀拉的动物）

死（死亡）⟶尸（死者的身躯）

舞（舞蹈）⟶巫（以舞降鬼的人）

封（分封）⟶邦（国家，诸侯分封到的土地）

藏（藏匿）⟶仓（储藏粮食的地方）

夹（夹挟）⟶荚（豆荚）

知（知道）⟶智（智慧）

助（帮助）⟶锄（助人除苗秽的农具）

形容词⟶名词

幼（幼小）⟶夭（幼儿或小兽）

枉（邪曲、不正）⟶尪（一种骨骼弯曲的病）

湿（潮湿）⟶隰（低洼潮湿的地方）

空（空的）⟶孔（空洞）

终（终了）⟶冬（一年终了的季节）

卑（低下）⟶埤（低矮的墙）

曲（不直）⟶钩（曲形的带钩）

横（横向的）⟶衡（秤杆）

久（长久）⟶韭（可以长久生长的菜）

形容词⟶动词

非（错误的）⟶诽（诽谤，指出错误）

广（广大）⟶扩（扩大，使广大）

圆（圆形的）⟶抟（做成圆形的）

倨（傲慢）⟶踞（傲慢地坐）

正（不邪）⟶征（征伐邪恶）

昭（明亮）⟶照（照耀，使明亮）

善(好) ——→缮(修之使好)

动词——→形容词

断(折断) ——→短(不长)

数词——→名词

三(三) ——→骖(骖马,驾车的三匹马中旁边的马)

数词——→形容词

一(一) ——→壹(专一)

数词——→动词

二(二) ——→贰(不专一)

同源词词类的不同是词义演变的结果。这也说明词的意义不但和声音有着密切的关系,而且和词的语法范畴有着密切的关系。这三者是一个整体,研究词汇必须从这三方面去考察,才能得出恰当的结论。

三

同源词的研究,作用和意义是很大的。首先,我们看到,它是通过横向的联系看出词汇纵向发展的桥梁。我们研究一部专书或一个断代的词汇,首先是对词的横向的描写和比较,或同义,或反义,或同源,同义和反义基本上是共时比较,同源则是在共时的比较中窥测到历时的演变,发现派生词的来源以及派生的过程方式,加深我们对词汇繁衍丰富的认识。

其次,它使词汇研究摆脱字形的束缚,从声音的联系追究意义的联系,从语义的联系探求语法范畴的变化,把语音、语义、语法紧密结合起来。

又次，它使人们认识到词并不是互不联系的一盘散沙，词汇本身有着密切的联系，有着很强的系统性。

另外，同源词的研究，还可以帮助人们加深对词的本义的认识，对僻义的理解，为阅读古代文献提供实际的、具体的帮助。

捌 《吕氏春秋》的复音词

先秦时代，汉语词汇以单音为主。但是随着社会的发展和人们交际的需要，复音词在不断地产生和发展着。有文字记载的汉语始自商殷时代，那时的甲骨文中复音词极少，而且主要是部族名和人名。时代较早的文献，如《尚书》中的“殷盘”“周诰”，一般性复音词也不多。《诗经》《左传》中复音词大量出现，已到了相当可观的程度。到了战国末期，复音词进一步发展，不断有新的复音词出现。《吕氏春秋》中的复音词正反映了这个时代的情况。

一

《吕氏春秋》中共出现复音词 2017 个。这些复音词的分布情况，可以从音节上分为双音词和多音词，从自然状况上分为一般复音词和专有名词如人名、地名、动植物名等，从性质上分为单纯词和合成词，从词类上分为名词、动词、形容词、副词、连词等。

（一）音节分布

《吕氏春秋》中的复音词以双音词为主，共有 1723 个，三音以上的多音词为数不多，共有 294 个，占 17%。这些多音词中有 267 个是人名（包括封号和谥号）。如：

卜子夏(《察贤》) 公输般(《慎大》) 剂貌辨(《精通》)
陈无宇(《长利》) 张孟谈(《当染》) 宓子贱(《开春》)
南宫括(《长利》) 周文王(《古乐》) 荆庄王(《情欲》)
莒敖公(《恃君》) 郈昭伯(《察微》) 平原君(《淫辞》)
孟尝君(《知士》) 神农氏(《诚廉》) 赵简子(《爱士》)
赤章蔓枝(《权勋》) 延陵季子(《知分》) 敦洽雠糜(《遇合》)
列精子高(《达郁》)

官名、爵位名 9 个,如:

大谏臣(《勿躬》) 大司马(《勿躬》) 中大夫(《知度》)
官大夫(《当赏》) 关内侯(《贵信》) 长大夫(《慎小》)
太史令(《先识》) 五大夫(《长见》) 四监大夫(《季夏》)

乐曲名 6 个,如:

依地德(《古乐》) 敬天常(《古乐》) 奋五谷(《古乐》)
达帝功(《古乐》) 遂草木(《古乐》) 总万物之极(《古乐》)

其他名称 5 个,如:

火赤乌(《应同》) 日短至(《仲冬》) 日长至(《仲夏》)
蚩尤之旗(《明理》) 敝凯诸(《恃君》)

谦称 1 个:

余一人(《长利》)

状态形容词 6 个:

洋洋然(《贵直》) 喀喀然(《介立》) 云云然(《圜道》)
巍巍焉(《观世》) 姁姁焉(《喻大》) 区区焉(《务大》)

本文的讨论,主要是双音词,多音词不作为重点。

(二)自然分布

《吕氏春秋》中有一般复音词 873 个,人名 657 个(包括封号、谥号等),地名270个(包括国名等),官名、爵位名53个,动植物名60个,乐律、乐曲名32个,书名9个,节气名10个,其他专名(包括弓剑、明堂、府库等名称)共53个。从这个统计看,《吕氏春秋》中人名、地名等专名共1144个,占复音词总数的56.7%,这种情况与《吕氏春秋》保留大量历史文化有着极为密切的关系。

(三)词类分布

《吕氏春秋》的复音词,按词类划分,绝大部分是实词,只有极少量的虚词,共25个。① 实词主要是名词、动词、形容词三类,其中名词最多,共1635个(其中一般名词491个),动词184个,形容词173个。从这个统计看,《吕氏春秋》复音词绝大部分是名词,即使除去人名、地名及其他专名,总数还是比动词和形容词的总和还要多。

(四)性质分布

《吕氏春秋》的复音词,从构成性质看,可以分成单纯词和合成词。所谓单纯词,是由一个词素构成的词。所谓合成词,是由两个或两个以上词素构成的词。单纯词可以分为叠音词、联绵词,合成词可以分为复合式合成词、附加式合成词、重叠式合成词。复合式合成词又分为联合式、偏正式、述宾式、主谓式。我们就《吕氏春秋》复音词各式情况做个统计,列表如下:②

① 按传统说法,把代词、副词暂归入于虚词内。

② 人名、地名未作统计。

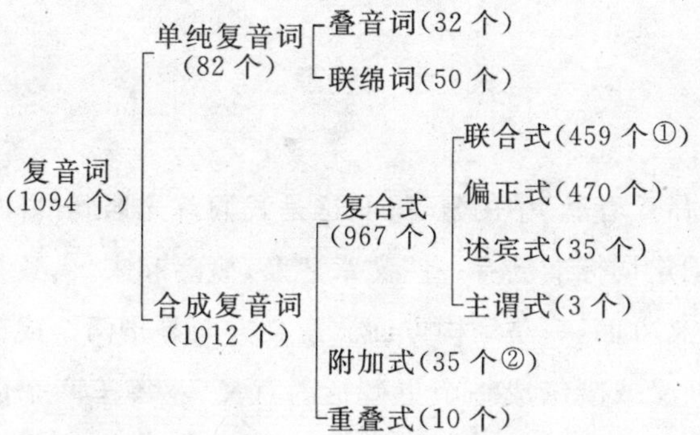

从这里可以看出,《吕氏春秋》的单纯复音词数量不多,这跟它的文体及语言特点有关。

《吕氏春秋》复音词的出现频率,跟单音词比较起来,远没有单音词那么高。这是先秦汉语以单音词为主的重要标志。不过,某些复音词的出现频率已相当可观,出现频率最高的"天下"一词,达 268 次之多,"天子"一词也高达 145 次。总的出现频率大致如下:

出现 1—2 次的　　792 个;

出现 3—7 次的　　216 个;

出现 8—20 次的　　57 个;

出现 21—87 次的　　22 个;

出现百次以上的　　2 个。

出现频率高的绝大部分是名词,动词有一些,形容词极少。出现 3—10 次的,名词为 203 个,动词为 48 个,形容词 23 个,其他虚词 12 个。

---

① 其中有 5 个虚词。

② 其中有人名 5 个,因特殊故加入。

二

如何确定《吕氏春秋》中的复音词，这是我们首先遇到的问题。目前关于复音词定词标准已有一些文章述及，概括起来，大致是两个方面：一是意义方面，一是结构方面。意义方面是指两个成分结合以后产生了新义或凝结成一个更概括的意义，不等于两个成分的相加。结构方面是指两个成分结合得紧密，不能拆开或插入别的成分。这两条标准，从理论上说都应该是对的，但对于先秦复音词用不能拆开或插入别的成分来检验它结合得是否紧密，是行不通的。

单纯词和合成词中的附加式、重叠式是容易确定的，没有什么问题。难于确定的，只是合成词中的复合式一类。不管是其中的联合式、偏正式，还是述宾式、主谓式，都存在一个词和词组的界限问题。确定先秦汉语复音词，意义标准是至关重要的，是决定性的。即使判断结构上结合得紧密不紧密，也要靠意义。所谓的拆开或插入论是不适用的。先秦汉语是用文字记录下来的古代语言，不能像活在人们口头的现代汉语那样任意用拆开、插入、转换的方法去检验。先秦汉语复音词存在的一个突出特点是复音词和单音词同时并存。这是因为复音词产生后，单音词仍作为主要形式在运用，而且频率还大大超过复音词。如复音词"道路"出现4次，单音词"道"出现38次，"路"出现11次。《劝学》："君子行于道路，其有父者可知也。"《介立》："将有适也，而饿于道。"《上德》："弱请先死以除路。"我们不能因为单音词还大量应用就否定双音词的存在，认为它是双音形式拆开的结果。《禁塞》："世有兴主仁士,深意念此,亦可以痛心矣,亦可以悲哀矣。"《适音》:"亡国之音悲以哀,其政险也。"《适音》中"悲""哀"用的是单音词,不能因为这个例子中"悲""哀"之间有连词"以",从而否定《禁塞》中的"悲哀"是复音词,认为它们之间可以插入别的成分。

此外,古人由于受书写条件的限制,行文尽量简约,一般说来,可以用一个词表达的意思,他们是绝不会用两个词的,除非有音节上或修辞上的特殊需要。请看下面的例子:

《制乐》:"臣请伏于陛下以伺候之。"

《慎大》:"武王乃恐惧,太息流涕。"

《行论》:"言燕王甚恐惧而请罪也。"

例一中"伺候"是"候望、观察"的意思,单用"伺""候"基本同义。如果认为这里不是复音词而是同义词连用组成的联合式词组,那么只要一个单音词就可以把意思表达得清清楚楚,何必浪费这笔墨呢?从音节或修辞上看,宾语是单音词"之",没有必要用两个同义的动词共带一个宾语。合理的解释只有承认这里是复音词。例二、例三的情况与例一相同。

我们考察《吕氏春秋》的复音词,主要是凭借意义,同时参考出现频率及同时代的其他文献的使用情况。复音词的词义特点在于它的意义是统一的,它的意义不等于构成词素意义的简单相加,而是或构成新义,或形成概念义,或产生特指义,或具有偏指义。

1. 构成新义。如:

《知分》:"荆王闻之,仕之执圭。"

"圭"是"玉圭","执"是"拿着"。"执圭"结合以后,产生了与这两个单音词完全不同的意义,"执圭"是"战国时代楚国的爵位名"。

《上德》:"田襄子止之曰:'孟子已传钜子于我矣,当听。'"

这里“钜子”是“墨家学派对领袖的称呼”，不是“钜”和“子”意义的简单相加。

《慎人》：“子路与子贡相与而言曰：‘夫子逐于鲁，削迹于卫。’”

这里“夫子”是“学生对老师的尊称”，不是它的字面意义“那个人”。

2. 构成概括义，也就是泛指义。如：

《季夏》：“行秋令，则丘隰水潦，禾稼不熟。”

《说文》：“禾，嘉穀也。”“稼，禾之秀实曰稼。”

“禾稼”结合后，泛指“一切穀物”。

《季秋》：“民气解堕，师旅必兴。”

“师”“旅”本都是军队编制，五百人为旅，五旅为师。“师旅”结合后，不再是“军队的编制”，而是泛指“军队”了。

《仲秋》：“乃命司服，具饬衣裳。”

“衣”本指“上衣”，“裳”本指“下衣”。“衣裳”结合后，泛指“衣服”。高诱注：“司服，主衣服之官，将饬正衣服，故命之也。”高诱用“衣服”来注“衣裳”，正说明用的是泛指义。

3. 构成特指义。如：

《论人》：“三代之兴王，以罪为在己。”

这里“三代”不是指任何三个朝代，而是特指“夏”“商”“周”三代，具有特指意义。

《适音》：“耳之情欲声，心不乐，五音在前弗听。”

“五音”不是指任何五种声音，而是特指“音乐中的五种音阶”，即“宫”“商”“角”“徵”“羽”。进而泛指“音乐”。

《古乐》：“武王即位，以六师伐殷。”

"即位"的字面意义是走上位置,但不是走上任何位置都叫"即位",而是特指"新君走上君主的位置"才叫"即位"。

4. 构成偏指义。如:

《举难》:"宁戚欲干齐桓公,穷困无以自进,于是为商旅将任车以至齐。"

这里"商旅"指"商人","旅"只起衬托作用,无义。

《谨听》:"若此则是非无所失。"

"是非"主要指"是",而"非"为陪衬,因为"是"才有所谓失,而"非"无所谓失。

三

《吕氏春秋》的复音词可以分成单纯复音词和合成复音词两大类,下面分别加以讨论。

(一) 单纯复音词

单纯复音词,是由一个词素构成的,古人称之为联绵字。联绵字中的两个成分之间一般都具有语音上的联系,或是叠音,或是双声、叠韵。《吕氏春秋》的单纯复音词共有 82 个,叠音词 32 个,双声词 9 个,叠韵词 13 个,双声兼叠韵词 1 个,非双声叠韵词 27 个。

1. 叠音词。

叠音词中,有 7 个是引用《诗》《书》《易》,引《诗》5 个,为"祈祈""莫莫""济济""赳赳""翼翼";引《书》1 个,为"荡荡";引《易》1 个,为"愬愬"。其余 25 个,可分为三类。一类是描绘形貌的,共 18 个。如:

《本生》:"万物章章,以害一生,生无不伤。"

《本味》:"善哉乎鼓琴,汤汤乎若流水。"

《应同》:"芒芒昧昧,因天之威,与元同气。"

"章章"是"繁盛的样子","汤汤"是"水流大而急的样子","芒芒"是"广大的样子","昧昧"是"纯厚的样子"。

此类还有:寥寥(《情欲》) 越越(《本味》) 振振(《慎人》)
泯泯(《慎大》) 介介(《慎大》) 恩恩(《下贤》)
空空(《下贤》) 就就(《下贤》) 莽莽(《知接》)
棬棬(《离俗》) 漂漂(《求人》) 淳淳(《士容》)
乾乾(《士容》)

这类叠音词都是形容词。有时候,可以活用为名词。如:

《知接》:"孰之壤壤也,可以为之莽莽也。"

"壤壤"本指"纷乱的样子",这里用作名词,表示"纷乱之物"。

一类是模拟声音的,共5个。如:

《古乐》:"惟天之合,正风乃行,其音若熙熙、凄凄、锵锵。"又:"鱓乃偃寝,以其尾鼓其腹,其音英英。"

《明理》:"有螟集于国,其音匈匈。"

"熙熙""凄凄""锵锵"都是模拟风声的,"英英"是模拟以尾鼓腹的声音,"匈匈"是模拟大群螟虫发出的嘈杂声。

再一类是动物的名称,共2词:

《本味》:"肉之美者,猩猩之唇,獾獾之炙。"

"猩猩"是"兽名","獾獾"是"鸟名"。

2. 双声词。

双声词中,名词4个,动词2个,动词、形容词用作名词各1个。如:

《制乐》:"荧惑者,天罚也。"

“荧惑”,星宿名,匣母双声。

《序意》:“维秦八年,岁在涒滩。”

“涒滩”,太岁年名,透母双声。

《季夏》:“命妇官染采,黼黻文章,必以法故。”

“黼黻”,指色彩,帮母双声。

《先识》:“周鼎著饕餮,有首无身。”

《恃君》:“饕餮、穷奇之地,多无君。”

“饕餮”,前一例为恶兽名,后一例为部族名,透母双声。

《古乐》:“民气郁阏而滞着,筋骨瑟缩不达。”

“郁阏”义为郁抑阻塞,影母双声;“瑟缩”义为蜷缩,山母双声。

《长利》:“其所求者,瓦之间隙,屋之翳蔚也。”

“翳蔚”义本为遮蔽,这里指遮蔽之处,影母双声。

《顺民》:“目不视靡曼,耳不听钟鼓。”

“靡曼”本为女子的柔美,这里指美色,明母双声。

3. 叠韵词。

叠韵词中,名词 6 个,动词 2 个,形容词 4 个,拟声词 1 个。如:

《仲夏》:“小暑至,螳螂生。”

“螳螂”,虫名,阳部叠韵。

《仲秋》:“昏牵牛中,旦觜巂中。”

“觜巂”,星宿名,支部叠韵。

《行论》:“召之不来,仿佯于野以患帝。”

“仿佯”义为游荡不定,阳部叠韵。

《辩土》:“树肥无使扶疏。”

“扶疏”义为枝叶茂密,鱼部叠韵。

《淫辞》:“前呼舆謣,后亦应之。”

“舆謣”义为呼喊的号子声,鱼部叠韵。

4. 双声兼叠韵词。

《音初》:“帝令燕往视之,鸣若谥隘。”

“谥隘”是燕叫的声音,影母双声,锡部叠韵。

5. 非双声叠韵词。

这类词中,主要是名词,共23个,有动植物名、器物名等;形容词4个;动词1个。

名词。如:

《精通》:“兔丝非无根也,其根不属也,茯苓是。”

《季夏》:“凉风始至,蟋蟀居宇。”

《慎势》:“凡冠带之国,舟车之所通,不用象、译、狄鞮。”

“狄鞮”是“翻译异族之语的人”。

还有植物名:王菩(《孟夏》) 木堇(《仲夏》)

动物名:戴仁(《季春》) 鶡鴠(《仲冬》) 啁噍(《求人》)

凤凰(《古乐》) 麒麟(《应同》) 述荡(《本味》)

螟蛆(《喻大》) 蝼蝈(《孟夏》) 丘蚓(《孟夏》)

蚌蛤(《精通》)

弓剑名:繁弱(《具备》) 干将(《当染》) 莫邪(《用民》)

乐律名:姑洗(《音律》) 蕤宾(《仲夏》) 夷则(《音律》)

其他名词:豁极(《适音》) 沃衍(《爱类》)

形容词。如:

《怀宠》:“贪戾虐众,恣睢自用也。”

“恣睢”,义为狂妄凶暴。

《士容》:“骨节蚤成,空窍哭历,身必不长。”

“哭历”是“空疏、不细密”的意思。

还有：谯诟（《诬徒》） 欻忽、儵忽（《君守》《决胜》）

动词。如：

《重言》：“高宗，天子也，即位，谅闇三年不言。”

“谅闇”，指帝王居丧。

这类非双声叠韵词，有些词两个音节之间的语音联系也很密切，比如“蟋蟀”，“蟋”为心母，“蟀”为山母，心、山同为齿音，非常相近，有些音韵学者把它们合为一母。又如“恣睢”，“恣”为脂部，“睢”为微部，脂、微二部相距甚近，也有些古韵学者脂微不分。这些词至少具有准双声、准叠韵的性质。此外还有的词属对转关系，如“莫邪”，“莫”为铎部，“邪”为鱼部，铎鱼对转；“狄鞮”，“狄”定母锡部，“鞮”端母支部，定端旁纽，锡支对转。

《吕氏春秋》中单纯词数量不多，尽管名词、动词、形容词都有，但主要还是名词，又大多为专名，动词、形容词为数很少，这大概与《吕氏春秋》的文体及内容有关。

（二）合成复音词

1. 复合式　复合式合成词包括联合式、偏正式、述宾式、主谓式。

(1) 联合式。联合式合成词共有 459 个，其中有名词、动词、形容词及某些虚词。

A. 名词，共 239 个。其中为“名＋名”者 188 个，“形＋形”者 23 个，“动＋动”者 28 个。

a. 名＋名→名

《尽数》：“今世上卜筮祷祠，故疾病愈来。”

《重己》：“不达乎性命之情，慎之何益？”

《顺民》:“变容貌,易名姓。”

《季秋》:“边境不宁,土地分裂。”

还有:粮食(《应言》) 士卒(《介立》) 树木(《季夏》)

道路(《劝学》) 朋友(《孝行》) 婴儿(《荡兵》)

名号(《报更》)

b. 动+动→名

《安死》:“此其中之物,具珠玉、玩好、财物、宝器甚多。”

《尊师》:“临饮食,必蠲洁。”

《自知》:“故天子立辅弼,设师保。”

《明理》:“知交相倒,夫妻相冒。”

《当染》:“从属弥众,弟子弥丰。”

还有:居处(《为欲》) 赋敛(《似顺》) 通达(《务大》)

继嗣(《长利》) 困乏(《原乱》)

“玩好”一词的两个成分原本都是动词,是“玩弄、喜好”的意思。二者结合以后,则不再是动词,而指“供人欣赏的器物”。“玩好”一词在先秦都是名词。“饮食”指“饮食之物”,“辅弼”指“辅佐君王的大臣”,“知交”指“朋友”,“从属”指“追随的人”。这些词的组成成分原本都是动词,表示行为动作,组成复音词以后,失去了动词性,指与这种行为动作有关的人和物了。

c. 形+形→名

《论人》:“何谓四隐?交友、故旧、邑里、门郭。”

《孟春》:“无聚大众,无置城郭。”

《孟夏》:“遂贤良,举长大。”

《怀宠》:“举其秀士而封侯之,选其贤良而尊显之。”

《先识》:“夏王无道,暴虐百姓,穷其父兄,耻其功臣,轻其贤良,弃义听谗,众庶咸怨,守法之臣,自归于商。”

还有:甘肥(《尊师》) 芬香(《适音》) 长老(《怀宠》)

坚白(《君守》)

“故旧”义为“老朋友”,“故”和“旧”原都是形容词,结合以后,产生出名词的意义。“贤良”指“贤良的人”,《吕氏春秋》中“贤良”出现9次,都是指“贤良的人”,是名词的意义。这类词的特点是,它产生了名词的意义之后,这个名词仍具有原来形容词所表示的性质。如“贤良”指人,但不是指一切人,而是指具有“贤良”这种品质或才能的人。又如“众庶”指人,也是指众多的人。

由联合式所构成的名词,基本上都是由同义或近义的词素结合而成。但也有个别由反义词素结合而成的。这种情况,《吕氏春秋》中共有6例。如:

《不侵》:“薛之地小大几何?”

《长见》:“土不应,出而谓左右曰。”

《应同》:“解在乎史默来而辍不袭卫,赵简子可谓知动静矣。”

《贵公》:“今病在于朝夕之中,臣奚能言?”

《谨听》:“若此则是非无所失,而举错无所过矣。”

例一“小大”是指“面积”,不是“小”和“大”的反义连用,不同于《慎势》“故小大、轻重、少多、治乱不可不察”中的“小大”,《慎势》中的“小大”是“小”和“大”的意思,是词组。例二中“左右”指“君主的近臣”,也不是指左边和右边。《吕氏春秋》中也有简单指左边和右边的,如《开春》:“封人子高左右望曰:‘美哉城乎!’”这里是词组,不是词。从上下文意看,它们的分别是很清楚的。例三“动静”指的是“情况”,例四“朝夕”表示“时时”,例五“举错”则泛指“行为"。

在联合式名词中，还有所谓偏义复词，即两个成分之中，偏用其中一个意义，另一个成分只起陪衬作用。如：

《制乐》："宰相，所与治国家也。"

《知接》："若死者有知，我将何面目以见仲父乎？"

"国家"由"国"和"家"组成，"国"原指"诸侯的封地"，"家"指"大夫的封地"，二者结合以后，专指"国"，而"家"的意义消失了，只起陪衬作用。《吕氏春秋》中"国家"一词出现14次，都是这个意义。"面目"也是重在言"面"，"目"只是陪衬。这种偏义复词的产生，大约就是由于汉语复音化的趋势使作者追求双音形式的结果。

B. 动词，共138个。联合式的动词，其两个成分均为动词。如：

《简选》："统率士民，欲其教也。"

《孟冬》："劳农夫以休息之。"

《顺说》："管子得于鲁，鲁束缚而槛之。"

《制乐》："子韦还走，北面再拜。"

《仲冬》："山林薮泽，有能取疏食田猎禽兽者，野虞教导之。"

还有：斟酌（《达郁》） 出奔（《慎行》） 尝试（《贵公》）
变化（《下贤》） 恐惧（《慎大》） 田猎（《情欲》）
摇荡（《侈乐》） 号呼（《期贤》） 扰乱（《任数》）

联合式动词，也有偏义复词，如《喻大》："父子兄弟相与比周于一国，姁姁焉相乐也。""比周"义为"结党营私"，"比"和"周"原是一对反义词，《论语·为政》："君子周而不比，小人比而不周。""比周"一词中，只"比"的意义起作用，而"周"只是陪衬。

C. 形容词,共 77 个。联合式形容词,其组成的两个成分均为形容词。如:

《论人》:"离世自乐,中情洁白。"

《简选》:"离散係系,可以胜人之行陈整齐。"

《重言》:"湫然清静者,衰绖之色也。"

《顺说》:"小弱可以制强大矣。"

《论威》:"其藏于民心,捷于肌肤,深痛执固,不可摇荡。"

还有:恭敬(《尊师》) 邪辟(《诬徒》) 欢乐(《情欲》)

素朴(《士容》) 孤独(《决胜》) 慎谨(《士容》)

严肃(《尊师》) 寂寞(《审分》) 平静(《先己》)

联合式形容词,也有偏义的情况,如《别类》:"故有以聪明听说,则妄说者止;无以聪明听说,则尧桀无别矣。"这里的"聪明"如果仅从字面理解,那么只有"聪"起作用,"听说"只用"耳"而不用"目",所以"明"只是陪衬了。

联合式复音词,《吕氏春秋》中以名词为最多,动词次之,形容词最少。近来有的学者研究《左传》所得出的结论与此完全一致。这说明这是符合先秦联合式复音词的实际情况的。

联合式复音词与其组成成分的词性大部分是一致的,只有名词中有一部分是由动词或形容词性的词素组成的。动词、形容词几乎无一例是其他词性的词素组成的。《举难》:"然而名号显荣者,三士羽翼之也。""翼"字旧本无,毕沅据《文选》注及高诱注补。如果认为"翼"字当补,则只此一例。

联合式复音词的两个成分的位置有时可以对调,名词、动词、形容词都有这种情况。名词,共 5 组:

人民 《察贤》:"雪霜雨露时,则万物育矣,人民修矣。"

民人　《当染》："君臣离散，民人流亡。"

[illegible]

袨褔　《明理》："民多疾疠，道多褓襁。"

縫緥　《直谏》："不榖免衣繈緥而齿于诸侯。"

室家　《别类》："高阳应将为室家。"

家室　《贵当》；"入则愧其家室。"

志气　《精通》："身在乎秦，所亲爱在于齐，死而志气不安，精或往来也。"

气志　《精谕》："今管子乃以容貌音声，夫人乃以行步气志，桓公虽不言，若暗夜而徵烛。"

弟子　《诬徒》："达师之教也，使弟子安焉、乐焉、休焉、游焉、肃焉、严焉。"

子弟　《当染》："王公大人从而显之，有爱子弟者随而学焉。"

这五组字序颠倒的复音词，词义并不完全一样，或多或少地存在着差别。第一组中"人民"和"民人"基本意义大体相近，但所指范围有较大差别。"民人"在《吕氏春秋》中出现7次，都是指"人民、百姓"；而"人民"出现3次，无例外地是指"人或人类"，与"禽兽"相对。"人民"的这种用法恐怕是《吕氏春秋》中特有的，其他著作如《左传》中也有类似"民人"的用法。第三组中"家室"与"室家"也有差别，"家室"指"家庭"，主要指人，所以说"愧"；"室家"则指"房舍"，指物，所以说"为"。当然这两个词的意义在其他古籍如

《诗经》中也有相同的情况。第五组中“弟子”和“子弟”的差别更大,“弟子”指“学生”,对“老师”而言,“子弟”指“晚辈”,对“父兄”而言。这两个词的分别各书都是一致的。

动词,共4组:

和调 《必己》:“知与不知,皆不足恃,其惟和调近之。”

调和 《去私》:“庖人调和而弗敢食,故可以为庖。”

听从 《任数》:“人臣以不争持位,以听从取容。”

从听 《大乐》:“故一也者制令,两也者从听。”

鬬争 《禁塞》:“反之于兵,则必鬬争。”

争鬬 《荡兵》:“争鬬之所自来者久矣。”

困穷 《情欲》:“身以困穷,虽后悔之,尚将奚及?”

穷困 《举难》:“甯戚欲干齐桓公,穷困无以自进。”

第一组中“调和”与“和调”,其基本意义是“把几样不同的东西混和起来而使之适中”。不过,在《吕氏春秋》中“调和”一词均与庖厨之事有关,用来说明调和味道,而“和调”一词均用于抽象意义,指“调和两个极端而取中”。第二组中“听从”与“从听”意义没有什么差别,都是“处于被支配地位、服从他人之命”的意思。第三组的“鬬争”与“鬬斗”意义也相同。第四组的“困穷”与“穷困”意义基本相同,都是“困厄、窘迫”的意思。

形容词,共3组:

节俭 《节丧》:“侈靡者以为荣,节俭者以为陋。”

俭节 《安死》:“是故先王以俭节葬死也。”

伪诈 《季夏》:“莫不质良,勿敢伪诈。”

诈伪 《义赏》:“诈伪之道,虽今偷可,后将无复,非长术也。”

和平 《音律》:“夹钟之月,宽裕和平,行德去刑,无或作事,以害群生。”

平和 《适音》:“乐无太,平和者是也。”

这三组形容词,每组的两个词意义基本相同,只第二组中,“和平”指和谐平静,“平和”则侧重于适中不过,意义略有差别。

这些字序互倒的复音词,总括起来有两种情况:一是字序相反而意义相同,一是字序相反而意义不同。前者说明这种复音词当时还处于一种凝固选择阶段,后者则说明字序在构词之中起着一定的作用。

联合式复音词的两个组成成分绝大多数都能单独成词,单音词与复音词有一个相当长的并存时期。比如,“人民”出现 3 次,“民人”出现 7 次,而单音词“人”出现 998 次,“民”出现 344 次。复音词虽然已经产生,但单音词的运用要比复音词灵活得多,频繁得多。

(2) 偏正式。偏正式复音词共有 470 个,主要是名词,有 452 个,动词 16 个,形容词 2 个。对偏正式复音词可以从两个方面进行分析。一是从构成成分来看,其中心词是名词的,不管其修饰成分是什么词性,整个词几乎都是名词,仅 1 例为形容词;其中心词是动词的,限制成分是形容词或名词性的,整个词的性质可以分为两类:一类是动词,一类是名词。一是从中心词与修饰成分的意义关系来看，这有多种复杂的关系，有的表明种属，有的标明数目，有的说明性质、形状、特点等等。

A. 从构成成分分析。

a. 名词

名+名→名，此类在名词中最多，有191个。如：

《不侵》："夫国士畜我者，我亦国士事之。"

《先己》："精气日新，邪气尽去，及其天年。"

《上农》："是故丈夫不织而衣，妇人不耕而食。"

还有：天子（《孟春》） 上帝（《孟春》） 天下（《贵公》）

骏马（《爱士》） 海内（《遇合》） 宗庙（《当染》）

颜色（《求人》） 东井（《有始》） 夜半（《长利》）

田鼠（《季春》） 内行（《下贤》）

形+名→名，此类共有127个。如：

《审应》："大国命弊邑封郑之后，弊邑不敢当也。"

《精通》："慈石召铁，或引之也。"

《孟夏》："王菩生，苦菜秀。"

还有：太史（《孟春》） 大臣（《长攻》） 皇天（《季夏》）

清庙（《适音》） 小人（《重言》） 故记（《至忠》）

钜子（《去私》） 黔首（《大乐》）

动+名→名，此类共有39个。如：

《为欲》："谋士言曰：原将下矣。"

《精通》："闻乞人歌于门下而悲之。"

《季春》："鸣鸠拂其羽。"

《仲夏》："天子以雏尝黍，羞以含桃，先荐寝庙。"

《慎大》："命周公旦进殷之遗老，而问殷之亡故。"

还有：死士（《不广》） 走兽（《尽数》） 袯襫（《勿躬》）

学士（《用众》） 学业（《诬徒》） 渔师（《季夏》）

处女（《察微》） 餘子（《报更》）

数＋名→名，此类共有73个。如：

《先己》："五帝先道而后德，故德莫厚焉，三王先教而后杀，故事莫功焉。"

《季春》："昏七星中，旦牵牛中。"

《孝行》："爱敬尽于事亲，光耀加于百姓，究于四海，此天子之孝也。"

《谨听》："文王，千乘也。"

还有：六合（《勿躬》） 三公（《孟春》） 万乘（《召类》）

五音（《圜道》） 兆民（《仲春》） 九卿（《孟春》）

八风（《古乐》）

以上四种情况，中心词都是名词性词素。此外，还有以动词及其他词类的词素为中心而构成的名词。

形＋动→名，此类有12例。如：

《应言》："今王兴兵而攻燕，先生将非王乎？"

《有度》："夫以外胜内，匹夫徒步不能行，又况乎人主？"

《孟冬》："是月也，命太卜，祷祠龟策，占兆审卦。"

《别类》："吾固可以治偏枯。"

还有：太蔟（《孟春》） 近习（《仲冬》） 太寝（《孟春》）

太学（《尊师》） 大理（《勿躬》） 大行（《勿躬》）

形容词＋动词组成的名词，专名的比例很大，占3/4，共9个，如"太蔟"是乐律名，"太卜""大理"是官名，"偏枯"是病名，其他三例是"先生""近习""徒步"。"先生"在《吕氏春秋》中有三个意义。

一个是尊称，指"年长而有修养的人"，例见上。二是称老师，《必己》："弟子问于庄子曰：'昔者山中之木以不材得终天年，主人之雁以不材死，先生将何以处？'"三是指"丈夫"，《观世》："使者去，子列子入，其妻望而拊心曰：'闻为有道者妻子，皆得逸乐。今妻子有饥色矣，君过而遗先生食，先生又弗受也，岂非命也哉？'""近习"一词是战国末期的习用词，《韩非子》把它列为五蠹之一，指"君主近侍之臣"。

副+动→名，此类有1例：

《长见》："后世有圣人，将以非不穀。"

"不穀"是君王自称。这里的"穀"用作动词，"穀"通"轂"，"轂"是车轂，为辐条所凑集之处，君主是群臣所向之中心，因此以"轂"喻王。《淮南子·主术》高诱注："轂以喻王。"君王以自谦为美德，所以自称"不轂"。所谓"不轂"，即不能像车轂为众辐所集那样得到群臣的拥戴之义，与称"孤""寡"类同。

名+动→名，此类有1例：

《节丧》："含珠鳞施，玩好货宝，锺鼎壶滥，轝马衣被剑戈，不可胜其数。"

"鳞施"指"尸体上裹的连缀起来的玉片"，因像鱼鳞施于身上，所以称作"鳞施"。"鳞"是名词作状语。

动+动→名，此类有1例：

《序意》："青丼为参乘。"

"参乘"是指"车中保卫主将或君主的武士"，因站在车的右侧，又称"车右"。

形+形→名，此类有2例：

《季春》："无或作为淫巧，以荡上心。"

《仲夏》:“小暑至,螳螂生。”

“淫巧”,《吕氏春秋》中出现2次,均为名词,指“奇巧之物”。“小暑”是个节气名,也是由两个形容词性成分构成。

动+代→名,此类有4例。如:

《精通》:“谓门者内乞人之歌者。”

《爱士》:“谒者入通。”

《贵生》:“鲁君之使者至,颜阖自对之。”

《贵因》:“武王入殷,闻殷有长者。”

“门者”是“守门的人”,“谒者”是“负责通报的官”,“使者”是“君主派出的使臣”。“长者”指“德高望重的人”,《吕氏春秋》中出现5次。另有词组“长者”,指“年长的人”,《恃君》:“长者畏壮。”二者不可相混。

形容词+数→名,此类有1例:

《大乐》:“音乐之所由来者远矣,生于度量,本于太一。”

《吕氏春秋》中“太一”是“道”的别称。

b. 动词

动+动→动,此类有4例。如:

《制乐》:“文王寝疾,五日而地动。”

《精谕》:“卫姬望见君,下堂再拜。”

“寝疾”是“卧病”的意思,“寝”是“疾”的形式。“望见”是“从远处看见”,“望”是“见”的状语。

形+动→动,此类有4例。如:

《审己》:“湣王慨然太息曰。”

《情欲》:“荆庄王好周游田猎。”

《遇合》:“孔子周流海内,再干世主。”

“太息”是“长长地叹息”,“周游”是“到各处游历”,前边的形容词都用作状语。

名+动→动,此类有7例。如:

《重言》:“成王与唐叔虞燕居。”

《勿躬》:“今日南面,百邪自正。”

《当染》:“宗庙不血食。”

这里的名词都用作状语,“燕居”是“闲居”的意思,“南面”是“做君主”的意思,“面”这里用作动词,“南”作状语。古时君主都坐北面南,所以称作君主为“南面”。“血食”是“得到祭祀”,因祭祀要杀牲荐血,故而用“血食”指“得到祭祀”。

数+动→动,此类有1例:

《报更》:“张仪还走,北面再拜。”

“再拜”是“连拜两次的一种礼节”,字又作“载拜”,《异宝》:“五员载拜受赐。”“载”与“再”通。

c. 形容词

副+动→形,此类有1例:

《禁塞》:“臣不肖,不足以当此大任也。”

“不肖”是“不贤”的意思,“肖”原意是“像”,“不肖”就是子孙不像先祖,古人敬祖,不像先祖就是不贤。

形+名→形,此类有1例:

《行论》:“诗曰:‘惟此文王,小心翼翼。’”

“小心”不是指小的心,而是用于比喻,义为“谨慎”。这里是引诗,可见这个词产生很早了。

B. 从修饰成分与中心成分的意义关系分析。

a. 修饰成分表示数量。如:

《禁塞》:"上称三皇五帝之业以愉其意。"

《贵公》:"万物皆被其泽,得其利。"

这种情况可以分为两类:一类如例一的"三皇""五帝"表示特指,另一类如例二的"万物"表示泛指。

b. 修饰成分说明中心成分的种属。如:

《爱士》:"食骏马之肉而不还饮酒,余恐其伤女也。"

《仲冬》:"水泉必香,陶器必良。"

《古乐》:"因令凤鸟、天翟舞之。"

《尊师》:"帝尧师子州支父。"

《首时》:"水冻方固,后稷不种。"

其中"骏马""陶器""凤鸟"都是小类名在前,大类名在后,如"鸟"是大类名,"凤"是小类名,"凤"只是"鸟"的一种。"帝尧""后稷"则是大类名在前,小类名在后,如"后"是"君主"的意思,是大类名,"稷"是小类名,"稷"是"后"的一员。

c. 修饰成分说明中心成分的方位或地域。如:

《古乐》:"商人服象,为虐于东夷。"

《长利》:"禹趋下风而问。"

《遇合》:"孔子周流海内,再干世主。"

d. 修饰成分说明时间或朝代。如:

《长利》:"解衣与弟子,夜半而死。"

《察微》:"昨日之事,子为制。"

《谨听》:"周箴曰:'夫自念斯学,德未暮。'"

e. 修饰成分说明领属。如:

《至忠》:"太子与王后急争之而不能得。"

《仲冬》:"有能取疏实、田猎禽兽者野虞教导之。"

《察微》:“乃使郈昭伯将师徒以攻季氏。”

“王后”指“王的正妻”,“后”是属于“王”的。“疏实”指“山林中草木的果实”,而不是别的什么果实。“师徒”不是联合式指老师和学生,而是偏正式,“徒”是“徒众”的意思,指人,“师”是“军队”,“徒”是属于“师”的。“师徒”一词就是“军队”的意思。

f. 修饰成分说明质料或颜色。如:

《下贤》:“万乘之主见布衣之士。”

《士节》:“捆蒲苇,织萉屦,以养其母。”

《本味》:“醴江之鱼,名曰朱鳖,六足,有珠百碧。”

《别类》:“骥骜绿耳背日而西走,至乎夕则日在其前矣。”

“布衣”原指“用布制作的衣服”,衣的质料是布,后来指“穿着布衣的人”。表示颜色的词不一定与颜色有直接关系,“朱鳖”是鱼名,不一定是红色的;“绿耳”不是绿色的耳朵,而是骏马的名称。

g. 修饰成分说明性质或特征。如:

《上德》:“虚素以公,小民皆之。”

《长攻》:“召大臣以告之。”

《精通》:“慈石召铁,或引之也。”

《季冬》:“行春令,则胎夭多伤,国多固疾。”

《孟春》:“獭祭鱼,候雁北。”

《功名》:“树木盛则飞鸟归之。”

“小民”“大臣”不是具体指民有多小,臣有多大,而是就民、臣的地位而言,“小民”指“百姓”,“大臣”指“辅佐君主的重臣”。“慈石”指“有慈性的石”,这种石能像慈母吸引子女那样吸引铁,“慈”说明“石”具有的性质。“固疾”是“顽固的久治不愈的疾病”,“固”也是说明“疾”的性质的。“候雁”就是“大雁”,因为大雁具有因季候而变更栖息地的特征，所以称为候雁。“飞鸟”就是“鸟”，因为鸟具有飞的特征而称为飞鸟。

h. 修饰成分表示职能或功用。如：

《孟春》：“是月也，命乐正入学习舞。”

《季春》：“命舟牧覆舟，五覆五反。”

《孟冬》：“是月也，乃命水虞、渔师收水泉池泽之赋。”

《不屈》：“使圣人化为农夫，不能治农夫。”

《贵直》：“与吾得革车千乘也，不如闻行人烛过之一言。”

“乐正”是负责音乐的官；“舟牧”是负责船只的官；“农夫”指耕田的人，“农”说明“夫”的职能是从事农业；“革车”是兵车，这种车的功用是打仗用的。

i. 修饰成分表示次序。如：

《贵公》：“愿仲父之教寡人也。”

《下贤》：“武王之弟也，成王之叔父也。”

“仲父”“叔父”的“仲”“叔”都是表示排行的。

偏正结构中，某些单音词素具有很强的构词能力，如人、子、天、士、民、夫、上、下等。

“人”，可以受名词、动词、形容词修饰而构成复音词。

a. 受名词修饰。如：

《异宝》：“见一丈人，刺小船，方将鱼。”

《察微》：“得荆平王夫人以归。”

《知接》：“有一妇人踰墙入。”

还有：庖人（《去私》） 玉人（《疑似》） 匠人（《别类》）

舟人（《知分》） 船人（《必己》） 门人（《孝行》）

国人（《不广》） 仁人（《功名》） 主人（《音初》）

宫人（《忠廉》） 虞人（《季夏》） 武人（《孟秋》）

封人（《开春》）

b. 受动词修饰。如：

《精谕》："没人能取之。"

《召类》："南家，工人也。"

还有：涓人（《淫辞》） 炥人（《本味》） 宰人（《过理》）

贾人（《悔过》）

c. 受形容词修饰。如：

《贵生》："帝王之功，圣人之餘事也。"

《乐成》："子诚能为寡人为之，寡人尽听子矣。"

《离谓》："遇故人于涂。"

还有：真人（《先己》） 淑人（《先己》） 良人（《序意》）

众人（《不侵》） 庶人（《介立》） 先人（《权勋》）

大人（《当染》） 细人（《去宥》） 小人（《重言》）

谗人（《长见》） 贵人（《贵卒》） 役人（《顺说》）

"人"还可以用作修饰语。如：

《圜道》："故令者，人主之所为命也。"

《必己》："若夫万物之情，人伦之传则不然。"

还有：人类（《情欲》） 人君（《劝学》） 人亲（《劝学》）

人子（《劝学》） 人臣（《劝学》）

"子"，也可以受名词、动词、形容词修饰构成复音词。

a. 受名词修饰。如：

《本生》："天子之动也，以全天为故者也。"

《慎人》："夫子弦歌鼓舞，未尝绝音。"

还有：公子（《不广》） 君子（《慎人》） 竖子（《重己》）

b. 受动词修饰。如：

《报更》："张仪，魏之餘子也。"

c. 受形容词修饰。如：

《去私》："墨者有钜子曰腹䵍。"

《长利》："愉愉其如赤子。"

还有：太子（《知士》） 適子（《慎势》）

d. 受代词修饰。如：

《离俗》："吾子胡不位之？"

"天"，可以构成：

天子（《本生》） 天下（《当染》） 天年（《先己》）

天宗（《孟冬》） 天干（《明理》） 天竹（《明理》）

天英（《明理》） 天棓（《明理》） 天衡（《明理》）

天欃（《明理》）

"士"，可以构成：

列士（《达郁》） 国士（《不侵》） 死士（《不广》）

谋士（《为欲》） 学士（《用众》）

"民"，可以构成：

庶民（《季冬》） 细民（《不苟》） 人民（《上德》）

农民（《音律》）

"夫"，可以构成：

匹夫（《本生》） 大夫（《孟春》） 农夫（《辩土》）

丈夫（《上农》） 武夫（《报更》）

"上"，可以构成：

上世（《察今》） 上帝（《孟春》） 上天（《慎大》）

上古（《爱类》） 上志（《贵公》）

“下”，可以构成：

下民（《应同》） 下风（《长利》） 下吏（《正名》）

下臣（《精谕》）

(3) 述宾式。述宾式复音词共有 35 个，其中名词 27 个，动词 8 个。

A. 名词。名词中以官名为最多，共 15 个，其次是节气名，4 个，其他有乐律乐曲名 3 个，星名 1 个，酷刑名 1 个，鸟名 1 个，论题名 1 个等。如：

《乐成》：“令将军视之。”

《孟夏》：“命司徒，循行县鄙。”

《异宝》：“得五员者，爵执圭。”

《仲秋》：“乃命司服，具饬衣裳。”

《季秋》：“命主祠祭禽于四方。”

《骄恣》：“遽召掌书曰。”

还有：相国（《异宝》） 柱国（《淫辞》） 司城（《异宝》）

司空（《季春》） 司马（《权勋》） 司寇（《异宝》）

司农（《季冬》） 主书（《乐成》） 监工（《季春》）

以上是官名。

其他名称。如：

《孟春》：“先立春三日，太史谒之天子。”

《音律》：“季秋生无射。”

《古乐》：“命之曰承云。”

《季春》：“昏七星中，旦牵牛中。”

《顺民》：“愿为民请炮烙之刑。”

《仲夏》：“反舌无声。”

还有：无厚（《君守》） 书社（《慎大》） 破斧（《音初》）

立夏（《孟夏》） 立秋（《孟秋》） 立冬（《孟冬》）

B. 动词。如：

《古乐》："武王即位，以六师伐殷。"

《顺民》："文王载拜稽首而辞。"

《至忠》："太子顿首强请曰。"

《顺说》："其所唱适宜走，役人不倦，而取道甚速。"

《精通》："养由基射兕，中石，矢乃饮羽。"

《禁塞》："深意念此，亦可以痛心矣。"

《乐成》："民不可与虑化举始，而可以乐成功。"

《遇合》："委质为弟子者三千人。"

这里"取道"是"赶路、出行"的意思，"饮羽"是指"箭射中目标"，"痛心"是"伤心、心里难受"的意思，"委质"是"向尊者或老师献上礼物"。述宾式动词前一成分是动作行为，后一成分是其支配对象。这种动词一般不能再带宾语。上述几个词在句中作谓语、中心语、状语或能愿动词宾语。

（4）主谓式。主谓式复音词，《吕氏春秋》中共有3个。如：

《贵因》："王欲知之，则以日中为期。"

《任地》："日至，苦菜死而资生。"

《季秋》："藏帝籍之收于神仓。"

主谓式构成的这几个词，都是名词。"日中"指"一天的正午时分"。"日至"指"夏至或冬至"，例中指"夏至"。"帝籍"即"帝籍田"，是天子每年举行亲耕典礼的地方。"籍"是"借"的意思，天子孟春躬耕之后，要借民力来耕作这块田地，所以称作"帝籍田"，又称"帝籍"。

2. 附加式　附加式复音词都是由词根加词缀构成，可以分为前加式和后加式两种。前加式复音词，《吕氏春秋》中共有 7 个，其前加成分都是“有”，所构成的词几乎都是名词，仅引《诗经》1 例为形容词。名词中又主要是古部族名，人名、鸟名各有 1 例。如：

《先己》：“夏后相与有扈战于甘泽而不胜。”又作“有扈氏”，同篇：“期年而有扈氏服。”

《本味》：“有侁氏女子采桑。”

《音初》：“有娀氏有二佚女。”

《古乐》：“有倕作为鼙鼓钟磬。”

《本味》：“有凤之丸，沃民所食。”

“有扈”“有扈氏”“有侁氏”“有娀氏”都是古部族名；“有倕”是人名，帝喾的乐师；“有凤”即凤凰。

引《诗经》1 例是：

《务本》：“有晻凄凄，兴云祁祁。”

“有晻”是形容阴云涌起的样子。

这种前加式复音词应该是古代形式的残留。《吕氏春秋》中前加式复音词只有加前缀“有”一种形式，古部族名应该是作为历史词出现的，人名“有倕”，《吕氏春秋》多次直称为“倕”，如《先己》：“人不爱倕之指，而爱己之指。”《离谓》：“周鼎著倕而龁其指。”《诗经》中仅以“有”为前缀的前加式复音词多达 90 个之多①，这说明，《吕氏春秋》前加式复音词确实是古代形式的残留，当时的语言中应当已经没有这种形式了。

后加式复音词，《吕氏春秋》中有 28 个，其后加成分有“然”

① 此数字据向熹先生《诗经词典》。

“焉”两个。由“然”组成的词有 22 个，由“焉”组成的词有 6 个。如：

《首时》：“饥马盈厩，嗼然，未见刍也。”

《慎人》：“孔子憱然推琴，喟然而叹。”

《顺说》：“使天下丈夫女子莫不驩然皆欲爱利之。”

《自知》：“钟况然有音，恐人闻之而夺己也，遽揜其耳。”

《贵直》：“吾今见民洋洋然东走而不知所处。”

《介立》：“两手据地而吐，不出，喀喀然遂伏地而死。”

还有：卒然（《当务》） 蹻然（《情欲》） 湫然（《重言》）

脦然（《士容》） 显然（《重言》） 默然（《执一》）

适然（《遇合》） 固然（《贵当》） 云云然（《圜道》）

粲然（《达郁》） 抗然（《慎人》） 惕然（《离俗》）

烈然（《慎人》） 俞然（《知分》） 赩然（《贵直》）

以上是以“然”为后缀的。

《知接》：“公慨焉叹，涕出曰。”

《慎势》：“简公喟焉太息曰。”

《应言》：“然而视之，蝺焉美，无所可用。”

《观世》：“左右视，尚巍巍焉山在其上。”

《务大》：“父子兄弟比周于一朝，区区焉相乐也。”

《喻大》：“子母相哺也，姁姁焉相乐也。”

以上是以“焉”为后缀的，其中“区区焉”与“姁姁焉”实同一词，“姁”侯部群母，“区”侯部溪母，二者是相通的。

由“然”“焉”组成的后加式复音词都是形容词，它们在句中都处于状语的位置。“然”“焉”都是由代词虚化而来，而且它们的语音很接近，“焉”是影母元部，“然”是日母元部。这两个后缀在先秦时代都是常用的。

此外,“子”也有虚化的倾向。《乐成》:“男子行乎涂右,女子行乎涂左。”这里的“男子”“女子”不同于《诗经》中“乃生男子”“乃生女子”的“男子”“女子”,《诗经》中“男子”指“男孩子”,“女子”指“女孩子”,有实在意义。《吕氏春秋》中“男子”出现1次,“女子”出现5次,“子”均不是“孩子”的意义,而近乎是指人的标志。

3. 重叠式　重叠式合成词不同于重叠的单纯词,重叠的单纯词是由一个词素构成的,重叠式合成词则是由两个词素构成的,也就是说,是两个单音词的重叠。重叠式合成词的意义与构成它的单音词的意义有联系,又不相同,重叠以后产生了新的意义。这类合成词《吕氏春秋》中共有10个。如:

《安死》:“世世乘车食肉。”

《本味》:“善哉乎鼓琴,巍巍乎若太山。”

《离谓》:“故惑惑之中有晓焉,冥冥之中有昭焉。”

《长利》:“民不知怒,不知畏,愉愉其如赤子。”

还有:窅窅(《论威》)　纷纷(《慎大》)　殷殷(《慎人》)

浑浑(《大乐》)　沌沌(《大乐》)

《吕氏春秋》中重叠式合成词主要是形容词,只有一个名词“世世”,这种名词表示一种周遍性,“世世”即指“每一世”。这些重叠式合成词主要用作状语,也可用作谓语、定语、主语,上例中“世世”用作主语,“惑惑”“冥冥”用作定语,“巍巍”“愉愉”用作状语等。

四

《吕氏春秋》的复音词,绝大部分是单义的。这种单义性是复音词的特点，更是它早期的特点。复音词是为了克服单音词多义性而产生的。单音词的意义过多，有时会妨碍思想的交流，为了使语言表达得精确，复音词就应运而生了。比如“道”“路”都是多义词，“道”有“道路”“道德”“学说”等多个意义，“路”也有“道路”“车”等多个意义，但“道”和“路”有共同的意义“道路”，“道”和“路”在这个意义上结合起来。一经结合就产生了异常强烈的排他性，使“道路”一词的意义十分明确而且单一化。语言中词义是不断发展的，像单音词从单义发展为多义一样，复音词在反映客观现实的过程中，也逐渐从单义发展为多义。《吕氏春秋》复音词已经开始出现多义的现象。

《吕氏春秋》复音词中有 42 个词有两个或三个意义，其中 3 个词有三个意义，39 个词有两个意义。

出现三个意义的词是“先生”“千乘”“颜色”。“先生”一词上文已有说明。又如：

“千乘”的三个意义是：① 泛指诸侯，对天子而言。《谨听》：“文王，千乘也；纣，天子也。”② 指中等诸侯国，对大诸侯国而言。《报更》：“周，千乘也，重过万乘也。”③ 指称诸侯国的大臣。《不侵》：“昭王，大王也；孟尝君，千乘也。”

“颜色”的三个意义是：① 脸上的气色。《求人》：“颜色黎黑，窍藏不通。”② 脸上的表情。《知士》：“宣王太息，动于颜色。”③ 指容貌。《至忠》：“爨之三日三夜，颜色不变。”

出现两个意义的词，其中有名词、动词、形容词。名词主要有“野人”“鄙人”“先人”“门人”“夫子”“竖子”“君子”“渔师”“亲戚”“草莽”“沟洫”“土地”“精气”“公家”“名号”“容貌”“饕餮”“天翟”等。如：

“门人”:①指学生。《孝行》:“乐正子春下堂而伤足,瘳而数月不出,犹有忧色,门人问之曰……”②指门客。《知士》:“靖郭君善剂貌辨,剂貌辨之为人也多訾,门人弗说。”

“公家”:①指公室,即诸侯国的朝廷。《举难》:“季氏劫公家。”《贵卒》:“既而国杀无知,未有君,公子纠与公子小白皆归,俱至,争先入公家。”②指官府。《精通》:“臣之身得生,而为公家击磬。”

“天翟”:①鸟名。《古乐》:“因令凤鸟、天翟舞之。”②地名。《喻大》:“地大则有常祥、不庭、歧母、群抵、天翟、不周。”

动词有“束缚”“辞让”“驰骋”。如:

“束缚”:①捆绑。《顺说》:“鲁束缚而槛之。”《去宥》:“吏搏而束缚之。”②约束,限制。《论人》:“意气宣通,无所束缚。”

形容词有“宽裕”“凄凄”“清静”。如:

“宽裕”:①指宽容。《音律》:“夹钟之月,宽裕和平,行德去刑,无或作事,以害群生。”②指心胸开阔。《士容》:“宽裕不訾而心中甚厉。”

还有个别的词兼有两个词类,如“迷惑”,兼有形容词和动词的意义:①形容词,昏惑。《疑似》:“使人有迷惑者,必物之相似者也。”《慎大》:“桀迷惑于末嬉。”②动词,迷失方向。《音初》:“天大风,晦盲,孔甲迷惑,入于民室。”

还有一些动词、形容词活用为名词,意义也就由动词、形容词的意义转而具有了名词的意义。如“积聚”,本是动词,指“聚积穀物”,活用为名词,指“聚积的穀物及其他财物”。“不肖”,本为形容词,义为“不贤”,活用为名词,指“不贤之人”。

《吕氏春秋》复音词的各意义之间,关系很密切,几乎都是直接相关的意义。这说明复音词的多义现象,刚刚产生,还处于初始阶段。

※　※　※　※　※　※　※

总括上文，可以看出《吕氏春秋》复音词有如下几个特点：

1.《吕氏春秋》中复音词已有相当发展，数量已很可观，占全部词汇量的40％强。复音词中相当一部分是人名、地名及其他专名，这恐怕与《吕氏春秋》保留大量古代文化有关。

2.《吕氏春秋》复音词中单纯词的数量很少，仅占复音词总数的4.1％。这与《吕氏春秋》语言质朴无华的风格特点有直接关系。

3. 合成词中主要是联合式和偏正式，其次是述宾式，但已经出现了主谓式，述补式没有发现①。

4. 附加式的形式比较简单，前加式中只有前缀“有”，前加式复音词数量极少，除一词是引《诗》之外，仅6个词，又主要是古部族名。可见这种前加式是古代形式的残留。后加式主要有后缀“焉”“然”，这是春秋时期产生的新形式，到战国末期已趋成熟。

---

① 战国末期已经产生述补式复音词，如屈原《国殇》中已有“杀尽”一词。

玖　《吕氏春秋》词的书写形式

文字是词的书写形式，关于字和词的关系，前文已有述及，不再重复。这里只讨论《吕氏春秋》中有关异体字、古今字、通假字的问题。

一　异体字

所谓异体字，就是一个词的不同书写形式，换句话说，就是在任何情况下都可以互相替代而不影响意义的若干字称作异体字。一般来说，只在某一个或两个意义上相同而不是所有意义都相同，这样的字不能认为是异体字。即使古籍中在这一两个意义上经常混用，也不宜认为是异体字。比如“诉”“愬”，这两个字只在“告诉、诋毁”等意义上相同，但是“愬”的“惊恐”义，“诉”并不具备，因此不能看作是异体字。又比如“游”“遊”，这两个字本义不同，“游”表示“在水中浮游”，“遊”表示“在陆上游历”，在古籍中表示在陆上游历的既可以用“遊”，也可以用“游”，但是在表示在水中游的时候，不能用“遊”，一般也不认为是异体字。当然，在看待异体字问题上也存在宽和严两种不完全相同的标准。从宽看待，像“游”“遊”在表示“游历、交游”的意义上，两字可以表示的是一个词，可以看作是异体字。我们在处理《吕氏春秋》中出现的异体字的时候，一般从严掌握。有时候，从词的角度看，两个字意义单一，完全相同，就是一个词的不同书写形式，也处理为异体字。比如“女[2]”“汝[2]”，第二人称代词，这两个字同音同义，是一个词不同的书写形式，可以看作是异体字。《吕氏春秋》中一共出现异体字37组，大致可以分为这样三种情况：

1.《说文》中出现的异体字。如：

糂—糝　《说文》：“糂，以米和羹也。糝，古文糂，从参。”《任数》：“孔子穷乎陈、蔡之间，藜羹不糂，七日不尝粒。”《慎人》：“孔子穷于陈、蔡之间，七日不尝食，藜羹不糝。”这里的语言环境完全相同，而一处用“糂”，一处用“糝”，这说明异体字是可以任意互换的。

睹—覩　《说文》：“睹，见也。覩，古文从见。”《召类》：“赵简子将袭郑，使史默往睹之。”《去尤》：“南鄉视者不覩北方。”

螾—蚓　《说文》：“螾，侧行者。蚓，螾或从引。”《应同》：“黄帝之时，天先见大螾大蝼。”《孟夏》：“蝼蝈鸣，丘蚓出。”“蚓”“螾”是异体字。“蚓”有时又称“丘蚓”，用复音形式，作复音形式时，一般不写作“丘螾”，这只是书写习惯问题，并不影响“螾”“蚓”作为异体字的关系。

野—壄(埜)　《说文》：“野，郊外也。壄，古文野，从里省，从林。”段玉裁注：“亦作埜。”《首时》：“退而耕于野。”《异宝》：“宋之野人耕而得玉。”《爱士》：“右服失而埜人取之。”

雞—鷄　《说文》：“雞，知时畜也。鷄，籀文雞，从鳥。”《用众》：“善学者，若齐王之食雞。”《仲夏》：“食菽与鷄。”

圭—珪　《说文》：“圭，瑞玉也。珪，古文圭，从玉。”段玉裁注：“小篆重土而省玉，盖李斯之失与？今经典中圭珪错见。”《仲春》：

"是月也，祀不用牺牲，用圭璧，更皮幣。"《重言》："成王与唐叔虞燕居，援梧葉以为珪，而授唐叔虞。"

晦—畝 《说文》："晦，六尺为步，步百为晦。从田每声。畝，晦或从十久。""晦"的本义当为"田垄"，即"田中种庄稼的隆起之处"。《辩土》："晦欲广以平，甽欲小以深。"《任地》："上田弃畝，下田弃甽。"

2.《说文》所不载的后起的异体字。如：

鹹—醎 《本味》："调和之事，必以甘酸苦辛鹹。"《尽数》："大甘、大酸、大苦、大辛、大醎，五者充形则生害矣。"《说文》有"鹹"字，无"醎"字，"醎"是"鹹"的俗体。

蛇—虵 《节丧》："善棺椁，所以避蝼蚁蛇虫也。"《明理》："国有游虵而东。"《说文》中有"蛇"字，为"它"字的异体，无"虵"字。"虵"是"蛇"的俗体。

奔—犇 《贵卒》："公子小白奔莒。"《慎行》："太子建出犇。"《说文》有"奔"字，无"犇"字。"犇"是"奔"的古体。《汉书·昭帝纪》："及发犍为、蜀郡犇命击益州。"师古曰："犇，古奔字耳。"

裸—倮 《观表》："地为大矣，而水泉草木毛羽裸鳞未尝息也。"《季夏》："其虫倮。"《说文》有"裸"字，无"倮"字。"倮"字在先秦古籍中多见。

膌—瘠 《听言》："老弱冻馁，夭膌壮狡。"《仲秋》："瞻肥瘠，察物色。"《说文》有"膌"无"瘠"。《说文》以"𤷐"为"膌"的异体。段玉裁说："膌或作瘠。"

俛—俯 《知分》："晏子俛而饮血，仰而呼天。"《仲秋》："蛰虫俯户。"《说文》中"俛"为"頫"的或体。《说文》："頫，低头也。俛，頫或从人免。”

这种异体字,《吕氏春秋》中还有:谕—喻,屣—躧,譆—嘻,準—准,輿—轝—轝等。

3. 由于隶变、隶定所造成的异体字。① 如:

竝—並 《季春》:“兵革竝起。”《审分》:“万邪並起。”《说文》小篆作“𠀤”,隶定为“竝”,又作“並”。

污—汙 《达郁》:“水郁则为污。”《贵直》:“家不处乱国,身不见污君。”《辩土》:“下田则尽其汙。”《审分》:“赞以洁白,而随以汙德。”《说文》小篆字作“汙”,隶定作“污”,又作“汙”。

这类异体字还有:訾—訿,兕—兕等。

4. 由各种关系形成的异体字。如:

乃—廼 《古乐》:“帝尧立,乃命质为乐。”《孟春》:“廼命太史,守典奉法。”《说文》“乃”“廼”为不同的两个字,然古籍中多通用,《尔雅·释诂》:“廼,乃也。”段玉裁说:“诗、书、史、汉发语多用此字作廼,而流俗多改为乃。”这两个字在后代实际上是异体字的关系了。《列子释文》曰:“廼,古乃字。”

罪—辠 “罪”的本义是“捕鱼的竹网”,《说文》:“罪,捕鱼竹网。”“辠”的本义是“罪过”,《说文》:“辠,犯法也。”《说文》又说:“秦以辠似皇字,改为罪。”“秦以罪为辠字。”这是人为制造的异体字。《至忠》:“故伏其罪而死。”《听言》:“攻无辠之国以索地,诛不辜之民以求利。”

① 这类由于隶变与隶定构成的异体字在清代某些刻本中比较常见,不过,一般采用隶变字形,隶定字形不再采用。

二 古今字

在某一个意义上，不同时代所产生的不同的字称作古今字。一般来说，古今字所表示的不是同一个词。但是，也有特殊的情况，比如“采”“採”，“采”的本义是“采摘”，“採”的意义也是“采摘”，这是一对古今字。“采”还有“采邑”“采色”等意义，但那是假借义，不属于同一个词，所以从词的角度看，“采”“採”是同一个词的不同书写形式。因此，这种情况又可以看作异体字。古今字和异体字的这种交叉的情况应该注意分辨。

《吕氏春秋》中出现的古今字，从意义关系上看，可以分成三类：一是为本字造的字，一是为引申义造的字，一是为假借义造的字①。所谓为本义造字，是指一个字有了诸多引申义后，它所表示的本义有时容易被忽视，所以另造一个字来表示。例如：

采—採 “采”字的本义是“采摘”，古文字写作，像用手在树上采摘之类。后来，“采”字借为“采邑”“采色”等意义，于是在“采”字上加手旁表示“采摘”的意义，这样，“采”和“採”就成了一对古今字。《首时》：“方叶之茂美，终日采之而不知。”《本味》：“有侁氏女子採桑。”

益—溢 “益”的本义是“水满后从器皿中流出来”，古文字写作，像水从器中流出的样子。由于“益”产生了“利益”等意义，于是在“益”字上再加水旁表示本义。《察今》：“澭水暴益。”《察

① 这里的假借义是指字的假借义，词没有假借义。这里的今字也有人称作后起本字。

微》:"满而不溢,所以长守富也。"

尊—樽 "尊"的本义是"酒器",《说文》:"尊①,酒器也。"当"尊"产生了"尊贵"等意义之后,又加木旁表示本义。《情欲》:"尊,酌者众则速尽。"《壅塞》:"戎王醉而卧于樽下。"

这里的古今字都是以古字为声旁,另加形旁而构成。这种字一般称作累增字。《吕氏春秋》有时只出现古字,未出现累增字②,如"要"是"腰"的古字,只出现"要"字,《顺民》:"要领不属,首足异处。"有时只出现累增字,未出现本字,如"裘"是"求"的累增字,只出现"裘",未出现"求",《观世》:"晏子之晋,见反裘负刍息于涂者。""箕"是"其"的累增字,"暮"是"莫"的累增字,也只出现累增字,未出现本字,《顺民》:"执箕帚而臣事之。"《达郁》:"日暮矣,桓公乐之而徵烛。"

所谓为引申义造字,是指某字有若干引申义,后来为其中一个引申义另造一字,以示区别,这种后起字,一般称作区别字。这种区别字一般也都是以古字为声旁,另加形旁而构成。比如:

取—娶 "取"的本义是"获得",产生若干引申义,其中之一是"娶妻",后来为"娶妻"的意义另造区别字"娶"③。《慎行》:"王为建取妻于秦而美。"《上农》:"庶人不冠弁,娶妻,嫁女。"

道—導 "道"的本义是"道路",引申有"引导"的意义,后来为此义另造区别字"導"。《孟春》:"以教道民,必躬亲之。"《适威》:"爱利以安之,忠信以導之。"

---

① 《说文》以"尊"为正体,以"尊"为异体。

② 大部分累增字很可能是在秦汉以后产生的,《吕氏春秋》时代根本就不存在。《吕氏春秋》中出现的累增字,也可能是后代人改的。

③ "娶"字其实产生很早,甲骨文中就有。

质—锧 “质”的本义是“抵押”，引申有“砧板”的意义。后来为引申义另造区别字“锧”。《贵直》：“吏陈斧质于东闾。”《高义》：“于是乎伏斧锧，请死于王。”

此类情况还有：弟—悌，知—智，反—返，解—懈，景—影等。

有时，《吕氏春秋》中只出现区别字，如“境”是“竟”的区别字，只出现“境”字，《怀宠》：“故兵入于敌之境，则民知所庇矣。”此类还有（齊）①—齋等。有时只出现本字，如“府”的本义是“府库”，引申为“脏腑”，后造区别字“腑”，《吕氏春秋》中只有“府”没有“腑”。《达郁》：“凡人三百六十节，九窍，五藏，六府。”此类情况还有：藏—（臟），舍—（捨），张—（脹），振—（賑）等。

所谓为假借义造字，是指某个字本来不是为某词所造，而是借来表示这个词，后来又另造一个字来表示，以代替这个借字。比如：

辟—避 “辟”的本义是“君主”，义为“躲避”的词与之同音，而没有书写形式，于是借义为“君主”的“辟”字来表示，《勿躬》：“进谏必忠，不辟死亡。”后来则专为此义另造一个“避”字，《过理》：“晋灵公无道，从上弹人，而观其避丸也。”“辟”与“避”的关系是古今字的关系，不要误认为是假借的关系。戴震说：“古字多假借，后人始增偏旁。”②段玉裁在《说文解字注》“象”字条下说：“像字未制以前，想象之义已起，故《周易》用‘象’为想象之义，如用‘易’为简易，变易之义，皆于声得义，非于字形得义也。”他们的说法是完全正确的。

---

① 加（ ）的字是《吕氏春秋》中没出现的字。

② 见《答江慎修论小学书》。

有时,《吕氏春秋》中只出现古借字,没有出现后起区别字。如“卒”字被借来表示“迅疾、突然”的意义,《贵卒》:“力贵卒,智贵卒。”后来造“猝”字表示“迅疾、突然”的意义。“猝”字在《吕氏春秋》中没有出现。《说文》中有“猝”字,义为“犬从草暴出逐人也”。然而《吕氏春秋》两次出现“卒”字,表示“迅疾、突然”的意义,高诱均未注,而且在《察今》“澭水暴益”下用“卒”注“暴”,可见用“卒”字表示“迅疾”的意义在汉末仍是常用的书写形式。而“猝”字至少是产生未久。“卒”与“猝”的关系亦当认为古今字为宜。

三　通假字

文字的借用,古人称作假借。假借有两种。一种是许慎所说的“本无其字,依声托事”的无本字的假借。这种假借,有的后代为本义或借义另造了累增字或区别字,如前文所述;有的久假不归,人们已经意识不到是假借了,如“难”“易”之类。另一种是有本字的假借,即通常所说的通假。通假是指在一定的意义上,用某字去替代另一个音同或音近的字。通假是汉字使用过程中十分值得注意的现象。先秦古籍中通假现象比较多,这主要是因为当时书写条件困难,人们读书主要靠口耳相传,以音达义,因此音同音近的字可以通用。秦灭以后,大部分古籍要靠人们的记忆得以流传,这样文字的同音替代就成为一种常用的手段。另外,如郑玄所说,“其始书之也,仓卒亡其字,或以音类比方假借为之,趣于近之而已”,也不能不是一个原因。文字的通假或同音替代,不是完全任意的,它是以当时的社会用字习惯为基础并受它的制约的。我们常常会发现在先秦古籍中,甲字借用为乙字,而乙字一般不借用为甲字，比如大家所熟知的“早”和“蚤”，只见借“蚤”表示“早”义，不见借“早”为“蚤”。又比如“霾”和“薶”，“霾”的本义是“刮风时空中有大量尘土降落的天气”，《尔雅·释天》：“风而雨土曰霾。”常借来替代“薶”字（《说文》：“薶，瘗也。”俗作“埋”），《吕氏春秋·孟春》：“揜骼霾髊。”《楚辞·国殇》：“霾两轮兮执四马。”但不曾见到用“薶”（埋）字替代“霾”的情况。这正是受当时用字习惯约束的表现。

《吕氏春秋》中通假字数目不算多，共有 184 个①，这些通假字，可以从形、音、义等几个角度进行考察和分析。第一，从字形上看，可以分为四种类型：

第一种类型是一字通一字，即甲字通乙字。这种类型的字数最多，共有 134 字，占总数的 72%。这种类型又包括四种情况：

1.《吕氏春秋》中没有出现本字。如：

饐通噎 《说文》：“饐，饭伤湿也。”《论语·乡党》：“食饐而餲，鱼馁而肉败不食。”孔注：“饐、餲，臭味变。”“饐”的本义是“饭坏了，变味了”。《吕氏春秋》中用作“噎”，义为“食物堵住食道，不能下咽”，《说文》：“噎，饭窒也。”《荡兵》：“夫有以饐死者，欲禁天下之食，悖。”

孽通蘖 “孽”的本义是“庶子”，《说文》：“孽，庶子也。”借为“蘖”，义为“植物的芽蘖”，《辩土》：“厚土而孽不通。”“蘖”字《吕氏春秋》中没有出现。

萌通氓 “萌”的本义是“萌芽”，《说文》：“萌，草木芽也。”（依段注本）借为“氓”，义为“民”，《高义》：“比于宾萌，未敢求仕。”高诱注：“萌，民也。”高诱直接以借义为注。“氓”字《吕氏春秋》未见。

---

① 互通、多字通一字、一字通多字，皆分别计算。

霄通宵　《说文》:“霄,雨霰为霄。”《尔雅·释天》:“雨霓为霄雪。”借为“宵”,义为“夜”。《说文》:“宵,夜也。”《明理》:“其日有鬬蚀……有晝盲,有霄見。”高诱注:“霄,夜也。”高诱也直接以借义为注。“宵”字《吕氏春秋》中没有出现。

疑通擬　“疑”的本义是“疑惑”,《说文》:“疑,惑也。”借作“擬”,义为“比擬”,《慎势》:“故先王之法,立天子不使诸侯疑焉,立诸侯不使大夫疑焉,立適子不使庶孽疑焉。”《吕氏春秋》中未见“擬”字。

2.《吕氏春秋》中出现本字。如:

蕲通祈　“蕲”的本义是“草名”,借作“祈”,义为“祈求”,《振乱》:“所以蕲有道行有义者,为其赏也。”高诱注:“蕲读曰祈。”“祈”字在《吕氏春秋》中出现14次,《季夏》:“为民祈福。”

遇通愚　“遇”的本义是“相逢、相遇”,借为“愚”,是“愚笨”的意义,与“智”相对,《审分》:“夫说以智通,而实以(过)[遇]①悗。”王念孙曰:“遇即愚之假借。”(见《读书杂志》)俞樾云:“遇与愚古通用。《诗·巧言》:‘遇犬获之。’《释文》曰:‘遇世读作愚。’《庄子·则阳》:‘匿为物而愚不识。’《释文》:‘愚本作遇。’”(见《诸子评议》)“愚”字《吕氏春秋》出现31次,《贵公》:“人之少也愚,其长也智。”

炙通跖　“炙”的本义是“烤肉”,《说文》:“炙,炮肉也。”(段注本据毛传改为“炙肉也”)借为“跖”,指“动物的脚掌”,《本味》:“肉之美者,猩猩之唇,貛貛之炙。”王念孙曰:“炙读为鸡跖之跖。”(见《读书杂志》)“跖”字《吕氏春秋》出现2次(不包括人名),《用众》:

---

① 各本作“过”,有旧校云:过一作遇。王念孙、俞樾、马叙伦等认为作“遇”是,今从之。

“善学者,若齐王之食鸡也,必食其跖数千而后足。”

隆通鬨 “隆”的本义是“大”,《说文》:“隆,丰大也。”借为“鬨”,义为“鬥”,《说文》:“鬨,鬥也。”《察微》:“吴、楚以此大隆。”孙诒让曰:“隆读为鬨,大隆即大鬨。”(见《札迻》)章炳麟、马叙伦也认为“隆”通为“鬨”。(见陈奇猷《吕氏春秋校释》引)“鬨”(俗作閧)字《吕氏春秋》出现1次,《慎行》:“崔杼之子相与私閧。”高诱注:“閧,鬭也。”(“鬭”的本义是“相遇”,古籍多用为争鬥字,此处即为鬥义。)

有时,本字虽然出现,但没有出现借字所借的意义。例如:

艾通刈 “艾”的本义是“草名”,借为“刈”,指“镰刀一类的农具”,《上农》:“祸因胥岁,不举铚艾。”“刈”字《吕氏春秋》出现3次,均为“割、斩”的意义,“镰刀”的意义没有出现。

弊通敝 “弊”是“獘”的俗字,“獘”的本义是“仆倒”。“弊”借为“敝”(《说文》:“敝,一曰败衣。”),义为“破败”,《分职》:“今民衣弊不补。”又表示谦称,《审应》:“大国命弊邑封郑之后,弊邑不敢当也。”“敝”字《吕氏春秋》只出现在部族名中,没有出现借字所借的意义。

3.《吕氏春秋》没有出现借字的本义。如:

潞通羸 “潞”的本义是“水名”,借为“羸”,“疲困”的意义,《不屈》:“围邯郸三年而弗能取,士民罢潞,国家空虚。”高诱注:“潞,羸也。”高诱用借义作注。“潞”字的本义《吕氏春秋》没有出现。

觐通僅 “觐”的本义是“诸侯秋天朝见天子”,《说文》:“觐,诸侯秋朝曰觐,觐劳王事也。”借作“僅”,义为“仅能”,《长见》:“鲁公以削,至于觐存,三十四世而亡。”“觐”字的本义没有出现。

臑通胹 “臑”的本义是“猪羊的臂”,《说文》:“臑,臂,羊豕曰臑。”(依段注本)借为“胹”,义为“煮、燉”,《过理》:“使宰人臑熊蹞不熟。”《左传·宣公二年》作“宰人胹熊蹯不孰”,用本字。“臑”字的本义《吕氏春秋》没有出现。

4.《吕氏春秋》出现借字的本义。如:

玃通攫　“玃”的本义是“兽名”,似猕猴而大,《说文》:“玃,大母猴也。”借为“攫”,义为“攫取”,《本味》:“肉玃者臊,草食者膻。”“玃”字的本义出现2次,《察传》:“故狗似玃,玃似母猴。”

爵通雀　“爵”的本义是“饮酒器”,借为“雀”,《季秋》:“宾爵入大水为蛤。”《务大》:“燕爵颜色不变。”《谕大》作“燕雀颜色不变”,用本字。“爵”字的本义出现1次,《孟春》:“反,执爵于太寝。”

揆通睽　“揆”的本义是“测度”,《说文》:“揆,度也。”(依段注本)《诗经·定之方中》毛传:“揆,度也。”借为“睽”,义为“离散”,《知士》:“刬而类,揆吾家,苟可以�剂貌辨者,吾无辞为也。”王念孙曰:“揆与睽同,《战国策·齐策》作‘破吾家’,破与睽离义亦相通。”(见《读书杂志》)“揆”的本义出现2次,《谨听》:“揆之以量,度之以数。”

造通遭　“造”的本义是“到……去、至”,《说文》:“造,就也。”借为“遭”,义为“遭到、遭受”,《执一》:“倾造大难,身不得死焉。”“造”的本义出现2次,《士节》:“令其友操剑奉笥而从,造于君庭。”

第二种类型是两字互通,即甲字通乙字,乙字又通甲字,此类有7组。如:

庭廷互通　《说文》:“庭,宫中也。”“廷,朝中也。”“庭”的本义是“厅堂”,引申为“庭院”,《安死》:“孔子径庭而趋。”“廷”的本义是“朝廷”,《博志》:“荆廷有神白猨。”“廷”借为“庭”,义为“庭院”,《过理》:“乃触廷槐而死。”“庭”亦借为“廷”,义为“朝廷”,《慎势》:“陈成常攻宰予于庭。”

饰饬互通 “饰”的本义是“修饰、装扮”,“饬”的本义是“整饬、整顿”。《审为》:“冠,所以饰首也。”《季冬》:“天子乃与卿大夫饬国典,论时令。”“饬”借为“饰”,《先己》:“钟鼓不修,女子不饬。”高诱注:“不文饰也。”毕沅曰:“饬与饰通。”“饰”亦借为“饬”,《贵公》:“日醉而饰服,私利而立公,贪戾而求王,舜弗能为。”高诱注:“饰读曰敕。”于省吾《双剑誃诸子新证》说:“饰应读作饬,古书多通用,饬谓整饬。”

为谓互通 “为”的本义是“作”,引申为“叫作、算作”,《骄恣》:“敢问荆国为有臣乎?”“谓”的本义是“对……说”,《用众》:“田骈谓齐王曰。”“为”借作“谓”,《长见》:“工皆为调矣。”“谓”亦借作“为”,《疑似》:“吾为汝父也,岂谓不慈哉?”

此类还有:职识互通,义议互通,专抟互通,辨辩互通等。

第三种类型是多字通一字,即二字、三字同借为一字,此类有12组。如:

择泽通释 “择”的本义是“选择”,《说文》:“择,柬选也。”《孟春》:“乃择元辰。”“泽”的本义是“水草聚集的地方”,《有始》:“泽有九薮。”“择”“泽”都借为“释”,义为“舍弃”,《察今》:“故择先王之成法,而法其所以为法。”旧校择一作释。旧校用本字。《大乐》:“先王择两法一,是以知万物之情。”高诱注:“择,弃也。”高诱直接用借义作注。《辩土》:“䱃者莛之,坚者耕之,泽其靹而后之。”孙诒让《札迻》:“泽当读为释。”又《管子·小问》“泽命不渝”王念孙《读书杂志》:“泽,古释字。”即《羔裘》之“舍命不渝”。

要籥通闑 “要”是“腰”的古字,“籥”的本义是“书写的竹片”。二字皆借为“闑”,义为“插门栓的孔”,《孟冬》:“修楗闭,慎关籥。”

《悔过》:“王孙满要门而窥之。”马叙伦说:“要借为闔。”(见《读吕氏春秋记》) 所谓“要门而窥之”,即“插上门,然后从门缝窥视秦师”。“要”通“闔”后又活用为动词。

抎賈通隕 “抎”的本义是“失”,《说文》:“抎,有所失也。”“賈”是齐国的方言词,义为“雷”,《说文》:“賈,齐人谓靁为賈。”二字皆借为“隕”,义为“坠落”,《说文》:“隕,从高下也。”《音初》:“王及蔡公抎於汉中。”高诱注:“抎,坠,读曰颠隕之隕。”《决胜》:“能若崩山破溃别辨賈坠。”

愉踰通谕 “愉”的本义是“快乐”,《尔雅·释诂》:“愉,乐也。”《诗经·山有枢》毛传:“愉,乐也。”“踰”的本义是“越过”,《说文》:“踰,越也。”二字皆借为“谕”,义为“晓谕、使明白”,《察今》:“口惛之命不愉。”《乐成》:“大智不用,固难踰矣。”王念孙曰:“谕、踰古字通,《淮南·览冥篇》‘精神踰于六马’,亦以踰为谕。”(见《读书杂志》)

常當通嘗 “常”的本义是“下衣”(即“裳”的正字),常见义是“经常、平常”,“當”的本义是“田相值”,引申为“相当、对着”。二字多用为“曾经”义,一般认为借为“嘗”字。《审己》:“子列子常射中矣。”《疑似》:“戎寇當至,幽王击鼓,诸侯之兵皆至。”然“嘗”的本义是“口辨别味道”,《说文》:“嘗,口味之也。”段玉裁注:“引申凡经过者为嘗,未经过者为未嘗。”“常”“當”作“曾经”解是借“嘗”的引申义。

此类还有:说阅通锐,失佚通逸,焦蕉通燋,尤宥通囿,愉踰通偷,取趣通趋,肳唔惛通吻等。

第四种类型是一字通多字,《吕氏春秋》中只出现一字借为二字,这种情况有 6 组。如:

离通罹丽　“离”的常用义是“离别”，借作“罹”，义为“遭受”，《侈乐》：“弃宝者必离其咎。”又借作“丽”，义为“附着”，《孟春》：“宿离不忒，无失经纪。”范耕研说：“离读若月离于毕之离。”（见《吕氏春秋发微》）“月离于毕”，《论衡·说日》及《淮南子·原道》高诱注均作“丽”。

葆通宝保　“葆”的本义是“草木茂盛”，《说文》：“葆，草盛貌。”借作“宝”，《尽数》：“凡食之道，无饥无饱，是之谓五藏之葆。”《史记》中“宝贵”义多作“葆”，《留侯世家》：“果见谷城山下黄石，取而葆祠之。”《集解》引徐广曰：“《史记》珍宝字皆作葆。”又借作“保”，《离俗》：“棬棬乎后之为人也，葆力之士也。”

此类还有：为通伪谓，亡通无盟，正通政证，缪通穆谬等。

通假字的根据是音同或音近，考察《吕氏春秋》通假字语音上的关系，大致有这样四种情况：

1. 双声兼叠韵（包括同音）通假。这类情况在所有通假字中数量最多，共 107 字。如：

武通舞　《说文》：“止戈为武。”“武”的主要意义是“勇武、武力”，借作“舞”，指“舞蹈”，《大乐》：“罪人非不歌也，狂者非不武也。”蒋维乔说：“《左传·庄公十年》：‘蔡侯献舞’，《穀梁》作‘献武’。”（见《吕氏春秋汇校》）“武”“舞”均是明母鱼部，声韵皆同。

载通再　《说文》：“载，乘也。”引申为“装载”等义，借为“再”，义为“第二”或“第二次”，《当务》：“一父而载取名焉。”“载”“再”都是精母之部字。

獵通鬣　“獵”的本义是“打獵”，借作“鬣”，指“马的鬃毛”。《辩土》：“大甽小亩，为青鱼胠，苗若直獵，地窃之也。”夏纬瑛说：“獵当为毛鬣之鬣。苗若直鬣，言其所生长的稼苗不良，有若直立的毛鬣。"(见《吕氏春秋上农等四篇校释》)"獵""鬣"都是来母盍部字。

物通勿　"物"的常用义是"外物","勿"是表示禁止的虚词。"物"借为"勿",义为"不要",《恃君》:"君道如何？利而物利章。"《贵公》:"伯禽将行,请所以治鲁,周公曰:'利而勿利。'"用本字。"物""勿"都是明母物部字。

简通柬　"简"的本义是"竹简",借作"柬"(柬是揀的古字),义为"挑选、选择",《简选》:"简选精良。""简""柬"都是见母元部字。

此类还有:

霾通薶(明母之部),司通伺(心母之部),疑通擬(疑母之部),

邮通尤(匣母之部),有通又(匣母之部),尤通囿(匣母之部),

宥通囿(匣母之部),臑通胹(日母之部),倪通睨(疑母支部),

菟通兔(透母鱼部),与通豫(喻母鱼部),與通旟(喻母鱼部),

据通倨(见母鱼部),固通故(见母鱼部),胠通阹(溪母鱼部),

钜通巨(群母鱼部),距通拒(群母鱼部),虞通娱(疑母鱼部),

愉通谕(喻母侯部),踰通谕(喻母侯部),厚通侯(匣母侯部),

取通趋(清母侯部),趣通趋(清母侯部),遇通愚(疑母侯部),

葆通宝(帮母幽部),葆通保(帮母幽部),缪通谬(明母幽部),

犹通由(喻母幽部)　蚤通早(精母幽部),霄通宵(心母宵部),

唯通惟(喻母微部),蕲通祈(群母微部),迷通弥(明母脂部),

皆通偕(见母脂部),罢通疲(並母歌部),靡通摩(明母歌部),

施通弛(审母歌部),禾通和(匣母歌部),议通义(疑母歌部),

义通议(疑母歌部),离通罹(来母歌部),饬通敕(透母职部),

备通服(並母职部),历通枥(来母锡部),益通嗌(影母锡部),

错通措(清母铎部),籍通藉(从母铎部),炙通跖(照母铎部),

玃通攫(见母铎部),僇通戮(来母觉部),畜通蓄(晓母觉部),
籥通鬭(喻母沃部),爵通雀(精母沃部),術通述(禅母物部),
佚通逸(喻母质部),饐通噎(影母质部),弊通敝(並母月部),
说通锐(喻母月部),阅通锐(喻母月部),阙通缺(溪母月部),
孽通蘖(疑母月部),艾通刈(疑母月部),衛通躗(匣母月部),
廷通庭(定母耕部),庭通廷(定母耕部),清通凊(清母耕部),
正通政(照母耕部),正通证(照母耕部),诚通成(禅母耕部),
蜻通青(清母耕部),刑通形(匣母耕部),萌通氓(明母阳部),
芳通房(並母阳部),亡通盟(明母阳部),常通嘗(禅母阳部),
翔通详(邪母阳部),皇通惶(匣母阳部),蒙通庬(明母东部),
重通穜(定母东部),空通孔(溪母东部),凶通讻(晓母东部),
胁通吻(明母文部),惛通吻(明母文部),唘通吻(明母文部),
菌通箘(群母文部),觐通僅(群母文部),抎通隕(匣母文部),
賈通隕(匣母文部),人通仁(日母真部),徇通殉(邪母真部),
袀通均(见母真部),辨通辩(並母元部),辩通辨(並母元部),
畔通叛(並母元部),蕃通藩(並母元部),免通勉(明母元部),
单通殫(端母元部),脟通脔(来母元部),旱通悍(匣母元部),
澹通淡(定母谈部),嗛通歉(溪母谈部),揜通弇(影母谈部)等。

2. 叠韵通假。通假字与本字的韵部相同,声母不同,但声母多是相近的,其中以旁纽为多。这类情况有48字。如:

愁通揫 "愁"的本义是"忧愁","揫"的本义是"聚集",《说文》:"揫,束也。"引《诗》"百禄是揫",今《商颂·长发》作"遒",毛传:"遒,聚也。"《察微》:"故智士贤者相与积心愁虑以求之。"王引之曰:"愁读为揫,揫,聚也。积心、揫虑,其义一也。"(见《经义述闻》)。"愁""揫"同为幽部,"愁"为崇母,"揫"为精母,同为齿音(黄侃照二归精，则为旁纽）。

苛通疴　“苛”的本义是“小草”，《说文》：“苛，小草也。”段玉裁注：“引申为琐碎之称。”借作“疴”，义为“病”，《知接》：“死生，命也；苛病，失也。”《审时》：“殃气不入，身无苛殃。”高诱注：“苛，病。”高诱直接以借义注之。“苛”“疴”同为歌部，“苛”为匣母，“疴”为溪母，匣溪旁纽。

雪通㕞　“雪”的本义是“霜雪之雪”，“㕞”的本义是“拭”，《说文》：“㕞，拭也。”“雪”借作“㕞”，义为“擦拭”，《观表》：“吴起雪泣而应之。”高诱注：“雪，拭也。”高诱用借义作注。“雪”“㕞”同为月部，“雪”为心母，“㕞”为山，心山准双声。

滥通鑑　“滥”的本义是“泛滥”，《说文》：“滥，氾也。”借作“鑑”，义为“照形或洗浴的盆”，《节丧》：“钟鼎壶滥，轝马衣被戈剑，不可胜其数。”《慎势》：“功名著乎盘盂，铭篆著乎壶鑑。”用本字。“滥”“鑑”同为谈部，“滥”为来母，“鑑”为见母。

此类还有：

訾通疵（精支/从支），驵通怚（从鱼/精鱼），造通遭（从幽/精幽），

次通恣（清脂/精脂），接通捷（精盍/从盍），尽通赆（从真/邪真），

昔通夕（心铎/邪铎），靖通旌（从耕/精耕），藏通臧（从阳/精阳），

性通生（心耕/山耕），信通伸（心真/书真），桥通槁（群宵/溪宵），

極通亟（群职/见职），揆通睽（群脂/溪脂），廣通曠（见阳/溪阳），

朅通曷（溪月/匣月），梏通酷（见觉/溪觉），为通伪（匣歌/疑歌），

柬通練（见元/来元），识通职（书职/章职），职通识（章职/书职），

盩通抽（端幽/透幽），檐通儋（喻谈/端谈），踰通偷（喻侯/透侯），

夷通荑（喻脂/定脂），兑通说（定月/喻月），愉通偷（喻侯/透侯），

匿通慝（泥职/透职），避通僻（並锡/滂锡），拌通判（並元/滂元），

饰通饬(书职/透职)，饬通饰(透职/书职)，敵通適(定锡/书锡)，择通释(定铎/书铎)，泽通释(定铎/书铎)，失通逸(书质/喻质)，涉通喋(禅盍/定盍)，澹通赡(定谈/禅谈)，當通嘗(端阳/禅阳)，抟通专(定元/章元)，专通抟(章元/定元)，惛通闷(晓文/明文)，遁通循(定文/邪文)，惟通帷(喻微/匣微)等。

3. 双声通假。通假字与本字声母相同，韵部不同，但韵部多是相近的，主要是对转、旁转。这类情况共有 17 字。如：

哀通爱 "哀"的本义是"怜悯"，引申为"悲哀"，《说文》："哀，闵也。"借作"爱"，义为"爱惜、爱护"，《权勋》："人主胡可以不务哀士？"高诱注："哀，爱也。"高诱以借义作注。"哀""爱"同为影母，"哀"为微部，"爱"为物部，微物对转。

麋通糜 "麋"的本义是"麋鹿"，《说文》："麋，鹿属。"借作"糜"，义为"米粥"，《仲秋》："养衰老，授几杖，行麋粥饮食。""麋""糜"同为明母，"麋"为脂部，"糜"为歌部，脂歌旁转。

鞔通懑 "鞔"的本义是"鞋帮"，《说文》："鞔，履空也。"段玉裁注："空、腔古今字，履腔如今人言鞵帮也。"《召类》："南家，工人也，为鞔者也。"高诱注："鞔，履也。"段玉裁说："高不云'履空'者，浑言之也。"借作"懑"，义为"胃脘胀满"，《重己》："味重珍则胃充，胃充则中大鞔，中大鞔则气不达。"高诱注："鞔读曰懑，不胜食气为懑病也。""鞔""懑"同为明母，"鞔"为元部，"懑"为文部，元文旁转。

並通傍 "並"的本义是"并立"，《说文》："並，併也。"借为"傍"，义为"依附"，《诚廉》："与其並乎周以漫吾身也，不若避之以洁吾行。""並""傍"同为並母，"並"为耕部，"傍"为阳部，耕阳旁转。

此类还有：

渍通疵(从锡/从支)，缪通穆(明幽/明觉)，盲通冥(明阳/明耕)，亡通无(明阳/明鱼)，歿通刎(明物/明文)，墨通没(明职/明物)，潞通羸(来铎/来鱼)，离通丽(来歌/来支)，饑通飢(见微/见脂)，鹄通浩(匣觉/匣幽)，谓通为(匣物/匣歌)，为通谓(匣歌/匣物)，时通是(禅之/禅支)。

4. 声韵相近通假。通假字与本字的声母、韵部都相近而不相同。声纽以旁纽为主，韵部以旁转为主。此类情况有 12 字。如：

虧通诡 “虧”的本义，《说文》说：“气损也。”引申为“亏损”。借作“诡”，义为“异、不同”，《察今》：“其时已与先王之法虧矣。”王念孙曰：“虧读为诡，诡，异也。”“虧”为溪母歌部，“诡”为见母微部，溪见旁纽，歌微旁转。

选通瞚 《说文》：“选，遣也。一曰择也。”常用义为“选择”。借作“瞚(今作瞬)”，义为“眨眼间”，《任数》：“选间，食熟，谒孔子而进食。”“选”为心母元部，“瞚”为书母真部，心书准双声，元真旁转。

即通贼 “即”的本义是“就食”，引申为“走向”。借作“贼”，意思是“杀”，《慎势》：“陈成常果攻宰予于庭，即简公于庙。”《说苑·正谏》作“贼简公于朝”，《淮南子·人间》作“弑简公于朝”。陈奇猷《吕氏春秋校释》说：“即为贼之借。”“即”为精母质部，“贼”为从母职部。

招通的 “招”的本义是“用手招呼”，《说文》：“招，手呼也。”借作“的”，义为“准的、箭靶”，《本生》：“万人操弓，共射其一招，招无不中。”高诱注：“招，埻的也。”高诱用借义作注。“招”借作“的”，《吕氏春秋》共 4 见。段玉裁认为“招”“的”相通，以《战国策·楚策》“以其类为招”，《文选·咏怀诗》注引作“以其颈为的”为证。“招”“的”古音相通，“招”为章母宵部，“的”为端母沃部，宵沃对转，章端音也相近。

此类还有：

虓通敲(晓幽/溪宵)，焦通爝(精宵/从沃)，蕉通爝(精宵/从沃)，要通闢(影宵/喻沃)，杂通匝(从缉/精盍)，隆通閧(来冬/匣东)，降通洪(见冬/匣东)，和通宣(匣歌/心元)。

通过以上分析，我们可以看出，通假字和本字的语音联系，以同音或双声兼叠韵者最多，叠韵者次之，双声者又次之，声韵相近者最少。这个情况与曹先擢先生对《经义述闻》所列252组单字通假进行语音分析所得结论完全一致。这说明语音越近，通假的机会就越多，通假是以语音相同为条件和根据的。

通假现象，从语言词汇的角度看，只是借用书写形式，词义没有发生任何改变。因此对于词汇来说，无所谓假借义(或叫通假义)，假借义或通假义是就文字而说的。一般说来，通假字和本字在发生关系之前，二者互不相识，意义没有任何联系。发生通假关系后，假借字就具备了本字的一个意义，即所谓字的通假义。这个通假义可能是本字的本义，也可能是本字的引申义。比如："惟"的本义是"思"，《说文》："惟，凡思也。"段玉裁注："凡思，谓浮泛之思。"《贵当》："齐人有好猎者，旷日持久而不得兽，惟其所以不得之故，则狗恶也。"有时借用"唯"字表示，《上农》："不绝忧唯，必丧其粃。"通假字"唯"具备了"惟"的本义。"旌"的本义是"用牦牛尾或彩色鸟羽作竿饰的旗子"，君主有命则以旌招大夫，引申出"表明、彰明"的意思，《国语·周语上》："故为车服旗章以旌之。"韦昭注："旌，表也。"有时借用"靖"字表示，《慎大》："靖箕子之宫，表商容之闾。"这样，"靖"就具备了"旌"的引申义。

通假字与本字在发生通假关系时，与字形无关。从《吕氏春秋》通假字与本字的字形看，大致有这样四种情况：

1. 字形完全不同。如：

要通闟，简通柬，蚤通早，选通瞚，为通谓，隆通閧，盲通冥，信通伸，靖通旌，雪通厀，輓通濊，潞通羸，墨通没，武通舞，抎通陨等等。

2. 通假字与本字声旁相同。如：

拌通判，惟通帷，玃通攫，僇通戮，鹄通浩，獵通鬣，畔通叛，揆通睽，袀通均，觐通僅，賈通陨等等。

3. 通假字是本字的声旁。如：

疑通擬，司通伺，禾通和，皆通偕，益通嗌，免通勉，单通殚，柬通練，次通恣，夷通荑等等。

4. 本字是通假字的声旁。如：

物通勿，揜通弇，诚通成，蜻通青，弊通敝，葆通保，庭通廷，極通亟，揭通曷，菟通兔等等。

这四种情况，以第一种最多，第二种其次，二者占总数的81％；第三种和第四种都比较少，第三种有21字，第四种有14字，共占19％。第三种情况，很多是先假借而后造区别字，这样两字的关系就是古今字的关系而非通假关系了。凡有证据认为古今字的，都应该认为古今字，一时找不到证据的，暂作为通假看待。

通假的情况比较复杂，看法也不尽一致。我们觉得，凡是用固有义（包括本义和引申义）可以解释通的，尽可不必认为是通假。比如《君守》："惟彼君道，得命之情，故任天下而不彊，此之谓全人。"高亨先生认为"彊"借作"僵"，《说文》："僵，仆也。""任天下而不僵"，言任天下之重而不仆也。其实，"彊"如本字解为"勉强"，于文义更畅，不必认为通假。"任天下而不彊"，义为"驾驭天下而不勉强”。又如“適”,本义是“往”,《说文》:“適,往也。”段玉裁认为“嫡庶”的意义是“適”的引申义,他说:“盖嫡庶字古衹作適,適者,致也。所之必有一定也。《诗》:‘天位殷適。’传曰:‘纣居天位而殷之正適也。’凡经传作嫡者,盖皆不古。”段玉裁的意见是可取的。《吕氏春秋》“嫡庶”字均作“適”。我们在运用因声求义的原则的时候,切不可滥用通假。

辨识通假字,除了声音之外,还要有文献(包括古人的注解)的佐证,这是确认通假字的必要条件,也是避免滥用通假的良方。

附录 《吕氏春秋》用韵及韵读

先秦古韵研究，主要集中于《诗经》《楚辞》等韵文的用韵研究，对于散文中韵语的研究，还比较欠缺，但这是很可观的珍贵资料，对于古韵研究有重要的价值，应该引起足够的重视。

《吕氏春秋》是一部散文体著作，但其中有很多地方是押韵的。通过分析《吕氏春秋》的用韵，可以了解周秦之交的韵部系统。清代学者江有诰作有《先秦韵读》，其中包括《吕氏春秋》一书。江氏已经注意到研究《吕氏春秋》用韵的意义和价值，对后人富有启迪。但他作得还不够完整精细，有必要做进一步的研究。

一 《吕氏春秋》韵例

《吕氏春秋》的用韵，与诗歌的用韵不同，如何确定韵语，规定韵例，是一件首要的和重要的事。确定一个合理的韵例，是进行韵部系统的归纳和新的语音现象的分析研究的基础。

（一） 韵语的分布

从总体来看，《吕氏春秋》是一部散文体著作。不过，其中韵语颇多。[①] 全书一百六十篇，有些篇，几乎通篇用韵，如《任地》《辩土》《审时》；有些篇，大段大段地用韵，如《论人》《大乐》《下贤》《君守》；有些篇，几乎是通篇不用一韵，如《顺民》《禁塞》《察传》《似顺》；一般情况则是韵散相间。通检全书，共得韵语 1085 条，分析这些韵语，大致有这样一些情况：

1. 排比句用韵。如：

《尽数》："集于鸟羽，与为飞扬；集于走兽，与为流行；集于珠玉，与为精朗；集于树木，与为茂长；集于圣人，与为夐明。"（"扬""行""朗""长""明"阳部）

《圜道》："圣王法之，以令其性，以定其正，以出号令。"（"性""正""令"耕部）

《重言》："有鸟止于南方之阜，其三年不动，将以定志意也；其不飞，将以长羽翼也；其不鸣，将以览民则也。"（"意""翼""则"职部）

2. 对偶句用韵。如：

《先己》："故善响者，不于响于声；善影者，不于影于形。"（"声""形"耕部）

《大乐》："故知一则明，明两则狂。"（"明""狂"阳部）

《举难》："救溺者濡，追逃者趋。"（"濡""趋"侯部）

---

① 我们把一段入韵的文字称作一个韵段。凡押一次韵或换一次韵，即是一个韵语。一个韵段可能只有一个韵语，一个韵段也可能不止一个韵语。比如《重己》："以此治身，必死必殃；以此治国，必残必亡。""殃""亡"押韵，古韵阳部。这个韵段只有一个韵语。又比如《贵生》："故曰：道之真，以持身。其绪馀，以为国家，其土苴，以治天下。""真""身"押韵，古韵真部；"餘""家""苴""下"押韵，古韵鱼部。这个韵段换一次韵，就有两个韵语。

《恃君》:"内之则谏其君之过也,外之则死人臣之义也。"("过""义"歌部)

《不苟》:"虽贵不苟为,虽听不自阿。"("为""阿"歌部)

《辩土》:"上田则被其处,下田则尽其污。"("处""污"鱼部)

3. 其他较整齐的句式用韵。如:

《功名》:"大寒既至,民暖是利。"("至""利"质部)

《圜道》:"水泉东流,日夜不休。"("流""休"幽部)

《应同》:"师之所处,必生棘楚。"("处""楚"鱼部)

《务本》:"诈诬之道,君子不由。"("道""由"幽部)

4. 一般非整齐句式用韵。如:

《孟春》:"天子亲率三公九卿诸侯大夫,以迎春於东郊;还,乃赏公卿诸侯大夫於朝。"("郊""朝"宵部)

《慎行》:"因令其呼之曰:'毋或如齐庆封,弑其君而弱其孤,以亡其大夫。'"("孤""夫"鱼部)

《审时》:"得时之麦,秱长而颈黑,二七以为行,而服薄糕而赤色。"("麦""黑""色"职部)

5. 歌谣、民谚用韵。如:

《乐成》:"民相与诵之曰:'我有田畴,而子产赋之;我有衣冠,而子产贮之;孰杀子产,吾其与之。'"("赋""贮""与"鱼部)

《知接》:"齐鄙人有谚曰:'居者无载,行者无埋。'"("载""埋"之部)

6. 引用《诗》《书》等用韵。如:

《贵公》:"故《洪范》曰:'无偏无党,王道荡荡;无偏无颇,遵王之义；无或作好，遵王之道；无或作恶，遵王之路。'"（"党""荡"阳部，"颇""义"歌部，"好""道"幽部，"恶""路"铎部）

《务本》："《诗》曰：'有晻凄凄，兴云祁祁。雨我公田，遂及我私。'"（"祁""私"脂部）

《知分》："《诗》曰：'莫莫葛藟，延于条枚。凯弟君子，求福不回。'"（"枚""回"微部）

《务本》："《易》曰：'复自道，何其咎。'"（"道""咎"幽部）

（二） 韵在句中的位置

《吕氏春秋》用韵，一般都是句尾韵。如：

《尽数》："流水不腐，户枢不蝼。"（"腐""蝼"侯部）

不过，句有大句、小句之分，比如有的排比句是由若干大句组成，而大句又由若干小句组成。这时，押韵一般在大句句尾。如：

《尊师》："且天生人也，而使其耳可以闻，不学，其闻不若聋；使其目可以见，不学，其见不若盲；使其口可以言，不学，其言不若爽；使其心可以知，不学，其知不若狂。"（"聋""盲""爽""狂"东阳合韵）

《大乐》："故能以一听政者，乐君臣，和远近，说黔首，合宗亲；能以一治其身者，免于灾，终其寿，全其天；能以一治其国者，奸邪去，贤者至，成大化；能以一治天下者，寒暑适，风雨时，为圣人。"（"亲""天""人"真部）

《上德》："则四海之大，江河之水，不能亢也；太华之高，会稽之险，不能障也；阖庐之教，孙吴之兵，不能当也。"（"亢""障""当"阳部）

对偶句和其他句式也有同样的情况。如：

《重己》："是师者之爱子也，不免乎枕之以糠；是聋者之养婴儿也，方雷而窥之于堂。"（"糠""堂"阳部）

《重言》："太宰嚭之说，听乎夫差，而吴国为墟；成公贾之讔，喻乎荆王，而荆国为霸。"（"墟""霸"鱼铎通韵）

《大乐》："太一出两仪，两仪出阴阳。阴阳变化，一上一下，合而成章。浑浑沌沌，离则复合，合则复离，是谓天常。天地车轮，终则复始，极则复反，莫不咸当。日月星辰，或疾或徐，日月不同，以尽其行。四时代兴，或暑或寒，或短或长，或柔或刚。万物所出，造于太一，化于阴阳。"①（"阳""章""常""当""行""刚""阳"阳部）

排比句、对偶句也有不在大句句尾用韵，而在大句之中、各小句句尾用韵的。如：

《君守》："故有以知君之狂也，以其言之当也；（"狂""当"阳部）有以知君之惑也，以其言之得也。"（"惑""得"职部）

《用民》："壹引其纪，万目皆起；（"纪""起"之部）壹引其纲，万目皆张。"（"纲""张"阳部）

《君守》："故昊天无形，而万物以成；（"形""成"耕部）至精无为，而万物以化；（"为""化"歌部）大圣无事，而千官尽能。"（"事""能"之部）

也有小句句尾、大句句尾相间用韵的。如：

---

① 江有诰连上句"生于度量，本于太一"的"量"字入韵。"量"字在小句句尾，不在大句句尾，不宜看作入韵。

《重己》:“其为舆马衣裘也,足以逸身暖骸而已矣。(“裘”“骸”之部)其为饮食酏醴也,足以适味充虚而已矣;其为声色音乐也,足以安性自娱而已矣。”(“虚”“娱”鱼部)

如果句尾是虚字,往往虚字前一字入韵。如:

之字脚

《观表》:“隔宅而异之,分禄而食之。”(“异”“食”职部)

《任地》:“不知事者,时未至而逆之,时既至而慕之,当时而薄之,使其民而郄之。”(“逆”“慕”“薄”“郄”铎部)

也字脚

《知接》:“孰之壤壤也,可以为之莽莽也。”(“壤”“莽”阳部)

《知度》:“譬之若夏至之日而欲夜之长也,射鱼指天而欲发之当也。”(“长”“当”阳部)

矣字脚

《君守》:“故博闻之人、强识之士阙矣,事耳目、深思虑之务败矣,坚白之察、无厚之辩外矣。”(“阙”“败”“外”月部)

《圜道》:“以此治国,国无不利矣;以此备患,患无由至矣。”(“利”“至”质部)

乎字脚

《任地》:“子能使吾土靖而浴土乎?子能使保湿安地而处乎?(“土”“处”鱼部)子能使雚夷毋淫乎?子能使子之野尽为冷风乎?(“淫”“风”侵部)子能使藁数节而茎坚乎?子能使穗大而坚均乎?(“坚”“均”真部)子能使粟圆而薄糠乎?子

能使米沃而食之强乎?”(“糠”“强”阳部)

焉字脚

《离谓》:“故惑惑之中有晓焉,冥冥之中有昭焉。”(“晓”“昭”宵部)

而已矣脚

《重己》:“其为饮食酏醴也,足以适味充虚而已矣,其为声色音乐也,足以安性自娱而已矣。”(“虚”“娱”鱼部)

混合虚字脚

《节丧》:“以此观世,则美矣侈矣;以此为死,则不可也。”(“侈”“可”歌部)

《下贤》:“帝也者,天下之适也;(“帝”“适”锡部)王也者,天下之往也。”(“王”“往”阳部)

《赞能》:“管夷吾,寡人之雠也,愿得而亲加手焉。”(“雠”“手”幽部)

句尾韵也有一些灵活的地方,尤其是一些非排比、对偶句中。如:

《功名》:“大寒既至,民暖是利;(“至”“利”质部)大热在上,民清是走。故民无常处,见利之聚,无之去。”(“走”“处”“聚”“去”鱼侯合韵)

《精通》:“臣之母得生,而为公家为酒;臣之身得生,而为公家击磬。臣不睹臣之母三年矣。”(“生”“生”“磬”“年”真耕合韵)

除了句尾韵之外,还有个别句首句尾韵、句中句尾韵。如:

《制乐》:"故祸兮福之所倚,福兮祸之所伏。"("祸""倚"歌部,"福""伏"职部)

《孟秋》:"命理瞻伤察创,视折审断。"("伤""创"阳部,"折""断"月元通韵)

《介立》:"以贵富有人易,以贫贱有人难。"("富""易"职锡合韵,"贱""难"元部)

《君守》:"不出于户而知天下,不窥于牖而知天道。"("户""下"鱼部,"牖""道"幽部)

此种情况,有两个特点:第一,均在一句之内,句中句尾为韵,此句尾不再与他句为韵;第二,均有上下句相对应,并在同样位置入韵。江有诰认为《贵直》"有人自南方来,鲋入而鲵居,使人之朝为草而国为墟。殷有比干,吴有子胥,齐有狐援。已不用若言,又斮之东闾,每斮者以吾参夫二子者乎"中"居墟胥闾吾乎"为韵。"胥"字不在大句尾,而其所在大句尾为"援"字,"援"不入韵①,"胥"字不宜看作入韵。尤其是"吾"字不在句尾,而在小句句中,更不宜看作入韵,不能把它看作句中韵字看待。

江氏认为《士容》"傲小物而属于大,似无勇而未可恐狼②……"中"物"与"大"为韵,"勇"与"恐"为韵。这也是不妥的。"恐"字不在句尾,其后又非虚词,此字是不能入韵的,而江氏不但认为它入韵,而且认为它与本句句中之"勇"字为韵,《吕氏春秋》中没有此例。③"物"与"大"也不必认为合韵。其实,"大""猲"与下文的"害""越"

---

① 或可看作"援"与"干"为韵,元部。

② "狼"当为"猲"字之误。

③ 如果认为于"恐"字绝句,"狼"字下属,则文意不通,更不妥。

"大""外""赖""世""揭""卫""厉""折"为韵,押月部,都是句尾韵。

除了句尾韵、句中句尾韵外,也有个别句首韵。如:

《处方》:"谋出乎不可用,事出乎不可同。"("谋""事"之部)

(三)韵在韵段中的位置

《吕氏春秋》中的一个韵段,或长或短,短则两句,长则数十句。在一个韵段中,韵的位置多种多样,概括起来,大致可分:

1. 句句入韵。

两句段:

《审分》:"有司必诽怨矣,牛马必扰乱矣。"("怨""乱"元部)

《用民》:"民之不用,赏罚不充也。"("用""充"东部)

三句段:

《孟春》:"田事既饬,先定准直,农乃不惑。"("饬""直""惑"职部)

《乐成》:"大智不形,大器晚成,大音希声。"("形""成""声"耕部)

四句段:

《用民》:"壹引其纪,万目皆起;壹引其纲,万目皆张。"("纪""起"之部,"纲""张"阳部)

《贵公》:"大匠不斲,大庖不豆,大勇不鬥,大兵不寇。"("斲""豆""鬥""寇"屋侯通韵)

五句段:

《君守》:"有准不以平,有绳不以正,天下大静,既静而又

宁，可以为天下正。”（“平”“正”“静”“宁”“正”耕部）

六句段：

《贵生》：“道之真，以持身；其绪餘，以为国家；其土苴，以治天下。”（“真”“身”真部，“餘”“家”“苴”“下”鱼部）

七句段：

《审时》：“得时之稻，大本而茎葆，长稠疏穖，穗如马尾，大粒无芒，抟米而薄糠，舂之易而食之香。”（“稻”“葆”幽部，“穖”“尾”微部，“芒”“糠”“香”阳部）

八句段：

《有始》：“夫物合而成，离而生，知合知成，知离知生，则天地平矣，平也者，皆当察其情，处其形。”（“成”“生”“成”“生”“平”“平”“情”“形”耕部）

九句段：

《先己》：“无为之道曰胜天，义曰利身，君曰勿身。勿身督听，利身平静，胜天顺性。顺性则聪明寿长，平静则业进乐乡，督听则奸塞不皇。”（“天”“身”“身”真部，“听”“静”“性”耕部，“长”“乡”“皇”阳部）

十句段：如《士容》《任地》第一段所谐，例见下文。

2. 非句句入韵。

非句句入韵的情况比较复杂，分别加以叙述。

(1)偶句用韵。

四句段：

《重己》：“以此治身，必死必殃；以此治国，必残必亡。”（“殃”“亡”阳部）

《重已》:"是师者之爱子也,不免乎枕之以糠;是聋者之养婴儿也,方雷而窥之於堂。"("糠""堂"阳部)

《君守》:"东海之极,水至而反;夏热之下,化而为寒。"("反""寒"元部)

六句段:

《序意》:"天曰顺,顺维生;地曰固,固维宁;人曰信,信维听。"("生""宁""听"耕部)

《乐成》:"我有田畴,而子产殖之;我有子弟,而子产诲之;子产若死,其使谁嗣之?"("殖""诲""嗣"职之通韵)

《乐成》:"邺有圣令,时为史公。决漳水,灌邺旁。终古斥卤,生之稻粱。"("公""旁""粱"东阳合韵)

八句段:

《大乐》:"萌芽始震,凝寒以形;形体有处,莫不有声;声出於和,和出於适;先王定乐,由此而生。"("形""声""适""生"耕锡通韵)

十句段:

《介立》:"有龙于飞,周遍天下。五蛇从之,为之丞辅。龙反其乡,得其所处。四蛇从之,得其露雨。一蛇羞之,桥死于中野。"("下""辅""处""雨""野"鱼部)

(2)奇句用韵.

三句段:

《季秋》:"寒气总至,民力不堪,其皆入室。"("至""室"质部)

《有始》:“天斟万物,圣人览焉,以观其类。”(“物”“类”物部)

四句段:

《诚廉》:“石可破也,而不可夺坚;丹可磨也,而不可夺赤。”(“破”“磨”歌部)

《知度》:“奸止则说者不来,而情谕矣;情者不饰,而事实见矣。”(“来”“饰”之部)

五句段:

《本生》:“万物章章,以害一生,生无不伤;以便一生,生无不长。”(“章”“伤”“长”阳部)

六句段:

《诬徒》:“遇师则不中,用心则不专,好之则不深,就业则不疾,辩论则不审,教人则不精。”(“中”“深”“审”冬侵合韵)

七句段:

《尽数》:“口必甘味,和精端容,将之以神气,百节欢虞,咸进受气,饮必小咽,端直无戾。”(“味”“气”“气”“戾”物质合韵)

(3) 奇偶句混合用韵。

三句段,二三句用韵:

《孟春》:“无变天之道,无绝地之理,无乱人之纪。”(“理”“纪”之部)

《季春》:“禁妇女无观,省妇使,劝蚕事。”(“使”“事”之部)

《赞能》:“贤者善人以人,中人以事,不肖者以财。”(“事”“财”之部)

四句段,一二四句用韵:

《情欲》:“秋早寒,则冬必暖;春多雨,则夏必旱。”(“寒”“暖”“旱”元部)

《精通》:“夫月形于天,而群阴化乎渊;圣人行德乎己,而四荒饬乎仁。”(“天”“渊”“仁”真部)

四句段,一三四句用韵:

《先己》:“精气日新,邪气日去,及其天年,此之谓真人。”(“新”“年”“人”真部)

四句段,二三四句用韵:

《仲夏》:“小暑至,螳螂生,鵙始鸣,反舌无声。”(“生”“鸣”“声”耕部)

《仲夏》:“鹿角解,蝉始鸣,半夏生,木堇荣。”(“鸣”“生”“荣”耕部)

五句段,二三五句用韵:

《有始》:“天地有始,天微以成,地塞以形,天地合和,生之大经也。”(“成”“形”“经”耕部)

六句段,二三五六句用韵:

《勿躬》:“今日南面,百邪自正,而天下皆反其情,黔首毕乐其志,安育其性,而莫为不成。”(“正”“情”“性”“成”耕部)

一个韵段中,有时不止押一个韵的字,这时就要换韵。换韵的情况里,有一般的换韵,也有所谓交韵、抱韵之类,下面分别叙述。

1. 一般换韵。

《知度》:“故子华子曰:厚而不博,敬守一事,正性是喜;群众不周,而务成一能。(“事”“喜”“能”之部)尽能既成,四夷乃平。(“成”“平”耕部)唯彼天符,不周而周。(“符”“周”侯

幽合韵）此神农之所以长，而尧舜之所以章也。”（“长”“章”阳部）

《下贤》：“得道之人，贵为天子而不骄倨，富有天下而不骋夸。（“倨”“夸”鱼部）卑为布衣而不瘁摄，贫无衣食而不忧慑。（“摄”“慑”盍部）懇乎其诚自有也，觉乎其不疑有以也。（“有”“以”之部）桀乎其必不渝移也，循乎其与阴阳化也。（“移”“化”歌部）匆匆乎其心之坚固也，空空乎其不为巧故也。（“固”“故”鱼部）迷乎其志气之远也，昏乎其深而不测也。确乎其节之不庳也，就就乎其不肯自是也。（“庳”“是”支部）鹄乎其羞用智虑也，假乎其轻俗诽誉也。”（“虑”“誉”鱼部）

2. 交韵。

《先己》：“故善响者，不于响于声；善影者，（“响”“影”阳部）不于影于形。”（“声”“形”耕部）

《士容》：“淳淳乎谨慎畏化，而不肯自足；乾乾乎取舍不悦，（“化”“悦”歌月通韵）而心甚素朴。”（“足”“朴”屋部）

《当赏》：“君反国家，爵禄三出，而陶狐不与，（“家”“与”鱼部）敢问其说。”（“出”“说”物月合韵）

《为欲》：“其视为天子也，与为舆隶同；其视有天下也，与无立锥之地同；其视为彭祖也，（“子”“下”“祖”之鱼合韵）与为殇子同。”（“同”“同”“同”东部）

还有一些是不完全的交韵。如：

《简选》：“行赏及禽兽，行罚不辟天子，亲殷如周（“兽”“周”幽部），视人如己（“子”“己”之部），天下美其德，万民说其意,(“德”“意”职部)故立为天子。”

《察微》:“凡持国,太上知始,其次知终,其次知中,三者不能(“国”“始”“能”之职通韵),国必危,身必穷(“终”“中”“穷”冬部)。”

3. 抱韵。

《节丧》:“且死者弥久,生者弥疏;生者弥疏(“疏”“疏”鱼部),则守者弥怠(“久”“怠”之部)。”

《期贤》:“段干木光乎德,寡人光乎地;段干木富乎义,(“地”“义”歌部)寡人富乎财。”(“德”“财”职之通韵)

大句句尾用韵,大句中小句也仍有用韵的情况,这实际上是一种不规则的抱韵。如:

《用民》:“剑不徒断,车不自行,或使之也;夫种麦而得麦,种稷而得稷,人不怪也。”(“之”“怪”为大句句尾韵,“断”“行”“麦”“稷”为小句句尾韵。)

《吕氏春秋》的用韵,有时候,即使在整齐的句式中,也有些无甚规律的情况。如:

《举难》:“人伤尧以不慈之名,舜以卑父之号,禹以贪位之意,汤武以放弑之谋,五伯以侵夺之事。”(“意”“谋”“事”职之通韵,而“名”“号”不入韵。)

《贵直》:“其无使齐之大吕陈之庭,无使太公之社盖之屏,无使齐音充人之游。”(“游”不与“庭”“屏”为韵)

《诗经》中,前后章何处用韵,存在一种整齐的格局,《吕氏春秋》对应的句式中很多也存在这种整齐的格局。这一点,江有诰在《先秦韵读·吕氏春秋》中已经指出。如:

《情欲》:“德义之缓,邪利之急,身以困穷,虽后悔之,尚将奚及?巧佞之近,端直之远,国家大危,悔前之过,犹不可反。”(“急”“及”缉部,“远”“反”元部)

江氏的意见是完全正确的。

这种情况还有:

《审分》:“尧舜之臣不独义,汤禹之臣不独忠,得其数也;桀纣之臣不独鄙,幽厉之臣不独辟,失其理也。”(“义”“数”歌侯合韵,“鄙”“理”之部)

《知化》:“越之于吴也,譬若心腹之疾也,虽无作,其伤深而在内也;齐之于吴也,疥癣之病也,不苦其已也,且其无伤也。”(“疾”“内”质物合韵,“病”“伤”阳部)

《上农》:“夺之以土功,是谓稽,不绝忧唯,必丧其秕;夺之以水事,是谓籥,丧以继乐,四邻来虐;夺之以兵事,是谓厉,祸因胥岁,不举铚艾。”(“稽”“唯”“秕”脂微合韵,“籥”“乐”“虐”沃部,“厉”“岁”“艾”月部)

有时是大句内各自为韵与大句间相押结合起来。如:

《贵卒》:“所为贵骥者,为其一日千里也;旬日取之,与驽骀同。所为贵镞矢者,为其应声而至;终日而至,则与无至同。”(“骥”“矢”脂部,“里”“之”“骀”之部,“至”“至”“至”质部,“同”“同”东部)

这里,大句尾“同”与“同”叶韵,两大句第一小句句尾“骥”与“矢”叶韵,此外第一大句内“里”“之”“骀”叶之部,第二大句内“至”与“至”“至”叶质部。

这种形式上对应整齐的格局,也反映了内容上意义的完整性。这种对应的整齐的格局和文意的完整性,可以作为我们判断入韵与否或如何用韵的一个重要条件。例如：

《本味》："臭恶犹美，皆有所以。凡味之本，水最为始。五味三材，九沸九变，火为之纪。时疾时徐，灭腥去臊除膻，必以其胜，无失其理。调和之事，必以甘酸苦辛咸，先后多少，其齐甚微，皆有自起。"（"以""始""纪""理""起"之部）

这一段韵语，以一个较为完整的文意为一个句子。每个句子末尾字入韵，"以""始""纪""理""起"入韵，押之部。而"材""事"虽也是之部字，只在句中的停顿处，不宜入韵。又如：

《勿躬》："是故圣王之德，融乎若日月始出，极烛六合，而无所穷屈；（"出""屈"物部）昭乎若日之光，变化万物，而无所不行；（"光""行"阳部）神合乎太一，生无所屈，而意不可障；精通乎鬼神，深微玄妙，而莫见其形。（"障""形"阳耕合韵）今日南面，百邪自正，而天下皆反其情，黔首毕乐其志，安育其性，而莫为不成。"（"正""情""性""成"耕部）

这一段韵语，从文意上看，可分为两部分，前十二句为一部分，后六句为一部分。第一部分中，前六小句，三三为对，各是一三句入韵，"出""屈"为物部，"光""行"为阳部。后六小句也是三三为对，押韵情况则不同了，是各自第三句句尾押韵，即"障"与"形"为韵，阳耕合韵。第二部分中，二三五六句押韵，"正""情""性""成"押耕部。江有诰氏把"障"与上文"光""行"押阳部，"形"与下文"正""情""性""成"押耕部。这样一来，文意的完整和对应整齐的格局就受到了损害，似乎有些不妥，认为"障""形"为阳耕合韵似乎更合理些。

当然，对这种对应整齐的格局也不能过于拘泥，有些对应整齐的句式是分别与上下文叶韵的。如：

《顺说》："善说者若巧士，因人之力以自为力，因其来而与来，因其往而与往，不设形象，与生与长，而言之与响。"（"士""力""来"之职通韵，"往""象""长""响"阳部）

其中"因其来而与来，因其往而与往"句式对应，但"来"与上文"士""力"为韵（之职通韵），"往"与下文"象""长""响"为韵（阳部）。

二 《吕氏春秋》用韵研究

《吕氏春秋》的韵语，有独韵者，有通韵者，有合韵者，分析这些独韵、通韵、合韵的韵语，或可以看出战国末期的某些语音现象，或可以验证对《诗》《骚》用韵考察所得出的某些结论。

（一）独韵

《吕氏春秋》韵语中，独韵者最多，有595条。

1. 阴声韵。

之部，共有80条。如：

《孟春》："无变天之道，无绝地之理，无乱人之纪。"

《尽数》："今世上卜筮祷祠，而疾病愈来。"

《论威》："义也者，万事之纪也，君臣上下亲疏之所由起也，治乱安危过胜之所在也，过胜之，勿求于他，必反于己。"

《任地》："天下时，地生财，不与民谋。"

支部，共有4条。如：

《下贤》："确乎其节之不庳也，就就乎其不肯自是也。"

此部独用韵语甚少，合用例详下。

鱼部，共有52条。如：

《仲夏》："命乐师修鞀鞞鼓，均琴瑟管箫，执干戚戈羽，调竽笙壎篪，饬钟磬柷敔。”

《至忠》：“人之有功也於军旅，臣之兄有功也於车下。”

《贵直》：“先出也，衣絺纻；后出也，满囹圄。吾今见民之洋洋然东走而不知所处。”

《辩土》：“知其田之除也，不知其稼居地之虚也。不除则芜，除之则虚。”

《辩土》：“苗，其弱也欲孤，其长也欲相与居，其熟也欲相扶。”

侯部，共有5条。如：

《尽数》：“流水不腐，户枢不蝼。”

《音律》：“南吕之月，蛰虫入穴，趣农收聚，无有懈怠，以多为务。”

《精谕》：“求鱼者濡，争兽者趋。”

宵部，共有9条。如：

《仲夏》：“天子以雏尝黍，羞以含桃，先荐寝庙。”

《音律》：“蕤宾之月，阳气在上，安壮养侅，本朝不静，草木早槁。”

《君守》：“此乃谓不教之教，无言之诏。”

幽部，共有24条。如：

《尽数》：“凡食之道，无饥无饱，是之谓五藏之葆。”

《圜道》：“日夜不休，宣通下究。”

《侈乐》：“知其所以知之谓知道，不知其所以知之谓弃宝，弃宝者必离其咎。”

《辩土》：“寒则雕，热则脩。”

微部,共有 9 条。如:

《顺说》:"与盛与衰,以之所归。"

《审时》:"长稠疏穖,穗如马尾。"

脂部,共有 9 条。如:

《怀宠》:"则民知所庇矣,黔首知不死矣。"

《辩土》:"凡禾之患,不具生而具死,是以先生者美米,后生者为秕。是故其耨也,长其兄而去其弟。"

《审时》:"量粟相若而舂之,得时者多米;量粟相若而食之,得时者忍饥。"

歌部,共有 27 条。如:

《下贤》:"桀乎其必不渝移也,循乎其与阴阳化也。"

《骄恣》:"智短则不知化,不知化者举自危。"

《不苟》:"虽贵不苟为,虽听不自阿。"

《上农》:"野有寝耒,或谈或歌,旦则有昏,丧粟甚多。"

2. 入声韵。

职部,共有 35 条。如:

《先识》:"商王大乱,沈于酒德,辟远箕子,爰近姑与息。妲己为政,赏罚无方,不用法式,杀三不辜,民大不服,守法之臣,出奔周国。"

《知分》:"天固有衰嗛废伏,有盛盈坌息。"

《上农》:"是谓背本反则,失毁其国。"

《辩土》:"垆埴冥色,刚土柔种,免耕杀匿,使农事得。"

锡部,共有 5 条。如:

《顺说》:"使人虽有勇,不敢刺;虽有力,不敢击。"

《下贤》:"帝也者,天下之适也。"

《辩土》:"农夫知其田之易也,不知其稼之疏而不适也。"

此部韵语不多。

铎部,共有6条。如:

《决胜》:"敌孤独则上下虚,民解落;孤独则父兄怨,贤者诽,乱内作。"

《任地》:"人肥必以泽,使苗坚而有隙。"

《任地》:"不知事者,时未至而逆之,时既往而慕之,当时而薄之,使其民而郄之。"

屋部,共有12条。如:

《去尤》:"若植木而立于独,必不合于俗。"

《知度》:"量小大而知材木矣,訾功丈而知人数矣。"

《士容》:"故君子之容,纯乎其若钟山之玉,桔乎其若陵上之木;淳淳乎慎谨畏化,而不肯自足;乾乾乎取舍不悦,而心甚素朴。"

《辩土》:"是故三以为族,乃多粟。"

沃部,共有1条:

《上农》:"夺之以水事,是谓籥,丧以继乐,四邻来[虐]。"

此部韵语甚少。

觉部,共有2条。如:

《博志》:"故曰:精而熟之,鬼将告之。"

此部韵语甚少。

物部,共有10条。如:

《季春》:"阳气发泄,生者毕出,萌者尽达,不可以内。"

《大乐》:“务乐有术,必由平出。”

《仲秋》:“四方来杂,远乡皆至,则财物不匮,上无乏用,百事乃遂。凡举事无逆天数,必顺其时,乃因其类。”

《审分》:“听其言而察其类,无使放悖。”

《贵卒》:“力贵突,智贵卒。”

质部,共有19条。如:

《功名》:“大寒既至,民暖是利。”

《乐成》:“麛裘而韠,投之无戾。”

《君守》:“既扃而又闭,天之用密。”

《审时》:“先时者,暑雨未至,胕动蚼蛆而多矣,其次羊以节。”

月部,共有29条。如:

《尊师》:“此五帝之所以绝,三代之所以灭。”

《音律》:“黄钟之月,土事无作,慎无发盖,以固天闭地,阳气且泄。”

《贵信》:“天行不信,不能成岁;地行不信,草木不大。”

《辩土》:“高而危则泽夺,陂则埒,见风则僢,高培则拔。”

缉部,共有5条。如:

《尽数》:“精气之集也,必有入也。”

《情欲》:“德义之缓,邪利之急,身以困穷,虽后悔之,尚将奚及?”

《任地》:“急者欲缓,缓者欲急;湿者欲燥,燥者欲湿。”

《辩土》:“必厚其靹,为其唯厚而及。”

盍部,共有2条:

《下贤》:“卑为布衣而不瘁摄,贫无衣食而不忧慑。”

《辩土》:“为青鱼胠,苗若直獵。”

此部韵语甚少。

3. 阳声韵。

蒸部,共有3条:

《论人》:“则何事之不胜?何物之不应?”

《贵因》:“贤者出走,命曰崩。百姓不敢诽怨,命曰刑胜。”

《任数》:“时至而应,心暇者胜。”

耕部,共有52条。如:

《圜道》:“故令者,人主之所以为命也,贤不肖,安危之所定也。”

《大乐》:“道也者,至精也,不可为形,不可为名。”

《孟冬》:“物勒工名,以考其诚。”

《审应》:“无礼慢易而求敬,阿党不公而求令,烦号数变而求静,暴戾贪得而求定。”

阳部,共有87条。如:

《本生》:“万物章章,以害一生,生无不伤,一便一生,生无不长。”

《圜道》:“主执圜,臣处方,方圜不易,其国乃昌。”

《仲秋》:“五者备当,上帝其享。”

《去尤》:“东面望者不见西墙,南乡视者不睹北方。”

《审时》:“大粒无芒,抟米而薄糠,舂之易而食之香。”

东部,共有19条。如:

《君守》:“故至神逍遥倏忽,而不见其容;至圣变习移俗,而莫知其所从；离世别群，而无不同；君民孤寡，而不可障壅。”

《任数》：“何以知其聋，以其耳之聪也。”

《知化》：“习俗同，言语通。”

《上农》：“时事不共，是谓大凶。”

冬部，共有 6 条。如：

《圜道》：“莫知其始，莫知其终，而万物以为宗。”

《适音》：“黄钟之宫，音之本也，清浊之衷也。”

《孟冬》：“天气上腾，地气下降，天地不通，闭而成冬。”

《察微》：“凡持国，太上知始，其次知终，其次知中，三者不能，国必危，身必穷。”

《期贤》：“吾君好忠，段干木之隆。”

文部，共有 6 条。如：

《士节》：“见疑于齐君，将出奔。”

《知接》：“其子之忍，将何有于君？”

《为欲》：“或折其骨，或绝其筋，争术存也。”

此部韵语较少。

真部，共有 37 条。如：

《先己》：“精气日新，邪气日去，及其天年，此之谓真人。”

《精通》：“夫月形乎天，而群阴化乎渊；圣人行德乎己，而四荒咸饬乎仁。”

《贵信》：“信而又信，重袭于身，乃通于天。”

《审时》：“小本而茎坚，厚枲以均。”

元部，共有 33 条。如：

《异用》：“故国广巨，兵强富，未必安也；尊贵、高大，未必显也。”

《慎大》:“胜其敌则多怨,小邻国则多患。”

《审分》:“有司必诽怨矣,牛马必扰乱矣。”

《离俗》:“吾闻之,君子济人于患,必离其难。”

侵部,共有7条。如:

《音初》:“秦缪公取风焉,实始作为秦音。”

《谨听》:“不惕于心,则知之不深。”

《任地》:“子能使藿毋淫乎?子能使子之野尽为冷风乎?”

谈部,此部没有独韵的韵语。

独韵频率列表如下:

阴声韵	入声韵	阳声韵
之部80	职部35	蒸部3
支部4	锡部5	耕部52
鱼部52	铎部6	阳部87
侯部5	屋部12	东部19
宵部9	沃部1	
幽部24	觉部2	冬部6
微部9	物部10	文部6
脂部9	质部19	真部37
歌部27	月部29	元部34
	缉部5	侵部7
	盍部2	谈部0

分析这些韵语,我们至少有两点启示:(1)入声韵是独立于阴声韵的;(2)冬部是独立的韵部。

(1)入声独立。

我们看到,阴声韵、入声韵独用比阴入通韵的情况多。甚至多得多。比如,之部独用80次,职部独用35次,之职通韵53次;

歌部独用 27 次,月部独用 29 次,歌月通韵 15 次;脂部独用 9 次,质部独用 19 次,脂质通韵 5 次;微部独用 9 次,物部独用 10 次,微物通韵 4 次。

有些独韵的韵语,入声独叶竟达十数字之多,而不掺一个阴声韵字。如:

《士容》:"傲小物而志属于大,似无勇而未可恐[猲][1],执固横敢而不可辱害,临患涉难而处义不越,南面称寡而不以侈大,今日君民而欲服海外,节物甚高而细利弗赖,耳目遗俗而可与定世,富贵弗就而贫贱弗揭,德行尊理而羞用巧卫,宽裕不訾而心中甚厉,难动以物而必不妄折。"(月部)

《论人》:"故知知一,则应物变化,阔大渊深,不可测也;德行昭美,比于日月,不可息也;豪士时之,远方来宾,不可塞也;意气宣通,无所束缚,不可[牧][2]也。故知知一,则复归於朴,嗜欲易足,取养节薄,不可得也;离世自乐,中情洁白,不可[墨][3]也;威不能惧,严不能恐,不可服也。故知知一,则可动作当务,与时周旋,不可极也;举错以数,取与遵理,不可惑也;言无遗者,集于肌肤,不可革也;谗人困穷,贤者遂兴,不可匿也。"(职部)

由此可以看出,阴声和入声分立是合理的。

(2) 冬部独立。

王力先生认为《诗经》时代冬部没有独立,收-m 尾,到《楚辞》

① 旧本作"狼",误,今依王念孙说改。
② 旧本作"收",误,今依毕沅说改。
③ 旧本作"量",误,今依陈昌齐说改。

时代，冬部从侵部分出，收-ng 尾。王先生的论断是正确的，《吕氏春秋》的用韵提供了很好的佐证。

《吕氏春秋》中冬部独用 5 例，侵部独用 7 例（引例已见上文），但是只发现 2 例冬侵合韵的情况：

《诬徒》："遇师则不中，用心则不专，好之则不深，就业则不疾，辩论则不审，教人则不精。"

《慎大》："立成汤之后于宋，以奉桑林。"

需要说明的是，"风"字与"中""宫"同等同呼，到汉代转入冬部，《吕氏春秋》中只与"音""南""淫"叶音，说明它尚未从侵部转入冬部。

另外，从冬部与"阳""耕""东""蒸"各部的合韵来看，也可以看出冬部已经从-m 尾转化为-ng 尾。冬东合韵 7 例，冬阳合韵 5 例，冬耕合韵 3 例，冬蒸合韵 4 例。

冬耕合韵（× 冬，* 耕）

《尊师》："为人臣弗令而忠矣，为人君弗强而平矣，有大事可以为天下正矣。"

《用众》："夫取于众，此三皇五帝之所以大立功名也。"

《举难》："爝火甚盛，从者甚众。"

冬阳合韵（× 冬，* 阳）

《谨听》："学贤问，三代之所以昌也。不知而自以为知，百祸之宗也。"

《下贤》："以天为法，以德为行，以道为宗，与物变化而无所终穷，精充天地而不竭，神覆宇宙而无望。”

《用民》：“夙沙之民，自攻其君而归神农；密须之民，自缚其主而与文王。”

《贵信》：“以此治人，则膏雨甘露降矣，寒暑四时当矣。”

《长利》：“是故地日广，子孙日隆。”

冬东合韵（× 冬，* 东）

《先己》：“当今之世，巧谋并行，诈术递用，攻战不休，亡国辱主愈众。”

《音律》：“应钟之月，阴阳不通，闭而成冬，修别丧纪，审民所终。”

《序意》：“三者皆私设，精则智无由公。智不公，则福日衰，灾日隆。”

《高义》：“俗虽谓之穷，通也……俗虽谓之通，穷也。”

冬蒸合韵（× 冬，* 蒸）

《孟春》：“天气下降，地气上腾。”

《本生》：“万人操弓，共射其一招，招无不中。”

《孟冬》：“是月也，大饮蒸，天子乃祈来年于天宗。”

如果冬部没有从-m 尾转化为-ng 尾，如此频繁地与-ng 尾字叶韵，是不可能的。

（二）通韵

清代学者孔广森提出阴阳对转的概念之后，古音学家们不断对此有所阐发和补充，使之系统化而成为普遍公认的理论。《吕氏春秋》的通韵韵语共 176 条，其中：

之职蒸类 62：之职通韵 53，之蒸通韵 4，职蒸通韵 5；

支锡耕类 5：支锡通韵 1，支耕通韵 1，锡耕通韵 3；

鱼铎阳类 48：鱼铎通韵 21，鱼阳通韵 18，阳铎通韵 7，
鱼铎阳通韵 2；

侯屋东类 5：侯屋通韵 3，东屋通韵 2；

宵沃类 1：宵沃通韵 1；

幽觉冬类 4：幽觉通韵 3，冬觉通韵 1；

微物文类 8：微物通韵 4，微文通韵 1，文物通韵 3；

脂质真类 9：脂质通韵 5，脂真通韵 3，真质通韵 1；

歌月元类 32：歌月通韵 15，歌元通韵 8，元月通韵 8，
歌月元通韵 1；

缉侵类 2：侵缉通韵 2。

这些韵语，阴入对转 106 条，阴阳对转 35 条，阳入对转 32 条，阴阳入三声对转 3 条。分别举例说明。

1. 阴入对转。如：

《乐成》："民又诵之曰：我有田畴，而子产殖之；我有子弟，而子产诲之；子产若死，其使谁嗣之？"（职之通韵）

《重言》："太宰嚭之说，听乎夫差，而吴国为墟；成公贾之讔，喻乎荆王，而荆国以霸。"（鱼铎通韵）

2. 阳入对转。如：

《遇合》："此天子之所以时绝也，诸侯之所以大乱也。"（月元通韵）

《知度》："故小臣、吕尚听，而天下知殷商之王也，管夷

吾、百里奚听，而天下知齐秦之霸也。”(阳铎通韵)

3. 阴阳对转。如：

《决胜》：“隐则胜阐矣，微则胜显矣，抟则胜离矣。”(元歌通韵)

4. 三声对转者。如：

《博志》：“全则必缺，极则必反，盈则必亏。”(歌月元通韵)

《不屈》：“围邯郸三年而弗能取，士民罢潞，国家空虚，天下之兵四至，众庶诽谤，诸侯不誉。”(鱼铎阳通韵)

从对转的情况看，阴入对转多于阳入对转，阴入对转 106 例，阳入对转 32 例，前者是后者的三倍多。这说明入声韵跟阴声韵的关系，比跟阳声韵的关系密切得多。所以考古派古音学家把阴入合为一类。但是，阴声韵和入声韵并不是密不可分的，它们的界限还是很清楚的。这些我们可以从阴入通韵和阴、入各自独叶的情况看出，阴声、入声各部独叶共 346 例，阴入通韵共 106 例，阴入通韵占 23.4％，独叶占 76.6％。

(三) 合韵

《吕氏春秋》中合韵的情况比较复杂，共有 314 条，71 种之多。翻检先秦诸子散文，合韵的情况也比较多，这大概是散文押韵的共同特点。

《吕氏春秋》合韵情况如下：

之支 12，之脂 16，支脂 5，之鱼 13，之侯 3，之幽 5，鱼侯 16，鱼幽 1，侯幽 4，宵幽 5，脂微 3，歌微 2，脂歌 5，之微 2，之歌 8，支微 3，支歌 2，鱼歌 3，幽微 1，幽歌 2，侯歌 1，宵歌 1，幽脂 1；

职锡 5， 职质 7，锡质 1，职觉 1，锡觉 1，锡屋 1，

铎屋 1， 质物 10,物月 3，质月 4，职物 2，铎月 1,缉盍 1；

蒸阳 1， 蒸东 4，蒸冬 4，阳耕 21,东耕 10,东阳 15，

冬阳 5， 冬耕 3，东冬 7，文元 5，文真 20,元真 3，

元谈 4， 侵谈 1，真耕 20,元耕 1，元阳 12,元东 1，

蒸侵 1，冬侵 2，文侵 1，真侵 1，元侵 4；

支月 1，锡歌 1，歌物 1，侯阳 1，脂元 1，真物 1；

侯鱼之 1， 脂支歌 1，鱼脂歌 1，阳东耕 2，真文元 1，

职锡铎 1，之鱼铎 2，之歌元 1。

1. 关于鱼侯、阳东合韵。

鱼铎阳、侯屋东各是阴阳入三声相配，鱼侯合韵，阳东合韵，从音理上讲，道理是一样的。王力先生《汉语史稿》把侯东的元音拟为 o，鱼阳的元音拟为 *ɑ*，o、*ɑ* 都是后元音，只是 o 高于 *ɑ*，二者是很近的。如果 o 降低些，或 *ɑ* 升高些，二者就可以合流。但是，我们检查《诗经》的用韵，却没有发现一例鱼侯合韵、阳东合韵的情况，《楚辞》当中也只有一例阳东合韵，而没有鱼侯合韵。这就引起我们的思考，如果二部如此靠近，为什么没有合韵的情况呢？只是一种偶然性吗？恐怕不是。王先生晚年的《同源字典》《汉语语音史》把侯东主元音拟为 ɔ，鱼阳主元音拟为 a，ɔ 为后半低元音，a 为前低元音，二者拉开了距离，这样，对《诗经》鱼侯、阳东不合韵就容易解释了。鱼侯、阳东合韵起初可能只是一种方言现象①，这种合韵大概起于战

① 参看李方桂《上古音研究》，商务印书馆，1980 年。

国中期。《老子》中，阳东合韵 6 次。① 十二章叶“盲”“聋”“爽”“狂”“妨”，十六章叶“常”“明”“常”“凶”“容”“公”“王”，二十二章叶“明”“彰”“功”“长”，二十四章叶“行”“彰”“功”“长”“行”，二十六章叶“行”“重”，六十七章叶“勇”“广”“长”。鱼侯合韵三次，十七章叶“誉”“侮”，二十四章叶“主”“下”，三十四章叶“居”“主”。这种方言现象到战国中期以后才开始影响到通语。《管子》《庄子》《荀子》《楚辞》中尚没有鱼侯合韵的情况。至于阳东合韵，《管子》有 3 例，《庄子》1 例，《楚辞》1 例。由于阳东韵尾相同，都是-ng 尾，主元音 a 稍稍后移，就容易使人感觉到两韵的接近。所以在方言当中也是阳东合韵较多，方言影响到通语也首先是阳东合韵。鱼侯都是阴声开尾韵，a 后移很细微的时候，人们是很容易感觉到它们的差别的。到了战国末期以后，《韩非子》《吕氏春秋》等阳东、鱼侯合韵渐趋多了起来，《韩非子》鱼侯合韵 5 次②，阳东合韵 5 次。《吕氏春秋》鱼侯合韵 15 次（× 鱼，* 侯）。如：

《功名》：“故民无常处，见利之聚，无之去。”

《圜道》：“精行四时，一上一下，各与遇。”

《节丧》：“侈靡者以为荣，俭节者以为陋，不以便死为故，而徒以生者之诽谤为务。”

《务本》：“王虽过与，臣不徒取。”

---

① 依江有诰《先秦韵读》，江氏统计不全，暂移之。下《管子》《荀子》《庄子》同。

② 参看金毅《韩非子韵读和校刊》，见《语言学论丛》第十四辑。

《本味》:"梦有神告之曰:'臼出水而东走,毋顾!'"

《慎大》:"徒过者趋,车过者下。"

《慎大》:"三日之内,与谋之士封为诸侯,诸大夫赏以书社,庶士施政去赋。"

《具备》:"伊尹尝居于庖厨矣,太公尝隐于钓鱼矣。"

《处方》:"百里奚之处于虞,智非愚也。"

此外,还有逸诗1例:

《行论》:"诗曰:将欲毁之,必将累之;将欲踣之①,必高举之。②"

阳东合韵15次(× 阳,* 东)

《尊师》:"且天生人也,而使其耳可以闻,不学,其闻不若聋;使其目可以见,不学,其见不若盲;使其口可以言,不学,其言不若爽;使其心可以知,不学,其知不若狂。"

《季夏》:"水潦盛昌,命神农将巡功,举大事必有天殃。"

《仲秋》:"日夜分,则一度量,平权衡,正钧石,齐斗甬。"

《论威》:"凡兵,天下之凶器也;勇,天下之凶德也。"

---

① "踣"字从"音"得声,"音"段玉裁《六书音均表》归之部,后来在《说文注》中作了修正,归侯部(大徐本"否"亦声,段改为"[illegible]"亦声),他说:"音,韵书皆入侯部,或字从豆声,豆与[illegible]同部,《周易》蔀斗主为韵,蔀正声也。"从"音"得声之字,段氏则分属两类,一类归四部(即侯部),一类归一部(即之部),如"剖""部""瓿"等归四部,"培""倍""掊"等归一部。"踣"字归侯部,而与之为或体的"踣"归之部。"陪"字段注"在一部、四部之间"。按:从"音"得声的字,段氏归一部、四部两收是合适的。周祖谟先生亦之、侯两收。"踣",《广韵》候韵、德韵兼收。从《吕氏春秋》与鱼部叶韵,我们将它归入侯部。

② 此逸诗恐亦不会早于战国中期以前。

《序意》:“夫私视使目盲,私听使耳聋,私虑使心狂。”

《序意》:“凡十二纪者,所以纪治乱存亡也,所以知寿夭吉凶也。”

《悔过》:“故箕子穷于商,范蠡流乎江。”

《任数》:“故曰去听无以闻则聪,去视无以见则明,去智无以知则公。”

《执一》:“变化应来而皆有章,因性任物而莫不咸当,彭祖以寿,三代以昌,五帝以昭,神农以鸿。”

《爱类》:“禹于是疏河决江,为彭蠡之障。”

《有度》:“许由非强也,有所乎通也。”

到了汉代,阳东、鱼侯合韵更多了,《淮南子》中鱼侯合韵 84 次,阳东合韵 61 次①。《文子》中鱼侯合韵 7 次,阳东合韵 12 次②。前人指出《文子》当是汉代人所依托,恐怕是正确的,阳东、鱼侯合韵的情况也提供了佐证。

2. 关于脂微分部。

王力先生在古音学上的一个重要贡献,就是发现脂微分部。《吕氏春秋》用韵再次证明王先生的论断是正确的。《吕氏春秋》中脂微合韵的情况,只有 3 例(△ 脂,* 微):

《明理》:“市有舞鸱,国有行飞。”

《下贤》:“士虽骄之,而己愈礼之,士安得不归之?”

---

① 见拙著《淮南子韵谱》,稿本。

② 依江有诰《先秦韵读》,见《音学十书》,中华书局,1980 年。

《上农》:“夺之以土功,是谓稽,不绝忧唯,必丧其秕。”

脂、微分用的情况要比合韵多得多,脂部独用9例,微部独用9例,例已见上文,不赘举。脂、微两部即使到了汉初,仍没有相合。《淮南子》用韵的情况说明了这一点。脂微合韵19次,但脂部独用22次,微部独用57次(其中有10次是“水”“火”二字相叶)①,独用大大超过合韵。

3. 真文、质物合韵。

与脂微两韵相应的,有真文、质物的问题。在《吕氏春秋》中,真文合韵有20次,质物合韵有10次。

真文合韵(△真,*文)。如:

《论人》:“主道约,君守近。太上反诸己,其次求诸人。”

《劝学》:“师尊,则言信矣,道论矣。”

《荡兵》:“中主犹若不能有其民,而况于暴君乎?”

真文合韵,在《吕氏春秋》中数量不可谓不多,但真部独用有36次之多,文部合韵有6次,且文部独用时,有3次都是“忍”“君”相叶,入韵字只有“忍”“君”“近”“春”“寸”“吻”六个,文部与元部也有5次合韵,而元部独用有34次之多,由此,我们可以看出,文部与真部已经接近,但还没有合成一部。汉初《淮南子》用韵也可以看出这种情况,《淮南子》真部独用55次,文部独用32次,真文合韵44次。真、文还应是独立的。

质物合韵(×质,*物)。如:

《尽数》:“口必甘味,和精端容,将之以神气,百节虞欢,咸

① 见拙著《淮南子韵谱》,稿本。

尽受气，饮必小咽，端直无戾。”

《慎大》：“上天弗恤，夏命其卒。”

《知化》：“越之于吴也，譬若心腹之疾也，虽无作，是伤深而在内也。”

《审时》：“本大而茎叶格对，短稠短穗。”

在《吕氏春秋》的入声韵合韵中，质物合韵可算比较多的，这也是因为二部韵尾相同，主元音相近的关系。但二韵独用更多，质部独用19例，物部独用10例，这说明两部的界限还是很分明的。质物合韵在《诗经》中也有10例之多①，《谷风》“溃”“肄”“塈”，《芄兰》“遂”“悸”，《黍离》“穗”“醉”（2次），《陟岵》“季”“寐”“弃”，《晨风》“棣”“檖”“醉”，《小弁》“嘒”“淠”“届”“寐”，《皇矣》“对”“季”“茀”“仡”“肆”“忽”“拂”，《桑柔》“僾”“逮”。但《诗经》质物分部仍是大家所公认的。质物二部到汉初，仍然没有合并。《淮南子》中质物合韵18例②，如：《原道》“浡”“汩”，《兵略》“气”“实”，《人间》“穴”“一”“出”，《脩务》“节”“忽”；但质部独用41例，物部独用39例，远远超过合韵的情况。

4. 关于之支脂。

之支脂三部的划分，自段玉裁首倡之后，基本上被古音学家所接受，这三者不是绝对没有相通之处的，《诗经》《楚辞》均有支脂合韵的例证③。战国末期的《韩非子》《吕氏春秋》中出现之支、之脂合韵的例子。《吕氏春秋》中，之支合韵7例，之脂合韵8例，支脂

---

① 据王力先生的《诗经韵读》。

② 见拙著《淮南子韵谱》，稿本。

③ 见王力先生《诗经韵读》《楚辞韵读》，上海古籍出版社，1980年。

合韵 5 例。

之支合韵（× 之，* 支）：

《圜道》："人之有形体四枝，其能使之也，为其感而必知也。感而不知，则形体四枝不使也。"

《用众》："无丑不能，无恶不知。"

《怀宠》："信与民期，以夺敌资。"

《节丧》："父虽死，孝子之重之不怠；子虽死，慈父之爱之不懈。"

《季冬》："征鸟厉疾，乃毕行山川之祀，及帝之大臣，天地之神祇。"

《自知》："人主欲自知，则必直士。"

《博志》："凡有角者无上齿，果实繁者木必庳。"

之脂合韵（× 之，* 脂）：

《爱士》："得白骡之肝病则止，不得则死。"

《长利》："我，国士也，为天下惜死。"又："解衣与弟子，夜半而死。"

《序意》："行也者，行其理也，行其数，循其理，平其私。"

《下贤》："士有若此者，五帝弗得而友，三王弗得而师。"

《贵卒》："荆王死，贵人皆来，尸在堂上，贵人相与射吴起。"

《辩土》："一时而五六死，故不能为来。"

《审时》："后时者，纤茎而不滋，厚糠多秕，庢辟米，不得恃定熟，卬天而死。”

支脂合韵（*支，△脂）：

《制乐》：“荧惑不徙，臣请死。”

《明理》：“有鬼投其陴，有菟生雉。”

《简选》：“离散係系，可以胜人之行阵整齐。”

《自知》：“钻荼、庞涓、太子申不自知而死，败莫大于不自知。”

职是之的入声，锡是支的入声，质是脂的入声，《吕氏春秋》尚有职锡合韵、职质合韵、锡质合韵，与之支、之脂、支脂合韵呈规律性配合。职锡合韵5例，职质合韵6例，锡质合韵1例。

职锡合韵（×职，*锡）：

《忠廉》：“汝拔剑则不能举臂，上车则不能登轼。”

《介立》：“以贵富有人易，以贫贱有人难。”

《义赏》：“临难用诈，足以却敌；反而尊贤，足以报德。”

《用民》：“今外之则不可以拒敌，内之则不可以守国。”

职质合韵（×职，*质）：

《论威》：“凡兵，天下之凶器也；勇，天下之凶德也。”

《乐成》：“子产始治郑，使田有封洫，都鄙有服。”

《不二》：“听群众人议以治国，国无危日矣。”

《知分》：“故命也者，就之未得，去之未失。”

锡质合韵(△ 锡，* 质)：

《开春》:“饮食居处适，则九窍百节千脉皆通利矣。”

之支脂的合韵，从音理上很好理解，之职的主要元音是 ə，支锡的主要元音是 e，脂质的主要元音也是 e，只是脂部有个-i 尾。ə 与 e 的发音部位，前后、高低稍有差别，离得是很近的，很容易造成合韵。

之支脂三部虽有合韵的现象，但其界限还是分明的。《吕氏春秋》中之部独用 57 例，脂部独用 6 例，支部独用 2 例；职部独用 23 例，质部独用 16 例，锡部独用 4 例。比例还是大大多于合韵。汉初《淮南子》中之支合韵 12 例，之脂合韵 13 例，支脂合韵 7 例，而之部独用 181 例，支部独用 7 例，脂部独用 23 例，界限仍然是十分清楚的，尤其是之部独用高达 181 例之多。段玉裁说得好，知其合，始可知其分。

5. 之鱼合韵。

之鱼合韵，《吕氏春秋》中有 13 例之多(△ 之，* 鱼)。如：

《劝学》:“颜回之于孔子也，犹曾参之事父也。”

《异用》:“欲左者左，欲右者右，欲高者高，欲下者下。”

《本味》:“有侁氏喜，以伊尹媵女。”

《为欲》:“夫无欲者，其视为天子也，与为舆隶同；其视有天下也，与无立锥之地同；其视为彭祖也，与为殇子同。”

《知化》:“我得其地不能处，得其民不能使。”

之鱼合韵在《诗经》中已有用例，《鄘风·蝃蝀》“母”“雨”，《小雅·巷伯》“谋”“者”“虎”,《大雅·緜》“饴”“谋”“龟”“时”“兹”“膴”,《常武》“士”“祖”“父”。在汉初的《淮南子》中用例更多,达 54 例,如《原道》“罟”“有”“汜”“浦”“舍”“里”,《时则》“市”“旅”“财”“事”,《汜论》“誉”“耳”“事”“芜”“虚”,等等。这似乎说明此二部合韵情况在逐渐增多。在《淮南子》中还有谓“母”曰“社”,谓“士”曰“武”的现象。如:

《说林篇》:“东家母死,其子哭之不哀,西家子见之,归谓其母曰:‘社何爱速死,吾必悲哭社。’”

《览冥篇》:“夫死生同域,不可胁凌;勇武一人,为三军雄。”

前例高诱注:“江淮谓母为社。”后例高诱注:“江淮间谓士曰武。”这似乎又是说江淮方言读之部字如鱼部字。西汉诗文之鱼合韵的有 6 例,其中司马相如 3 例,枚乘 1 例,刘向 1 例,王褒 1 例。作者中司马相如、王褒为蜀郡人,枚乘为淮阴人,刘向为丰沛人,都在故楚之地。① 如果是这样,《楚辞》中却没有一例之鱼合韵的情况。这种情况的出现,是否可以认为鱼部的主元音逐渐后移,与之部的主元音拉近了距离?

《礼记·曲礼》:“婴母能言,不离飞鸟。”《说文》作“鹦䳇”,云:“能言鸟也。”“䳇”古韵当在之部。朱骏声《说文通训定声》谓“䳇”六朝以后作“鹉”。《广韵》“䳇”“鹉”同为文甫切。从母得声的之部字,到后来转入了侯部,再后来侯部与鱼部合并,所以“䳇”与“鹉”同音了。

---

① 据罗常培、周祖谟二位先生的《汉魏晋南北朝韵部演变研究》。

6. 支歌合韵。

支歌合韵，《诗经》未见。《楚辞》有 2 例，“离移”与支部字叶韵。战国末期以后渐多，《韩非子》4 例，“倚离地为”与支部字叶韵；《吕氏春秋》有 2 例（× 支，* 歌）：

《精喻》：“不言之谋，不闻之事，殷虽恶周，不能疵矣；口唇不言，以精相告，纣虽多心，弗能知也；目视于无形，耳听于无声，商闻虽众，弗能窥矣；同恶同好，志皆有欲，虽为天子，弗能离矣。”

《自知》：“存亡安危，勿求于外，务在自知。”

歌部“离”“危”与支部字叶韵。

西汉以后，支歌合韵更多，《史记》中达 13 例之多。歌部“地”“靡”“麾”“鸡”“倚”“驰”“为”“彼”“和”“砢”“罢”“义”等字与支部字叶韵。这些与支部合韵的歌部字都是三等字。这些歌部三等字到东汉张衡时代从歌部分出，归入支部。

7. 真耕合韵。

真耕两部，《诗经》时代已有合韵的情况，《小雅·节南山》“领”“骋”韵，《小宛》“令”“鸣”“征”“生”韵，《桑扈》“领”“屏”韵[①]。到战

---

① 王力先生把《诗经》中“令”声的“令”“领”“苓”“命”归入真部（段玉裁亦归真部），故以上三例为真耕合韵。王先生之所以将“令”声字归入真部，盖因为其与真部字押韵者多，如：《邶风·简兮》“榛”“苓”“人”“人”“人”韵，《鄘风·定之方中》“零”“人”“田”“人”“渊”“千”韵，《蝃蝀》“人”“姻”“信”“命”韵，《齐风·卢令》“令”“仁”韵，《唐风·扬之水》“粼”“命”“人”韵，《采苓》“苓”“苓”“颠”“信”韵，《秦风·车邻》“邻”“颠”“令”韵，《小雅·十月之交》“电”“令”韵，《小雅·采菽》“命”“申”韵，《大雅·卷阿》“命”“人”韵，《大雅·江汉》“人”“田”“命”“命”“年”韵，等等。如将上述近 20 例中之令声者归入耕部，则其为真耕合韵矣。故王先生在《诗经》中“令”声归真部是合理的。在《楚辞》中，王先生则归耕部，因其只与耕部字为韵。

国时期，《老子》中真耕合韵有：三章“贤”“争”韵，十三章“惊”“身”韵，二十一章“精”“真”“信”韵，二十二章“盈”“新”韵，三十二章“名”“臣”“宾”“均”“名”韵。《楚辞》中真耕合韵有：《哀郢》“天”“名”韵，《远游》“荣”“人”“征”韵，《卜居》“耕”“名”“身”“生”“真”“人”“清”“楹”韵，《九辩》“清”“清”“人”“新”“平”“生”“鄰”“声”“鸣”“征”“成”韵，又“天”“名”韵。《吕氏春秋》真耕合韵达 20 次（△真，*耕）。如：

《季夏》：“令民无不咸出其力，以供皇天上帝名山大川四方之神△，以祀宗庙社稷之灵*，为民祈福。”

《精通》：“臣之身得生*，而为公家击磬*，臣不睹臣之母三年△矣。”

《君守》：“故曰作者忧，因者平*。惟彼君道，得命之情*。故任天下而不强，此之谓全人△。”

《贵信》：“君臣不信，则百姓诽谤，社稷不宁*；处官不信，则少不畏长，贵贱相轻*；赏罚不信，则民易犯法，不可使令*；交友不信，则离散郁怨，不能相亲△；百工不信，则器械苦伪，丹漆染色不贞*。”

《贵信》：“春之德风，风不信，其华不盛，华不盛，则果实不生*；夏之德暑，暑不信，其土不肥，土不肥，则长遂不精*；秋之德雨，雨不信，其榖不坚，榖不坚，则五种不成*；冬之德寒，寒不信,则地不刚,地不刚,则冻闭不開。[①]”

真耕合韵如此之广、之多,说明它们的读音应很接近,王力先生认为此二部的主元音相同,皆拟为e。由于它们主元音相同,所以经常通押,但它们的韵尾不同,所以二部没有合为一部,而各自独立。古韵侵部分出冬部,是-m尾转为-ng尾,但没有-n尾转为-ng尾的。

8. 东耕、阳耕合韵。

《诗经》《楚辞》中无一例东耕、阳耕合韵的情况[②],《荀子》等书也未见其例。《吕氏春秋》中东耕合韵11例,阳耕合韵15例。

东耕合韵(× 东,* 耕):

《制乐》:“有穀生于庭,昏而生,比旦而大拱。”

《诚廉》:“人之情,莫不有重,莫不有轻。”

---

① 此段“生”“精”“成”“開”为韵。“開”归属**有分歧**。開从幵声,幵声各家意见亦不一致。段玉裁在《六书音均表》中幵字归十一**部(耕部)**,在《说文解字注》中从幵声者则或归十二部,或归十一部,“钘”“汧”“訮”“刑”**归十**二部,“笄”“枅”归十二部(中古“古兮切”),“豜”“荨”归十一部,亦有归十四部者,“趼”“研”“妍”。《六书音均表》“幵”声归十一部及《说文注》中“豜”“荨”归十一部,欠妥。“幵”《说文》十四篇云:“平也,象二干对构。”徐铉曰:“但象物平无音义。”段玉裁云:“干、幵同音。”王筠谓干犯字作“𢆉”,非此,此乃干戈之干。检甲骨文、金文,干字作“𢆉”,为狩猎之工具,上为歧锐,非平;引申为“干戈、干犯”。《说文》干犯字亦作“𢆉”,不作“干”,徐铉谓此字无音义,当是。“幵”《说文》排在十四篇“金”字后,亦说明非“干”字可知。“開”字下云:“玉裁谓此篆幵声,古音当在十二部,读为攘帷之攘,由后人读为闿,而定为苦哀切。”余按:段玉裁谓“開”在十二部(真部),是。“幵”声之字,古韵本在真部,对转而为脂部(如“笄”)或转为质部(如“荨”),段氏归于十四部(元部)者,皆当归为十二部(真部),归十一部(耕部)者,亦当归于十二部(真部),如“豜”。

② 据王力先生的《诗经韵读》《楚辞韵读》。

《应同》:“故君虽尊,以白为黑,臣不能听;父虽亲,以黑为白,子不能从。”

《观世》:“先见其化而已动,远乎性命之情也。”

《贵信》:“以辱为荣,以穷为通。”

《知分》:“直兵造胸,句兵钩颈。”

阳耕合韵(× 阳,* 耕):

《圜道》:“勿动则萌,萌而生,生而长,长而大,大而成,成乃衰,衰乃杀,杀乃藏。”

《长见》:“为不能听,勿使出境。”

《精喻》:“有事于此,而精言之而不明,勿言之而不成。”

《有度》:“唯通乎性命之情,而仁义之术自行矣。”

除此之外,还有阳东耕合韵的用例(× 东,* 耕,△ 阳):

《先已》:“五帝先道而后德,故德莫盛焉;三王先教而后杀,故事莫功焉;五伯先事而后兵,故兵莫强焉。”

《适威》:“故礼烦则不庄,业烦则无功,令苛则不听,禁多则不行。”

这三部都是以舌根音-ng 收尾,读起来尾音相同,由于同化作用,使主元音接近,所以可以合韵。

9. 阳元合韵。

阳元合韵,《诗经》仅 1 例,《大雅·抑》以“言”韵“行”,《楚辞》无例。《吕氏春秋》中有 10 例(× 阳,* 元):

《圜道》:“天道圜,地道方。”

《报更》:“此赵宣孟之所以免也,周昭文君之所以显也,孟尝君之所以却荆兵也。”

《察今》:“故审堂下之阴,而知日月之行,阴阳之变;见瓶水之冰,而知天下之寒,鱼鳖之藏也。”

《先识》:“夏为无道,暴虐万百姓,穷其父兄,耻其功臣,轻其贤良,弃义听谗,众庶咸怨,守法之臣,自归于商。”

《观世》:“此治世之所以短,而乱世之所以长也。”

元、阳的主要元音都是 a,它们的差别在于韵尾不同,一个是舌尖音-n,一个是舌根音-ng。主要元音相同,韵尾不同相互押韵是常见的现象,真耕相押与此类同,《诗经》《楚辞》及先秦诸子均屡有所见。

三 《吕氏春秋》韵字表

(一)独韵表

篇名		韵字	韵部
孟春纪	孟春	起 始 理 纪	之
	重己	裘 骸	
季春纪	季春	使 事	
		理 时	
	尽数	时 灾	
		祠 来	
孟夏纪	孟夏	时 鄙	
	劝学	材 在 理	
	诬徒	己 尤	
季夏纪	季夏	时 事	
	音律	起 使	

（一）续表

篇　　名	韵　　字	韵　部
音初	子 之	
孟秋纪 荡兵	久 止	
仲秋纪 仲秋	市 贿 事	
论威	纪 起 在 之 己	
季秋纪 精通	母 有 财	
孟冬纪 节丧	久 怠	
仲冬纪 至忠	起 已	
季冬纪 季冬	始 使	
士节	疑 之	
不侵	时 之	
	喜 喜	
序意	之 母	
有始览 应同	胎 来	
听言	待 子	
	海 喜	
务本	耻 己	
谕大	怪 谋	
孝行览 本味	士 以	
	以 始 纪 理 起	
必己	谋 欺	
慎大览 下贤	有 以	
	士 止	
不广	母 之	
贵因	之 期	
先识览 观世	来 之	
知接	载 埋	
悔过	辞 之	
乐成	裘 邮	
察微	之 事 谋	

（一）续表

篇 名		韵 字	韵 部
审分览	审分	理 有 恃 能 以	
		鄙 理	
		止 使 止 有	
		宰 始	
	君守	事 能	
		恢 疑 来	
	任数	思 时	
	勿躬	牛 医	
	知度	事 喜 能	
		待 事 司	
审应览	重言	久 以	
	精谕	谋 事	
	不屈	子 母	
		子 久 妇	
离俗览	用民	使 怪	
		纪 起	
		止 之 能	
		有 恃	
	适威	有 子 嗣	
恃君览	长利	子 始 事	
	召类	谋 疑 事	
	观表	谋 财	
开春论	察贤	裘 事	
	期贤	喜 之	
	贵卒	里 之 骀	
慎行论	无义	以 以 待	
	壹行	期 谋	
	求人	洧 士	
贵直论	贵直	能 有	

（一）续表

篇名	韵字	韵部
	使 能	
	能 有	
不苟论 赞能	事 财	
博志	里 止	
贵当	事 待	
似顺论 有度	欺 喜	
处方	谋 事	
士容论 上农	时 来	
任地	耜 亩	
	时 财 谋	
	止 起 倍	
孟秋纪 荡兵	谿 堤	支
慎大览 下贤	庳 是	
先识览 察微	谿 智	
审分览 君守	智 窥	
孟春纪 重己	虚 娱	鱼
仲春纪 贵生	餘 家 苴 下	
仲夏纪 仲夏	鼓 羽 敔	
古乐	野 武	
季夏纪 音初	女 土	
季秋纪 知士	马 鼓	
	阻 故	
孟冬纪 孟冬	闾 武 御	
异宝	许 所	
异用	罟 紓	
仲冬纪 至忠	旅 下	
季冬纪 介立	下 辅 所 雨 野	
有始览 应同	雨 处 楚	
孝行览 义赏	夏 举	

(一) 续表

篇名		韵字	韵部
	长攻	居 吴	
	慎人	下 土	
	必己	稼 马	
慎大览	慎大	懼 夏	
	下贤	倨 夸	
		故 固	
		虑 誉	
先识览	乐成	赋 贮 与	
审分览	审分	马 怒	
		宇 所	
	君守	户 下	
		车 书 稼	
	勿躬	驾 御 图	
	执一	家 下	
审应览	重言	处 与	
	不屈	御 邪	
	具备	怒 去	
恃君览	长利	乎 夫	
慎行论	慎行	孤 夫	
贵直论	贵直	纻 圄 处	
		居 墟 胥 间 者	
	直谏	莒 鲁 下	
	知化	墟 庐	
不苟论	当赏	家 与	
似顺论	分职	补 组	
士容论	上农	御 嫁	
	任地	土 处	
		土 土 下	
		下 苦 下 处	

(一) 续表

篇名		韵字	韵部
	辩土	垆 枯	
		处 污	
		芜 虚	
		餘 虚	
		除 虚 芜 虚	
		疏 土 餘	
		居 扶	
		疏 居	
	审时	黍 下	
季春纪	尽数	腐 蝼	侯
季夏纪	音律	聚 务	
审应览	精谕	濡 趋	
	具备	愚 具	
离俗览	举难	濡 趋	
孟春纪	孟春	郊 朝	宵
仲夏纪	仲夏	桃 廟	
季夏纪	音律	佼 槁	
孟秋纪	孟秋	郊 朝	
审分览	君守	教 诏	
	慎势	小 少	
审应览	离谓	晓 昭	
恃君览	行论	刀 潦	
	观表	表 飘	
孟春纪	孟春	好 道	幽
仲春纪	情欲	由 忧	
季春纪	尽数	酒 首	
		道 饱 葆	
	论人	好 受 守	
	圜道	流 休	

（一）续表

篇　　名	韵　　字	韵　部
	休 究	
仲夏纪 侈乐	道 宝 咎	
仲秋纪 简选	兽 周	
有始览 务本	道 咎	
	道 由	
孝行览 孝行	道 憂	
慎大览 权勋	道 受	
审分览 君守	牖 道	
勿躬	酒 舟 臼	
	保 道	
知度	道 宝	
贵直论 贵直	游 受	
不苟论 赞能	雠 手	
贵当	求 道	
士容论 辩土	雕 脩	
审时	道 宝	
	手 道	
	稻 葆	
孟冬纪 异宝	鬼 禨	微
有始览 应同	水 火	
孝行览 必己	非 累	
	毁 衰	
慎大览 顺说	衰 归	
审应览 淫辞	畏 罪 畏	
恃君览 知分	藟 枚 回	
行论	毁 累	
士容论 审时	穖 尾	
季夏纪 制乐	饥 死	脂
孟秋纪 怀宠	庇 死	

(一) 续表

篇　　名	韵　　字	韵　部
孟冬纪 节丧	美 死	
有始览 务本	凄 祁 私	
孝行览 孝行	礼 履	
开春论 贵卒	骥 矢	
士容论 辩土	死 米 秕 弟	
	秕 死 弟 秕 死	
审时	米 饥	
孟春纪 孟春	颇 义	歌
季夏纪 音初	歌 猗	
制乐	祸 倚	
孟秋纪 荡兵	为 移	
振乱	义 过	
孟冬纪 节丧	为 义	
	侈 可	
安死	河 他	
季冬纪 诚廉	破 磨	
不侵	贺 贺	
孝行览 孝行	义 宜	
必己	蛇 化 为	
	剉 亏 离 隳	
慎大览 下贤	移 化	
贵因	何 我	
察今	移 宜	
审分览 君守	为 化	
任数	和 随	
审应览 审应	和 随	
离俗览 离俗	为 义	
恃君览 恃君	过 义	
骄恣	祸 危	

（一）续表

篇　　名		韵　　字	韵　部
		化 危	
开春论	开春	地 义	
不苟论	不苟	为 阿	
似顺论	分职	议 危	
士容论	上农	歌 多	
孟春纪	孟春	饬 直 惑	职
季春纪	先己	式 国	
	论人	测 息 塞 牧 得 墨 服 极 惑 革 匿	
仲夏纪	适音	国 服	
	古乐	德 极	
季夏纪	季夏	力 福	
	制乐	福 伏	
	明理	革 亟	
仲秋纪	爱士	德 力	
季秋纪	知士	息 色	
有始览	谨听	极 得	
	务本	国 富	
	谕大	国 稷 异	
孝行览	遇合	服 食	
慎大览	权勋	则 国	
	下贤	得 服	
		色 得	
先识览	先识	德 息 式 服 国	
审分览	君守	惑 得	
审应览	重言	意 翼 则	
离俗览	离俗	富 得	
	用民	麦 稷	
恃君览	知分	伏 息	
	达郁	刻 侧	

（一）续表

篇名		韵字	韵部
	行论	翼 福	
	观表	异 食	
开春论	爱类	械 备	
慎行论	求人	食 色	
不苟论	贵当	得 惑	
士容论	务大	国 稷 异	
	上农	则 国	
	任地	力 息 棘	
		得 蜮 麦	
	辩土	色 慝 得	
	审时	麦 黑 色 息 力	
仲夏纪	古乐	积 解	锡
慎大览	下贤	帝 適	
	顺说	刺 击	
		刺 击	
士容论	辩土	易 適	
孟春纪	孟春	恶 路	铎
仲秋纪	决胜	落 作	
慎大览	贵因	恶 获	
士容论	任地	泽 隙	
		逆 慕 薄 郄	
		郄 慕	
季春纪	季春	犊 数	屋
仲夏纪	古乐	木 榖	
季夏纪	明理	角 足	
孟秋纪	怀宠	榖 木 屋	
有始览	去尤	独 俗	
审分览	勿躬	粟 速	
	知度	木 数	

（一）续表

篇　名	韵　字	韵部
离俗览 举难	木 玉	
士容论 士容	玉 木 足 朴	
辩土	族 粟	
审时	足 耨	
	足 族	
士容论 上农	籥 乐 虐	沃
不苟论 博志	熟 告	觉
	告 熟	
季春纪 季春	出 内	物
仲夏纪 大乐	术 出	
仲秋纪 仲秋	匮 遂 类	
有始览 有始	物 类	
慎大览 下贤	内 贵	
察今	物 悖	
审分览 审分	类 悖	
勿躬	出 屈	
恃君览 知分	匮 遂	
开春论 贵卒	突 卒	
仲春纪 功名	至 利	质
季春纪 圜道	利 至	
孟夏纪 孟夏	疾 抑	
仲夏纪 古乐	至 室	
季夏纪 季夏	至 日	
音律	利 至	
孟秋纪 孟秋	节 疾	
季秋纪 季秋	至 室	
孟冬纪 节丧	利 闭	
仲冬纪 仲冬	室 闭	
先识览 乐成	韠 戾	

（一）续表

篇　名		韵　字	韵　部
审分览	君守	闭 密	
审应览	审应	失 节	
开春论	贵卒	至 至 至	
士容论	士容	实 一	
	审时	节 实	
		节 实	
		节 实	
		至 疾 节	
季春纪	季春	泄 达	月
	圜道	竭 大	
孟夏纪	劝学	说 兑 说 说 兑 说	
	尊师	绝 灭	
	诬徒	洁 达	
		败 废	
季夏纪	音律	盖 泄	
孟秋纪	荡兵	罚 伐	
仲冬纪	仲冬	败 竭 疠	
有始览	谨听	灭 绝	
孝行览	孝行	杀 废 阙	
先识览	观世	灭 废	
审分览	君守	阙 败 外	
离俗览	离俗	外 察 赖 害 世	
	贵信	岁 大	
	举难	外 说	
恃君览	恃君	厉 察	
	长利	达 杀	
	召类	害 察	
慎行论	疑似	败 说 灭	
	壹行	败 大	

（一）续表

篇名		韵字	韵部
不苟论	自知	杀 灭	
似顺论	别类	说 别 废	
士容论	士容	大 猲 害 越 大 外 赖 世 朅 卫 厉 折	
	上农	厉 岁 艾	
	辩土	夺 埒 僷 拔	
		害 大	
		达 發	
	审时	杀 大	
仲春纪	情欲	急 及	缉
季春纪	尽数	集 入	
贵直论	原乱	入 纳	
士容论	任地	急 湿	
	辩土	軜 及	
慎大览	下贤	摄 慑	盍
士容论	辩土	胠 獵	
季春纪	论人	勝 应	蒸
慎大览	贵因	崩 勝	
审分览	任数	应 勝	
季春纪	先己	声 形	耕
		聽 静 性	
	论人	形 成	
	圜道	性 正 令	
		令 命 定	
仲夏纪	仲夏	生 鸣 声	
		静 刑 成 鸣 生 荣	
	大乐	平 寧 成	
		精 形 名	
		聽 情	
	古乐	成 生	

（一）续表

篇　名	韵　字	韵　部
	成 寧	
季夏纪 音律	正 定	
	平 刑 生	
孟秋纪 孟秋	平 刑 嬴	
仲秋纪 仲秋	声 盛	
论威	冥 情 诚	
仲冬纪 仲冬	寧 性 静 定	
	令 冥 声	
季冬纪 介立	郢 平	
序意	生 寧 聽	
有始览 有始	成 形 经	
	成 生 成 生 平 平 情 形	
	形 生 精 平	
谨听	定 成 寧	
	情 成	
慎大览 顺说	劲 命	
先识览 乐成	形 成 声	
审分览 审分	名 情	
君守	平 正 静 寧 正	
	形 成	
	刑 城	
勿躬	正 情 性 成	
	嬴 精 綎 名	
知度	成 平	
慎势	并 正	
	定 争	
审应览 审应	敬 令 静 定	
重言	声 形	
精谕	形 声	

（一）续表

篇　名		韵　字	韵　部
	具备	名 成	
离俗览	为欲	性 正	
恃君览	知分	性 命	
	行论	城 旌	
开春论	开春	城 成	
	期贤	正 敬	
		形 成	
贵直论	贵直	廷 屏	
		廷 屏	
不苟论	博志	刑 成	
似顺论	别类	劲 轻 轻	
士容论	审时	荣 生	
孟春纪	孟春	行 当	阳
		行 常	
		兵 殃	
	本生	章 伤 长	
	重己	糠 堂	
		殃 亡	
	贵公	党 荡	
	去私	行 长	
仲春纪	当染	苍 黄	
	功名	影 响	
		香 良	
季春纪	季春	桑 筐 桑	
		量 良	
	尽数	扬 行 朗 长 明 扬 行 良 养 明	
	先己	响 影	
		长 乡 皇	
	论人	养 行	

(一) 续表

篇　名	韵　字	韵　部
圜道	圜 方	
孟夏纪 诬徒	王 亡	
	明 行	
用众	病 尚	
仲夏纪 仲夏	方 明 望	
大乐	阳 章 常 当 行 刚 阳	
	明 狂	
古乐	昌 亡	
	桑 行 锵	
	倡 英	
季夏纪 季夏	行 汤 疆	
音律	兵 方	
明理	襁 尪	
仲秋纪 仲秋	裳 常 长 量 常 当 当 殃	
	当 享	
孟冬纪 节丧	葬 藏	
	葬 尚	
异用	亡 王	
仲冬纪 仲冬	香 良	
序意	当 行	
有始览 有始	明 上	
	影 响	
去尤	墙 方	
孝行览 孝行	长 兄	
	强 强	
义赏	行 觞 当	
长攻	病 葬 望	
遇合	亡 殃	
慎大览 慎大	盟 殃 商	

（一）续表

篇　　名	韵　　字	韵　部
	昌 亡	
权勋	行 亡	
下贤	王 往	
顺说	往 象 长 响	
	望 明	
	行 方	
贵因	当 亡 王	
先识览 知接	壤 莽	
审分览 君守	狂 当	
	伤 亡 殃 狂	
任数	盲 明 狂 当	
勿躬	光 行	
知度	长 章	
	鞅 亡 长 当	
慎势	长 彰	
审应览 离谓	行 王 行	
上德	亢 障 当	
离俗览 用民	纲 张	
恃君览 恃君	长 壮	
骄恣	王 亡	
观表	亡 王	
慎行论 壹行	王 亡	
贵直论 知化	病 伤	
不苟论 赞能	境 迎	
当赏	赏 赏	
似顺论 慎小	赏 伤	
士容论 士容	光 长 良	
任地	糠 强	
辩土	行 长	

（一）续表

篇　　名	韵　　字	韵　部
	行 长	
	行 央	
审时	糠 强	
	衡 香	
	糠 香	
	长 糠 香	
	芒 糠 香	
	糠 芒	
	长 阳	
	芳 香	
	狼 芒	
	香 章 明 强 殃	
孟春纪 孟春	同 动	东
季春纪 圜道	壅 壅 通	
季夏纪 明理	佝 东	
慎大览 慎大	逢 凶	
审分览 君守	容 从 同 壅	
任数	聋 聪	
慎势	从 凶	
离俗览 离俗	容 动	
用民	种 种 用	
	用 充	
为欲	同 同 同	
开春论 贵卒	同 同	
贵直论 贵直	用 重	
知化	同 通	
	同 通	
似顺论 处方	用 同	
士容论 士容	公 功	

（一）续表

篇名	韵字	韵部
上农	共 凶	
任地	重 功	
季春纪 圜道	终 宗	冬
仲夏纪 音律	冬 终	
适音	宫 衷	
孟冬纪 孟冬	降 冬	
先识览 察微	终 中 穷	
开春论 期贤	忠 隆	
先识览 知接	忍 君	文
	忍 君	
	忍 君	
审分览 执一	君 近	
似顺论 分职	春 君	
士容论 任地	寸 甽	
孟春纪 孟春	民 亲	真
本生	天 人	
仲春纪 贵生	真 身	
季春纪 先己	身 新 陈 新 年 人	
	天 身 身	
	人 人 身	
仲夏纪 大乐	亲 天 人	
古乐	天 新	
孟秋纪 怀宠	天 民	
季秋纪 精通	天 渊 仁	
仲冬纪 当务	分 均	
季冬纪 不侵	身 人	
有始览 应同	鳞 人	
谨听	贤 人	
孝行览 孝行	仁 仁	

（一）续表

篇　名		韵　字	韵 部
		信 信	
	本味	亲 信	
	长攻	天 贤	
	慎人	滨 臣	
	遇合	民 身	
慎大览	慎大	信 尹	
	下贤	年 人 人	
先识览	察微	身 人	
审分览	君守	天 民	
	知度	辛 秦	
审应览	重言	天 人	
离俗览	贵信	信 信 亲	
		信 身 天	
恃君览	知分	天 人	
	召类	贤 仁 民 人	
	骄恣	年 人	
开春论	爱类	人 仁 人	
慎行论	求人	尹 臣	
贵直论	原乱	人 身	
士容论	任地	坚 均	
	辩土	尘 坚	
	审时	坚 均	
孟春纪	本生	患 贱	元
仲春纪	情欲	远 反	
		暖 旱	
季春纪	圜道	原 端	
季夏纪	音初	选 卵 反	
	明理	言 连	
孟秋纪	荡兵	见 见	

（一）续表

篇　名	韵　字	韵　部
仲秋纪 论威	拌 散	
季秋纪 审己	言 难	
孟冬纪 异用	原 安 显	
季冬纪 介立	贱 难	
有始览 听言	善 难	
谨听	然 言	
慎大览 慎大	怨 患	
	患 畔	
先识览 知接	见 远	
悔过	谏 患	
乐成	见 安	
	善 善 变	
去宥	远 旱	
审分览 审分	怨 乱	
君守	反 寒	
知度	奸 官	
慎势	言 患	
审应览 精谕	言 言	
离俗览 离俗	患 难	
恃君览 骄恣	间 言	
	反 晚	
开春论 期贤	安 显	
贵直论 贵直	言 见 患 言	
	干 援 言	
不苟论 博志	安 难	
似顺论 分职	寒 寒	
士容论 任地	旱 缓	
季夏纪 音初	音 风 南	侵
	风 音	

（一）续表

篇　　名	韵　　字	韵　部
	音 心	
有始览 谨听	心 深	
士容论 任地	淫 风	
辩土	深 阴	
	风 风	

（二）通韵表

篇　　名	韵　　字	韵　部
孟春纪 贵公	子 有 始 德	之 职
仲春纪 仲春	止 备 灾	之 职
季春纪 论人	特 志	职 之
仲夏纪 适音	得 理	职 之
古乐	之 喜 德	之 职
季夏纪 音初	志 德 匿	之 职
仲秋纪 仲秋	麦 时 疑	职 之
简选	子 己 德 己	之 职
季秋纪 精通	子 母 息	之 职
孟冬纪 孟冬	祀 息 力	之 职
异用	国 意 材	职 之
仲冬纪 仲冬	得 之 忒	职 之
当务	意 事 谋 之 之 惑	职 之
季冬纪 季冬	力 祀	职 之
有始览 谨听	待 得	之 职
务本	异 喜	职 之
孝行览 孝行	力 之	职 之
本味	恃 熄 殆	之 职
慎大览 慎大	喜 色	之 职
顺说	士 力 来	之 职
	志 意	之 职

（二）续表

篇　　名		韵　　字	韵　部
	贵因	期 得	之 职
先识览	乐成	殖 诲 嗣	职 之
	察微	国 始 能	职 之
审分览	审分	牛 得	之 职
	君守	识 备 事 恢	职 之
	知度	来 饰	之 职
	慎势	止 异	之 职
审应览	重言	谋 意	之 职
	精谕	子 事 色 事 之	之 职
	离谓	意 事	职 之
	淫辞	缁 得	之 职
离俗览	高义	国 久	职 之
	适威	灾 福	之 职
	举难	意 谋 事	职 之
恃君览	知分	福 之	职 之
	召类	直 止	职 之
	骄恣	士 备	之 职
		塞 士	职 之
	观表	测 志	职 之
		识 能	职 之
开春论	期贤	之 轼	之 职
		轼 之	职 之
		德 财	职 之
	审为	久 之 惑	之 职
慎行论	疑似	惑 似	职 之
	求人	国 止	职 之
贵直论	贵直	戒 之	职 之
似顺论	别类	革 之	职 之
		啬 子	职 之

（二）续表

篇　　名	韵　　字	韵　部
处方	异 纪	职 之
士容论 上农	治 极	之 职
季冬纪 不侵	凌 士	蒸 之
有始览 谨听	乘 子	蒸 之
孝行览 孝行	有 躬	之 蒸
似顺论 分职	乘 里	蒸 之
慎大览 慎大	乘 服	蒸 职
	塞 崩	职 蒸
慎大览 权勋	胜 胜 塞	蒸 职
慎大览 不广	胜 服	蒸 职
不苟论 自知	直 绳	职 蒸
仲夏纪 古乐	鞸 苓 磬 箎	支 耕
恃君览 观表	卑 易	支 锡
仲夏纪 大乐	形 声 適 生	耕 锡
离俗览 离俗	適 静	锡 耕
开春论 爱类	耕 绩	耕 锡
仲春纪 仲春	芽 孤 社 圄 掠	鱼 铎
情欲	固 诈	鱼 铎
孟夏纪 孟夏	作 都	铎 鱼
季夏纪 季夏	故 赤 诈 度	鱼 铎
音律	赦 故	铎 鱼
仲秋纪 仲秋	户 涸	鱼 铎
孟冬纪 孟冬	赋 下 赦	鱼 铎
有始览 有始	下 夜	鱼 铎
务本	诬 诈	鱼 铎
慎大览 慎大	墓 闾	铎 鱼
权勋	虢 辅 辅 车	铎 鱼
	虞 虢	鱼 铎
贵因	白 所	铎 鱼

（二）续表

篇　　名	韵　　字	韵　部
审分览 审分	苦 逆	鱼 铎
审应览 重言	墟 霸	鱼 铎
恃君览 知分	错 与	铎 鱼
慎行论 慎行	助 恶	鱼 铎
求人	禹 石 盂	鱼 铎
不苟论 贵当	故 恶	鱼 铎
似顺论 处方	家 石 矩	鱼 铎
士容论 任地	尺 度 稼	铎 鱼
季冬纪 不侵	车 养	鱼 阳
序意	上 下	阳 鱼
有始览 应同	渔 往	鱼 阳
谨听	上 下	阳 鱼
孝行览 必己	下 量 祖	鱼 阳
慎大览 慎大	父 兄 行 者	鱼 阳
贵因	下 上	鱼 阳
先识览 观世	上 下	阳 鱼
审应览 不屈	上 下 望	阳 鱼
离俗览 上德	著 章	鱼 阳
恃君览 召类	雨 影	鱼 阳
开春论 开春	故 葬	鱼 阳
贵卒	上 下	阳 鱼
	下 阳	鱼 阳
不苟论 自知	亡 虏	阳 鱼
当赏	亡 与	阳 鱼
似顺论 分职	马 相 御	鱼 阳
慎小	下 上	鱼 阳
孝行览 遇合	病 往 谢	阳 铎
审分览 知度	王 霸	阳 铎
不苟论 赞能	王 霸	阳 铎

（二）续表

篇 名	韵 字	韵 部
似顺论 别类	良 恶	阳 铎
分职	恶 伤	铎 阳
处方	亡 霸 王	阳 铎
	商 恶	阳 铎
孟春纪 贵公	恶 长 户	铎 阳 鱼
审应览 不屈	潞 虚 谤 誉	铎 鱼 阳
孟春纪 贵公	斲 豆 鬥 寇	屋 侯
仲夏纪 大乐	具 欲 务	侯 屋
审应览 具备	哭 鬥	屋 侯
离俗览 高义	通 俗	东 屋
士容论 辩土	种 数 足	东 屋
仲春纪 贵生	雀 笑	沃 宵
离俗览 适威	畜 雠	觉 幽
开春论 察贤	育 修	觉 幽
不苟论 博志	道 复	幽 觉
开春论 开春	降 育	冬 觉
有始览 应同	昧 威 气	物 微
孝行览 必己	物 累	物 微
不苟论 不苟	味 遗	微 物
似顺论 有度	悖 累	物 微
孟春纪 劝学	畏 存 畏	微 文
仲夏纪 古乐	位 殷	物 文
孝行览 孝行	贵 君	物 文
离俗览 为欲	骨 筋 存	物 文
孟夏纪 孟夏	死 至	脂 质
开春论 开春	至 稽	质 脂
	死 日	脂 质
慎行论 无义	利 必 是	质 脂
士容论 辩土	死 死 窃	脂 质

（二）续表

篇　　名	韵　　字	韵　部
孝行览 孝行	身 体	真 脂
遇合	师 人	脂 真
先识览 先识	饕 身 咽 身	质 真
似顺论 慎小	人 死	真 脂
仲春纪 情欲	滞 宜 为	月 歌
孟秋纪 振乱	害 危	月 歌
怀宠	多 说	歌 月
序意	世 地	月 歌
有始览 听言	义 大	歌 月
谨听	可 逮	歌 月
务本	义 税	歌 月
审应览 重言	说 贺	月 歌
淫辞	诡 大	歌 月
离俗览 用民	义 罚	歌 月
恃君览 知分	罚 义	月 歌
骄恣	多 竭	歌 月
慎行论 壹行	废 危 灭	月 歌
求人	说 靡	月 歌
士容论 士容	化 倪	歌 月
季春纪 圜道	圜 可 善	元 歌
孟夏纪 诬徒	义 慢	歌 元
孟秋纪 荡兵	偃 然 祸	元 歌
仲秋纪 决胜	阐 显 散 离	元 歌
有始览 听言	地 安 危 难	歌 元
审应览 审应	难 可	元 歌
精谕	言 为	元 歌
开春论 开春	言 为	元 歌
孟秋纪 振乱	患 害	元 月
孝行览 遇合	绝 乱	月 元

（二）续表

篇　　名	韵　　字	韵　部
慎大览 权勋	竭 寒	月 元
审分览 任数	阙 浅	月 元
恃君览 观表	脆 短	月 元
似顺论 别类	言 败 败	元 月
处方	远 末	元 月
慎小	言 说	元 月
不苟论 博志	缺 反 亏	月 元 歌
孟冬纪 安死	林 邑	侵 缉
	林 隰	侵 缉

（三）合韵表

篇　　名	韵　　字	韵　部
季春纪 圜道	枝 之 知 知 使 使 使 有 有	支 之
孟夏纪 用众	能 知	之 支
	能 知	之 支
	能 知	之 支
孟冬纪 节丧	怠 懈	之 支
异宝	有 此	之 支
仲冬纪 当务	时 智	之 支
季冬纪 季冬	祀 祗	之 支
孝行览 必己	知 恃 之	支 之
不苟论 自知	知 士	支 之
博志	齿 庳	之 支
士容论 士容	此 有	支 之
孟夏纪 劝学	子 父	之 鱼
用众	狐 裘	鱼 之
仲秋纪 简选	慈 事 喜 下	之 鱼
孟冬纪 异用	右 下	之 鱼
孝行览 本味	喜 女	之 鱼

（三）续表

篇　　名	韵　　字	韵　部
审分览 审分	司 马	之 鱼
慎势	市 顾 兔	之 鱼
离俗览 为欲	子 下 祖	之 鱼
恃君览 骄恣	亩 户	之 鱼
贵直论 知化	处 使	鱼 之
	处 使	鱼 之
不苟论 博志	舍 止	鱼 之
似顺论 分职	谋 怒 语	之 鱼
仲春纪 功名	务 事	侯 之
慎大览 下贤	主 士	侯 之
恃君览 知分	理 数 待	之 侯
季冬纪 诚廉	侯 祀 诸	侯 之 鱼
仲春纪 功名	走 处 聚 去	侯 鱼
季春纪 圜道	下 遇	鱼 侯
季夏纪 明理	处 狗	鱼 侯
孟冬纪 节丧	陋 故 务	侯 鱼
仲冬纪 长见	古 後	鱼 侯
有始览 务本	与 取	鱼 侯
孝行览 本味	走 顾	侯 鱼
慎大览 慎大	趋 下	侯 鱼
	侯 社 赋	侯 鱼
	雨 臾	鱼 侯
先识览 乐成	举 逾	鱼 侯
审应览 具备	厨 鱼	侯 鱼
恃君览 行论	踣 举	侯 鱼
开春论 察贤	主 虑	侯 鱼
慎行论 无义	主 故	侯 鱼
似顺论 处方	虞 愚	鱼 侯
孟春纪 去私	雠 子	幽 之

（三）续表

篇 名	韵 字	韵 部
仲春纪 贵生	事 道	之 幽
审分览 慎势	受 止 道	幽 之
恃君览 知分	喜 忧	之 幽
慎行论 慎行	子 求	之 幽
慎大览 下贤	道 举	幽 鱼
孝行览 遇合	游 寇	幽 侯
慎大览 权勋	道 府 阜	幽 侯
审分览 知度	符 周	侯 幽
恃君览 长利	周 诛	幽 侯
仲春纪 功名	道 逃	幽 宵
季秋纪 季秋	稻 庙	幽 宵
孝行览 孝行	游 庙 孝	幽 宵
慎大览 贵因	郊 报	宵 幽
贵直论 贵直	游 庙	幽 宵
季夏纪 明理	鸱 飞	脂 微
慎大览 下贤	礼 归	脂 微
士容论 上农	稽 唯 秕	脂 微
季冬纪 诚廉	货 威	歌 微
慎大览 权勋	罪 可	微 歌
仲春纪 情欲	体 地	脂 歌
孟冬纪 安死	礼 过	脂 歌
审应览 离谓	指 为	脂 歌
贵直论 贵直	可 死	歌 脂
不苟论 当赏	义 礼	歌 脂
审分览 审分	能 事 幾	之 微
审应览 淫辞	衣 缁	微 之
孟夏纪 劝学	在 死	之 脂
孟夏纪 诬徒	弟 里	脂 之
孟秋纪 怀宠	期 资	之 脂

（三）续表

篇　名	韵　字	韵　部
仲秋纪 爱士	止 死	之 脂
季秋纪 季秋	事 私	之 脂
仲冬纪 仲冬	齐 时	脂 之
季冬纪 季冬	次 纪	脂 之
序意	理 理 私	之 脂
慎大览 下贤	友 师	之 脂
离俗览 举难	弟 友	脂 之
恃君览 长利	士 死	之 脂
	子 死	之 脂
开春论 审为	弟 子	脂 之
贵卒	死 来 起	脂 之
士容论 辩土	死 来	脂 之
审时	时 滋 秕 米 死	之 脂
仲春纪 贵生	之 为	之 歌
先识览 乐成	右 左	之 歌
审分览 知度	议 辞	歌 之
审分览 慎势	疑 危	之 歌
离俗览 贵信	久 佐	之 歌
恃君览 骄恣	为 来	歌 之
观表	议 我 久	歌 之
慎行论 壹行	止 为	之 歌
仲春纪 情欲	此 悲	支 微
审应览 离谓	此 悲	支 微
	非 是	微 支
季夏纪 制乐	徙 死	支 脂
季夏纪 明理	陴 雉	支 脂
仲秋纪 简选	系 齐	支 脂
不苟论 自知	死 知	脂 支
似顺论 有度	知 私	支 脂

（三）续表

篇　　名	韵　　字	韵　部
慎行论 疑似	死 徙 地	脂 支 歌
审应览 精谕	疵 知 窥 离	支 歌
不苟论 自知	危 知	歌 支
先识览 观世	吾 处 我 齐 处 我	鱼 歌 脂
审分览 知度	疏 阿	鱼 歌
审分览 慎势	鱼 蚁	鱼 歌
似顺论 有度	虚 为	鱼 歌
审分览 审分	义 数	歌 侯
审分览 任数	少 多	宵 歌
孟夏纪 诬徒	兽 幾	幽 微
孝行览 孝行	幼 弟	幽 脂
有始览 有始	游 移	幽 歌
慎行论 求人	道 求 过	幽 歌
先识览 悔过	薨 堂	蒸 阳
季春纪 季春	登 功	蒸 东
离俗览 适威	从 胜	东 蒸
举难	功 绳	东 蒸
恃君览 召类	应 动	蒸 东
孟春纪 孟春	降 腾	冬 蒸
本生	弓 中	蒸 冬
季春纪 季春	降 腾	冬 蒸
孟冬纪 孟冬	蒸 宗	蒸 冬
季春纪 圜道	萌 生 长 成 藏	阳 耕
仲秋纪 简选	梃 兵	耕 阳
孟冬纪 孟冬	上 名 诚 当 情	阳 耕
仲冬纪 仲冬	争 荡	耕 阳
	令 成 兵	耕 阳
仲冬纪 当务	藏 圣	阳 耕
	名 行	耕 阳

（三）续表

篇　名	韵　字	韵　部
仲冬纪 长见	聽 境	耕 阳
审分览 审分	亡 伤 生	阳 耕
审分览 勿躬	障 形	阳 耕
审分览 勿躬	情 章	耕 阳
审分览 执一	明 聽 声 正	阳 耕
审应览 精谕	明 成	阳 耕
审应览 离谓	定 行	耕 阳
离俗览 上德	赏 政	阳 耕
恃君览 达郁	井 状	耕 阳
不苟论 赞能	聽 行	耕 阳
似顺论 有度	情 行	耕 阳
	正 静 明	耕 阳
士容论 辩土	平 阳 生	耕 阳
审时	衡 盈	阳 耕
仲春纪 先己	盛 功 兵 强	耕 东 阳
离俗览 适威	庄 功 聽 行	阳 东 耕
仲夏纪 古乐	成 功	耕 东
季夏纪 制乐	庭 生 拱	耕 东
孟冬纪 孟冬	功 程	东 耕
安死	定 用	耕 东
季冬纪 诚廉	情 重 轻	耕 东
有始览 应同	聽 从	耕 东
	名 攻 静	耕 东
慎大览 权勋	贞 用	耕 东
离俗览 贵信	荣 通	耕 东
恃君览 知分	胸 颈	东 耕
孟夏纪 尊师	聋 盲 爽 狂	东 阳
仲夏纪 古乐	常 功	阳 东
季夏纪 季夏	昌 功 殃	阳 东

（三）续表

篇名	韵字	韵部
孟秋纪 孟秋	兵 功 方	阳 东
仲秋纪 仲秋	量 衡 甬	阳 东
论威	兵 勇	阳 东
序意	亡 凶	阳 东
	盲 聋 狂	阳 东
先识览 悔过	商 江	阳 东
乐成	公 旁 粱	东 阳
审分览 任数	聪 明 公	东 阳
执一	章 当 昌 鸿	阳 东
慎行论 无义	将 重	阳 东
似顺论 有度	惶 恐	阳 东
	强 通	阳 东
有始览 谨听	昌 宗	阳 冬
慎大览 下贤	行 宗 穷 望	阳 冬
离俗览 用民	农 王	冬 阳
贵信	降 当	冬 阳
恃君览 长利	广 隆	阳 冬
孟夏纪 尊师	忠 平 正	冬 耕
用众	众 名	冬 耕
离俗览 举难	盛 众	耕 冬
仲春纪 先己	用 众	东 冬
孟夏纪 用众	用 众	东 冬
季夏纪 音初	中 公	冬 东
序意	公 公 隆	东 冬
离俗览 高义	穷 通	冬 东
	通 穷	东 冬
士容论 上农	众 庸	冬 东
孟春纪 去私	善 论	元 文
仲春纪 贵生	闻 见	文 元

（三）续表

篇名	韵字	韵部
慎大览 下贤	门 端 源	文 元
先识览 知接	远 近	元 文
	存 安	文 元
仲春纪 情欲	鞹 秦 人	文 真
季春纪 论人	近 人	文 真
孟夏纪 劝学	尊 信 论	真 文
孟秋纪 荡兵	民 君	真 文
季冬纪 不侵	君 臣 人	文 真
序意	天 人 遁	真 文
有始览 应同	亲 君	真 文
	尊 亲	文 真
谕大	运 神 文	文 真
孝行览 孝行	本 人 人 本	文 真
慎大览 下贤	年 门	真 文
先识览 乐成	君 人	文 真
审分览 勿躬	君 亲	文 真
审分览 执一	本 身	文 真
审应览 重言	年 鼷	真 文
离俗览 高义	忍 臣	文 真
似顺论 别类	坚 韧	真 文
士容论 务大	钧 斤	真 文
任地	畛 尽	文 真
辩土	先 均 坚 本	文 真
恃君览 恃君	贤 尊 残	真 文 元
季冬纪 士节	亲 难	真 元
审分览 知度	船 贤	元 真
不苟论 当赏	善 贤	元 真
仲秋纪 论威	沈 陷	侵 谈
季夏纪 季夏	神 灵	真 耕

（三）续表

篇　名	韵　字	韵　部
明理	民 生	真 耕
孟秋纪 荡兵	性 天	耕 真
季秋纪 精通	人 生	真 耕
	生 磬 年	耕 真
孝行览 孝行	聖 亲	耕 真
	身 形	真 耕
先识览 先识	城 民 贤	耕 真
审分览 君守	平 情 人	耕 真
审应览 具备	诚 诚 情 精 天	耕 真
	诚 神	耕 真
离俗览 上德	天 情	真 耕
适威	民 性 情	真 耕
贵信	生 精 成 開	耕 真
	宁 轻 令 亲 贞	耕 真
开春论 审为	生 身 形	耕 真
慎行论 慎行	信 亲 程	真 耕
求人	郑 聘 人	耕 真
贵直论 贵直	天 廷	真 耕
似顺论 慎小	民 成	真 耕
先识览 悔过	辩 精 见	元 耕
季春纪 圜道	圜 方	元 阳
慎大览 下贤	行 援	阳 元
报更	免 显 兵	元 阳
慎大览 不广	战 葬	元 阳
慎大览 察今	行 变 寒 藏	阳 元
先识览 先识	兄 良 怨 商	阳 元
观世	短 长	元 阳
审应览 淫辞	行 言	阳 元
离俗览 用民	断 行	元 阳

（三）续表

篇　名	韵　字	韵　部
适威	方 圜	阳 元
贵直论 知化	狷 央	元 阳
不苟论 博志	安 章 难	元 阳
先识览 观世	肩 踵	元 东
仲春纪 情欲	赡 厌 满	谈 元
孟夏纪 尊师	厌 倦	谈 元
离俗览 上德	安 甘	元 谈
不苟论 博志	厌 倦	谈 元
慎大览 察今	阴 冰	侵 蒸
孟夏纪 诬徒	中 深 审	冬 侵
慎大览 慎大	宋 林	冬 侵
孟秋纪 振乱	深 心 论	侵 文
不苟论 赞能	均 心	真 侵
慎大览 慎大	山 林	元 侵
恃君览 观表	心 传 深	侵 元
慎行论 壹行	禁 劝	侵 元
	船 沈	元 侵
仲冬纪 忠廉	臂 轼	锡 职
季冬纪 介立	富 易	职 锡
先识览 察微	溢 富	锡 职
离俗览 用民	敌 国	锡 职
	適 食	锡 职
似顺论 有度	缪 塞	觉 职
离俗览 举难	目 璹	觉 锡
似顺论 慎小	积 辱	锡 屋
审应览 具备	欲 恶	屋 铎
季春纪 尽数	味 气 气 戾	物 质
仲夏纪 古乐	瑟 气	质 物
季夏纪 明理	类 日	物 质

（三）续表

篇　名	韵　字	韵　部
仲秋纪 仲秋	疾 气	质 物
慎大览 慎大	恤 卒	质 物
离俗览 为欲	一 至 谓	质 物
恃君览 达郁	至 出	质 物
贵直论 知化	疾 内	质 物
士容论 审时	遂 穗	物 质
	对 穗	物 质
仲春纪 情欲	外 内	月 物
孟夏纪 孟夏	大 位	月 物
不苟论 当赏	出 说	物 月
季夏纪 明理	疾 疠	质 月
慎大览 慎大	大 日	月 质
先识览 观世	日 世	质 月
审分览 慎势	吉 灭	质 月
先识览 先识	法 泣	盍 缉
仲秋纪 论威	器 德	质 职
先识览 乐成	洫 服	质 职
审分览 不二	国 日	职 质
离俗览 为欲	国 异 一	职 质
恃君览 知分	得 失	职 质
开春论 察贤	力 逸	职 质
慎行论 无义	得 失	职 质
恃君览 恃君	息 类	职 物
士容论 辩土	得 术	职 物
开春论 开春	適 利	锡 质
孝行览 本味	诈 敌 德	铎 锡 职
恃君览 恃君	废 作	月 铎
孟春纪 贵公	类 物 人	物 真
有始览 有始	知 说	支 月

（三）续表

篇　名	韵　字	韵　部
仲春纪 功名	易 移	锡 歌
先识览 察微	危 贵	歌 物
有始览 去尤	故 喜 恶	鱼 之 铎
恃君览 达郁	污 蠹 菑	鱼 铎 之
孝行览 本味	主 行	侯 阳
开春论 爱类	饥 寒	脂 元
贵直论 过理	环 髓 醢	元 歌 之

之部韵字：起始理纪裘骸子有止灾使事时祠来已尤之疑市贿在谋祀母胎喜耻以期诲嗣邮能恢思久怪恃财似待欺倍怠已友士载埋辞右牛司里骀醢齿治耜亩洧滋鄙材宰慈医妇海志殆缁

支部韵字：庳是疵知窥此枝蘖篪徙谿堤智祇卑懈陴系

鱼部韵字：虚娱餘家苴下鼓羽敌野武旅辅所处楚车倨夸固故虑誉赋贮与宇户墟御邪孤夫助纻圄居闾者庐补组土汙芜除扶疏黍垆枯芽社狐女诬马吾稼夏举鱼顾兔莒鲁嫁苦阻许罟纾雨诬懼吴怒胥驾图都去乎语禹盂渔祖父虏古舍著诸

侯部韵字：豆鬥寇腐蝼具务聚濡趋愚陋取侯臾逾符厨诛踣主数走遇狗后府

宵部韵字：郊朝桃廟佼槁教诏逃少小晓昭刀潦表飘笑

幽部韵字：酒首道饱葆流休究宝咎兽周由憂牖保雠手求雕修好稻游孝调报受舟臼守幼阜

微部韵字：衰归穖尾悲威水火毁藟枚回累哀唯鬼禨非畏罪飞味幾衣

脂部韵字:饥死庇稽骥矢秕弟资体私祁美指礼米师鸥雉齐次凄

歌部韵字:宜义可多破磨地移化为贺随过祸危阿歌颇倚猗侈河他羸剉亏隳何我左议蚁髓蛇离和诡靡佐

职部韵字:饬直惑测息塞牧得墨服极革匿国意德式识翼伏异食械备色啬力棘蜮麦黑亟忒轼殖戒稷福富刻侧特则

锡部韵字:积解刺击帝適易敌臂益绩璃

铎部韵字:赦落作潞霸恶泽隙逆慕薄郄路诈涸墓虢白错蠹掠度获夜石谢尺

屋部韵字:縠木屋独俗数哭玉足朴族粟斲椟欲速耨角辱

沃部韵字:籥乐虐雀

觉部韵字:熟告复畜育缪目

物部韵字:出内味气术位匮遂类物悖屈突卒贵昧谓骨对

质部韵字:至利室节疾韠戾闭密一实瑟恤穗器逸日洫吉失窃抑饕

月部韵字:月泄达绝灭败废盖竭癘杀阙外察赖害世岁大说厉缺别猲越朅卫折夺艾埒僪拔滞罚伐逮埶脆倪發兑税洁

缉部韵字:集入急及湿鞅邑隰泣纳

盍部韵字:摄慑胠獵法

蒸部韵字:勝应凌乘崩绳腾弓登蒸冰薨躬

耕部韵字:声刑聽静形成正令命定生鸣性荣平寧精名嬴冥情诚经敬轻城旌廷屏劲磬盛苓庭程争聖郢羸幸政贞颈盈零并梃綎井灵

阳部韵字：行当常章伤糠长堂殃亡影响香良筐桑量扬朗明乡皇方昌病尚望阳刚狂锵汤疆兵裳享王墙赏上葬盟商往壤莽盲光亢障纲张强央衡芒芳狼象党荡养彰爽倡英旁粱庄兄迎境惶苍黄觞相藏广襁尪状壮萌谤

东部韵字：容从同壅聋聪凶逢种用充通共重功甬勇江公鸿动功拱攻踵胸匈恐庸

冬部韵字：终宗冬降忠隆中众宫衷宋穷农

文部韵字：君奔忍筋存闻尊论遁本门讔物春斤先近寸吻殷薛运文物

真部韵字：天人真身新陈年亲渊仁信民均坚臣神滨贤尽分鳞尹辛秦钧開

元部韵字：患贱寒暖旱原端难安显善怨畔乱反见满缓远选卵偃然拌散阐言山变肩短辩谏浅船断晚传劝环倦连奸官间源圜免援干慢

侵部韵字：风南音心深淫阴沈林禁

谈部韵字：赡厌陷甘

四 《吕氏春秋》韵读

《吕氏春秋》韵读如下：

《孟春纪·孟春》

立春之日，天子亲率三公、九卿、诸侯、大夫，以迎春于东郊，还，乃赏公、卿、诸侯、大夫于朝。（“郊”“朝”宵部）庆赐遂行，无有不当。（“行”“当”阳部）乃命太史，守典奉法，司天日月星辰之

行;宿离不忒,无失经纪,以初为常。(“行”“常”阳部)

是月也,天气下降,地气上腾,(“降”“腾”冬蒸合韵)天地和同,草木繁动。(“同”“动”东部)以教导民,必躬亲之。(“民”“亲”真部)田事既饬,先定准直,农乃不惑。(“饬”“直”“惑”职部)

是月也,不可以称兵,称兵必有天殃。(“兵”“殃”阳部)兵戎不起,不可以从我始,无变天之道,无绝地之理,无乱人之纪。(“起”“始”“理”“纪”之部)

《本生》

始生之者,天也;养成之者,人也。(“天”“人”真部)

万人操弓,共射其一招,招无不中。(“弓”“中”蒸冬合韵)万物章章,以害一生,生无不伤,以便一生,生无不长。(“章”“伤”“长”阳部)

贵富而不知道,适足以为患,不如贫贱。(“患”“贱”元部)

《重己》

是师者之爱子也,不免乎枕之以糠;是聋者之养婴儿也,方雷而窥之于堂。(“糠”“堂”阳部)

以此治身,必死必殃;以此治国,必残必亡。(“殃”“亡”阳部)

其为舆马衣裘也,足以逸身暖骸而已矣。(“裘”“骸”之部)其为饮食酏醴也,足以适味充虚而已矣;其为声色音乐也,足以安性自娱而已矣。(“虚”“娱”鱼部)

《贵公》

无偏无党,王道荡荡。(“党”“荡”阳部)无偏无颇,遵王之义。(“颇”“义”歌部)无或作好,遵王之道。(“好”“道”幽部)无或作

恶，遵王之路。（“恶”“路”铎部）

阴阳之和，不长一类；甘雨时露，不私一物；万民之主，不阿一人。（“类”“物”“人”物真合韵）

天地大矣，生而弗子，成而弗有，万物皆被其泽，得其利，而莫知其所由始。此三皇五帝之德也。（“子”“有”“始”“德”之职通韵）

大匠不斲，大庖不豆，大勇不鬥，大兵不寇。（“斲”“豆”“鬥”“寇”屋侯通韵）

桓公行公去私恶，用管子而为五伯长；行私阿所爱，用竖刀而虫出于户。（“恶”“长”“户”铎阳鱼通韵）

《去私》

天无私覆也，地无私载也，日月无私烛也，四时无私行也。行其德而万物得遂长焉。（“行”“长”阳部）

孔子闻之曰：“善哉！祁黄羊之论也，（“善”“论”元文合韵）外举不避雠，内举不避子。（“雠”“子”幽之合韵）”

墨者有钜子腹䵍，居秦，其子杀人。（“䵍”“秦”“人”文真合韵）

《仲春纪·仲春》

是月也，安萌芽，养幼少，存诸孤；择元日，命人社；命有司，省图圄，去桎梏，无肆掠，止狱讼。（“芽”“孤”“社”“圄”“掠”鱼铎通韵）

雷且发声，有不戒其容止者，生子不备，必有凶灾。（“止”“备”“灾”之职通韵）

《贵生》

故曰：道之真，以持身。（“真”“身”真部）其绪馀，以为国家，其土苴，以治天下。（“馀”“家”“苴”“下”鱼部）由此观之，帝王之功，圣人之馀事也，非所以完身养生之道也。（“事”“道”之幽合韵）今世俗之君子，危身弃生以徇物，彼且奚以此之也，彼且奚以此为也？（“之”“为”之歌合韵）

今有人于此，以随侯之珠弹千仞之雀，世必笑之。（“雀”“笑”沃宵通韵）

耳闻所恶，不若无闻；目见所恶，不若无见。（“闻”“见”文元合韵）

《情欲》

耳不可赡，目不可厌，口不可满。（“赡”“厌”“满”谈元合韵）身尽府种，筋骨沈滞，血脉壅塞，九窍寥寥，曲失其宜，虽有彭祖，犹不能为也。（“滞”“宜”“为”月歌通韵）

意气易动，蹻然不固；矜势好智，胸中欺诈。（“固”“诈”鱼铎通韵）德义之缓，邪利之急，身以困穷，虽后悔之，尚将奚及？（“急”“及”缉部）巧佞之近，端直之远，国家大危，悔前之过，犹不可反。（“远”“反”元部）闻言而惊，不得所由；百病怒起，乱难时至；以此君人，为身大忧。（“由”“忧”幽部）

秋早寒则冬必暖矣，春多雨则夏必旱矣。（“暖”“旱”元部）

万物之形虽异，其情一体也。故古之治身与天下者，必法天地也。（“体”“地”脂歌合韵）功虽成乎外，而生亏乎内。（“外”“内”月物合韵）

用心如此，岂不悲哉？（“此”“悲”支微合韵）

《当染》

染于苍则苍，染于黄则黄。（“苍”“黄”阳部）

《功名》

由其道，功名之不可得逃，（“道”“逃”幽宵合韵）犹表之与影，若呼之与响。（“影”“响”阳部）善钓者，出鱼乎十仞之下，饵香也；善弋者，下鸟乎百仞之上，弓良也。（“香”“良”阳部）

大寒既至，民暖是利；（“至”“利”质部）大热在上，民清是走。故民无常处，见利之聚，无之去。（“走”“处”“聚”“去”鱼侯合韵）

故当今之世，有仁人在焉，不可而不此务；有贤主，不可而不此事。（“务”“事”侯之合韵）

贤不肖不可以不相分，若命之不可易，若美恶之不可移。（“易”“移”锡歌合韵）

《季春纪·季春》

是月也，生气方盛，阳气发泄，生者毕出，萌者尽达，不可以内。（“泄”“达”月部，“出”“内”物部）

时雨将降，下水上腾。（“降”“腾”冬蒸合韵）

鸣鸠拂其羽，戴任降于桑，具栚曲篆筐。后妃斋戒，亲东乡躬桑。（“桑”“筐”“桑”阳部）禁妇女无观，省妇使，劝蚕事。（“使”“事”之部）蚕事既登，分茧称丝效功。（“登”“功”蒸东合韵）

是月也，命工师令百工审五库之量，金铁、皮革筋、角齿、羽箭干、脂胶丹漆，无或不良。（“量”“良”阳部）百工咸理，监工日号，无悖于时。（“理”“时”之部）

牺牲驹犊，举书其数。（“犊”“数”屋部）

《尽数》

精气之集也，必有入也，（“集”“入”缉部）集于鸟羽，与为飞扬；集于走兽，与为流行；集于珠玉，与为精朗；集于树木，与为茂长；集与圣人，与为夐明。精气之来也，因轻而扬之，因走而行之，因美而良之，因长而养之，因智而明之。（“扬”“行”“朗”“长”“明”“扬”“行”“良”“养”“明”阳部）

流水不腐，户枢不蝼。（“腐”“蝼”侯部）

郁处头则为肿为风，处耳则为挶为聋，处目则为䁾为盲。（“聋”“盲”东阳合韵）

凡食，无强厚味，无以烈味重酒，是以谓之疾首。（“酒”“首”幽部）食能以时，身必无灾。（“时”“灾”之部）凡食之道，无饥无饱，是之谓五藏之葆。（“道”“饱”“葆”幽部）口必甘味，和精端容，将之以神气，百节虞欢，咸进受气。饮必小咽，端直无戾。（“味”“气”“气”“戾”物质合韵）

今世上卜筮祷祠，故疾病愈来。（“祠”“来”之部）

《先己》

凡事之本，必先治身，啬其大宝，用其新，弃其陈，腠理遂通。精气日新，邪气尽去，及其天年，此之谓真人。（“身”“新”“陈”“新”“年”“人”真部）

故善响者，不于响于声；善影者，（“影”“响”阳部）不于影于形。（“形”“声”耕部）

诗曰：淑人君子，其仪不忒。其仪不忒，正是四国。（“忒”“国”职部）

无为之道曰胜天，义曰利身，君曰勿身。（“天”“身”“身”真部）勿身督听，利身平静，胜天顺性。（“听”“静”“性”耕部）顺性则聪

明寿长，平静则业进乐乡，督听则奸塞不皇。（“长”“乡”“皇”阳部）

五帝先道而后德，故德莫盛焉；三王先教而后杀，故事莫功焉；五伯先事而后兵，故兵莫强焉。（“盛”“功”“兵”“强”耕东阳合韵）当今之世，巧谋并行，诈术递用，攻战不休，亡国辱主愈众。（“用”“众”东冬合韵）谓其为之于此，而成文于彼也。（“此”“彼”支歌合韵）

丘闻之：得之于身者得之人，失之于身者失之人。不出于门户而天下治者，其唯知反于己身者乎？（“人”“人”“身”真部）

《论人》

主道约，君守近。太上反诸己，其次求诸人。（“近”“人”文真合韵）

凡彼万形，得一后成。（“形”“成”耕部）故知知一，则应物变化，阔大渊深，不可测也；德行昭美，比于日月，不可息也；豪士时之，远方来宾，不可塞也；意气宣通，无所束缚，不可[牧]也。故知知一，则复归于朴，嗜欲易足，取养节薄，不可得也；离世自乐，中情洁白，不可[墨]也；威不能惧，严不能恐，不可服也。故知知一，则可动作当务，与时周旋，不可极也；举错以数，取与遵理，不可惑也；言无遗者，集于肌肤，不可革也；谗人困穷，贤者遂兴，不可匿也。（“测”“息”“塞”“牧”“得”“墨”“服”“极”“惑”“革”“匿”职部）故知知一，则若天地然，则何事之不胜？何物之不应？（“胜”“应”蒸部）

昔上世之亡主，以罪为在人，故日杀戮而不止，以至于亡而不悟；三代之兴王，以罪为在己，故日功而不衰，以至于王。（“悟”“王”鱼阳通韵）

凡论人，通则观其所礼，贵则观其所进，富则观其所养，听则观其所行，（“养”“行”阳部）止则观其所好，习则观其所言，穷则观其所不受，贱则观其所不为。喜之以演其守，（“好”“受”“守”幽部）乐之以验其僻，怒之以验其节，惧之以验其特，哀之以验其人，苦之以验其志。（“特”“志”职之通韵）

《圜道》

天道圜，地道方。（“圜”“方”元阳合韵）

主执圜，臣处方，方圜不易，其国乃昌。（“方”“昌”阳部）

精行四时，一上一下，各与遇。（“下”“遇”鱼侯合韵）物动则萌，萌而生，生而长，长而大，大而成，成乃衰，衰乃杀，杀乃藏，圜道也。（“萌”“生”“长”“成”“藏”阳耕合韵）

水泉东流，日夜不休。（“流”“休”幽部）上不竭，下不满，小为大，重为轻，圜道也。（“竭”“大”月部）

一也齐至贵，莫知其原，莫知其端。（“原”“端”元部）莫知其始，莫知其终，而万物以为宗。（“终”“宗”冬部）圣王法之，以令其性，以定其正，以出号令。（“性”“正”“令”耕部）令出于主口，官职受而行之，日夜不休，宣通下究。（“休”“究”幽部）令圜，则可不可，善不善，（“圜”“可”“善”元歌通韵）无所壅矣。无所壅者，主道通也。（“壅”“壅”“通”东部）故令者，人主之所以为命也，贤不肖、安危之所定也。（“令”“命”“定”耕部）

人之有形体四枝，其能使之也，为其感而后知也。感而不知，则形体四枝不使矣。人臣亦然。号令不感，则不得而使矣。有之

而不使，不若无有，主也者，使非有者也。（“枝”“之”“知”“知”“使”“使”“使”“有”“有”之支合韵）

以此治国，国无不利矣；以此备患，患无由至矣。（“利”“至”质部）

《孟夏纪·孟夏》

命太尉赞杰俊，遂贤良，举长大；行爵出禄，必当其位。（“大”“位”月物合韵）

是月也，天子始絺。命野虞出行田原，劳农劝民，无或失时；命司徒循行县鄙；（“时”“鄙”之部）命农勉作，无伏于都。（“作”“都”铎鱼通韵）靡草死，麦秋至。（“死”“至”脂质通韵）

《劝学》

学者师达而有材，吾未知其不为圣人。圣人之所在，则天下理焉。（“材”“在”“理”之部）

师尊，则言信矣，道论矣。（“尊”“信”“论”文真合韵）

凡说者，兑之也，非说之也。今世之说者，多弗能兑，而反说之。（“说”“兑”“说”“说”“兑”“说”月部）

曾点曰：“彼虽畏，我存，夫安敢畏？”（“畏”“存”“畏”微文通韵）孔子畏于匡，颜渊后，孔子曰：“吾以汝为死矣。”颜渊曰：“子在，回何敢死？”（“在”“死”之脂合韵）颜回之于孔子也，犹曾参之事父也。（“子”“父”之鱼合韵）

《尊师》

此五帝之所以绝，三代之所以灭。（“绝”“灭”月部）

且天生人也，而使其耳可以闻，不学，其闻不若聋；使其目可以见，不学，其见不若盲；使其口可以言，不学，其言不若爽；使其心可以知，不学，其知不若狂。（“聋”“盲”“爽”“狂”东阳合韵）

身成则为人子弗使而孝矣，为人臣弗令而忠矣，为人君弗强而平矣，有大势可以为天下正矣。（“忠”“平”“正”冬耕合韵）

勿已者，则好学而不厌，好教而不倦。（“厌”“倦”谈元合韵）

《诬徒》

子华子曰：王者乐其所以王，亡者亦乐其所以亡。（“王”“亡”阳部）故烹兽不足以尽兽，嗜其脯则几矣。（“兽”“幾”幽微合韵）然则王者有嗜乎理义也，亡者亦有嗜乎暴慢矣。（“义”“慢”歌元通韵）

弟子居处修洁，身状出伦，闻识疏达，（“洁”“达”月部）就学敏疾，本业几终者，则从而抑之。（“疾”“抑”质部）

归则愧于父母兄弟，出则惭于知友邑里。（“弟”“里”脂之合韵）

人之情，恶异于己者，此师徒相与造怨尤也。（“己”“尤”之部）

学业之败也，道术之废也，从此生矣。（“败”“废”月部）

学业之章明也，道术之大行也，从此生矣。（“明”“行”阳部）

遇师则不中，用心则不专，好之则不深，就业则不疾，辩论则不审，教人则不精。（“中”“深”“审”冬侵合韵）

《用众》

无丑不能，无恶不知。（“能”“知”之支合韵）丑不能，恶不知，

（“能”“知”之支合韵）病矣。不丑不能，不恶不知，（“能”“知”之支合韵）尚矣。（“病”“尚”阳部）

天下无粹白之狐，而有粹白之裘。（“狐”“裘”鱼之合韵）夫取于众，此三皇五帝之所以大立功名也。（“众”“名”冬耕合韵）

楚、魏之王辞言不说，而境内已修备矣，兵士已修用矣，得之众也。（“用”“众”东冬合韵）

《仲夏纪·仲夏》

小暑至，螳螂生，鵙始鸣，反舌无声。（“生”“鸣”“声”耕部）

是月也，命乐师修鞀鞞鼓，均琴瑟管箫，执干戚戈羽，调竽笙壎篪，饬钟磬柷敔。（“鼓”“羽”“敔”鱼部）

是月也，天子以雏尝黍，羞以含桃，先荐寝庙。（“桃”“庙”宵部）

百官静，事无刑，以定晏阴之所成。鹿角解，蝉始鸣，半夏生，木堇荣。（“静”“刑”“成”“鸣”“生”“荣”耕部）

是月也，无用火南方，可以居高明，可以远眺望。（“方”“明”“望”阳部）

《大乐》

太一出两仪，两仪出阴阳。阴阳变化，一上一下，合而成章。浑浑沌沌，离则复合，合则复离，是谓天常。天地车轮，终则复始，极则复反，莫不咸当。日月星辰，或疾或徐，日月不同，以近其行。四时代兴，或暑或寒，或短或长，或柔或刚。万物所出，造于太一，化于阴阳。（“阳”“章”“常”“当”“行”“刚”“阳”阳部）萌芽始震，凝溗以形。形体有处,莫不有声。声出于和,和出于適。先王定乐,由此而生。(“形”“声”“適”“生”耕锡通韵)天下太平,万物安寧。皆化其上,乐乃可成。(“平”“寧”“成”耕部)成乐有具,必节嗜欲。嗜欲不辟,乐乃可务。(“具”“欲”“务”侯屋通韵)务乐有术,必由平出。(“术”“出”物部)

道也者,至精也,不可为形,不可为名。(“精”“形”“名”耕部)

故一也者制令,两也者从聽。先圣择两法一,是以知万物之情。(“聽”“情”耕部)故能以一听政者,乐君臣,和远近,说黔首,合宗亲;能以一治其身者,免于灾,终其寿,全其天;能以一治其国者,奸邪去,贤者至,成大化。能以一治天下者,寒暑适,风雨时,为圣人。(“亲”“天”“人”真部)故知一则明,明两则狂。(“明”“狂”阳部)

《侈乐》

知其所以知之谓知道,不知其所以知之谓弃宝,弃宝者必离其咎。(“道”“宝”“咎”幽部)

《适音》

四欲之得也,在于胜理。(“得”“理”职之通韵)

胜理以治国,则法立,法立则天下服矣。(“国”“服”职部)

黄钟之宫,音之本也,清浊之衷也。(“宫”“衷”冬部)

《古乐》

贤者以昌,不肖者以亡。(“昌”“亡”阳部)

昔古朱襄氏之治天下也,多风而阳气蓄积,万物散解,(“积”

"解"锡部）果实早成；故士达作为五弦瑟，以来阴气，（"瑟""气"质物合韵）以定群生。（"成""生"耕部）

昔葛天氏之乐，三人操牛尾，投足以歌八阕：一曰载民，二曰玄鸟，三曰遂草木，四曰奋五榖，（"木""榖"屋部）五曰敬天常，六曰达帝功，（"常""功"阳东合韵）七曰依地德，八曰总万物之极。（"德""极"职部）

帝颛顼生自若水，实处空桑。惟天之合，正风乃行，其音若熙熙凄凄锵锵。（"桑""行""锵"阳部）

乃令鱓先为乐倡，鱓乃偃寝，以其尾鼓其腹，其音英英。（"倡""英"阳部）

帝喾乃令人抃，或鼓鼙，击钟磬，吹苓，展管篪。（"鼙""苓""磬""篪"支耕通韵）因令凤鸟、天翟舞之。帝喾大喜，乃以康帝德。（"之""喜""德"之职通韵）

于是命皋陶作为夏籥九成，以昭其功。（"成""功"耕东合韵）

功名大成，黔首安寧。（"成""寧"耕部）

周公旦乃作诗曰：文王在上，於昭于天。周虽旧邦，其命维新。（"天""新"真部）

武王即位，以六师伐殷，（"位""殷"物文通韵）六师既至，以锐兵克之于牧野。归，乃荐俘馘于京太室，（"室""至"质部）乃命周公为作大武。（"野""武"鱼部）

《季夏纪·季夏》

令民无不咸出其力，以供皇天上帝、名山大川、四方之神，以

祀宗庙社稷之灵,(“神”“灵”真耕合韵)为民祈福。(“力”“福”职部)

是月也,命妇官染采,黼黻文章,必以法故,无或差忒,黑黄苍赤,莫不质良,勿敢伪诈,以给郊庙祭祀之服,以为旗章,以别贵贱等级之度。(“故”“赤”“诈”“度”鱼铎通韵)

无发令而干时,以妨神农之事。(“时”“事”之部)水潦盛昌,命神农将巡功,举大事则有天殃。(“昌”“殃”“功”阳东合韵)

是月也,土润溽湿,大雨时行,烧薙行水,利以杀草,如以热汤,可以粪田畴,可以美土疆。(“行”“汤”“疆”阳部)

是月甘雨三至,三旬二日。(“至”“日”质部)

《音律》

天地之风气正,则十二律定矣。(“正”“定”耕部)

黄钟之月,土事无作,慎无发盖,以固天闭地,阳气且泄。(“盖”“泄”月部)

大吕之月,数将几终,岁且更起,而农民,无有所使。(“起”“使”之部)

太蔟之月,阳气始生,草木繁[滋]①,令农发土,无或失时。(“滋”“时”之部)

夹钟之月,宽裕和平,行德去刑,无或作事,以害群生。(“平”“刑”“生”耕部)

---

① “滋”旧本作“动”,今依陈昌齐、王念孙说改。

姑洗之月，达道通路，沟渎修利，申之此令，嘉气趣至。（“利”“至”质部）

仲吕之月，无聚大众，巡劝农事，草木方长，无携民[志][1]。（“事”“志”之部）

蕤宾之月，阳气在上，安壮养[佼][2]，本朝不静，草木早槁。（“佼”“槁”宵部）

林钟之月，草木盛满，阴将始[杀][3]，无发大事，以将阳气。（“杀”“气”月物合韵）

夷则之月，修法饬刑，选士厉兵，诘诛不义，以怀远方。（“兵”“方”阳部）

南吕之月，蛰虫入穴，趣农收聚，无敢懈怠，以多为务。（“聚”“务”侯部）

无射之月，疾断有罪，当法勿赦，无留狱讼，以亟以故。（“赦”“故”铎鱼通韵）

应钟之月，阴阳不通，闭而成冬，修别丧纪，审民所终。（“冬”“终”冬部）

《音初》

以为余子，谁敢殃之？（“子”“之”之部）

禹行功，见涂山之女，禹未之遇而巡省南土。（“女”“土”鱼部）

---

① “志”旧本作“心”，今依陈昌齐、王念孙说改。

② “佼”旧本作“侠”，今依毕沅、王念孙说改。

③ “杀”旧本作“刑”，今依王念孙说改。按：此段十二月均是偶句入韵。

女乃作歌，歌曰：候人兮猗。（“歌”“猗”歌部）实始作为南音。周公及召公取风焉，以为“周南”“召南”。（“音”“风”“南”侵部）

还反涉汉，梁败，王及蔡公抎于汉中。辛余靡振王北济，又反振蔡公。（“中”“公”冬东合韵）

秦缪公取风焉，实始作为北音。（“风”“音”侵部）少选，发而视之，燕遗二卵，北飞，遂不反。（“选”“卵”“反”元部）

凡音者，产乎人心者也。（“音”“心”侵部）

是故闻其声而知其风，察其风而知其志，观其志而知其德。盛衰、贤不肖、君子小人皆形于乐，不可隐匿。（“志”“德”“匿”之职通韵）

《制乐》

故成汤之时，有穀生于庭，昏而生，比旦而大拱。（“庭”“生”“拱”耕东合韵）

故祸兮福之所倚，（“祸”“倚”歌部）福兮祸之所伏。（“福”“伏”职部）

公曰：岁害则民饥，民饥必死。（“饥”“死”脂部）

荧惑不徙，臣请死。（“徙”“死”支脂合韵）

《明理》

其妖孽有生如带，有鬼投其陴，有菟生雉，（“陴”“雉”支脂合韵）雉生鴳，有螟集其国，其音匈匈，国有游虵西东，（“匈”“东”东部）马牛乃言，犬彘乃连，（“言”“连”元部）有狼入于国，有人自天降，市有舞鸱，国有行飞，（“鸱”“飞”脂微合韵）马有生角，雄鸡五足,("角""足"屋部)有豕生而弥,鸡卵多毈,有社迁处,有豕生狗。("处""狗"鱼侯合韵)国有此物,其主不知惊惶亟革,上帝降祸,凶灾必亟。("革""亟"职部)其残亡死丧,殄绝无类,流散循饥无日矣。("类""日"物质合韵)

故子华子曰:"夫乱世之民,长短颉啎百疾,民多疾疠,("疾""疠"质月合韵)道多褓繈,盲秃伛尪,("繈""尪"阳部)万怪皆生。"("生""民"耕真合韵)

《孟秋纪·孟秋》

立秋之日,天子亲率三公、九卿、诸侯、大夫,以迎秋于西郊,还,乃赏军率武人于朝。("郊""朝"宵部)天子乃率将帅,选士厉兵,简练杰俊,专任有功,以征不义,诘诛暴慢,以明好恶,巡彼远方。("兵""方""功"阳东合韵)

命理瞻伤察创,("伤""创"阳部)视折审断,("折""断"月元通韵)决狱讼,必正平,戮有罪,严断刑,天地始肃,不可以赢。("平""刑""赢"耕部)

行夏令,则多火灾,寒热不节,民多疟疾。("节""疾"质部)

《荡兵》

性者,所受于天也,("性""天"耕真合韵)非人之所能为也。武者不能革,而工者不能移。("为""移"歌部)

争鬬之所自来者久矣,不可禁,不可止。("久""止"之部)

国无刑罚,则百姓之相侵也立见;天下无诛伐,("罚""伐"月部)则诸侯之相暴也立见。("见""见"元部)

夫兵不可偃也，譬之若水火然，善用之则为福，不能用之则为祸。（“偃”“然”“祸”元歌通韵）

民之号呼而走之，若强弩之射于深谿也，若积大水而失其壅堤也。（“谿”“堤”支部）中主犹若不能有其民，而况于暴君乎？（“民”“君”真文合韵）

《振乱》

是利之而反害之也，安之而反危之也。（“害”“危”月歌通韵）

为天下之长患，致黔首之大害者，（“患”“害”元月通韵）若说为深。夫以利天下之民为心者，不可以不熟察此论也。（“深”“心”“论”侵文合韵）

禁之者，是息有道而伐有义也，是穷汤武之事而遂桀纣之过也。（“义”“过”歌部）

《怀宠》

故兵入于敌之境，则民知所庇矣，黔首知不死矣。（“庇”“死”脂部）至于国邑之郊，不虐五穀，不掘坟墓，不伐树木，不烧积聚，不焚室屋，不取六畜。（“穀”“木”“屋”屋部）信与民期，以夺敌资。（“期”“资”之脂合韵）

上不顺天，下不惠民。（“天”“民”真部）

义兵之生一人亦多矣，人孰不说？（“多”“说”歌月通韵）

《仲秋纪·仲秋》

乃命司服具饬衣裳，文绣有常，制有小大，度有短长，衣服有量，必循其故，冠带有常。命有司申严百刑，斩杀必当，无或枉橈，

枉橈不当，反受其殃。（“裳”“常”“长”“量”“常”“当”“当”“殃”阳部）

五者备当，上帝其享。（“当”“享”阳部）天子乃傩，御佐疾，以通秋气。（“疾”“气”质物合韵）

乃劝种麦，无或失时，行罪无疑。（“麦”“时”“疑”职之通韵）

是月也，日夜分，雷乃始收声，蛰虫俯户，杀气浸盛，（“声”“盛”耕部）阳气日衰，水始涸。（“户”“涸”鱼铎通韵）日夜分，则一度量，平权衡，正钧石，齐斗甬。（“量”“衡”“甬”阳东合韵）

是月也，易关市，来商旅，入货贿，以便民事。（“市”“贿”“事”之部）四方来杂，远方皆至，则财物不匮，上无乏用，百事乃遂，凡举事无逆天数，必顺其时，乃因其类。（“匮”“遂”“类”物部）

《论威》

义也者，万事之纪也，君臣、上下、亲疏之所由起也，治乱、安危、过胜之所在也。过胜之，勿求于他，必反于己。（“纪”“起”“在”“之”“己”之部）

凡兵，天下之凶器也；勇，（“勇”“兵”东阳合韵）天下之凶德也。（“德”“器”职质合韵）故善谕威者，于其未发也，于其未通也，窅窅乎冥冥，莫知其情，此之谓至威至诚。（“冥”“情”“诚”耕部）

今以木击木则拌，以水投水则散。（“拌”“散”元部）以冰投冰则沈，以涂投涂则陷。此疾徐先后之势也。（“沈”“陷”侵谈合韵）

《简选》

离散係系，可以胜人之行阵整齐；（“系”“齐”支脂合韵）锄耰白梃，可以胜人之长铫利兵。（“梃”“兵”耕阳合韵）

桀既奔走，于是行大仁慈，以恤黔首，反桀之事，遂其贤良，顺民所喜，远近归之，故王天下。（“慈”“事”“喜”“下”之鱼合韵）

行赏及禽兽，行罚不辟天子，亲殷如周，（“兽”“周”幽部）视人如己，天下美其德，万民说其义，故立为天子。（“子”“己”“德”“子”之职通韵）

《决胜》

义则敌孤独，敌孤独则上下虚，民解落；孤独则父兄怨，贤者诽，乱内作。（“落”“作”铎部）

隐则胜阐矣，微则胜显矣，积则胜散矣，抟则胜离矣。（“阐”“显”“散”“离”元歌合韵）

《爱士》

此《诗》之所谓曰“君君子则正，以行其德；君贱人则宽，以尽其力”者也。（“德”“力”职部）

得白骡之肝，病则止；不得则死。（“止”“死”之脂合韵）

《季秋纪·季秋》

寒气总至，民力不堪，其皆人室。（“至”“室”质部）

以给郊庙之事，无有所私。（“事”“私”之脂合韵）

是月也，天子乃以犬尝稻，先荐寝廟。（“稻”“廟”幽宵合韵）

《知士》

良工之与马也，相得则然后成，譬之若枹之与鼓。（“马”“鼓”鱼部）

宣王太息，知于颜色。（“息”“色”职部）

能自知人，故非之弗为阻。此剂貌辨之所以外生乐、趋患难故也。（“阻”“故”鱼部）

《审已》

余不听豫之言，以罹此难也。（“言”“难”元部）

《精通》

夫月形乎天，而群阴化乎渊；圣人行德乎己，而四荒咸饬乎仁。（“天”“渊”“仁”真部）

臣之父不幸而杀人，不得生；（“人”“生”真耕合韵）臣之母得生，而为公家为酒；臣之身得生，而为公家击磬。臣不睹臣之母三年矣。（“生”“磬”“年”真耕合韵）昔为舍氏睹臣之母，量所以赎之则无有，而身固公家之财也，是故悲也。（“母”“有”“财”之部）

故父母之于子也，子之于父母也，一体而两分，同气而异息。（“子”“母”“息”之职通韵）

《孟冬纪·孟冬》

天气上腾，地气下降，天地不通，闭而成冬。（“降”“冬”冬部）

是月也，工师效功，陈祭器，按度程。（“功”“程”东耕合韵）无或作为淫巧，以荡上心，必功致为上。物勒工名，以考其诚，工有不当，必行其罪，以穷其情。（“上”“当”“名”“诚”“情”阳耕合韵）

是月也，大饮蒸，天子乃祈来年于天宗。（“蒸”“宗”蒸冬合韵）大割，祠于公社及门闾，飨先祖五祀，劳农夫以休息之。天子乃命将率讲武，肄射御，（“闾”“武”“御”鱼部）角力。（“祀”“息”“力”之职通韵）

是月也，乃命水虞渔师收水泉池泽之赋，无或敢侵削众庶兆民，以为天子取怨于下，其有若此者，行罪无赦。（“赋”“下”“赦”鱼铎通韵）

《节丧》

所重所爱，死而弃之沟壑，人之情不忍为也，故有藏死之义。（“为”“义”歌部）葬也者，藏也。（“葬”“藏”阳部）

无发无动，莫如无有可利，则此之谓重闭。（“利”“闭”质部）

今世俗大乱，人主愈侈其葬，则心非为乎死者虑也，生者以相矜尚也。（“葬”“尚”阳部）侈靡者以为荣，俭节者以为陋，不以便死为故，而徒以生者之诽誉为务。（“陋”“故”“务”侯鱼合韵）父虽死，孝子之重之不怠；子虽死，慈亲之爱之不懈。（“怠”“懈”之支合韵）

且死者弥久，生者弥疏；生者弥疏，（“疏”“疏”鱼部）则守者弥怠。（“久”“怠”之部）

以此观世，则美矣，侈矣；以此为死，（“美”“死”脂部）则不可也。（“侈”“可”歌部）

《安死》

世之为丘垄也，其高大若山，其树之若林，其设阙庭、为宫室、

造宾阼也若都邑。（“林”“邑”侵缉通韵）

葬于山林则合乎山林，葬于阪隰则同乎阪隰。（“林”“隰”侵缉通韵）

《诗》曰：不敢暴虎，不敢冯河。人知其一，莫知其他。（“河”“他”歌部）

是非未定，而喜怒鬬争反为用矣。（“定”“用”耕东合韵）

径庭历级，非礼也；虽然，以救过也。（“礼”“过”脂歌合韵）

《异宝》

荆人畏鬼，而越人信禨。（“鬼”“禨”微部）可长有者，其唯此也。（“有”“此”之支合韵）

其主，俗主也，不足与举。（“主”“举”侯鱼合韵）去郑而之许，见许公而问所之。（“许”“所”鱼部）

《异用》

万物不同，而用之于人异也，此治乱、存亡、死生之原。故国广巨，兵强富，未必安也；尊贵高大，未必显也。（“原”“安”“显”元部）桀、纣用其材而以成其亡，汤、武用其材而以成其王。（“亡”“王”阳部）

昔蛛蝥作网罟，今之人学纾。（“罟”“纾”鱼部）欲左者左，欲右者右，欲高者高，欲下者下。（“右”“下”之鱼合韵）

或得宝以危其国，文王得朽骨以喻其意，故圣人于物也无不材。（“国”“意”“材”职之通韵）

《仲冬纪·仲冬》

是月也，命阉尹申宫令，审门闾，谨房室，必重闭。（“室”“闭”质部）省妇事，毋得淫，虽有贵戚近习，无有不禁。（“淫”“禁”侵部）乃命大酋，秫稻必齐，麴糵必时，（“齐”“时”脂之合韵）湛饎必洁，水泉必香，陶器必良，（“香”“良”阳部）火齐必得，兼用六物，大酋监之，无有差忒。（“得”“忒”“之”职之通韵）

是月也，日短至，阴阳争，诸生荡。（“争”“荡”耕阳合韵）君子斋戒，处必弇，身欲寧，去声色，禁嗜欲，安形性，事欲静，以待阴阳之所定。（“寧”“性”“静”“定”耕部）

仲冬行夏令，则其国乃旱，气雾冥冥，雷乃发声。（“令”“冥”“声”耕部）行秋令，则天时雨汁，瓜瓠不成，国有大兵。（“令”“成”“兵”耕阳合韵）行春令，则虫螟为败，水泉减竭，民多疾疠。（“败”“竭”“疠”月部）

《至忠》

人之有功也于军旅，臣兄之有功也于车下。（“旅”“下”鱼部）

王叱而起，疾乃遂已。（“起”“已”之部）

《忠廉》

今汝拔剑则不能举臂，上车则不能登轼。（“臂”“轼”锡职合韵）

《当务》

中藏，聖也；（“藏”“聖”阳耕合韵）入先，勇也；出后，义也；知时，智也；（“时”“智”之支合韵）分均，仁也。（“均”“仁”真部）备说非六王、五伯，以为尧有不慈之名，舜有不孝之行，（“名”“行”耕阳合韵）禹有淫湎之意，汤、武有放杀之事，五伯有暴乱之谋。世皆誉之，人皆讳之，惑也。（“事”“谋”“之”“之”“意”“惑”之职通韵）

《长见》

故审知今则可知古，知古则可知後。（“古”“後”鱼侯合韵）

为不能聽，勿使出境。（“聽”“境”耕阳合韵）

《季冬纪·季冬》

征鸟厉疾，乃毕行山川之祀，及帝之大臣、天地之神祇。（“祀”“祇”之支合韵）

是月也，日穷于次，月穷于纪，星回于天。（“次”“纪”脂之合韵）数将几终，岁将更始。专于农民，无有所使。（“始”“使”之部）

凡在天下九州之民者，无不咸献其力，以供皇天上帝社稷寝庙山林名川之祀。（“力”“祀”职之通韵）

《士节》

吾闻之曰：“养及亲者，身伉其难。”（“亲”“难”真元合韵）今晏子见疑，吾将以身死白之。（“疑”“之”之部）

《介立》

以贵富有人易，（“富”“易”职锡合韵）以贫贱有人难，（“贱”“难”元部）

有龙于飞，周遍天下。五蛇从之，为之丞辅。龙反其乡，得其处所。四蛇从之，得其露雨。一蛇羞之，桥死于中野。（“下”“辅”“所”“雨”“野”鱼部）

郑人之下鼪也，庄蹻之暴郢也，秦人之围长平也。（“郢”“平”耕部）

《诚廉》

石可破也，而不可夺坚；丹可磨也，而不可夺赤。（“破”“磨”歌部）

盟曰：世为长侯，守殷常祀，相奉桑林，宜私孟诸。（“侯”“祀”“诸”侯之鱼合韵）今周见殷之僻乱也，而遽为之正与治，上谋而行货，阻丘而保威也。（“货”“威”歌微合韵）

人之情，莫不有重，莫不有轻。（“情”“重”“轻”耕东合韵）

《不侵》

天下轻于身，而士以身为人。（“身”“人”真部）

当是时也，智伯、孟尝君知之矣。（“时”“之”之部）世之人主，得地百里则喜，四境皆贺；得士则不喜，（“喜”“喜”之部）不知相贺；（“贺”“贺”歌部）不通乎轻重也。

出则乘我以车，入则足我以养。（“车”“养”鱼阳通韵）

得意则不惭为人君，不得意则不肯为人臣，如此者三人。（“君”“臣”“人”文真合韵）

立千乘之义而不可凌，可谓士矣。（“凌”“士”蒸之通韵）

《序意》

爰有大圜在上，大矩在下，（“上”“下”阳鱼通韵）汝能法之，为民父母。（“之”“母”之部）盖闻古之清世，是法天地。（“世”“地”月歌通韵）凡十二纪者，所以纪治乱存亡也，所以知寿夭吉凶也。（“亡”“凶”阳东合韵）上揆之天，下验之地，中审之人，若此则是非可不可无所遁矣。（“天”“人”“遁”真文合韵）天曰顺，顺维生；地曰固，固维寧；人曰信，信维聽。（“生”“寧”“聽”耕部）三者咸当，无为而行。（“当”“行”阳部）行也者，行其理也，行[其]数，循其理，平其私。（“理”“理”“私”之脂合韵）夫私视使目盲，私听使耳聋，私虑使心狂。（“盲”“狂”“聋”阳东合韵）三者皆私设，精则智无由公。智不公，则福日衰，灾日隆。（“公”“公”“隆”东冬合韵）

《有始览·有始》

天地有始，天微以成，地塞以形，天地合和，生之大经也。（“成”“形”“经”耕部）以寒暑日月昼夜知之，以殊形殊能异宜说之。（“知”“说”支月合韵）夫物合而成，离而生。知合知成，知离知生，则天地平矣。平也者，皆当察其情，处其形。（“成”“生”“成”“生”“平”“平”“情”“形”耕部）

极星与天俱游，而天枢不移。（“游”“移”幽歌合韵）冬至日行远道，周行四极，命曰玄明。夏至日行近道，乃参于上。（“明”“上”阳部）当枢之下，无昼夜。（“下”“夜”鱼铎通韵）日中无影，呼而无响，盖天地之中也。（“影”“响”阳部）

天斟万物，圣人览焉，以观其类。（“物”“类”物部）解在乎天地之所以形，雷电之所以生，阴阳材物之精，人民禽兽之所安平。（“形”“生”“精”“平”耕部）

《应同》

平地注水，水流湿；均薪施火，火就燥。（“水”“火”微部）山云草莽，水云鱼鳞，旱云烟火，雨云水波，无不皆类其所生以示人。

(“鳞”“人”真部)故以龙致雨,以形逐影。师之所处,必生棘楚。(“雨”“处”“楚”鱼部)

夫覆巢毁卵,则凤凰不至;刳兽食胎,则麒麟不来。(“胎”“来”之部)干泽涸渔,则龟龙不往。(“渔”“往”鱼阳通韵)子不遮乎亲,臣不遮乎君。(“亲”“君”真文合韵)故君虽尊,以白为黑,臣不能听;父虽亲,(“亲”“尊”真文合韵)以黑为白,子不能从。(“聽”“从”耕东合韵)黄帝曰:芒芒昧昧,因天之威,与元同气。(“昧”“气”“威”物微通韵)

凡人之攻伐也,非为利则因为名也。名实不得,国虽强大者,曷为攻矣?解在乎史墨来而辍不袭卫,赵简子可谓知动静矣!(“名”“攻”“静”耕东合韵)

《去尤》

所以尤者多故,其要必因人所喜,与因人所恶。(“故”“喜”“恶”鱼之铎合韵)东面望者不见西墙,南乡视者不睹北方。(“墙”“方”阳部)

若植木而立乎独,必不合乎俗。(“独”“俗”屋部)

《听言》

攻无罪之国以索地,诛不辜之民以求利,而欲宗庙之安也,社稷之不危也,不亦难乎?(“地”“安”“危”“难”歌元通韵)

《周书》曰:“往者不可及,来者不可待,贤明其世,谓之天子。”(“待”“子”之部)故当今之世,有能分善不善者,其王不难矣。(“善”“难”元部)善不善本于义,不于爱,爱利之为道大矣。(“义”

“大”歌月通韵）夫流于海者，行之旬月，见似人者而喜矣。（“海”“喜”之部）

《谨听》

愉易平静以待之，使夫自得之；（“待”“得”之职通韵）因然而然之，使夫自言之。（“然”“言”元部）亡国之主反此，乃自贤而少人。（“贤”“人”真部）少人则说者持容而不极，听者自多而不得。（“极”“得”职部）虽有天下，何益焉？是乃冥之昭，乱之定，毁之成，危之宁。（“定”“成”“宁”耕部）

今夫惑者，非知反性命之情，其次非知观于五帝三王之所以成也。（“情”“成”耕部）则奚自知其世之不可也？奚自知其身之不逮也？（“可”“逮”歌月通韵）

学贤问，三代之所以昌也。不知而自以为知，百祸之宗也。（“昌”“宗”阳冬合韵）

不惕于心，则知之不深。（“心”“深”侵部）

主贤世治，则贤者在上；主不肖世乱，则贤者在下。（“上”“下”阳鱼通韵）今周室既灭，而天子已绝。（“灭”“绝”月部）

文王，千乘也；纣，天子也。（“乘”“子”蒸之通韵）

《务本》

《诗》云：有晻凄凄，兴云祁祁，雨我公田，遂及我私。（“凄”“祁”“私”脂部）皆患其身不贵于国也，而不患其主之不贵于天下也，皆患其家之不富也，而不患其国之不大也。（“国”“富”职部）《易》曰：“复自道，何其咎。”（“道”“咎”幽部）以言本无异，则动卒

有喜。（“异”“喜”职之通韵）

今有人于此，修身会计则可耻，临财物资尽则为己。（“耻”“己”之部）

今功伐甚薄而所望厚，诬也；无功伐而求荣富，诈也。（“诬”“诈”鱼铎通韵）诈诬之道。君子不由。（“道”“由”幽部）

主虽过与，臣不徒取。（“与”“取”鱼侯合韵）

解在郑君之问被瞻之义也，薄疑应卫嗣君以无重税。（“义”“税”歌月通韵）

《谕大》

《夏书》曰：“天子之德广运，乃神，乃武乃文。”（“运”“神”“文”文真合韵）

《商书》曰：五世之庙，可以观怪，万夫之长，可以生谋。（“怪”“谋”之部）

夫为人臣者，进其爵禄富贵，父子兄弟相与比周于一国，妁妁焉相乐也，以危其社稷。其为灶突近也，而终不知，其与燕雀之智不异也。（“国”“稷”“异”职部）

《孝行览·孝行》

所谓本者，非耕耘种植之谓，务其人也。务其人，非贫而富之，寡而众之，务其本也。（“本”“人”“人”“本”文真合韵）

故爱其亲，不敢恶人；敬其亲，不敢慢人。（“亲”“人”“亲”“人”真部）

曾子曰：身者，父母之遗体也。（“身”“体”真脂通韵）

所谓贵德，为其近于圣也；所谓贵贵，为其近于君也；（“贵”“君”物文通韵）所谓贵老，为其近于亲也；（“圣”“亲”耕真合韵）所谓敬长，为其近于兄也；（“长”“兄”阳部）所谓慈幼，为其近于弟也。（“幼”“弟”幽脂合韵）

曾子曰：父母生之，子弗敢杀；父母置之，子弗敢废；父母全之，子弗敢阙。（“杀”“废”“阙”月部）故舟而不游，道而不径，能全支体，以守宗廟，可谓孝矣。（“游”“廟”“孝”幽宵合韵）

熟五穀，烹六畜，和煎调，养口之道也。（“畜”“调”“道”觉幽通韵）

不亏其身，不损其形，（“身”“形”真耕合韵）可谓孝矣。君子无行咫步而忘之。余忘孝道，是以憂。（“道”“憂”幽部）故曰：身者非其私有也，严亲之遗躬也。（“有”“躬”之蒸通韵）

仁者，仁此者也；（“仁”“仁”真部）礼者，履此者也；（“礼”“履”脂部）义者，宜此者也；（“义”“宜”歌部）信者，信此者也；（“信”“信”真部）强者，强此者也。（“强”“强”阳部）

《本味》

梦有神告之曰：“臼出水而东走，毋顾！”（“走”“顾”侯鱼合韵）

有侁氏喜，以伊尹媵女。（“喜”“女”之鱼合韵）故贤主之求有道之士，无不以也；（“士”“以”之部）有道之士求贤主，无不行也。（“主”“行”侯阳合韵）相得然后乐。不谋而亲，不约而信，（“亲”“信”真部）相为殚智竭力，犯危行苦，志欢乐之。（“力”“之”职之通韵）士有孤而自恃，人主有奋而好独者，则名号必废熄，社稷必

危殆。（“恃”“熄”“殆”之职通韵）

臭恶犹美，皆有所以。凡味之本，水最为始。五味三材，九沸九变，火为之纪。时疾时徐，灭腥去臊除膻，必以其胜，无失其理。调和之事，必以甘酸苦辛咸，先后多少，其齐甚微，皆有自起。（“以”“始”“纪”“理”“起”之部）

《义赏》

孔子闻之曰：临难用诈，足以却敌；反而尊贤，足以报德。（“诈”“敌”“德”铎锡职合韵）

楚胜于诸夏，而败于柏举。（“夏”“举”鱼部）令张孟谈踰城潜行，与魏桓、韩康期而击智伯，断其头以为觞，遂定三家，岂非用赏罚当邪？（“行”“觞”“当”阳部）

《长攻》

遇桀纣，天也，非汤武之贤也。（“天”“贤”真部）

若燕秦齐晋，山处陆居，岂能逾五湖九江越十七厄以有吴哉？（“居”“吴”鱼部）

赵简子病，召太子而告之曰：“我死已葬，服衰而上夏屋之山以望。”（“病”“葬”“望”阳部）

《慎人》

舜自为诗曰：普天之下，莫非王土；（“下”“土”鱼部）率土之滨，莫非王臣。（“滨”“臣”真部）

《遇合》

七十人者，万乘之主得一人用可为师，不为无人。（“师”“人”

脂真通韵）以此游，仅至于鲁司寇。（“游”“寇”幽侯合韵）此天子之所以时绝也，诸侯之所以大乱也。（“绝”“乱”月元通韵）

孔子闻而服之，缩頞而食之。（“服”“食”职部）

楚合诸侯，陈侯病，不能往，使敦洽雠麋往谢焉。（“病”“往”“谢”阳铎通韵）

三者弗能，国必残亡，群孽大至，身必死殃，（“亡”“殃”阳部）得至七十、九十犹尚幸。圣贤之后，反而孽民，是以贱其身，（“民”“身”真部）岂能独哉？

《必己》

材不材之间，似之而非也，故未免乎累。（“非”“累”微部）若夫道德则不然。无訝无訾，一龙一蛇，与时俱化，而无肯专为；（“蛇”“化”“为”歌部）一上一下，以禾为量，而浮游乎万物之祖，（“下”“量”“祖”鱼阳通韵）物物而不物于物，则胡可得而累？（“物”“累”物微通韵）成则毁，大则衰，（“毁”“衰”微部）廉则剉，尊则亏，直则骫，合则离，爱则隳。（“剉”“亏”“离”“隳”歌部）多智则谋，不肖则欺，胡可得而必？（“谋”“欺”之部）

知与不知，皆不足恃，其惟和调近之。（“知”“恃”“之”支之合韵）

食人之稼，野人取其马。（“稼”“马”鱼部）

《慎大览·慎大》

胜其敌则多怨，小邻国则多患。（“怨”“患”元部）

贤良郁怨，杀彼龙逄，以服群凶。（“逄”“凶”东部）众庶泯泯，皆有远志，莫敢直言，其生若惊。大臣同患，弗周而畔。（“患”“畔”元部）桀愈自贤，矜过善非，主道壅塞，国人大崩。（“塞”“崩”职蒸通韵）汤乃惕惧，忧天下之不宁，欲令伊尹往视旷夏，（“惧”“夏”鱼部）恐其不信，汤由亲自射伊尹。（“信”“尹”真部）

上天弗恤，夏命其卒。（“恤”“卒”质物合韵）

尽行伊尹之盟，不避旱殃，祖伊尹世世享商。（“盟”“殃”“商”阳部）

立成汤之后于宋，以奉桑林。（“宋”“林”冬侵合韵）

封比干之墓，靖箕子之宫，表商容之闾，（“墓”“闾”铎鱼通韵）徒过者趋，车过者下。（“趋”“下”侯鱼合韵）三日之内，与谋之士封为诸侯，诸大夫赏以书社，庶士施政去赋。（“侯”“社”“赋”侯鱼合韵）乃税马于华山，税牛于桃林，（“山”“林”元侵合韵）马弗复乘，牛弗复服。（“乘”“服”蒸职通韵）

子不听父，弟不听兄，君令不行，此妖之大者也。（“父”“兄”“行”“者”鱼阳通韵）

左右曰：“一朝而两城下，此人之所以喜也，今君有忧色，何[也]？”（“喜”“色”之职通韵）襄子曰：“江河之大也，不过三日。（“大”“日”月质合韵）飘风暴雨，日中不须臾。（“雨”“臾”鱼侯合韵）”

夫忧所以为昌也，而喜所以为亡也。（“昌”“亡”阳部）

《权勋》

彼若不吾假道，必不吾受也；（“道”“受”幽部）若受我而假我

道，是犹取之内府而藏之外府也，犹取之外皁而著之外皁也。（"道""皁""府"幽侯合韵）

虞之与虢也，若车之有辅也，车依辅，辅亦依车。（"虢""辅""辅""车"铎鱼通韵）虞虢之势是也。先人有言曰："唇竭而齿寒。"（"竭""寒"月元通韵）夫虢之不亡也，恃虞；虞之不亡也，亦恃虢也。（"虞""虢"鱼铎通韵）

诗云："唯则定国。"（"则""国"职部）

为人臣不忠贞，罪也；忠贞不用，（"贞""用"耕东合韵）远身可也。（"罪""可"微歌合韵）断毂而行，至卫七日而厺繇亡。（"行""亡"阳部）欲钟之心胜也。欲钟之心勝，则安厺繇之说塞矣。（"胜""勝""塞"蒸职通韵）

《下贤》

有道之士，固骄人主；人主之不肖者，亦骄有道之士。（"主""士"侯之合韵）日以相骄，奚时相得？若儒墨之议与齐荆之服矣。（"得""服"职部）贤主则不然。士虽骄之，而己愈礼之，士安得不归之？（"礼""归"脂微合韵）士所归，天下从之帝。帝也者，天下之適也。（"帝""適"锡部）王也者，天下之往也。（"王""往"阳部）得道之人，贵为天子而不骄倨，富有天下而不骋夸，（"倨""夸"鱼部）卑为布衣而不瘁摄，贫无衣食而不忧慑。（"摄""慑"盍部）恳乎其诚自有也，觉乎其不疑有以也，（"有""以"之部）桀乎其必不渝移也，循乎其与阴阳化也，（"移""化"歌部）匆匆乎其心之坚固也，空空乎其不为巧故也，（"固""故"鱼部）迷乎其志气之远也，昏乎其深而不测也，确乎其节之不庳也，就就乎其不肯自是。（“庳”“是”支部）鹄乎其羞用智虑也，假乎其轻俗诽誉也。（“虑”“誉”鱼部）以天为法，以德为行，以道为宗，与物变化而无所终穷，精充天地而不竭，神覆宇宙而无望。（“行”“宗”“穷”“望”阳冬合韵）莫知其始，莫知其终，莫知其门，莫知其端，莫知其源。（“门”“端”“源”文元合韵）其大无外，其小无内，此之谓至贵。（“内”“贵”物部）士有若此者，五帝弗得而友，三王弗得而师，（“友”“师”之脂合韵）去其帝王之色，则近可得之矣。（“色”“得”职部）

万乘之主，见布衣之士，一日三至而弗得见，亦可以止矣。（“士”“止”之部）

子产相郑，往见壶丘子林，与其弟子坐必以年，是倚其相于门也。（“年”“门”真文合韵）故相郑十八年，刑三人，杀二人。（“年”“人”“人”真部）桃李之垂于行者，莫之援也；（“行”“援”阳元合韵）锥刀之遗于道者，莫之举也。（“道”“举”幽鱼合韵）

《报更》

此赵宣孟之所以免也，周昭文君之所以显也，孟尝君之所以却荆兵也。（“免”“显”“兵”元阳合韵）

《顺说》

善说者若巧士，因人之力以自为力，因其来而与来，（“士”“来”“力”之职通韵）因其往而与往，不设形象，与生与长，而言之以响，（“往”“象”“长”“响”阳部）与盛与衰，以之所归。（“衰”“归”微部）力虽多，材虽劲，以制其命，（“劲”“命”耕部）顺风而呼，声非加疾

也;际高而望,目不加明也。(“望”“明”阳部)

臣有道于此,使人虽有勇,弗敢刺;虽有力,不敢击。(“刺”“击”锡部)夫不敢刺,不敢击,(“刺”“击”锡部)非无其志也。臣有道于此:使人本无其志也,大王独无意邪?(“志”“意”之职通韵)

说虽未大行,田赞可谓能立其方也。(“行”“方”阳部)

《不广》

公子小白无母,而国人怜之。(“母”“之”之部)

故令鲍叔傅公子小白,管子、召忽居公子纠所。(“白”“所”铎鱼通韵)

车甲尽于战,府库尽于葬,(“战”“葬”元阳合韵)此之谓内攻之。

上无以使下,下无以事上,(“下”“上”鱼阳通韵)此之谓重攻之。

文武尽胜,何敌之不服?(“胜”“服”蒸职通韵)

《贵因》

太公对曰:谗慝胜良,命曰戮;贤者出走,命曰崩;百姓不敢诽怨,命曰刑胜。(“崩”“胜”蒸部)

胶鬲曰:西伯将何之?无欺我也!(“何”“我”歌部)武王曰:将以甲子至殷郊,子以是报矣。(“郊”“报”宵幽合韵)

人为人之所欲,己为人之所恶,先陈何益?适令武王不耕而获。(“恶”“获”铎部)

王欲知之,则请以日中为期。(“之”“期”之部)武王与周公旦明日早要期,则弗得也。(“期”“得”之职通韵)

若夫期而不当，言而不信，此殷之所以亡也，已以此告王矣。（“当”“亡”“王”阳部）

《察今》

故审堂下之阴，而知日月之行，阴阳之变；见瓶水之冰，（“冰”“阴”蒸侵合韵）而知天下之寒，鱼鳖之藏也。（“行”“变”“寒”“藏”阳元合韵）

世易时移，变法宜矣。（“移”“宜”歌部）

以此任物，亦必悖矣。（“物”“悖”物部）

《先识览·先识》

地从于城，城从于民，民从于贤。（“城”“民”“贤”耕真合韵）

夏太史令终古出其图法，执而泣之。（“法”“泣”盍缉合韵）

夏王无道，暴虐百姓，穷其父兄，耻其功臣，轻其贤良，弃义听谗，众庶咸怨，守法之臣，自归于商。（“兄”“良”“怨”“商”阳元合韵）

武王大说，以告诸侯曰：商王大乱，沈于酒德，辟远箕子，爰近姑与息。妲己为政，赏罚无方，不用法式，杀三不辜，民大不服。守法之臣，出奔周国。（“德”“息”“式”“服”“国”职部）

周鼎著饕餮，有首无身，食人未咽，害及其身，以言报更也。（“餮”“身”“咽”“身”质真通韵）

《观世》

千里而有一士，比肩也；累世而有一圣人，继踵也。（“肩”“踵”元东合韵）士与圣人之所自来，若此其难也，而治必待之，治奚由

至？（“来”“之”之部）

此治世之所以短，而乱世之所以长也。（“短”“长”元阳合韵）

贤主知其若此也，故日慎一日，以终其世。（“日”“世”质月合韵）

故周公旦曰：不如吾者，吾不与处，累我者也。与我齐者，吾不与处，无益我者也。（“吾”“处”“我”“齐”“处”“我”鱼歌脂合韵）

主贤世治，则贤者在上；主不肖世乱，则贤者在下。（“上”“下”阳鱼通韵）今周室既灭，天子既废。（“灭”“废”月部）

《知接》

智者，其所能接远也；愚者，其所能接近也。（“远”“近”元文合韵）

孰之壤壤也，可以为之莽莽也。（“壤”“莽”阳部）

若此则国无以存矣，主无以安矣。（“存”“安”文元合韵）齐鄙人有谚曰：居者无载，行者无埋。（“载”“埋”之部）

管仲对曰：人之情，非不爱其子也，其子之忍，又将何有于君？（“忍”“君”文部）

管仲对曰：人之情，非不爱其身也，其身之忍，又将何有于君？（“忍”“君”文部）

管仲对曰：人之情，非不爱其父也，其父之忍，又将何有于君？（“忍”“君”文部）

嗟乎！圣人之所见，岂不远哉！（“见”“远”元部）

《悔过》

所不至，说者虽辩，为道虽精，不能见矣。（"辩""精""见"元耕合韵）

故箕子穷于商，范蠡流乎江。（"商""江"阳东合韵）

不敢固辞，再拜稽首受之。（"辞""之"之部）

襄公曰：先君薨，尸在堂。（"薨""堂"蒸阳合韵）

天不为秦国，使寡人不用蹇叔之谏，以至于此患。（"谏""患"元部）

《乐成》

大智不形，大器晚成，大音希声。（"形""成""声"耕部）

鲁人鷖诵之曰：麛裘而韠，投之无戾。（"韠""戾"质部）韠而麛裘，投之无邮。（"裘""邮"之部）用三年，男子行乎涂右，女子行乎涂左，（"右""左"之歌合韵）财物之遗者，民莫之举，大智之用，固难逾也。（"举""逾"鱼侯合韵）

子产始治郑，使田有封洫，都鄙有服。（"洫""服"质职合韵）民相与诵之曰：我有田畴，而子产赋之。我有衣冠，而子产贮之。孰杀子产，吾其与之。（"赋""贮""与"鱼部）后三年，民又诵之曰：我有田畴，而子产殖之。我有子弟，而子产诲之。子产若死，其使谁嗣之？（"殖""诲""嗣"职之通韵）

此二君者，达乎任人也。（"君""人"文真合韵）

舟车之始见也，三世然后安之。（"见""安"元部）

相与歌之曰：邺有圣令，时为史公。决漳水，灌邺旁。终古斥

卤，生之稻粱。（“公”“旁”“粱”东阳合韵）

魏襄王可谓能决善矣。诚能决善，众虽喧哗，而弗为变。（“善”“善”“变”元部）

《察微》

使治乱存亡若高山之与深谿，若白垩之与黑漆，则无所用智，虽愚犹可也。（“谿”“智”支部）

故智士贤者相与积心愁虑以求之，犹尚有管叔、蔡叔之事，与东夷八国不听之谋。（“之”“事”“谋”之部）

凡持国，太上知始，其次知终，其次知中，三者不能，（“国”“始”“能”职之通韵）国必危，身必穷。（“终”“中”“穷”冬部）《孝经》曰：“高而不危，所以长守贵也。（“危”“贵”歌物合韵）满而不溢，所以长守富也。（“溢”“富”锡职合韵）富贵不离其身，然后能保其社稷，而和其民人。“（“身”“人”真部）

《去宥》

夫激矢则远，激水则旱。（“远”“旱”元部）

《审分览·审分》

察乘物之理，则四极可有；不知乘物，而自怙恃，夺其智能，多其教诏，而好自以。（“理”“有”“恃”“能”“以”之部）

故按其实而审其名，以求其情。（“名”“情”耕部）听其言而察其类，无使放悖。（“类”“悖”物部）

尧舜之臣不独义，汤禹之臣不独忠，得其数也；（“义”“数”歌侯合韵）桀纣之臣不独鄙，幽厉之臣不独辟，失其理也。（“鄙”“理”

之部）

今有人于此，求牛则名马，求马则名牛，所求必不得矣，（“牛”“得”之职通韵）而因用威怒，（“马”“怒”鱼部）有司必诽怨矣，牛马必扰乱矣。（“怨”“乱”元部）百官，众有司也；万物，群牛马也，（“司”“马”之鱼合韵）

故名不正，则人主忧劳勤苦，而官职烦乱悖逆矣。（“苦”“逆”鱼铎通韵）国之亡也，名之伤也，从此生矣。（“亡”“伤”“生”阳耕合韵）

止者不行，行者不止；因形而任之，不制于物，无肯专使；清静以公，神通乎六合，德耀乎海外，意观乎无穷，誉流乎无止。此之谓定性于大湫，命之曰无有。（“止”“使”“止”“有”之部）

是故于全乎去能，于假乎去事，于知乎去幾，所知者妙矣。（“能”“事”“幾”之微合韵）若此则能顺其天，意气得游乎寂寞之宇矣，形性得安乎自然之所矣。（“宇”“所”鱼部）全乎万物而不宰，泽被天下而莫知其所自始。（“宰”“始”之部）

《君守》

中欲不出谓之扃，外欲不入谓之闭。既扃而又闭，天之用密。（“闭”“密”质部）有准不以平，有绳不以正，天之大静，既静而又寧，可以为天下正。（“平”“正”“静”“寧”“正”耕部）身以盛心，心以盛智，智乎深藏，而实莫得窥乎！（“智”“窥”支部）《鸿范》曰：“惟天，阴骘下民。”（“天”“民”真部）阴之者，所以发之也。故曰：不出于户而知天下，（“户”“下”鱼部）不窥于牖而知天道。（“牖”

“道”幽部）其出弥远者，其知弥少。故博闻之人、强识之士阙矣，事耳目、深思虑之务败矣，坚白之察、无厚之辩外矣。（“阙”“败”“外”月部）

东海之极，水至而反；夏热之下，化而为寒。（“反”“寒”元部）故昊天无形，而万物以成；（“形”“成”耕部）至精无为，而万物以化。（“为”“化”歌部）大圣无事，而千官尽能。（“事”“能”之部）此乃谓不教之教，无言之诏。（“教”“诏”宵部）故有以知君之狂也，以其言之当也；（“狂”“当”阳部）有以知君之惑也，以其言之得也。（“惑”“得”职部）

当与得不在于君，而在于臣。（“君”“臣”文真合韵）故善为君者无识，其次无事。有识则有不备矣，有事则有不恢矣。（“识”“事”“备”“恢”职之通韵）不备不恢，此官之所以疑，而邪之所从来也。（“恢”“疑”“来”之部）

故思虑自心伤也，智差自亡也，奋能自殃，其有处自狂也。（“伤”“亡”“殃”“狂”阳部）故至神逍遥倏忽，而不见其容；至圣变习移俗，而莫知其所从；离世别群，而无不同；君民孤寡，而不可障壅。（“容”“从”“同”“壅”东部）

奚仲作车，苍颉作书，后稷作稼，（“车”“书”“稼”鱼部）皋陶作刑，昆吾作陶，夏鲧作城。（“刑”“城”耕部）

故曰作者忧，因者平。惟彼君道，得命之情。故任天下而不强，此之谓全人。（“平”“情”“人”耕真合韵）

《任数》

何以知其聋？以其耳之聪也；（“聋”“聪”东部）何以知其盲？以其目之明也；何以知其狂？以其言之当也。（“盲”“明”“狂”“当”阳部）故曰去听无以闻则聪，去视无以见则明，去智无以知则公。（“聪”“明”“公”东阳合韵）

耳目心智，其所以知识甚阙，其所以闻见甚浅。（“阙”“浅”月元通韵）

无言无思，静以待时。（“思”“时”之部）时至而应，心暇者胜。（“应”“胜”蒸部）

焉此治纪，无唱有和，无先有随。（“和”“随”歌部）古之王者，其所为少，其所因多。（“少”“多”宵歌合韵）

《勿躬》

祝融作市，仪狄作酒，高元作室，虞姁作舟，伯益作井，赤冀作臼，（“酒”“舟”“臼”幽部）乘雅作驾，寒哀作御，王冰作服牛，史皇作图，（“驾”“御”“图”鱼部）巫彭作医。（“牛”“医”之部）

是故圣王之德，融乎若月之始出，极烛六合，而无所穷屈，（“出”“屈”物部）昭乎若日之光，变化万物，而无所不行；（“光”“行”阳部）神合乎太一，生无所屈，而意不可障；精通乎鬼神，深微玄妙，而莫见其形。（“障”“形”阳耕合韵）今日南面，百邪自正，而天下皆反其情，黔首毕乐其志，安育其性，而莫为不成。（“正”“情”“性”“成”耕部）故善为君者，矜服性命之情，而百官已治矣，黔首已亲矣，（“君”“亲”文真合韵）名号已章矣。（“情”“章”耕阳合韵）

管子复于桓公曰：垦田大邑，辟土艺粟，尽地力之利，臣不若宁速。（“粟”“速”屋部）若此则形性弥羸，而耳目愈精；百官慎职，而莫敢愉[綖]；人事其事，以充其名。（“羸”“精”“綖”“名”耕部）名实相保，之谓知道。（“保”“道”幽部）

《知度》

奸止则说者不来，而精谕矣。情者不饰，而事实见矣。（“来”“饰”之职通韵）

故有职者安其职，不听其议；无职者责其实，以验其辞。（“议”“辞”歌之合韵）故治天下之要，存乎除奸；除奸之要，存乎治官。（“奸”“官”元部）

故子华子曰：厚而不博，敬守一事，正性是喜，群众不周，而务成一能。（“事”“喜”“能”之部）尽能既成，四夷乃平。（“成”“平”耕部）唯彼天符，不周而周。（“符”“周”侯幽合韵）此神农之所以长，而尧舜之所以章也。（“长”“章”阳部）

故有道之主，因而不为，责而不诏，去想去意，静虚以待，不伐之言，不夺之事，督名审实，官使自司，（“待”“事”“司”之部）以不知为道，以奈何为[宝]。（“道”“宝”幽部）

绝江者托于船，致远者托于骥，霸王者托于贤。（“船”“贤”元真合韵）

释父兄与子弟，非疏之也，任庖人钓者与仇人仆虏，非阿之也。（“疏”“阿”鱼歌合韵）

犹大匠之为宫室也，量小大而知材木矣，訾功丈而知人数矣。

(“木”“数”屋部) 故小臣、吕尚听,而天下知殷、周之王也;管夷吾、百里奚听,而天下知齐、秦之霸也。(“王”“霸”阳铎通韵)

桀用羊辛,纣用恶来,宋用唐鞅,齐用苏秦,(“辛”“秦”真部)而天下知其亡。非其人而欲有功,譬之若夏至之日而欲夜之长也,射鱼指天而欲发之当也。(“鞅”“亡”“长”“当”阳部)

《慎势》

失之乎数,求之乎信,疑;失之乎势,求之乎固,危。(“疑”“危”之歌合韵) 吞舟之鱼,陆处则不胜蝼蚁。(“鱼”“蚁”鱼歌合韵) 权钧则不能相使,势等则不能相并,治乱齐则不能相正。(“并”“正”耕部)

非不能大也,其大不若小,其多不若少。(“小”“少”宵部)

故观于上世,其封建众者,其福长,其名彰。(“长”“彰”阳部)故以大畜小吉,以小畜大灭。(“吉”“灭”质月合韵) 以重使轻从,以轻使重凶。(“从”“凶”东部)

位尊者其教受,威立者其奸止,此畜人之道也。(“受”“止”“道”之幽合韵) 积兔满市,行者不顾,非不欲兔也,分已定矣。(“市”“顾”“兔”之鱼合韵) 分已定,人虽鄙,不争。(“定”“争”耕部)

非不可亡也,以宋攻楚,奚时止矣?凡功之立也,贤不肖强弱治乱异矣。(“止”“异”之职通韵)

简公喟焉太息曰:余不能用鞅之言,以至此患也。(“言”“患”元部)

《不二》

听群众人议以治国，国危无日矣。（“国”“日”职质合韵）

《执一》

目不失其明，而见白黑之殊；耳不失其聽，而闻清浊之声。王者执一，而万物以正。（“明”“聽”“声”“正”阳耕合韵）

以为为国之本，在于为身。（“本”“身”文真合韵）故曰以身为家，以家为国，以国为天下。（“家”“下”鱼部）

慈亲不能传于子，忠臣不能入于君，唯有其材者为近之。（“君”“近”文部）

变化应来而皆有章，因性任物而莫不宜当，彭祖以寿，三代以昌，五帝以昭，神农以鸿。（“章”“当”“昌”“鸿”阳东合韵）

《审应览·审应》

人唱我和，人先我随。（“和”“随”歌部）

今有人于此，无礼慢易而求敬，阿党不公而求令，烦号数变而求静，暴戾贪得而求定，虽黄帝犹若困。（“敬”“令”“静”“定”耕部）

国久则固，固则难亡。（“固”“亡”鱼阳通韵）故人虽时有自失者，犹无以易恭节。（“失”“节”质部）自失不足以难，以严驵则可。（“难”“可”元歌通韵）

《重言》

荆庄王立三年，不听而好讔。（“年”“讔”真文合韵）

王射之，曰：有鸟止于南方之阜，其三年不动，将以定志意也；其不飞，将以长羽翼也；其不鸣，将以览民则也。（“意”“翼”“则”职

部）是鸟虽无飞，飞将冲天；虽无鸣，鸣将骇人。（“天”“人”真部）

群臣大说，荆国之众相贺也。（“说”“贺”月歌通韵）

故《诗》曰：何其久也，必有以也。（“久”“以”之部）何其处也，必有与也。（“处”“与”鱼部）

太宰嚭之说，听乎夫差，而吴国为墟；成公贾之讔，谕乎荆王，而荆国以霸。（“墟”“霸”鱼铎通韵）

臣闻君子善谋，小人善意。（“谋”“意”之职通韵）

故圣人听于无声，视于无形。（“声”“形”耕部）

《精谕》

胜书曰：“有事于此，而精言之而不明，勿言之而不成。（“明”“成”阳耕合韵）精言乎，勿言乎？”（“言”“言”元部）

不言之谋，不闻之事，（“谋”“事”之部）殷虽恶周，不能疵矣；口唔不言，以精相告，纣虽多心，弗能知矣；目视于无形，耳听于无声，（“形”“声”耕部）商闻虽众，弗能窥矣；同恶同好，志皆有欲，虽为天子，弗能离矣。（“疵”“知”“窥”“离”支歌合韵）

求鱼者濡，争兽者趋，（“濡”“趋”侯部）非乐之也。故至言去言，至为去为。（“言”“为”元歌通韵）

苌弘谓刘康公曰：“夫祈福于三涂，而受礼于天子，此柔嘉之事也，而客武色，殆有他事，愿公备之也。”（“子”“事”“色”“事”“之”之职通韵）

《离谓》

故惑惑之中有晓焉，冥冥之中有昭焉。（“晓”“昭”宵部）

人主之无度者，无以知此，岂不悲哉？（“此”“悲”支微合韵）

以是为非，以非为是。（“非”“是”微支合韵）

民心乃服，是非乃定，法律乃行。（“定”“行”耕阳合韵）

辞而行，有以横说魏王，魏王乃止其行。（“行”“王”“行”阳部）失从之意、又失横之事。（“意”“事”职之通韵）夫其多能不若寡能，其有辩不若无辩。周鼎著倕而龁其指，先王有以见大巧之不可为也。（“指”“为”脂歌合韵）

《淫辞》

则下多所言非所行，所行非所言也。（“行、言”阳元合韵）言行相诡，不祥莫大焉。（“诡”“大”歌月通韵）

今子之衣，禪緇也。（“衣”“緇”微之合韵）以禪緇当纺緇，子岂不得哉？（“緇”“得”之职通韵）

王欲群臣之畏也，不若无辨其善与不善而时罪之，若此则群臣畏矣。（“畏”“罪”“畏”微部）

《不屈》

古者之贵善御也，以逐暴禁邪也。（“御”“邪”鱼部）

惠子曰：今之城者，或者操大筑乎城上，或负畚而赴乎城下，或操表掇以善睎望。（“上”“下”“望”阳鱼通韵）

围邯郸三年而弗能取，士民罢潞，国家空虚，天下之兵四至，众庶诽谤，诸侯不誉。（“潞”“虚”“谤”“誉”铎鱼阳通韵）

《诗》曰：恺悌君子，民之父母。（“子”“母”之部）

父母之教子也，岂待久哉？何事比我于新妇乎？（“子”“久”

“妇”之部）

《具备》

汤尝约于郼、薄矣，武王尝穷于毕、郢矣，伊尹尝居于庖厨矣，太公尝隐于钓鱼矣。（“厨”“鱼”侯鱼合韵）贤非衰也，智非愚也，皆无其具也。（“愚”“具”侯部）故凡立功名，虽贤必有其具，然后可成。（“名”“成”耕部）

宓子使臣书，而时掣摇臣之肘，书恶而有甚怒，吏皆笑宓子。此臣所以辞而去也。（“怒”“去”鱼部）

三月婴儿，轩冕在前，弗知欲也；斧钺在后，弗知恶也。（“欲”“恶”屋铎合韵）慈母之爱谕焉，诚也。故诚有诚，乃合于情；精有精，乃通于天。（“诚”“诚”“情”“精”“天”耕真合韵）

听言哀者，不若见其哭也；听言怒者，不若见其鬥也。（“哭”“鬥”屋侯通韵）说与治不诚，其动人心不神。（“诚”“神”耕真合韵）

《离俗览·离俗》

故如石户之农、北人无泽、卞随、务光者，其视天下，若六合之外，人之所不能察。其视贵富也，苟可得已，（“富”“得”职部）则必不之赖。高节厉行，独乐其意，而物莫之害。不漫于利，不牵于埶，而羞居浊世。（“外”“察”“赖”“害”“世”月部）

若夫舜汤，则苞裹覆容，缘不得已而动，（“容”“动”东部）因时而为，以爱利为本，以万民为义。（“为”“义”歌部）譬之若钓者，鱼有小大，饵有宜適，羽有动静。（“適”“静”锡耕通韵）

叔无孙曰：吾闻之，君子济人于患，必离其难。（“患”“难”元部）

《高义》

君子之自行也，动必缘义，行必诚义，俗虽谓之穷，通也。（“穷”“通”冬东合韵）行不诚义，动不缘义，俗虽谓之通，穷也。（“通”“穷”东冬合韵）然则君子之穷通，有异乎俗者也。（“通”“俗”东屋通韵）

度之于国，必利长久。（“国”“久”职之通韵）

正法枉必死，父犯法而不忍，王赦之而不肯，石渚之为人臣也，可谓忠且孝矣。（“忍”“臣”文真合韵）

《上德》

以德以义，则四海之大，江河之水，不能亢矣；太华之高，会稽之险，不能障矣；阖庐之教，孙吴之兵，不能当矣。（“亢”“障”“当”阳部）故古之王者，德回乎天地，澹乎四海，东西南北，极日月之所烛。天覆地载，爱恶不臧。虚素以公，小民皆之，其之敌而不知其所以然，此之谓顺天。教变容改俗，而莫得其所受之，此之谓顺情。（“天”“情”真耕合韵）故古之人，身隐而功著，形息而名章。（“著”“章”鱼阳通韵）

严罚厚赏，此衰世之政也。（“赏”“政”阳耕合韵）君非丽姬，居不安，食不甘。（“安”“甘”元谈合韵）

《用民》

凡用民，太上以义，其次以赏罚。（“义”“罚”歌月通韵）

今外之则不可以拒敌，内之则不可以守国。（“敌”“国”锡职合韵）

剑不徒断，车不自行，（“断”“行”元阳合韵）或使之也。夫种麦而得麦，种稷而得稷，（“麦”“稷”职部）人不怪也。（“使”“怪”之部）用民亦有种，不审其种，而祈民之用，惑莫大焉。（“种”“种”“用”东部）

民之不用，赏罚不充也。（“用”“充”东部）

壹引其纪，万目皆起；（“纪”“起”之部）壹引其纲，万目皆张。（“纲”“张”阳部）

阖庐试其民于五湖，剑皆加于肩，地流血几不可止。句践试其民于寝宫，民争入水火，死者千馀矣，遽击金而却之。赏罚有充也。莫邪不为勇者兴惧者变，勇者以工，惧者以拙，能与不能也。（“止”“之”“能”之部）

夙沙之民，自攻其君而归神农；密须之民，自缚其主而与文王。（“农”“王”冬阳合韵）故威不可无有，而不足专恃。（“有”“恃”之部）不適，则败托而不可食。（“適”“食”锡职合韵）

《适威》

《周书》曰：民，善之则畜也，不善则雠也。（“畜”“雠”觉幽通韵）有雠而众，不若无有。厉王，天子也，有雠而众，故流于彘，祸及子孙，微召公虎而绝无后嗣。（“有”“子”“嗣”之部）

务除其灾，思致其福。（“灾”“福”之职通韵）故民之于上也，若玺之于涂也，抑之以方则方，抑之以圜则圜。（“方”“圜”阳元合韵）

故乱国之使其民，不论人之性，不反人之情，（“民”“性”“情”真耕合韵）烦为教而过不识，数为令而非不从，巨为危而罪不敢，重为任而罚不胜。（“从”“胜”东蒸合韵）

故礼烦则不庄，业烦则无功，令苛则不聽，禁多则不行。（“庄”“功”“聽”“行”阳东耕合韵）

《为欲》

夫无欲者，其视为天子也，与为舆隶同；其视有天下也，与无立锥之地同；其视为彭祖也，（“祖”“子”“下”之鱼合韵）与为殇子同。（“同”“同”“同”东部）

蛮夷反舌殊俗异习之国，其衣服冠带宫室居处舟车器械声色滋味皆异，其为欲使一也。（“国”“异”“一”职质合韵）

不闻道者，何以去非性也？无以去其性，则欲未尝正矣。（“性”“性”“正”耕部）

圣王执一，四夷皆至者，其此之谓也。（“一”“至”“谓”质物合韵）

或折其骨，或绝其筋，争术存也。（“骨”“筋”“存”物文通韵）

《贵信》

凡人主必信，信而又信，谁人不亲？（“信”“信”“亲”真部）

人主有见此论者，其王不久矣；人臣有知此论者，可以为王佐矣。（“久”“佐”之歌合韵）

天行不信，不能成岁；地行不信，草木不大。（“岁”“大”月部）春之德风，风不信，其华不盛，华不盛，则果实不生；夏之德暑，暑不信，其土不肥，土不肥，则长遂不精；秋之德雨，雨不信，其穀不坚，穀不坚，则五种不成；冬之德寒，寒不信，则地不刚，地不刚，则冻闭不開。（“生”“精”“成”“開”耕真合韵）

君臣不信，则百姓诽谤，社稷不寧；处官不信，则少不畏长，贵贱相轻；赏罚不信，则民易犯法，不可使令；交友不信，则离散郁怨，不能相亲；百工不信，则器械苦伪，丹漆染色不贞。（“寧”“轻”“令”“亲”“贞”耕真合韵）夫可与为始，可与为终，可与尊通，可与卑穷者，其唯信乎！（“终”“通”“穷”冬东合韵）信而又信，重袭于身，乃通于天。（“信”“身”“天”真部）以此治人，则膏雨甘露降矣，寒暑四时当矣。（“降”“当”冬阳合韵）

以辱为荣，以穷为通。（“荣”“通”耕东合韵）

《举难》

人伤尧以不慈之名，舜以卑父之号，禹以贪位之意，汤武以放弑之谋，五伯以侵夺之事。（“意”“谋”“事”职之通韵）

尺之木，必有节目；寸之玉，（“木”“玉”屋部）必有瑕瓋。（“目”“瓋”觉锡合韵）

季孙氏劫公家，孔子欲谕术则见外，于是受养而便说。（“外”“说”月部）

夫欲立功者，岂得中绳哉？（“功”“绳”东蒸合韵）救溺者濡，追逃者趋。（“濡”“趋”侯部）

季成，弟也；翟璜，友也。（“弟”“友”脂之合韵）爝火甚盛，从

者甚众。（“盛”“众”耕冬合韵）

《恃君览·恃君》

其民麋鹿禽兽，少者使长，长者畏壮，（“长”“壮”阳部）有力者贤，暴傲者尊，日夜相残，（“贤”“尊”“残”真文元合韵）无时休息，以尽其类。（“息”“类”职物合韵）

此国所以递兴递废也，乱难之所以时作也。（“废”“作”月铎合韵）故忠臣廉士，内之则谏其君之过也，外之则死人臣之义也。（“过”“义”歌部）

行激节厉，忠臣幸遇得察。（“厉”“察”月部）

《长利》

伯成子高曰：当尧之时，未赏而民劝，未罚而民畏。民不知怨，不知说，愉愉其如赤子。今赏罚甚数，而民争利且不服，德自此衰，后世之乱从此始。夫子盍行乎？无虑吾农事。（“子”“始”“事”之部）

昔者太公望封于营丘之渚，海阻山高，险固之地也。是故地日广，子孙弥隆。（“广”“隆”阳冬合韵）吾先君周公封于鲁，无山林谿谷之险，诸侯四面以达。是故地日削，子孙弥杀。（“达”“杀”月部）

其辞曰：惟余一人，营居于成周。惟余一人，有善易得而见也，有不善易得而诛也。（“周”“诛”幽侯合韵）

我，国士也，为天下惜死。（“士”“死”之脂合韵）

戎夷太息叹曰：“嗟乎！道其不济夫！”（“乎”“夫”鱼部）解衣

与弟子，夜半而死。（“子”“死”之脂合韵）

《知分》

孙叔敖三为令尹而不喜，三去令尹而不忧。（“喜”“忧”之幽合韵）

禹仰视天而叹曰：吾受命于天，竭力以养人。（“天”“人”真部）

生，性也；死，命也。（“性”“命”耕部）

天固有衰嗛废伏，有盛盈坌息。（“伏”“息”职部）人亦有困穷屈匮，有充实达遂。（“匮”“遂”物部）此皆天之容物理也，而不得不然之数也。古圣人不以感私伤神，俞然而以待耳。（“理”“数”“待”之侯合韵）

崔杼不说，直兵造胸，句兵钩颈。（“胸”“颈”东耕合韵）

《诗》曰：莫莫葛藟，延于条枚。凯弟君子，求福不回。（“藟”“枚”“回”微部）婴且可以回而求福乎？子惟之矣。（“福”“之”职之通韵）

人事智巧以举错者，不得与焉。（“错”“与”铎鱼通韵）故命也者，就之未得，去之未失。（“得”“失”职质合韵）

凡使贤不肖异：使不肖以赏罚，使贤以义。（“罚”“义”月歌通韵）

《召类》

故鼓宫而宫应，鼓角而角动。（“应”“动”蒸东合韵）以龙致雨，以形逐影。（“雨”“影”鱼阳通韵）

南家之墙犨于前而不直，西家之潦径其宫而不止。（“直”“止”

职之通韵）其主贤，其相仁。贤者能得民，仁者能用人。（“贤”“仁”“民”“人”真部）

史默曰：谋利而得害，犹弗察也。（“害”“察”月部）

凡谋者，疑也，疑则从义断事。（“谋”“疑”“事”之部）

《达郁》

故水郁则为污，树郁则为蠹，草郁则为[蒉]。（“污”“蠹”“蒉”鱼铎之合韵）

国郁处久，则百恶并起，（“久”“起”之部）而万灾丛至矣。上下之相忍，由此出矣。（“至”“出”质物合韵）

列精子高因步而窥于井，粲然恶丈夫之状也。（“井”“状”耕阳合韵）

人主贤则人臣之言刻。简子不贤，铎也卒不居赵地，有况乎在简子之侧哉？（“刻”“侧”职部）

《行论》

比兽之角，能以为城。举其尾，能以为旌。（“城”“旌”耕部）

舜于是殛之于羽山，副之以吴刀。禹不敢怨，而反事之，官为司空，以通水潦。（“刀”“潦”宵部）

《诗》曰：惟此文王，小心翼翼，昭事上帝，聿怀多福。（“翼”“福”职部）

《诗》曰：将欲毁之，必重累之。（“毁”“累”微部）将欲踣之，必高举之。（“踣”“举”侯鱼合韵）

《骄恣》

自骄则简士，自智则专独，轻物则无备。（"士""备"之职通韵）无备召祸，专独位危，（"祸""危"歌部）简士壅塞。欲无壅塞，必礼士。（"塞""塞""士"职之通韵）

智短则不知化，不知化者举自危。（"化""危"歌部）

立有间，再三言。（"间""言"元部）

诸侯之德，能自为取师者王，能自取友者存，其所择而莫如己者亡。（"王""亡"阳部）

人主之患也，不在自少，而在自多；自多则辞受，辞受则原竭。（"多""竭"歌月通韵）

齐宣王为大室，大益百亩，堂上三百户。（"亩""户"之鱼合韵）

王曰：春子，春子，反！何谏寡人之晚也？（"反""晚"元部）

吾尝好声色矣，而鸾徼致之；吾尝好宫室台榭矣，而鸾徼为之；吾尝好良马善御矣，而鸾徼来之。（"为""来"歌之合韵）今吾好士六年矣，而鸾徼未尝进一人也。（"年""人"真部）

《观表》

凡论人心，观事传，不可不熟，不可不深。（"心""传""深"侵元合韵）

人之心隐匿难见，渊深难测，故圣人于事志焉。（"测""志"职之通韵）圣人之所以过人以先知，先知必审征表。无征表而欲先知，尧舜与众人同。征虽易，表虽难，圣人则不可以飘矣。（"表""飘"宵部）

至，使人迎其妻子，隔宅而异之，分禄而食之。（“异”“食”职部）

夫智可以微谋，仁可以托财者，其郈成子之谓乎！（“谋”“财”之部）

吴起雪泣而应之曰：“子弗识也。君诚知我，而使我毕能，（“识”“能”职之通韵）秦必可亡，而西河可以王。（“亡”“王”阳部）今君听谗人之议，而不知我，西河之为秦也不久矣，（“议”“我”“久”歌之合韵）魏国从此削矣。”

其所以相者不同，见马之一征也，而知节之高卑，足之滑易，（“卑”“易”支锡通韵）材之坚脆，能之长短。（“脆”“短”月元通韵）

《开春论·开春》

时雨降，则草木育矣。（“降”“育”冬觉通韵）饮食居处适，则九窍百节千脉皆通利矣。（“适”“利”锡质合韵）王者厚其德，积众善，而凤凰圣人皆来至矣；共伯和修其行，好贤仁，而海内皆以来为稽矣。（“至”“稽”质脂通韵）

魏惠王死，葬有日矣。（“死”“日”脂质通韵）

太子为及日之故，得无嫌于欲亟葬乎？（“故”“葬”鱼阳通韵）

韩氏城新城，期十五日而成。（“城”“成”耕部）

故曰封人子高为之言也，而匿己之为而为也。（“言”“为”元歌通韵）

《察贤》

天下之贤主，岂必苦形愁虑哉！（“主”“虑”侯鱼合韵）雪霜雨

露时，则万物育矣，人民修矣，疾病妖厉去矣。（“育”“修”觉幽通韵）故曰尧之容若委衣裘，以言少事也。（“裘”“事”之部）

我之谓任人，子之谓任力；任力者故劳，任人者故逸。（“力”“逸”职质合韵）

《期贤》

凡国不徒安，名不徒显，必得贤士。（“安”“显”元部）

魏文侯过段干木之闾而轼之，其仆曰：“君胡为轼？”（“之”“轼”之职通韵）曰：“此非段干木之闾欤？段干木盖贤者也，吾安敢不轼？且吾闻段干木未尝肯以己易寡人也，吾安敢骄之？（“轼”“之”职之通韵）段干木光乎德，寡人光乎地；段干木富乎义，（“地”“义”歌部）寡人富乎财。”（“德”“财”职之通韵）

于是国人皆喜，相与诵之曰：（“喜”“之”之部）“吾君好正，段干木之敬；（“正”“敬”耕部）吾君好忠，段干木之隆。”（“忠”“隆”冬部）

莫见其形，其功已成。（“形”“成”耕部）

《审为》

与人之兄居而杀其弟，与人之父处而杀其子，（“弟”“子”脂之合韵）吾不忍为也。

太王亶父可谓能尊生矣。能尊生，虽富贵，不以养伤身；虽贫贱，不以利累形。（“生”“身”“形”真耕合韵）

生之所自来者久矣，而轻失之，岂不惑哉！（“久”“之”“惑”之职通韵）

《爱类》

仁于他物，不仁于人，不得为仁；不仁于他物，独仁于人，犹若为仁。（“人”“仁”“人”“仁”真部）

神农之教曰：士有当年而不耕者，则天下或受其饥矣；女有当年而不绩者，（“耕”“绩”耕锡通韵）则天下或受其寒矣。（“饥”“寒”脂元合韵）

于是公输般设攻宋之械，墨子设守宋之备。（“械”“备”职部）

《贵卒》

力贵突，智贵卒。（“突”“卒”物部）得之同则速为上，胜之同则湿为下。（“上”“下”阳鱼通韵）所为贵骥者，为其一日千里也，旬日取之，与驽骀同；（“里”“之”“骀”之部）所为贵镞矢者，（“骥”“矢”脂部）为其应声而至，终日而至，则与无至同。（“至”“至”“至”质部，“同”“同”东部）

荆王死，贵人皆来，尸在堂上，贵人相与射吴起。（“死”“来”“起”脂之合韵）

《慎行论·慎行》

王曰：已为我子矣，又尚奚求？（“子”“求”之幽合韵）

毋或如齐庆封，弑其君而弱其孤，以亡其大夫。（“孤”“夫”鱼部）

凡乱人之动也，其始相助，后必相恶。（“助”“恶”鱼铎通韵）为义者则不然，始而相与，久而相信，卒而相亲，后世以为法程。（“信”“亲”“程”真耕合韵）

《无义》

不及则不知，不知趋利。趋利固不可必也。公孙鞅、郑平、续经、公孙竭是已。（“利”“必”“是”质脂通韵）

欺交反主，为利故也。（“主”“故”侯鱼合韵）方其为秦将也，天下所贵之无不以者，重也。（“将”“重”阳东合韵）重以得之，轻必失之。（“得”“失”职质合韵）

天下所贱之无不以也，所可羞无不以也，行方可贱可羞，而无秦将之重，不穷奚待？（“以”“以”“待”之部）

《疑似》

使人大迷惑者，必物之相似也。（“惑”“似”职之通韵）

贤者有小恶以致大恶，褒姒之败，乃令幽王好小说，以致大灭。（“败”“说”“灭”月部）故形骸相离，三公九卿出走。此褒姒之所用死，而平王所以东徙也，秦襄晋文之所以劳王劳而赐地也。（“死”“徙”“地”脂支歌合韵）

《壹行》

十际皆败，乱莫大焉。（“败”“大”月部）

其威不威则不足以禁也，其利不利则不足以劝也，（“禁”“劝”侵元合韵）

故以禁则必止，以劝则必为。（“止”“为”之歌合韵）威利敌，而忧苦民、行可知者王；威利无敌，而以行不知者亡。（“王”“亡”阳部）

故不可知之道，王者行之，废；强大行之，危；小弱行之，灭。

（“废”“危”“灭”月歌通韵）

人之所乘船者，为其能浮而不能沈也。（“船”“沈”元侵合韵）

夫不可知，盗不与期，贼不与谋。（“期”“谋”之部）

《求人》

今寿国有道，而君人者而不求，过矣。（“道”“求”“过”幽歌合韵）伊尹，庖厨之臣也；（“尹”“臣”真部）傅说，殷之胥靡也。（“说”“靡”月歌通韵）

得陶、化益、真窥、横革、之交五人佐禹，故功绩铭乎金石，著乎盘盂。（“禹”“石”“盂”鱼铎通韵）

遂之箕山之下，颍水之阳，（“下”“阳”鱼阳通韵）耕而食，终身无经天下之色。（“食”“色”职部）

皋子，众疑取国，召南宫虔、孔伯产而众口止。（“国”“止”职之通韵）

晋人欲攻郑，令叔向聘焉，视其有人与无人。（“郑”“聘”“人”耕真合韵）子产为之诗曰：子惠思我，褰裳涉洧，子不我思，岂无他士。（“洧”“士”之部）

《贵直论·贵直》

所以贵士，为其直言也。言直则枉者见矣。人主之患，欲闻枉而恶直言。（“言”“见”“患”“言”元部）

狐援说齐湣王曰：殷之鼎陈于周之廷，其社盖于周之屏，（“廷”“屏”耕部）其干戚之音在人之游，亡国之音不得至于庙，（“游”

"庙"幽宵合韵）亡国之社不得见于天，亡国之器陈于廷，（"天""廷"真耕合韵）所以为戒。王必勉之。（"戒""之"职之通韵）其无使齐之大吕陈之廷，无使太公之社盖之屏，（"廷""屏"耕部）无使齐音充人之游。齐王不受。（"游""受"幽部）狐援出而哭国三日，其辞曰："先出也，衣絺纻；后出也，满囹圄。吾今见民之洋洋然东走而不知所处。"（"纻""圄""处"鱼部）

于是乃言曰：有人自南方来，鲋入而鲵居，使人之朝为草而国为墟。殷有比干，吴有子胥，齐有狐援。已不用若言，（"干""援""言"元部）又斮之东闾，每斮者以吾参夫二子者乎！（"居""墟""胥""闾""者"鱼部）

行人烛过免胄横戈而进曰：亦有君不能耳，士何弊之有？（"能""有"之部）简子艴然作色曰：寡人之无使，而身自将是众也，子亲谓寡人之无能，（"使""能"之部）有说则可，无说则死。（"可""死"歌脂合韵）

亦有君不能耳，士何弊之有？（"能""有"之部）

战斗之上，桴鼓方用，赏不加厚，罚不加重。（"用""重"东部）

《直谏》

鲍叔奉杯而进曰：使公毋忘出奔在于莒也，使管仲毋忘束缚而在于鲁也，使宁戚毋忘其饭牛而居于车下。（"莒""鲁""下"鱼部）

《知化》

子胥非不先知化也，谏而不听，故吴为丘墟，祸及阖庐。（"墟""庐"鱼部）

夫齐之与吴也，习俗不同，言语不通，（“同”“通”东部）我得其地不能处，得其民不得使。（“处”“使”鱼之合韵）夫吴之与越也，接土邻境，壤交[道]属，习俗同，言语通，（“同”“通”东部）我得其地能处之，得其民能使之。（“处”“使”鱼之合韵）越之于吴也，譬若心腹之疾也，虽无作，是伤深而在内也。（“疾”“内”质物合韵）夫齐之于吴也，疥癣之病也，不苦其已也，且其无伤也。（“病”“伤”阳部）今释越而乏齐，譬之犹惧虎而刺猏，虽胜之，其后患未央。（“猏”“央”元阳合韵）

《过理》

刑鬼侯之女而取其环，截涉者胫而视其髓，杀梅伯而遗文王其醢，不适也。（“环”“髓”“醢”元歌之合韵）

《原乱》

公子夷吾重赂秦以地而求入，秦穆公率师以纳之。（“人”“纳”缉部）

故凡作乱之人，祸希不及身。（“人”“身”真部）

《不苟论·不苟》

贤者之事也，虽贵不苟为，虽听不自阿。（“为”“阿”歌部）

戎人不达于五音与五味，君不若遗之。（“味”“遗”微物通韵）

《赞能》

贤者善人以人，中人以事，不肖者以财。（“事”“财”之部）

于是乎使人告鲁曰：管夷吾，寡人之雠也，愿得之而亲加手焉。（“雠”“手”幽部）

至齐境，桓公使人以朝车迎之。（“境”“迎”阳部）

说义以聽，方术信行，（“聽”“行”耕阳合韵）能令人主上至于王，下至于霸，（“王”“霸”阳铎通韵）我不若子也；耦世接俗，说义调均，以适上心，（“均”“心”真侵合韵）子不如我也。

《自知》

欲知平直，则必准绳。（“直”“绳”职蒸通韵）

人主欲自知，则必直士。（“知”“士”支之合韵）

存亡安危，勿求于外，务在自知。（“危”“知”歌支合韵）荆成、齐庄不自知而杀，吴王、智伯不自知而亡，宋、中山不自知而灭，（“杀”“灭”月部）晋惠公、赵括不自知而虏，（“亡”“虏”阳鱼通韵）钻荼、庞涓、太子申不自知而死，败莫大于不自知。（“死”“知”脂支合韵）

《当赏》

晋文公反国，赏从亡者，而陶狐不与。（“亡”“与”阳鱼通韵）左右曰：君反国家，爵禄三出，而陶狐不与，（“家”“与”鱼部）敢问其说。（“出”“说”物月合韵）文公曰：辅我以义，导我以礼者，（“义”“礼”歌脂合韵）吾以为上赏；教我以善，强我以贤者，（“善”“贤”元真合韵）吾以为次赏。（“赏”“赏”阳部）

《博志》

冬与夏不能两刑，草与稼不能两成。（“刑”“成”耕部）

凡有角者无上齿，果实繁者木必庳。（“齿”“庳”之支合韵）

全则必缺，极则必反，盈则必亏。（“缺”“反”“亏”月元歌通韵）

故曰：精而熟之，鬼将告之。（“熟”“告”觉部）非鬼告之也，精而熟之也。（“告”“熟”觉部）今有宝剑良马于此，玩之不厌，视之无倦。（“厌”“倦”谈元合韵）宝行良道，一而弗复。（“道”“复”幽觉通韵）欲身之安也，名之章也，不亦难乎？（“安”“章”“难”元阳合韵）

矢之速也，而不过二里，止也；（“里”“止”之部）步之迟也，而百舍，不止也。（“舍”“止”鱼之合韵）

《贵当》

名号大显，不可强求，必繇其道。（“求”“道”幽部）

田猎驰骋，弋射走狗，贤者非不为也，为之而智日得焉，不肖主为之而智日惑焉。（“得”“惑”职部）志曰：骄惑之事，不亡奚待？（“事”“待”之部）

惟其所以不得之故，则狗恶也。（“故”“恶”鱼铎通韵）

《似顺论·别类》

相剑者曰：白所以为坚也，黄所以为牣也。（“坚”“牣”真文合韵）

剑之情未革，而或以为良，或以为恶，（“良”“恶”阳铎通韵）说使之也。（“革”“之”职之通韵）故有以聪明听说，则妄说者止；无以聪明听说，则尧舜无别矣。此忠臣之所患也，贤者之所以废也。（“说”“说”“别”“废”月部）

缘子之言，则室不败也。木益枯则劲，涂益干则轻。以益劲任益轻，（“劲”“轻”“轻”耕部）则不败。（“言”“败”“败”元月通韵）

《有度》

有度而以听，则不可欺也，不可惶也，不可恐也，（“惶”“恐”阳东合韵）不可喜矣。（“欺”“喜”之部）

若虽知之，奚道知其不为私？（“知”“私”支脂合韵）

许由非强也，有所乎通也。（“强”“通”阳东合韵）

唯通乎性命之情，而仁义之术自行矣。（“情”“行”耕阳合韵）

故曰：通意之悖，解心之缪，去德之累，（“悖”“累”物微通韵）通道之塞。（“缪”“塞”觉职合韵）

此四六者，不荡乎胸中则正，正则静，静则清明，（“正”“静”“明”耕阳合韵）清明则虚，虚则无为而无不为也。（“虚”“为”鱼歌合韵）

《分职》

通乎君道，则能令智者谋矣，能令勇者怒矣，能令辩者语矣。（“谋”“怒”“语”之鱼合韵）夫马者，伯乐相之，造父御之（“马”“相”“御”鱼阳通韵）贤主乘之，一日千里。（“乘”“里”蒸之通韵）

自为人则不能，任贤者则恶之，与不肖者则议之。此功名之所以伤，（“恶”“伤”铎阳通韵）国家之所以危。（“议”“危”歌部）

譬白公之啬，若枭之爱其子也。（“啬”“子”职之通韵）

今民衣弊不补，履决不组。（“补”“组”鱼部）君则不寒矣，民则寒矣。（“寒”“寒”元部）

以春之知之也而令罢之，福将归于春也，而怨将归于君。（“春”“君”文部）

《处方》

故异所以安同也，同所以危异也。同异之分，贵贱之别，长少之义，此先王之所慎，而治乱之纪也。（“异”“纪”职之通韵）

故凡乱也者，必始乎近而后及远，必始乎本而后及末。（“远”“末”元月通韵）治亦然。故百里奚处乎虞而虞亡，处乎秦而秦霸；向挚处乎商而商灭，处乎周而周王。（“亡”“霸”“王”阳铎通韵）百里奚之处乎虞，智非愚也；（“虞”“愚”鱼侯合韵）向挚之处乎商，典非恶也。（“商”“恶”阳铎通韵）

擅矫行则免国家，利轻重则若衡石，为方圜则若规矩。（“家”“石”“矩”鱼铎通韵）

谋出乎不可用，事出乎不可同。（“谋”“事”之部，“用”“同”东部）

《慎小》

轻小物则上无道知下，下无道知上。（“下”“上”鱼阳通韵）

巨防容蝼，而漂邑杀人；突泄一熛，而焚宫烧积；将失一令，而军破身死；（“人”“死”真脂通韵）主过一言，而国残名辱。（“积”“辱”锡屋合韵）

齐桓公即位，三年不言，而天下称贤，群臣皆说。（“言”“说”元月通韵）

有一人曰：试往偾表，不得赏而已，何伤？（“赏”“伤”阳部）

赏罚信乎民，何事而不成？（“民”“成”真耕合韵）

《士容论·士容》

柔而坚，虚而实。其状朖然不儇，若失其一。（“实”“一”质部）

傲小物而志属于大，似无勇而未可恐狷，执固横敢而不可辱害。临患涉难而处义不越，南面称寡而不以侈大。今日君民而欲服海外，节物甚高而细利弗赖。耳目遗俗而可与定世，富贵弗就而贫贱弗朅。德行尊理而羞用巧卫，宽裕不訾而中心甚厉，难动以物而必不妄折。（“大”“狷”“害”“越”“大”“外”“赖”“世”“朅”“卫”“厉”“折”月部）

故火烛一隅，则室偏无光。骨节蚤成，空窍哭历，身必不长。众无谋方，乞谨视见，多故不良。（“光”“长”“良”阳部）志必不公，不能立功。（“公”“功”东部）

故君子之容，纯乎其若钟山之玉，桔乎其若陵上之木；淳淳乎慎谨畏化，而不肯自足；乾乾乎取舍不悦，（“化”“悦”歌月通韵）而心甚素朴。（“玉”“木”“足”“朴”屋部）

有国若此，不若无有。（“此”“有”支之合韵）

《务大》

夫为人臣者，进其爵禄富贵，父子兄弟相与比周于一国，区区焉相乐也，而以危其社稷，其为灶突近矣，而终不知也，其与燕爵之智不异。（“国”“稷”“异”职部）

乌获举千钧，又况一斤？（“钧”“斤”真文合韵）

《上农》

庶人不冠弁、取妻、嫁女、享祀，不酒醴聚众；农不上闻，不敢

私籍于庸。（“众”“庸”冬东合韵）

苟非同姓，农不出御，女不外嫁。（“御”“嫁”鱼部）

国家难治，三疑乃极。（“治”“极”之职通韵）是谓背本反则，失毁其国。（“则”“国”职部）

时事不共，是谓大凶。（“共”“凶”东部）夺之以土功，是谓稽，不绝忧唯，必丧其秕。（“稽”“唯”“秕”脂微合韵）夺之以水事，是谓籥，丧以继乐，四邻来虐。（“籥”“乐”“虐”沃部）夺之以兵事，是谓厉，祸因胥岁，不举铚艾。（“厉”“岁”“艾”月部）数夺民时，大饥乃来。（“时”“来”之部）野有寝耒，或谈或歌，旦则有昏，丧粟甚多。（“歌”“多”歌部）

《任地》

子能使吾土靖而甽浴［土］乎？子能使保湿安地而处乎？（“土”“处”鱼部）子能使雚夷毋淫乎？子能使子之野尽为冷风乎？（“淫”“风”侵部）子能使藁数节而茎坚乎？子能使穗大而坚均乎？（“坚”“均”真部）子能使粟圜而薄糠乎？子能使米多沃而食之强乎？（“糠”“强”阳部）

凡耕之大方：力者欲柔，柔者欲力；息者欲劳，劳者欲息；棘者欲肥，肥者欲棘。（“力”“息”“棘”职部）急者欲缓，缓者欲急；湿者欲燥，燥者欲湿。（“急”“湿”缉部）上田弃亩，下田弃甽。五耕五耨，必审以尽。（“甽”“尽”文真合韵）其深殖之度，阴土必得。大草不生，又无螟蜮。今兹美禾，兹美麦。（“得”“蜮”“麦”职部）

是以六尺之耜，所以成亩也。（“耜”“亩”之部）其博八寸，所

以成甽也；（“寸”“甽”文部）耨柄尺，此其度也；其耨六寸，所以间稼也。（“尺”“度”“稼”铎鱼通韵）

人肥必以泽，使苗坚而地隙。（“泽”“隙”铎部）人耨必以旱，使地肥而土缓。（“旱”“缓”元部）

天下时，地生财，不与民谋。（“时”“财”“谋”之部）有年瘗土，无年瘗土。无失民时，无使之治下。（“土”“土”“下”鱼部）知贫富利器，皆时至而作，渴时而止。是以老弱之力可尽起，其用日半其功可使倍。（“止”“起”“倍”之部）不知事者，时未至而逆之，时既往而慕之，当时而薄之，使其民而郄之。（“逆”“慕”“薄”“郄”铎部）民既郄，乃以良时慕，（“郄”“慕”铎部）此从事之下也。操事则苦，不知高下，民乃逾处。（“下”“苦”“下”“处”鱼部）种稑禾不为稑，种重禾不为重，是以粟少而失功。（“重”“功”东部）

《辩土》

凡耕之道，必始于垆，为其寡泽而后枯。（“垆”“枯”鱼部）必厚其靹，为其唯厚而及。（“靹”“及”缉部）

上田则被其处，下田则尽其污。（“处”“污”鱼部）

为青鱼胠，苗若直獵。（“胠”“獵”盍部）既种而无行，耕而不长。（“行”“长”阳部）弗除则芜，除之则虚。（“芜”“虚”鱼部）

实其为亩也，高而危则泽夺，陂则埒，见风则蹶，高培则拔。（“夺”“埒”“蹶”“拔”月部）寒则雕，热则脩。（“雕”“脩”幽部）一时而五六死，故不能为来。（“死”“来”脂之合韵）不俱生而俱死，虚稼先死，众盗乃窃。（“死”“死”“窃”脂质通韵）望之似有馀，就之则虚。（“馀”“虚”鱼部）农夫知其田之易也，不知其稼之疏而不适也。（“易”“适”锡部）知其田之[除]也，不知其稼居地之虚也。不除则芜，除之则虚，此事之伤也。（“除”“虚”“芜”“虚”鱼部）

故亩欲广以平，甽欲小以深，下得阴，（“深”“阴”侵部）上得阳，然后咸生。（“平”“阳”“生”耕阳合韵）稼欲生于尘，而殖于坚者。（“尘”“坚”真部）慎其种，勿使数，亦勿使疏，于其施土，无使不足，（“种”“数”“足”东屋通韵）亦无使有馀。（“疏”“土”“馀”鱼部）其耰也稹，稹者其生也必先。其施土也均，均者其生也必坚，是以亩广以平则不丧本。（“先”“均”“坚”“本”文真合韵）

茎生有行，故速长。（“行”“长”阳部）弱不相害，故速大。（“害”“大”月部）衡行必得，纵行必术。（“得”“术”职物合韵）正其行，通其风，夬心中央，（“行”“央”阳部）帅为泠风。（“风”“风”侵部）苗，其弱也欲孤，其长也欲相与居，其熟也欲相扶。（“孤”“居”“扶”鱼部）是故三以为族，乃多粟。（“族”“粟”屋部）

凡禾之患，不俱生而俱死，是以先生者美米，后生者为秕。是故其耨也，长其兄而去其弟。（“死”“米”“秕”“弟”脂部）树肥无使扶疏，树墝不欲专生而族居。（“疏”“居”鱼部）肥而扶疏则多秕，墝而专居则多死。不知稼者，其耨也，去其兄而养其弟，不收其粟而收其秕。上下不安，则禾多死。（“秕”“死”“弟”“秕”“死”脂部）厚土则孽不[达]，薄土则蕃轓而不發。（“达”“發”月部）

垆埴冥色，刚土柔种，免耕杀匿，使农事得。（“色”“匿”“得”职部）

《审时》

凡农之道，厚之为宝。（“道”“宝”幽部）

是以人稼之容足，耨之容耨，（“足”“耨”屋部）据之容手，此之谓耕道。（“手”“道”幽部）

是以得时之禾，长秱长穗，大本而茎杀，疏穖而穗大。（“杀”“大”月部）其粟圆而薄糠，其米多沃而食之强。（“糠”“强”阳部）如此者不风。先时者，茎叶带芒以短衡，穗钜而芳夺，秮米而不香。（“衡”“香”阳部）后时者，茎叶带芒而末衡，穗阅而青零，多秕而不［盈］。（“衡”“盈”阳耕合韵）

得时之黍，芒茎而徼下，（“黍”“下”鱼部）穗芒以长，抟米而薄糠，舂之易，而食之不噮而香。（“长”“糠”“香”阳部）如此者不饴。先时者，大本而华，茎杀而不遂，叶藁短穗。（“遂”“穗”物质合韵）后时者，小茎而麻长，短穗而厚糠，小米鉗而不香。（“长”“糠”“香”阳部）

得时之稻，大本而茎葆。（“稻”“葆”幽部）长秱疏穖，穗如马尾。（“穖”“尾”微部）大粒无芒，抟米而薄糠，舂之易而食之香。（“芒”“糠”“香”阳部）如此者不益。先时者，本大而茎叶格对，短秱短穗，（“对”“穗”物质合韵）多秕厚糠，薄米多芒。（“糠”“芒”阳部）后时者，纤茎而不滋，厚糠多秕，庢辟米，不得待定熟，卬天而死。（“时”“滋”“秕”“米”“死”之脂合韵）

得时之麻，必芒以长，疏节而色阳。（“长”“阳”阳部）小本而茎坚，厚枲以均，（“坚”“均”真部）后熟多荣，日夜分复生。（“荣”

"生"耕部）如此者不蝗。

得时之菽，长茎而短足，其荚二七以为族，（"足""族"屋部）多枝数节，竞叶蕃实。（"节""实"质部）大菽则圆，小菽则抟以芳，称之重，食之息以香。（"芳""香"阳部）如此者不虫。先时者，必长以蔓，浮叶疏节，小荚不实。（"节""实"质部）后时者，短茎疏节，本虚不实。（"节""实"质部）

得时之麦，秱长而颈黑，二七以为行，而服薄糕而赤色，称之重，食之致香以息，使人肌泽且有力。（"麦""黑""色""息""力"职部）如此者不蚼蛆。先时者，暑雨未至，胕动蚼蛆而多疾，其次羊以节。（"至""疾""节"质部）后时者，苗弱而穗苍狼，薄色而美芒。（"狼""芒"阳部）

量粟相若而舂之，得时者多米。量米相若而食之，得时者忍饥。（"米""饥"脂部）是故得时之稼，其臭香，其味甘，其气章，百日食之，耳目聪明，心意睿智，四卫变强，殈气不入，身无苛殃。（"香""章""明""强""殃"阳部）

原版后记

这本小书是《吕氏春秋》专书研究的一部分。对《吕氏春秋》专书的研究，是在了一师的教导和指导下开始的。1982 年，了一师正在全面修订《汉语史稿》，我有幸协助先生工作，经常得到先生的教诲。先生曾对我说，汉语史研究应该多做些基础工作，如专书的研究工作。在先生这个思想的指导下，我约集同窗好友张万彬、殷国光、陈涛一起对《吕氏春秋》进行校勘、注译（《吕氏春秋译注》，吉林文史出版社已出），并编制了索引，又与殷、陈二位写作了词典（《吕氏春秋词典》，山东教育出版社即出）。这本小书，就是在这个基础上进行的。应该说，这里面也包含着这几位学兄的辛劳，应该向他们致谢。

书稿承蒙何九盈教授审阅大部，是正多处，谨向何老师表示衷心的谢意。

舍弟双亭帮我做了许多工作。

这本小书对《吕氏春秋》》词汇的研究，仅是初步的。尽管如此，由于本人水平有限，错误和缺点一定不少，诚恳希望专家和读者指正。

张 双 棣

1988 年 12 月于北京大学

修订本后记

《吕氏春秋词汇研究》1989年由山东教育出版社出版，至今已近二十年。在此期间，这样一本小书，不断得到同道的鼓励，使我很受教益。这也是我敢于做些修订的动力。这次修订，有些章节做些调整，比如单立了"《吕氏春秋》的新词新义"一节；有些章节做了补充，比如"《吕氏春秋》的基本词"一节；附录"《吕氏春秋》用韵及韵读"则增加了韵字表。这些调整补充，是否妥当，还得请读者与同道批评。

在目前追求商业利益的环境中，商务印书馆愿意出版这种学术性的书，令我很是感佩。除了出版这本书之外，他们还同时出版我与殷国光、陈涛合作的《吕氏春秋词典》及殷国光的《〈吕氏春秋〉词类研究》两本书的修订本，使我们《吕氏春秋》语言研究的几本书同聚一家出版社，此真乃幸事。

我要感谢汉语编辑室的领导周洪波先生、何宛屏先生，也要感谢这三本书的责任编辑宿娟先生，她在编辑过程中付出很多辛劳。

张双棣

2007年9月21日